世界と日本の最新ニュースが
一目でわかる!

2024⇒2025年版

# 【図解】まるわかり
# 時事用語

【巻頭カラー】
目でみてわかる
ニュースの大疑問

絶対押えておきたい、
**最重要時事を完全図解!**

ニュース・リテラシー研究所：編著

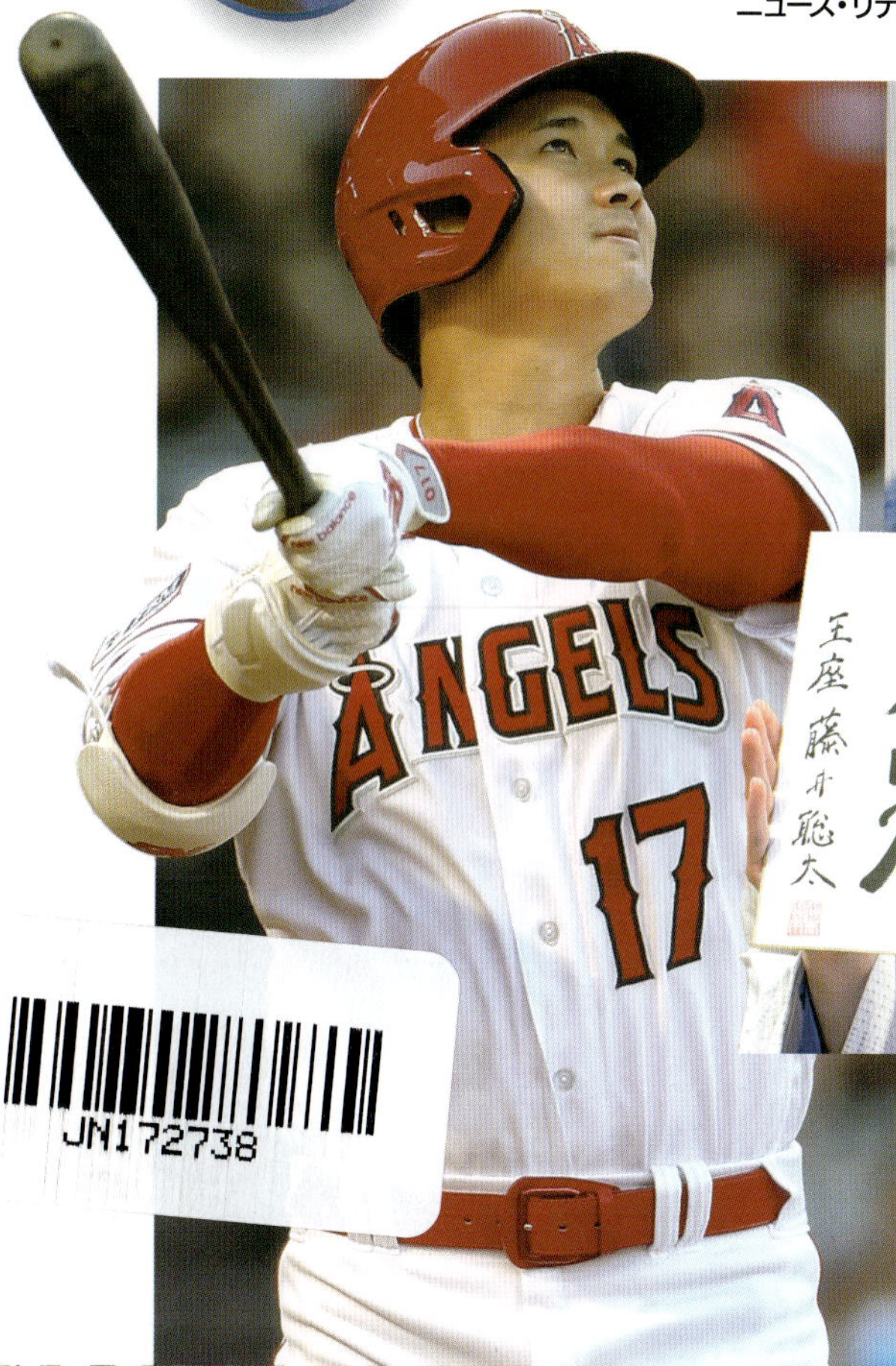

新星出版社

目でみてわかる ニュースの大疑問 01

# 地図で見る ニュースの最前線

世界から注目を集めるニュースの現場はここだ

## ウクライナ反転攻勢

ウクライナの領土に軍事侵攻したロシアは、占領したウクライナ東・南部の4つの州を併合し、ロシア領とした。ウクライナ軍は奪われた領土を奪還するため、ロシア軍と激しい戦闘を続けている。2023年6月、ウクライナは欧米の軍事支援を受けて、大規模な反転攻勢を開始した。しかしロシア側も塹壕《ざんごう》や地雷原などで強固な防衛ラインを築いて防戦しており、突破は容易ではない。長期化する戦争により、これまでの死者数は両軍でおよそ19万人にのぼると推計されている。

**ウクライナ軍死者数 約7万人**

**戦線 約970km**

**ロシア軍死者数 約12万人**

米国からウクライナに供与された高機動ロケット砲システム「HIMARS（ハイマース）」。ロシアが占拠するドネツク州バフムトに向けて、ロケット弾を発射（写真：ゲッティ＝共同）

# パレスチナ・ガザ地区

**面積** 約365km²
**人口** 194万人

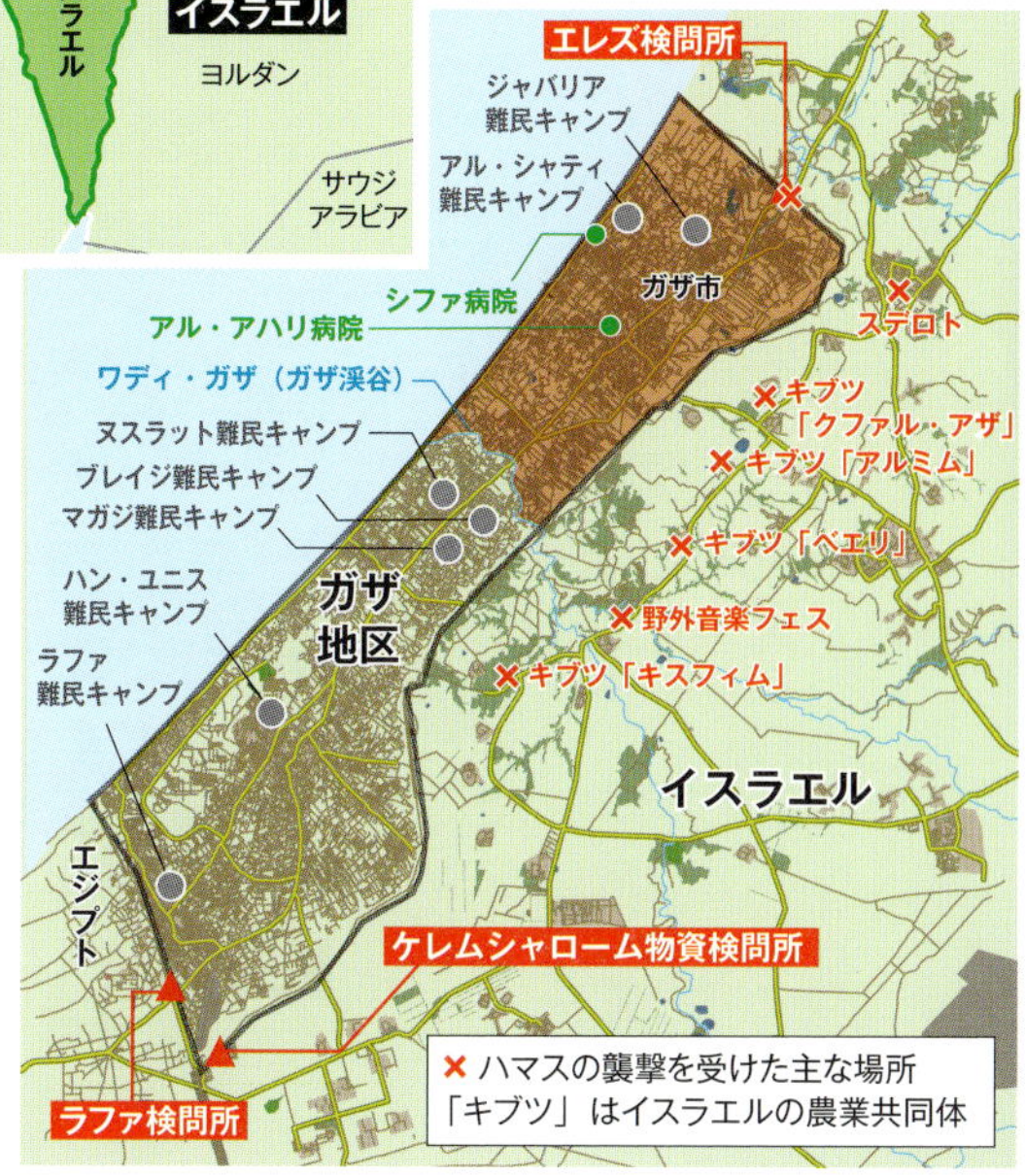


ガザ市のジャバリア難民キャンプ。イスラエル軍による砲撃を受け、破壊されたキャンプで救助活動を行うパレスチナの人々。
（写真：©Saeed Jaras/APA Images via ZUMA Press Wire/ 共同通信）

ガザ地区は周囲を分離壁で封鎖され、「天井のない監《かん》獄《ごく》」とも呼ばれる。同地区を実効支配するハマスは2023年10月、イスラエル側に大規模な攻撃を仕掛けた。これに対し、イスラエルは圧倒的な武力で反撃し、ガザ地区に侵攻している。死者数は1万人以上にのぼるが、停戦のめどはまったく立っていない。

# 辺野古《へのこ》米軍基地

**面積** 約1.53km²　**費用** 9,300億円（2019年12月の政府試算）

普天間《ふてんま》基地の移設先として埋め立てが進められている沖縄県辺野古沖では、埋め立て予定地に軟弱地盤が見つかったため、地盤の改良工事が必要になった。移設に反対する沖縄県は工事を承認せず、裁判となったが、2023年9月、最高裁の判決によって沖縄県の敗訴が確定した。

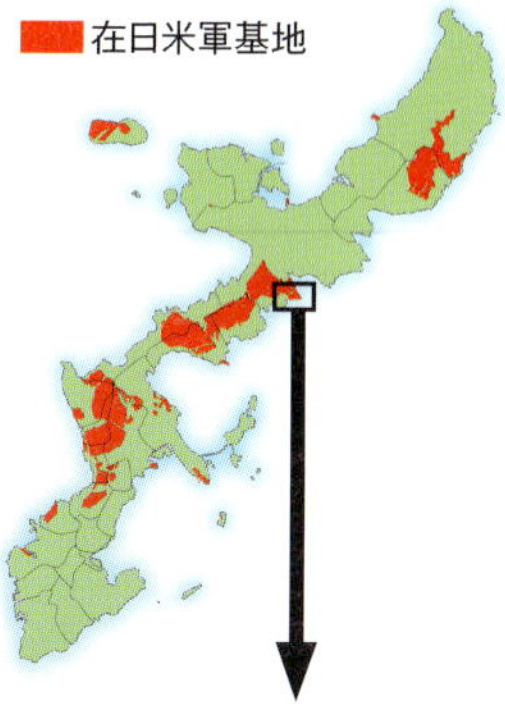

辺野古米軍基地建設に反対し、米軍キャンプ・シュワブのゲート前に座り込む人たち（写真：共同通信）

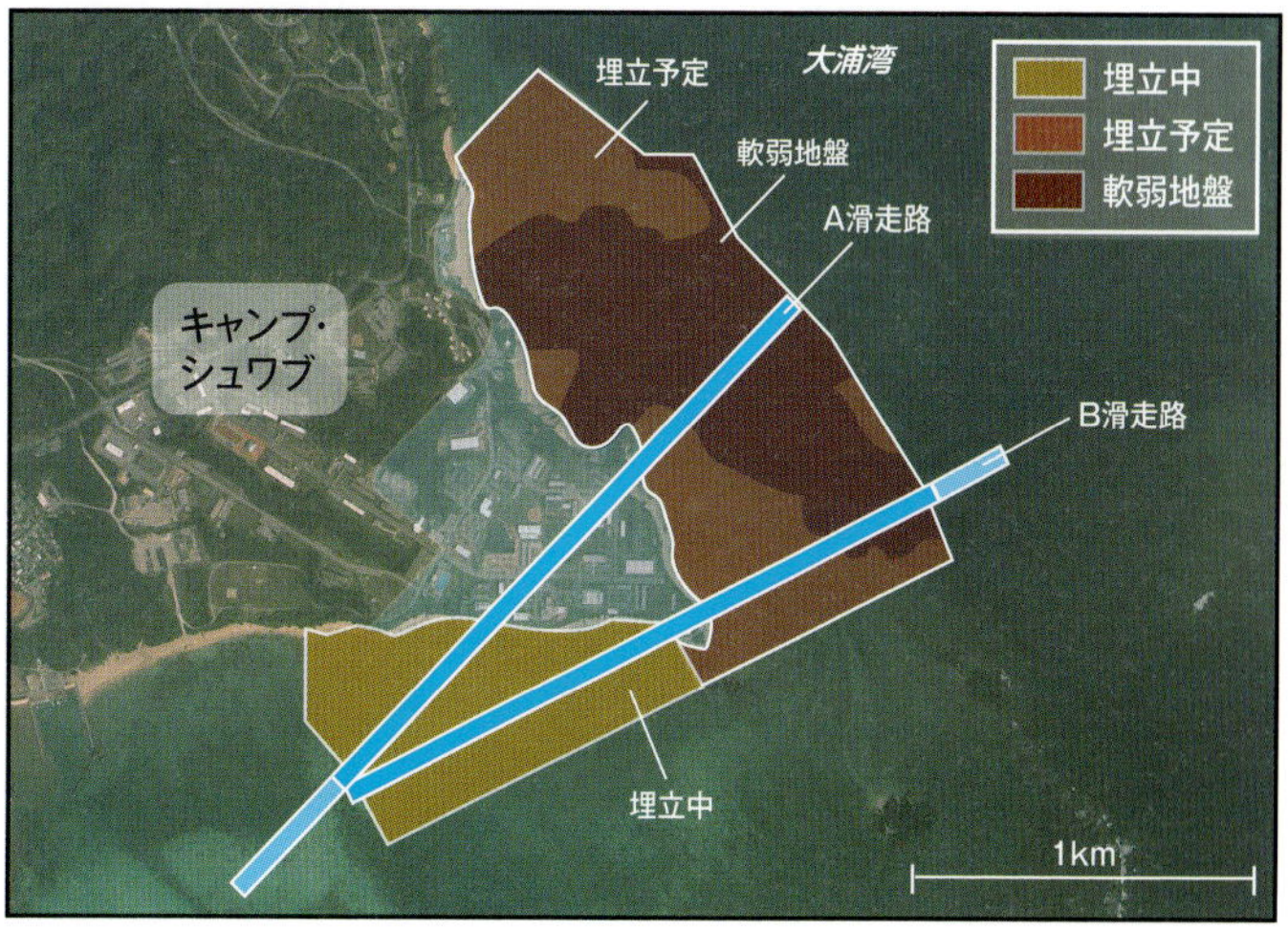

目でみてわかるニュースの大疑問 02

# 関東大震災から100年

## 近代日本が経験した未曾有の災害をあらためて振り返る

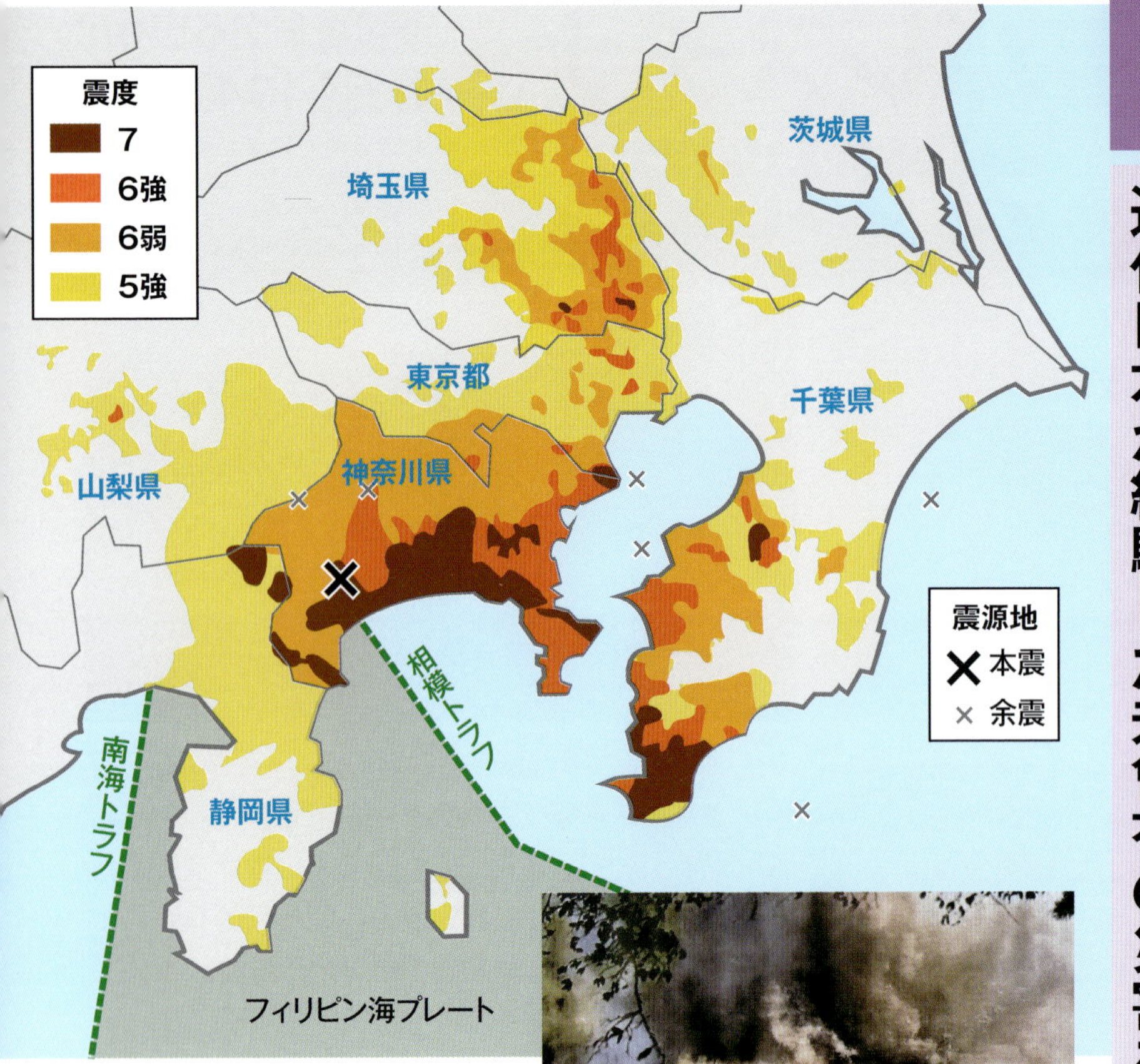

炎上する東京・丸の内の警視庁。関東大震災による死者は、全犠牲者の約65%が東京市（当時）の焼死者だった。
※写真は「Adobe Photoshop™」のニューラルフィルターでカラー化

東京・京橋の第一相互ビルヂング屋上から見た日本橋および神田方面（大阪毎日新聞社）

関東大地震は、1923年（大正12年）9月1日午前11時58分に発生した。震源となった相模トラフは、南側のフィリピン海プレートが陸側のプレートの下に沈み込んでいる場所で、2つのプレートの間にひずみが蓄積され、ひずみが解放されるときに地震が発生する。この地震により埼玉県、千葉県、東京都、神奈川県、山梨県で震度6を観測したほか、広い範囲で強い揺れが観測された。

建物の倒壊やがけ崩れのほか、沿岸部では津波も発生している。地震発生が昼食どきだったため、食事の準備のために火を使っていた家庭も多く、折からの台風による強風にあおられて大規模な火災が発生した。とくに木造家屋が密集していた東京で被害が激しかった。約10万5千人に及ぶ死者・行方不明者のうち、約9万人が火災によるものと推計されている。

| 震災データ | 関東大震災 | 阪神・淡路大震災 | 東日本大震災 |
| --- | --- | --- | --- |
| 発生日時 | 1923年9月1日<br>午前11時58分 | 1995年1月17日<br>午前5時46分 | 2011年3月11日<br>午後2時46分 |
| 震　源 | 相模湾北西部 | 淡路島北部 | 三陸沖 |
| 地震規模 | マグニチュード<br>M7.9（推定） | マグニチュード<br>M7.3 | モーメントマグニチュード<br>Mw9.0 |
| 死亡・行方不明 | 約10万5千人<br>（うち約9割が焼死） | 約5,500人 | 約1万8000人 |
| 全壊・全焼住家 | 約29万棟 | 約11万棟 | 約12万棟 |
| 経済被害 | 約55億円<br>（GDP比約37%） | 約9兆6000億円<br>（GDP比約2%） | 約16兆9000億円<br>（GDP比約3%） |

## ■陸軍被服本廠跡地

両国駅の北にある陸軍被服本廠《ひふくほんしょう》の跡地は当時広い空き地になっており、格好の避難場所となったが、各所で発生した火災が強風にあおられて四方から迫り、その火の粉が避難した人々の持ち込んだ家財道具に燃え移ると、激しい炎の竜巻となって人々を飲み込んだ。

この場所だけで約3万8千人が犠牲となった。現在この場所は横網町《よこあみちょう》公園として整備され、関東大震災と東京大空襲の犠牲者を合祀《ごうし》した東京都《とうきょうと》慰霊堂《いれいどう》が建てられている。

震災直後の陸軍被服本廠跡地の避難民の遺体

## ■山下公園

東京での火災被害が大きかったため、東京の地震と思われがちだが、震源のほぼ真上にあった神奈川県も壊滅的な被害を受けた。

東京を大きく上回る住宅の倒壊に加え、火災や津波、土砂災害による被害も発生している。神奈川県横浜市の山下公園は、関東大震災で発生した瓦礫《がれき》で海を埋め立てて造成されたもの。

山下公園（神奈川県横浜市中区山下町）

## ■朝鮮人虐殺

地震直後の混乱で、「朝鮮人が暴動を起こした」「井戸に毒を入れた」などのデマが流れ、それを信じた人々が自警団を結成し、多数の朝鮮人を殺害した。

初期には警察や新聞も朝鮮人暴動を事実であるかのように伝えていたため、被害が拡大した。犠牲者の正確な人数は不明(数百から6千人まで幅がある)。日本人が朝鮮人と間違われて殺害された事件も発生した（福田村事件）。

関東大震災朝鮮人犠牲者追悼碑（横網町公園）

# LGBTQ+ってなに？

## 多様な性のあり方が認められる社会へ

変わるまで続ける Press on till Japan changes
東京レインボープライド
VANS

2023年4月の「東京レインボープライド」では、約1万人の参加者が「変わるまで、続ける」をテーマに渋谷の街を行進した（写真：ロイター＝共同）。

### ■多様な性のあり方

| | |
|---|---|
| 生まれたときに割り当てられた性 | 性器の形などにより、出生時に割り当てられる性。法律上「男性」または「女性」のどちらかになる。 |
| 性自認 | 自分自身が認識している性別。生まれたときの性別と一致する人や一致しない人、中性だという人、決められない人などがいる。 |
| 性的指向 | 性愛や恋愛の対象はどの性別か。異性が好き、同性が好き、どちらも好き、性別は関係ないなど。 |
| 性表現 | 動作や言葉遣い、服装などによる社会的な性別の表現。 |

- **L Lesbian** レズビアン：性自認が女性の同性愛者
- **G Gay** ゲイ：性自認が男性の同性愛者
- **B Bisexual** バイセクシャル：同性を好きになることも、異性を好きになることもある人
- **T Transgender** トランスジェンダー：生まれたときに割り当てられた性別と性自認が異なる人
- **Q Questioning** クエスチョニング：性のありかたが決まっていない人、規範的な性のあり方ではない人
- **+ Plus** プラス：アセクシャル（他者に性的な関心を持たない人）、アロマンティック（他者に恋愛感情を持たない人）、パンセクシャル（性的指向が性別によらない人）、Xジェンダー（性自認が男女に限定されない人）など

LOVE IS LOVE

LGBTとは、レズビアン（女性同性愛者）、ゲイ（男性同性愛者）、バイセクシャル（両性愛者）、トランスジェンダー（性自認が出生時に割り当てられた性と異なる人）の頭文字をつなげた言葉だ。4つのタイプはそれぞれ異なるが、いずれも世間では多数派の性のありかた（異性に惹かれ、出生時に割り当てられた性別に違和感を持たない人）に当てはまらないという点で共通している。そのため、性的少数者（性的マイノリティ）の総称としてLGBTという言葉が使われる場合もある。

もっとも、人間の多様な性のありかたは、L・G・B・Tの4文字だけでは網羅できない。そのため、LGBTに「クエスチョニング」または「クィア」のQを加えてLGBTQとしたり、その他のタイプを考慮してLGBTQ+と表したりすることもある。このようにいちいち頭文字を並べるのは、性的少数者をひとくくりにせず、それぞれの違いを多様性として尊重しつつ、連帯を示そうとする意図が込められているからだ。

## ■日本のLGBT割合はどれくらい？

日本のLGBT割合は調査機関によってバラつきがあるが、およそ3～10%と言われている。

**3%～10%**

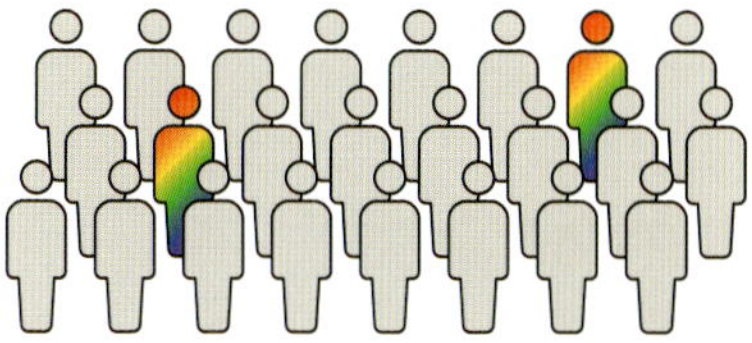

性的マイノリティのLGBTQ＋は、日本にも10～30人のうち一人の割合で存在する。なお、調査ではカミングアウトできない人もいる…。

| 調査機関（調査年） | LGBTの割合 |
|---|---|
| 日本労働組合総連合会（連合）（2016年） | 8.0% |
| 名古屋市総務局総合調整部男女平等参画推進室（2018年） | 1.6% |
| 「働き方と暮らしの多様性と共生」研究チーム（2019年） | 3.3～8.2% |
| 株式会社LGBT総合研究所（2019年） | 8.0% |
| 電通ダイバーシティ・ラボ（2020年） | 8.9% |

## ■性的指向に関する世界地図

日本では、2023年6月に「LGBT理解増進法」が国会で成立。しかし、G7（先進7か国）で同性パートナーへの法的保護がない国は日本だけ。

ロシアでは、2020年の憲法改正で、同性婚を禁止。2022年には「同性愛宣伝禁止法」を改正し、成人向けを含めて書籍や映画、オンラインなどで同性愛を流布することが違法に。

世界では、60か国・地域以上でLGBTQ+が犯罪となる。

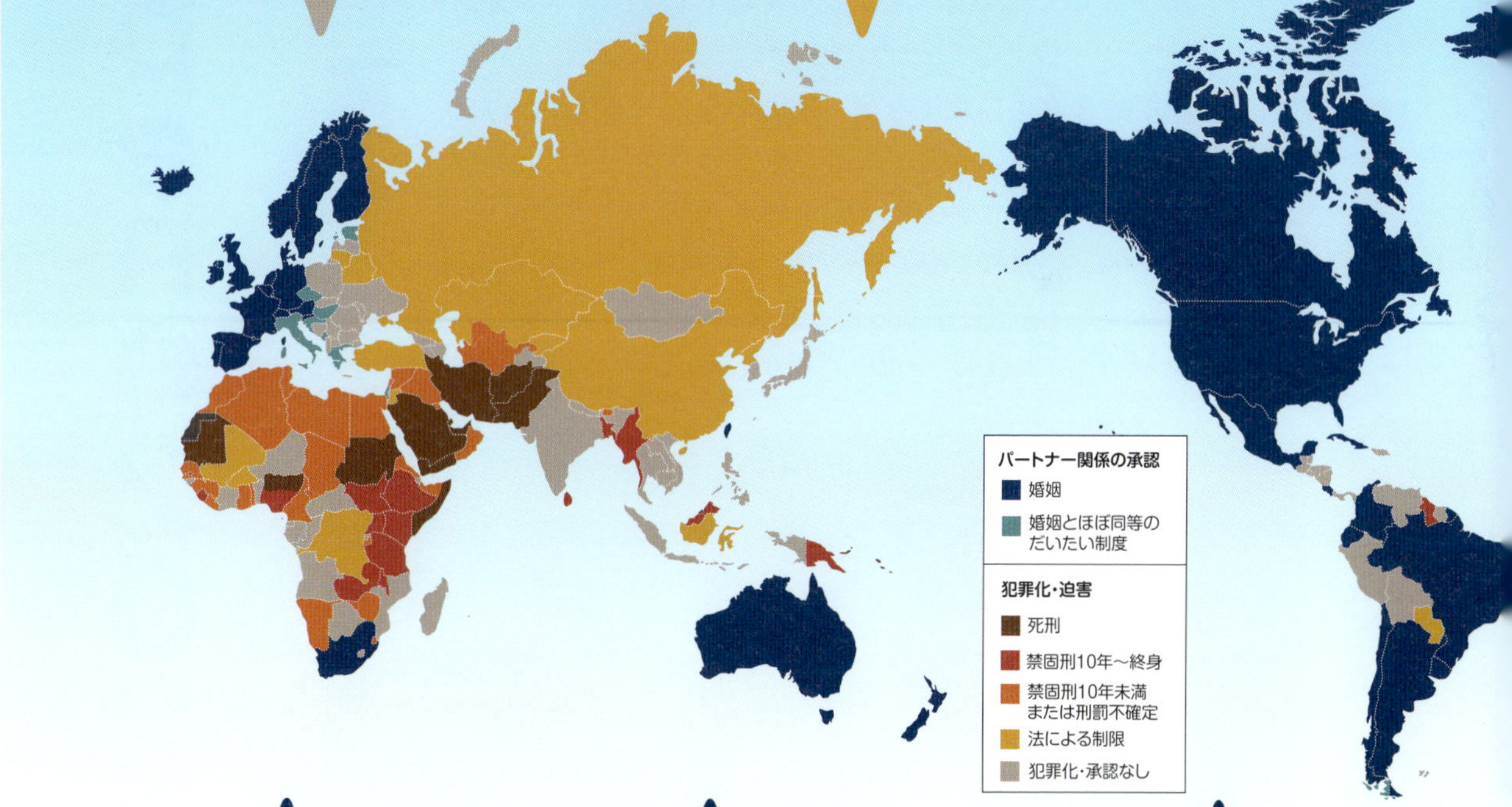
パートナー関係の承認
婚姻
婚姻とほぼ同等のだいたい制度
犯罪化・迫害
死刑
禁固刑10年～終身
禁固刑10年未満または刑罰不確定
法による制限
犯罪化・承認なし

ヨーロッパでは、2001年のオランダを皮切りに、イギリス、フランス、アイルランド、フィンランド、ギリシャ、デンマークなどで同性婚が合法化。

台湾では、2017年に同性婚を認めない民法は憲法違反と司法院大法官が判断。2019年に同性婚を合法化する特別法を施行。

アメリカでは、2015年に連邦最高裁判所が“同性婚は合法”とする判決。2022年には「結婚尊重法」が成立し、同性婚が合法の州で結婚した同性カップルの権利をアメリカの全州で認めるよう義務付け。

出典：認定NPO法人 虹色ダイバーシティ

目でみてわかるニュースの大疑問 04

# スポーツJapan●2023

## この1年の日本人選手の活躍を振り返る

カタール

## 2022 FIFA ワールドカップ

2022 年 11 月 20 日から 12 月 18 日にかけて中東のカタールで開催。日本代表はグループステージを 1 位突破し決勝トーナメントに進出したが、決勝トーナメント 1 回戦でクロアチアに PK 戦で敗れ、史上初のベスト 8 進出はかなわなかった（優勝はアルゼンチン）。

グループステージ最終戦は、強豪スペイン。ゴールラインに流れたボールを三笘《みとま》 薫《かおる》 選手がギリギリで折り返し、田中《たなか》碧《あお》選手が押し込んで決勝ゴールに＝ 2022 年 12 月 1 日（写真：共同通信）

## 2023 ワールド・ベースボール・クラシック

2023 年 3 月に日本・台湾・米国の会場で開催された。栗山《くりやま》英樹《ひでき》監督率いる日本代表は第 1 ラウンドを 1 位突破し、準々決勝でイタリア、準決勝でメキシコに勝利。決勝戦でもアメリカに 3 対 2 で勝利し、14 年ぶり 3 度目の優勝を果たした。大会 MVP は大谷《おおたに》 翔《しょう》 平《へい》選手が獲得した。

アメリカとの決勝戦。1 点を先制された日本は、2 回裏に村上宗隆《むらかみむねたか》選手のホームランで同点。この後、ヌートバー選手の内野ゴロで勝ち越し、優勝を決めた＝ 2023 年 3 月 22 日（写真：アフロ）

オーストラリア＆ニュージーランド

# 2023 FIFA 女子ワールドカップ

2023年7月20日から8月20日にかけてオーストラリア・ニュージーランドで開催。日本代表はグループステージを1位突破し決勝トーナメントに進出。1回戦ではノルウェーに勝利したが、準々決勝でスウェーデンに敗れ、ベスト8に終わった（優勝はスペイン）。宮澤《みやざわ》ひなた選手は大会中5得点を上げ、得点王を獲得した。

決勝トーナメント1回戦のノルウェー戦、チーム3点目のゴールを決める宮澤ひなた選手＝2023年8月5日（写真：アフロ）

フランス

# ラグビーワールドカップ 2023

2023年9月8日から10月28日にかけてフランスで開催。日本代表は1次リーグD組でチリ、イングランド、サモア、アルゼンチンと対戦したが、2勝2敗の成績で決勝トーナメント進出はかなわなかった（優勝は南アフリカ）。

1次リーグの対サモア戦。後半9分、ラインアウトからモールを組んで相手陣営へと押し込み、主将の姫野和樹《ひめのかずき》選手がトライ＝2023年9月28日（写真：アフロ）

## スポーツその他の話題

| | |
|---|---|
| 2022 11月 | ●世界体操選手権（英リバプール）の男子個人総合で、橋本大輝《はしもとだいき》が初優勝 |
| 2023 7月 | ●テニスのウィンブルドン選手権で、小田凱人《おだときと》選手が車いす男子シングルスで優勝 |
| 2023 8月 | ●陸上の世界選手権（ハンガリー）女子やり投げで、北口榛花《きたぐちはるか》選手が金メダル |
| 2023 9月 | ●バスケットボール男子W杯で、日本がカボベルデを破りパリ五輪出場権を獲得<br>●プロ野球、阪神タイガースがセ・リーグ優勝。18年ぶりの6回目<br>●中国・杭州《こうしゅう》アジア大会開催、日本はメダル188個 |
| 2023 10月 | ●大谷翔平選手が日本人初の大リーグ・ホームラン王<br>●バレーボール男子パリ五輪予選で、日本がスロベニアを破りパリ五輪出場権を獲得 |

甲子園球場で胴上げされる阪神の岡田彰布《おかだあきのぶ》監督（写真：共同通信）

エンゼルスの大谷翔平選手（写真：アフロ）

# 日本の男女格差はほかの国と比べて大きいの？

## 男女間の平等の度合いは先進国でもっとも低い

男女間の平等がどのくらい実現されているかを世界各国で比較した「ジェンダーギャップ指数」のランキングで、日本は146か国中125位と、先進国のなかで最も低い順位だった（2023年）。このランキングは世界経済フォーラムが毎年公表しているもので、各国の男女間の平等の度合いを様々な項目にわたって数値化したものだ。日本はとくに、働く女性の割合が男性の約76％と少ないこと、女性の管理職が男性の15％しかいないこと、国会議員のうち女性議員が約10％に過ぎないことなどから、順位を大きく落としている。

政府は「女性活躍推進法」などで女性の社会進出を促《うなが》しているが、長時間労働や保育所不足の解消など、働く環境の整備も大きな課題だ。

### 国会議員の男女比

日本の女性の国会議員は、2023年10月現在衆議院48人、参議院66人（1：0.1）。

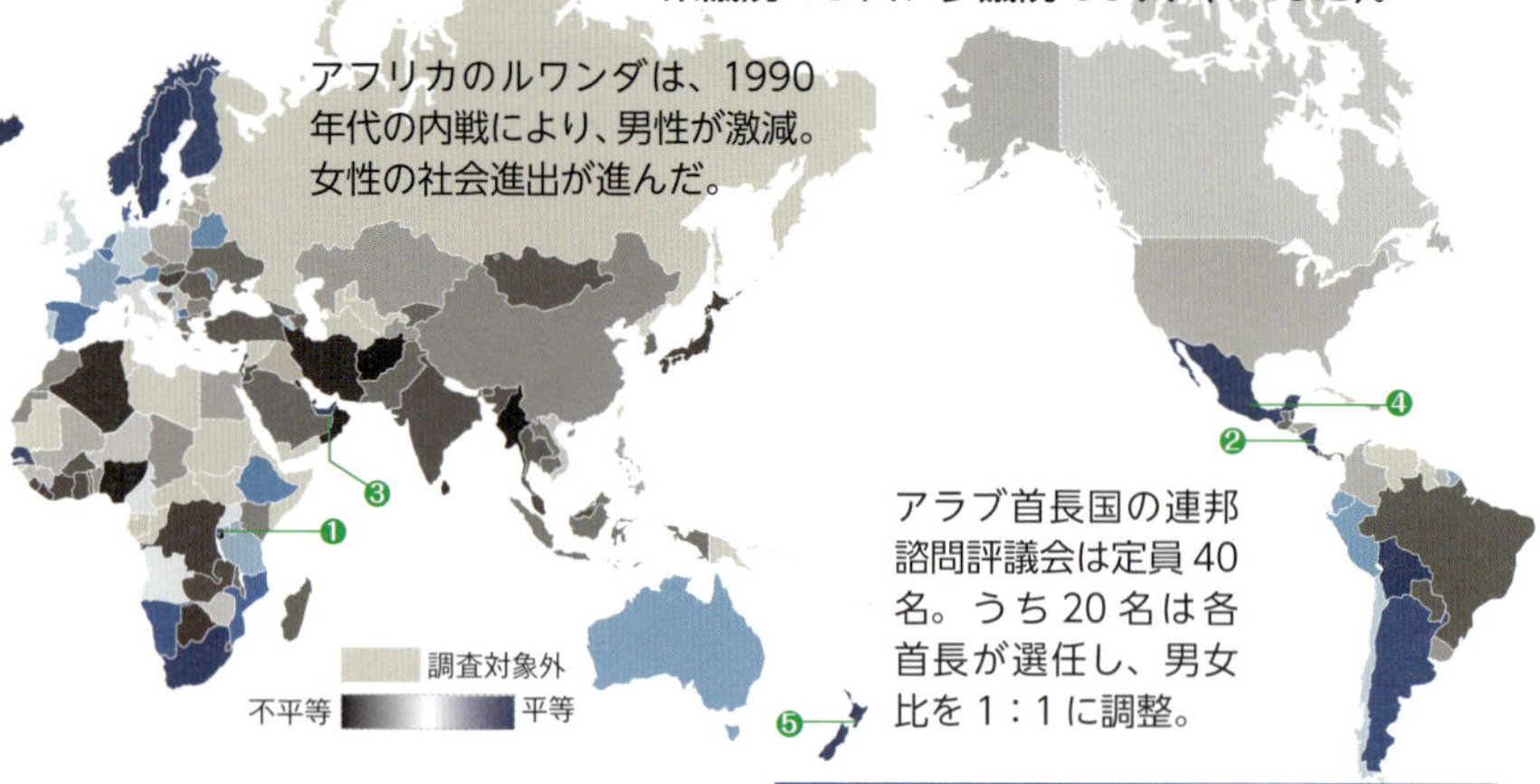
アフリカのルワンダは、1990年代の内戦により、男性が激減。女性の社会進出が進んだ。
アラブ首長国の連邦諮問評議会は定員40名。うち20名は各首長が選任し、男女比を1：1に調整。
調査対象外
不平等
平等
①
②
③
④
⑤

**1位**
- ルワンダ（1：1.58）
- ニカラグア（1：1.07）
- アラブ首長国（1：1）
- メキシコ（1：1）
- ニュージーランド（1：1）

（男性：女性）

### （2023）世界男女格差指数

| | |
|---|---|
| 1位 | アイスランド |
| 2位 | ノルウェー |
| 3位 | フィンランド |
| 4位 | ニュージーランド |
| 5位 | スウェーデン |
| 6位 | ドイツ |
| 7位 | ニカラグア |
| 8位 | ナミビア |
| 9位 | リトアニア |
| 10位 | ベルギー |
| 11位 | アイルランド |
| 12位 | ルワンダ |
| 13位 | ラトビア |
| 14位 | コスタリカ |
| 15位 | イギリス |
| ⋮ | |
| 125位 | 日本　※146か国中 |

出典：The Global Gender Gap Report 2023

## 同一労働賃金の男女比

1位 アルバニア
(1：0.858)
2位 ブルンジ
(1：0.841)
3位 エジプト
(1：0.794)

（男性：女性）

世界男女格差指数は、各国の経済水準によらず、ジェンダーに基づく格差のみを測定して、ランク付けている。

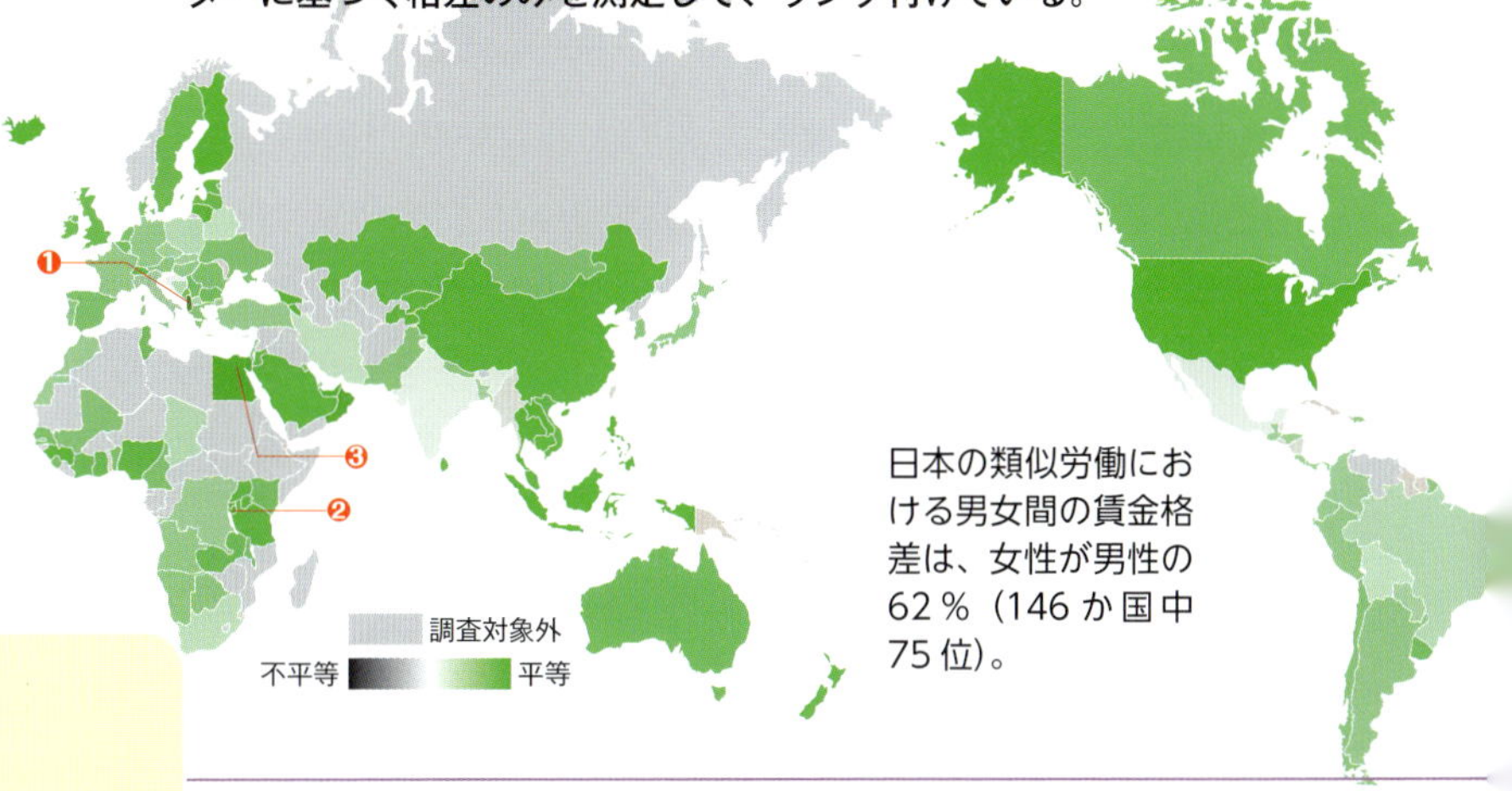


日本の類似労働における男女間の賃金格差は、女性が男性の62％（146か国中75位）。

## 男女平等の先進国 アイスランド

「ジェンダーギャップ指数」で14年連続首位となったアイスランド共和国だが、かつては保守的な因習の強い国だった。しかし、1975年に同国の成人女性9割が参加する「男女平等」のストライキを断行。これを機に、男女平等政策が加速した。特に国会議員や企業の取締役には「クォータ制」（一定数以上の男女を割り当てる制度）が義務付けられている。また、女性の社会進出がめざましいと同時に、合計特殊出生率が1.95（2023年推定）と高いのは、女性が仕事と子育てを両立しやすい社会だからといわれている。

| 男性 | 国会議員の男女比 | 女性 |
|---|---|---|
| 52 | アイスランド | 48 |
| 90 | 日本 | 10 |

| 男性 | 閣僚の男女比 | 女性 |
|---|---|---|
| 58 | アイスランド | 42 |
| 92 | 日本 | 8 |

| 男性 | 国家元首の在任年数（過去50年） | 女性 |
|---|---|---|
| 24 | アイスランド | 26 |
| 50 | 日本 | 0 |

2023年版では、完全な男女平等を達成した国はまだないが、上位9か国は少なくとも80％の格差を縮めている。なお、日本の格差指数は64.7％で、前年（146か国中116位）から9ランクダウンした。

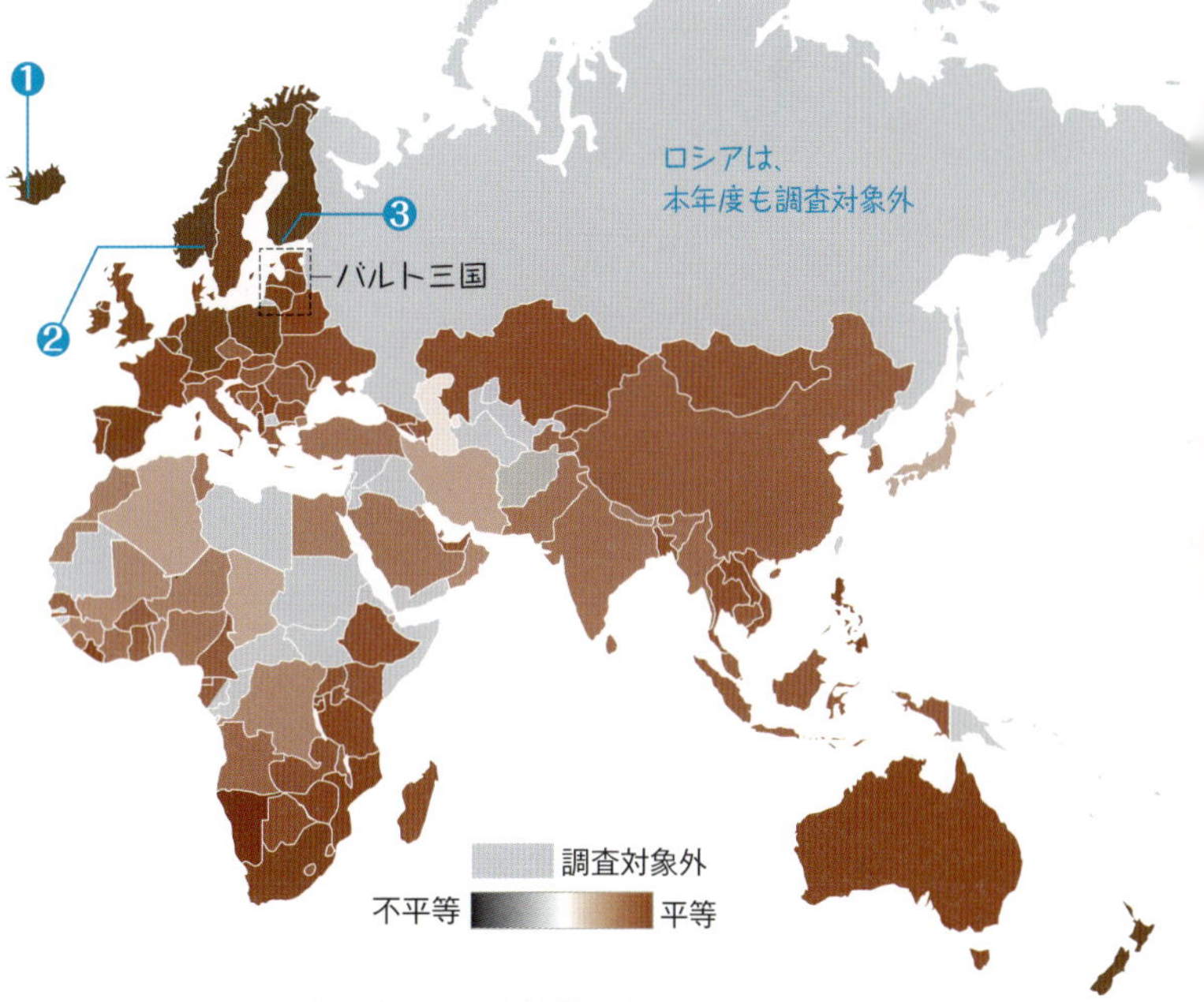


アメリカ、ヨーロッパは総じて男女格差は少ない。日本は、開発途上国と同程度。中東やアフリカでは、地域によって格差が大きい。

## 世界各国の主な女性リーダー

バルト三国（エストニア、ラトビア、リトアニア）ではすべて女性首相

エストニア首相
カヤ・カッラス
（2021年1月就任）

ラトビア首相
エビカ・シリニャ
（2023年9月就任）

リトアニア首相
イングリダ・シモニーテ
（2020年11月就任）

フランス首相
エリザベット・ボルヌ
（2022年5月就任）

ウガンダ首相
ロビナ・ナッバンジャ
（2021年6月就任）

アメリカ副大統領
カマラ・ハリス
（2021年1月就任）

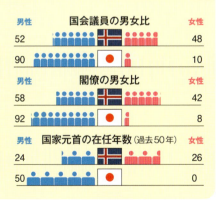

中華民国（台湾）総統
蔡英文（さい・えいぶん）
（2016年5月就任）
※任期は2024年5月まで

# いまさら聞けない最新IT技術

いま注目のキーワードまるわかり

## ChatGPT

Chat
Generative Pre-trained Transformer

ChatGPTは、コンピュータと人間のような自然な対話ができるAI（人工知能）のサービスだ。質問やリクエストを文章で入力すると、対応する答えが自然な文章で返ってくる。答えに対してさらに質問を重ね、対話を続けることもできる。OpenAIという会社が2022年11月にサービスを開始すると、AIとは思えない質の高い文章に注目が集まり、たちまち爆発的なヒットとなった。

ChatGPTには、メールや企画書の文面の作成や、企画のアイデア出し、プログラムコードの作成など、様々な活用法がある。ただし、生成された文章には間違いや不適切な表現が含まれている場合もあるため、注意が必要だ。

### ChatGTPでできること

**会話・相談**
名古屋の観光名所を教えて？

**多言語の翻訳**
文章を英語と中国語に翻訳して！

**文章の作成**
「地球温暖化の対策」に関するレポートを作成して。

**コンテンツ生成**
火星を舞台にしたSF小説を書いて！

**メールの作成**
得意先に送る「お詫び」のメールを作成して…

**プログラムの作成**
Python《パイソン》言語でプログラムを作って。

**アイディアの創出**
Webサービスの新しい企画を考えて。

などなど…

### ChatGTPへの質問と回答例

最初の質問。ある程度は、おおざっぱで構わない。

NW　企画・営業部門の新入社員としての心構えを教えて。100文字程度で簡潔に。

新入社員としての心構え:主体性を持ち、学び続け、お客様のニーズを第一に考え、協力とコミュニケーションを大切に。目標設定と成果に責任感を持ち、柔軟で前向きな姿勢を備え、チームでの協力を重視し、変化に適応する準備を心掛けましょう。

NW　具体的に、箇条書きにして。

追加の質問。より詳しい内容を質問する。

・自己主張: 主体的に行動し、主体性を持つ。
・学び続ける: 業界や製品についての知識を深め、スキルを向上させる。
・顧客中心: 顧客のニーズを理解し、最善の解決策を提供する。
・目標志向: 売上目標やKPIに向けた具体的な計画を立て、達成に向けて努力する。
・責任感: 自身の業務と組織の成功に対する責任を感じる。
⋮

# メタバース

## Metaverse

メタバースとは、「メタ（超）」と「ユニバース（宇宙）」を組み合わせた造語で、インターネット上に構築された仮想空間のこと。

利用者はアバターと呼ばれる自分の分身を使ってこの仮想空間に入り込み、他の利用者と交流したり、イベントやゲームに参加したりできる。関連ビジネスは多岐にわたり、将来の市場規模は年間１兆ドルになるという予測もある。ネット空間に広がる新たなフロンティアだ。

メタバース内の土地や建物、アバターの着ている服などの様々なモノを作って、販売することもできる。企業も新しい販路として注目している。

ユーザーはVRヘッドセットとコントローラでアバターを操作する。頭や腕の動きは、アバター（分身）に反映される。

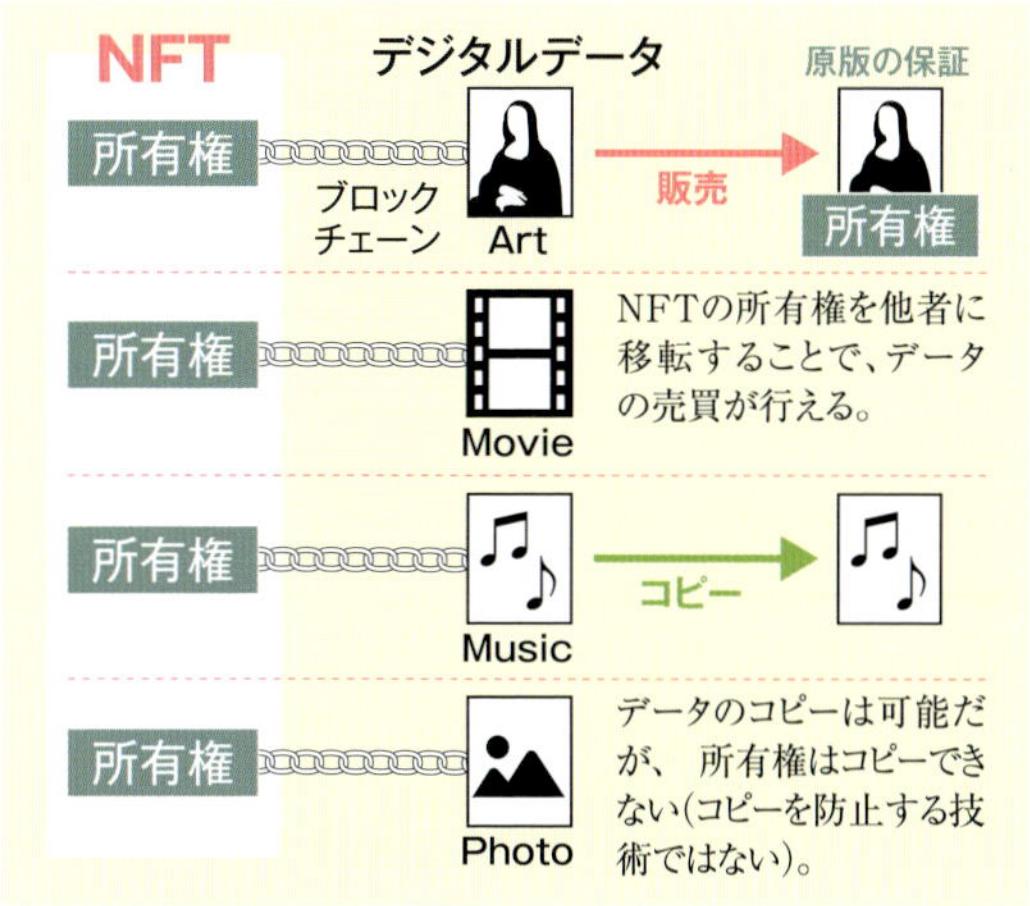


# NFT

## Non-Fungible Token

NFT（非代替性トークン）は、デジタルデータに識別可能なコードを付与することで、個々のデジタルデータを固有のものとして判別できるようにしたもの。

デジタルデータに所有権をもたせ、売買などの取引ができるようにする。活用例として、プロ野球カードなどのトレーディングカードをデジタル化したNFTトレーディングカードがある。

# ブロックチェーン

## BlockChain

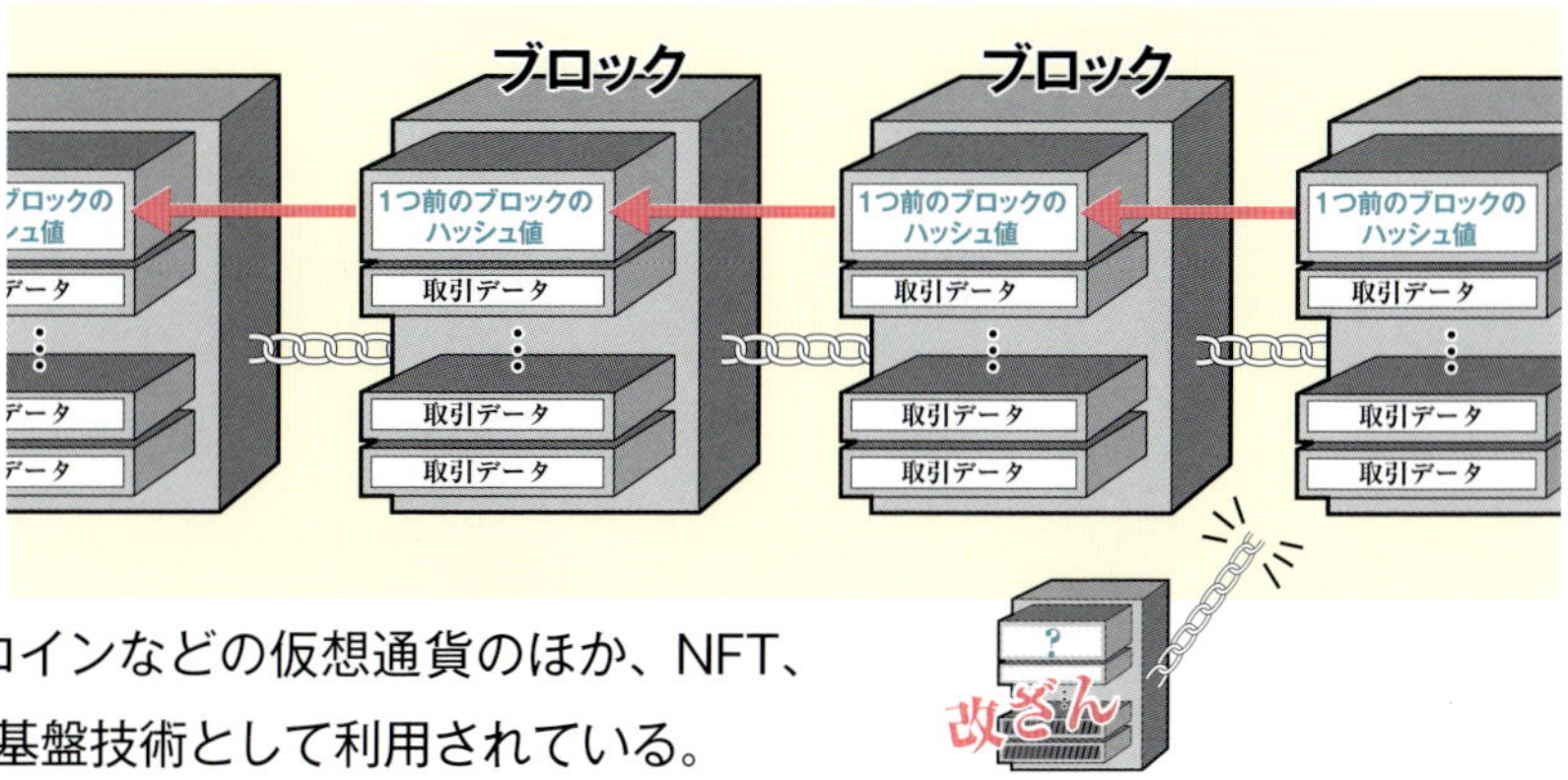


取引情報を記録した台帳をブロックという単位にまとめ、ブロックを次々に連結して管理する技術。改ざんが極めて難しいため、特定の管理者が不在でも運用することができるのが特徴。ビットコインなどの仮想通貨のほか、NFT、DeFi《ディーファイ》（分散型金融）などの基盤技術として利用されている。

2022.11-
2023.10

# まるわかり ニュースダイジェスト

## Nov 11

**第27回気候変動枠組条約締約国会議《きこうへんどうわくぐみじょうやくていけつこくかいぎ》** エジプトで開催

**葉梨康弘《はなしやすひろ》**法務大臣（当時）が**辞任** 「死刑のはんこを押す地味《じみ》な役職」発言で

**寺田稔《てらだみのる》**総務大臣（当時）が政治資金をめぐる問題で**辞任**

米オープンAI、会話形式でやり取りする生成AI「**チャットGPT《ジーピーティー》**」を発表

## Dec 12

**旧統一教会**問題を受けた**被害者救済新法**が国会で成立

元陸上自衛隊所属**五ノ井里奈《ごのいりな》**さんの性暴力問題で、加害隊員を**懲戒免職《ちょうかいめんしょく》**

岸田政権「**安保3文書**」を閣議決定《かくぎけってい》 **反撃能力の保有**を明記

**FIFAワールドカップ**カタール大会でアルゼンチンが優勝、日本はベスト16

**秋葉賢也《あきばけんや》**復興大臣（当時）が政治資金をめぐる問題で**辞任**

## Jan 01

**クロアチア**が通貨を**ユーロ**に移行 ユーロ通貨圏は20カ国に拡大

福島第一原発事故で強制起訴された**東京電力旧経営陣**、高裁でも**無罪判決**

フランス、**年金改革法案**を発表 全土に**抗議デモ**広がる

## Feb 02

**トルコ・シリア地震** トルコ・シリアの両国で死者5万人以上

原子力規制委員会、**原発**の運転期間を**60年超に延長**できる方針を決定

上野動物園のジャイアントパンダ「**シャンシャン（香香）**」中国へ**返還**

## Mar 03

2022年の国内の**出生数《しゅっしょうすう》**79万9728人 **7年連続過去最少**を更新

**H3ロケット初号機**、**打ち上げ失敗** 2段目が点火せず

**韓国政府**、**徴用工《ちょうようこう》問題**の解決策を発表 日韓関係改善へ

ロンドン・ウェストミンスター寺院で開催された戴冠式《たいかんしき》で、カンタベリー大主教から「聖エドワード王冠」を授かる英国王チャールズ３世＝2023年5月6日（写真：ロイター＝共同）

1966年に４人が殺害された「袴田事件」の犯人として、1980年に死刑が確定した袴田巌《はかまだいわお》さんの再審決定。87歳の誕生日を迎えた袴田さんと、姉のひで子さん＝2023年３月10日（写真：共同通信）

「袴田《はかまだ》事件」で**死刑**が確定した**袴田巌**《はかまだいわお》さんの**再審決定**　再審無罪の公算高まる
参議院本会議、**ガーシー**（東谷義和《ひがしたによしかず》）参議院議員（政治家女子48党）を**除名処分**《じょめいしょぶん》
**岸田文雄**《きしだふみお》首相がウクライナを**電撃訪問**　**ゼレンスキー**大統領と会談
**ワールド・ベースボール・クラシック**で**日本**が14年ぶりに**優勝**
過去最大114兆3812億円の**予算案**が可決成立　**防衛費大幅増額**
米前大統領**ドナルド・トランプ**氏**起訴**　不倫《ふりん》口止め料など8月までに4つの事件

## Apr 04

「**こども家庭庁**」発足　子どもや子育てに関する政策の司令塔
**フィンランド**が**NATO**（北大西洋条約機構）に正式加盟
**日銀総裁**に黒田東彦《くろだはるひこ》総裁の後任として、経済学者の**植田和男**《うえだかずお》氏が就任
**岸田首相**が遊説《ゆうぜい》先の和歌山県雑賀崎《さいかざき》漁港でパイプ爆弾による**襲撃**を受ける
アフリカの**スーダン**で**内戦勃発**《ぼっぱつ》　国軍とその傘下の準軍事組織**RSF**が衝突
**インド**の人口、中国を上回り**世界一**に　推定14億2860万人

## May 05

**世界保健機構**、新型コロナウイルス感染症の**緊急事態宣言終了**を発表
英ウェストミンスター寺院で英国王**チャールズ3世**が戴冠式《たいかんしき》
**新型コロナウイルス**の感染症法上の位置づけを「**5類**」に変更
**広島市**で第49回先進国首脳会議（**G7**）開催　ゼレンスキー大統領も来日
トルコ大統領選挙、現職の**エルドアン**氏が決選投票で**勝利**

## Jun 06

**藤井聡太**《ふじいそうた》六冠、名人戦に勝利し史上最年少で名人位と**七冠獲得**
「**改正マイナンバー法**」国会で可決成立　健康保険証をマイナ保険証に一体化
ウクライナ南部ヘルソン州の**カホフカダム**が破壊により**決壊**
「**改正入管法**」国会で可決成立　難民申請中の外国人の**送還**を可能に
「**こども未来戦略方針**」を決定　岸田政権「**異次元の少子化対策**」の具体案
**防衛費増額**に向けた**財源確保法**が国会で可決成立
「**LGBT理解増進法**」国会で成立　性的マイノリティーへの理解広げる目的

2022年10月にツイッター社を買収したイーロン・マスク氏。従業員の大量解雇や、有料アカウント制の導入など、賛否両論。2023年7月には、サービス名を「X」《エックス》に変更した

G7広島サミットで来日したウクライナのゼレンスキー大統領。岸田首相とともに原爆死没者慰霊碑《げんばくしぼっしゃいれいひ》で献花《けんか》。花束には、ウクライナ国旗と同じ色のリボン＝2023年5月21日

**Jul 07**

ロシアの民間軍事会社「**ワグネル**」が**武装蜂起**《ぶそうほうき》　交渉でワグネルが**降伏**《こうふく》

フランスのナンテールで警官がアフリカ系少年を**射殺**　各地で**抗議活動・暴動**

米SNS大手「**ツイッター**」の名称をイーロン・マスク氏が「**X**《エックス》」に変更

中古車販売大手「**ビッグモーター**」保険金不正請求により創業者社長が**辞任**

**ニジェール**で軍による**クーデター**発生

**Aug 08**

**国立科学博物館**、クラウドファンディングで運営費を募集　9・2億円を調達《ちょうたつ》

米ハワイ州**マウイ島**で大規模な**山火事**が発生　97人が**死亡**

2023FIFA女子ワールドカップ　スペインが初優勝、**日本はベスト8**

ワグネル創設者の**プリゴジン**氏らが搭乗していた飛行機が**墜落**　乗員**全員死亡**

インド月面探査機**チャンドラヤーン3号**が月の南極付近に着陸

東京電力、福島第一原発「**処理水**」の**海洋放出**を開始

そごう・西武百貨店の労組《ろうそ》が**ストライキ**　西武池袋本店が終日**営業休止**に

**Sep 09**

**関東大震災**から100年　各地で**追悼**《ついとう》と**防災**のイベント

**ジャニーズ事務所**、故ジャニー喜多川《きたがわ》氏による**性加害**《せいかがい》を認め**謝罪**《しゃざい》　社長交代

**秋本真利**《あきもとまさとし》衆議院議員、洋上風力発電事業をめぐる**受託収賄**《じゅたくしゅうわい》容疑で**逮捕**

**モロッコ**でM6・8の**地震**発生　2900人以上が**死亡**

**リビア東部**で**大雨**による**洪水**　**死者**3958人、**行方不明**9000人超

**第2次岸田第2次改造内閣**発足《ほっそく》　女性5人が入閣《にゅうかく》

**Oct 10**

**インボイス制度**が開始　消費税の免税事業者に**事実上の増税**

米大リーグ・エンゼルスの**大谷翔平**《おおたにしょうへい》選手が日本人として初めて**本塁打王**に

ジャニーズ事務所「**SMILE-UP.**《スマイルアップ》」に社名変更　被害者へ補償《ほしょう》後に**廃業**《はいぎょう》と発表

**ガザ地区**を実効支配する**ハマス**がイスラエルに**侵攻**《しんこう》、イスラエルもガザを**攻撃**

**藤井聡太**《ふじいそうた》七冠が史上初の**八大タイトル独占**を達成

文部科学省、**旧統一教会**への**解散命令**を東京地裁に**請求**《せいきゅう》

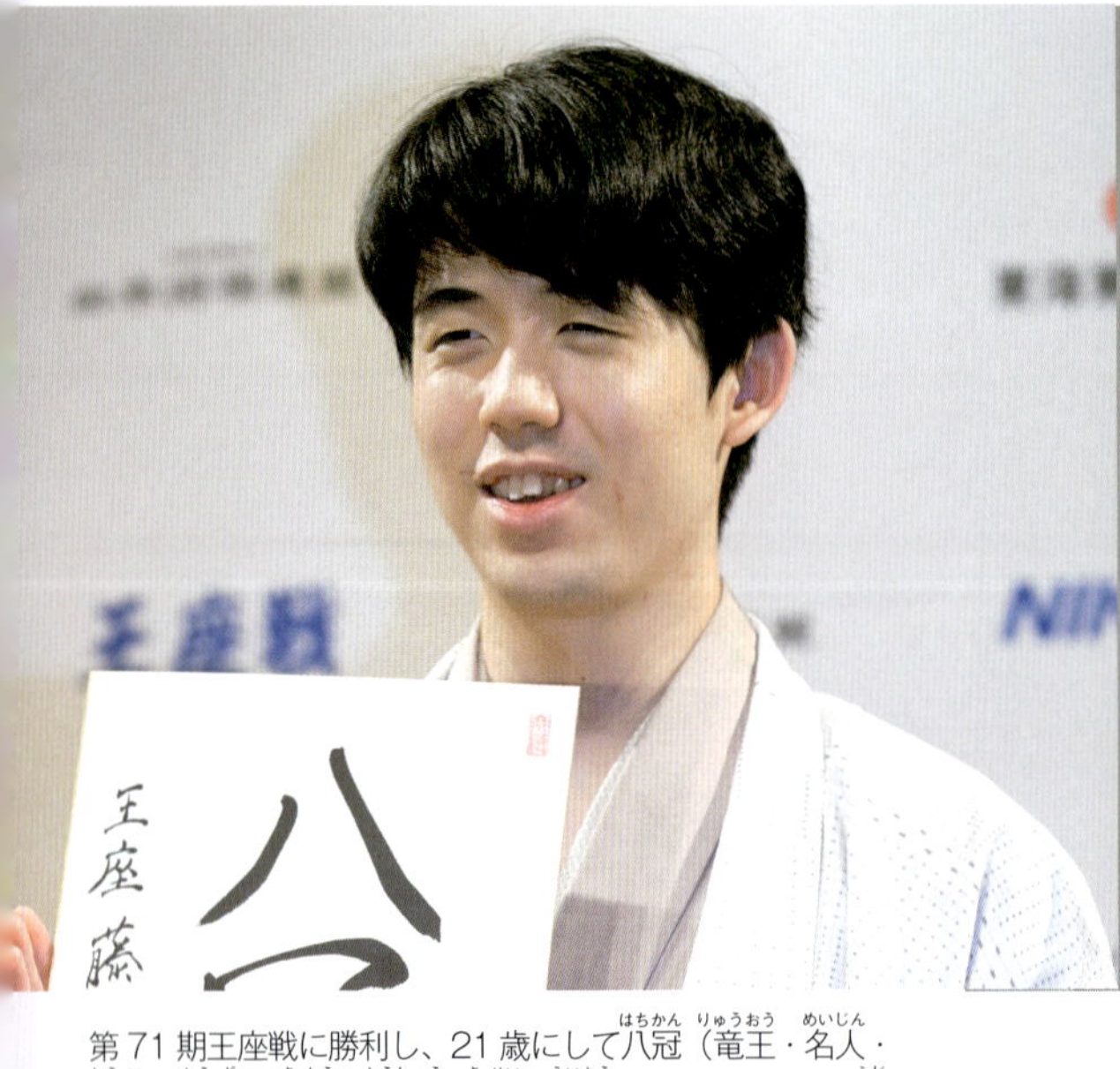

第71期王座戦に勝利し、21歳にして八冠《はちかん》（竜王《りゅうおう》・名人《めいじん》・王位《おうい》・王座《おうざ》・棋王《きおう》・王将《おうしょう》・棋聖《きせい》・叡王《えいおう》）独占を達成した藤《ふじ》井聡太《いそうた》氏＝2023年10月11日（写真：アフロ）

ジャニーズ事務所の故ジャニー喜多川《きたがわ》元社長による性加害問題で、記者会見する藤島《ふじしま》ジュリー景子《けいこ》前社長（右）と東山紀《ひがしやまのり》之《ゆき》社長＝2023年9月7日（写真：共同通信）

## 目次

# 図解まるわかり時事用語

### 巻頭カラー


目でみてわかるニュースの大疑問

①地図で見るニュースの最前線 2
②関東大震災から100年 4
③LGBTQ+ってなに? 6
④スポーツJapan●2023 8
⑤日本の男女格差はほかの国と比べて大きいの? 10
⑥いまさら聞けない最新IT技術 12

まるわかりニュースダイジェスト 14


### SPECIAL


1 パレスチナ問題　対立の「壁」に出口見えず 22
2 福島第一原発の処理水放出　トリチウムを安全基準の40分の1未満に薄めて放出 24
3 LGBT理解増進法　性的少数者への理解はすすむのか 26
4 マイナンバーカード(マイナカード)　普及のために紙の保険証を廃止 28

ちょこっと時事　エルサレム問題(23)/中国、日本の水産物を禁輸(25)/岸田首相襲撃事件(27)/デジタル庁(29)


### 国際


5 ロシアのウクライナ侵攻　プーチン大統領の戦争に世界が反対 30
6 中国・習近平体制　異例の3期目に突入した習政権 32
7 一帯一路　中国主導の広域経済圏構想 34
8 緊迫する台湾情勢　「台湾有事」は起こるのか 36

## 国際

9 日韓関係の改善 元徴用工問題に政治的決着 38

10 日本の領土問題 北方領土・竹島・尖閣諸島をめぐって対立 40

11 ミャンマー情勢 軍事政権への抵抗続く 42

12 G7広島サミット 各国首脳が原爆慰霊碑に献花 44

13 NATO（北大西洋条約機構） ロシアのウクライナ侵攻で拡大 46

14 核拡散防止条約再検討会議 すすまない核保有国の軍縮 48

15 スーダンの武力衝突 軍事組織同士の勢力争い 50

16 グローバルサウス 分断のすすむ世界情勢の鍵を握る第三の勢力 51

ちょこっと時事
トランプ前大統領の起訴（31）／ウイグル人権問題（33）／中国、反スパイ法改正（35）／トルコ・シリア地震（37）／朝鮮戦争、休戦から70年（39）／ナゴルノ・カラバフ（41）／ロヒンギャ問題（43）／地球の人口、80億人を突破（45）／QUAD（クアッド）（47）／IAEA（国際原子力機関）（49）／ニジェールのクーデター（51）

## 政治

17 第2次岸田第2次改造内閣の顔ぶれ 閣僚の交代が毎年恒例に 52

18 旧統一教会問題 文部科学省が解散命令請求 54

19 防衛費の増額（安保3文書） 5年間で総額43兆円に 56

20 辺野古基地新設問題 沖縄県民の反発を無視して埋め立てを強行 58

21 憲法改正論 自民党が改憲4項目を提示 60

22 選択的夫婦別姓 夫婦が希望すれば別姓を名乗れる制度 62

23 小選挙区の区割り変更 衆議院議員選挙の一票の格差解消へ 64

24 日本の政党2023 保守・中道・リベラルの違いは？ 66

25 IR（統合型リゾート） カジノを含む娯楽施設、大阪・夢洲に開業 68

26 武器輸出ルール見直し 殺傷能力のある武器も輸出可能に 70

27 皇位継承をめぐる議論 女性宮家創設、旧宮家復活について議論 71

28 経団連（日本経済団体連合会） 日本の経済界の総元締め 72
29 連合（日本労働組合総連合会） 日本の労働組合の総元締め 73

ちょこっと時事
副大臣・政務官の辞任ドミノ（53）／不当寄附勧誘防止法（55）／防衛費の後年度負担（57）／代執行訴訟（59）／こども家庭庁（61）／候補者男女均等法（63）／統一地方選挙（65）／秋本衆議院議員、受託収賄容疑で逮捕（67）／ガーシー参議院議員の除名処分（69）／「政治的公平」めぐる総務省内部文書（71）／ふるさと納税（73）

## 経済

30 日本の景気2023 新型コロナの落ち込みから回復 74
31 2023年度予算 過去最大の114・4兆円を計上 76
32 日銀の金融緩和政策 依然として出口が見えない異次元緩和 78
33 物価高 物価の上昇に賃上げが追いつかず 80
34 すすむ円安 エネルギー、穀物価格が上昇 82
35 国債 国にお金を貸しているのは誰か 84
36 インボイス制度 個人事業主に増える負担 86
37 実質賃金 30年間増えていない日本人の給料 88
38 FTAとEPA RCEP発効で中国、韓国とも連携 90
39 新NISA 個人資産を投資に向かわせるねらい 92
40 紙幣のデザイン刷新 新一万円札の顔に渋沢栄一 93
41 インド太平洋経済枠組み（IPEF） 中国の一帯一路に対抗 94
42 国際課税ルール グローバル企業に課税する新ルール 95

ちょこっと時事
物流2024年問題（75）／税収、初の70兆円台に（77）／イールドカーブ・コントロール（79）／補正予算（81）／恒大集団の経営危機（83）／MMT（現代貨幣理論）（85）／ゼロゼロ融資（87）／最低賃金（89）／春闘（91）／セブン＆アイ、そごう・西武を売却（93）／GAFA（95）

## 社会

43 ジャニー喜多川の性加害問題 忖度して沈黙を続けたマスコミ 96
44 袴田事件の再審開始 冤罪の疑いで裁判のやり直し 98

## 社会


45 改正入管法 難民認定の申請中でも強制送還が可能に 100
46 子どもの貧困 子どもの8・7人に一人が貧困 102
47 異次元の少子化対策 止まらない少子化に歯止め 104
48 日本の年金制度 安心できない老後の資金 106
49 SDGs（持続可能な開発目標） 世界が達成すべき17の目標 108
50 五輪汚職・談合事件 利権にまみれたスポーツの祭典 110
51 リニア中央新幹線 東京・名古屋間を40分で結ぶ 112
52 ギグワーカー 自由な働き方の反面、新たな労働問題も発生 114
53 ビッグモーターの保険金不正請求問題 車体を傷つけて修理代を水増し 116
54 ジョブ型雇用 日本型雇用から欧米型雇用へ 117
55 トランスジェンダー 性別変更の手術要件に「違憲」判断 118
56 同性婚 同性婚をめぐる裁判、5地裁判決が出揃う 119

ちょこっと時事
闇バイト（97）／拘禁刑（99）／外国人技能実習制度（101）／ヤングケアラー（103）／男性の育休（105）／「遺族年金」見直しへ（107）／リスキリング（109）／札幌、2030年冬季五輪招致を断念（111）／スペースジェット開発断念（113）／ライドシェア（115）／フリーランス新法（117）／年収の壁（119）


## 環境・健康


57 新型コロナ感染症「5類」に引き下げ 感染対策は「ウィズコロナ」へ 120
58 日本の原子力発電所 60年を超えて運転可能に 122
59 核燃料サイクル すすまない使用済み燃料のリサイクル 124
60 核のごみ 地下300メートルに埋めて10万年保管 126
61 再生可能エネルギー 温室効果ガスを排出しないエネルギー 128
62 パリ協定 2050年までに温室効果ガス排出を実質ゼロへ 130
63 南海トラフ巨大地震 想定される死者数最大23万1000人 132
64 新型出生前診断 妊婦の血液で胎児の染色体異常を検査 134

65 観測史上「最も暑い夏」 地球が沸騰した夏 136
66 EVシフト ガソリン車は販売禁止へ 137
ちょこっと時事 HPVワクチン (121)／GX（グリーントランスフォーメンション）(123)／次世代革新炉 (125)／海洋プラスチックごみ問題 (127)／カーボンプライシング (129)／線状降水帯 (131)／クマ被害、全国で多発 (133)／経口中絶薬 (135)／全固体電池 (137)

## 情報・科学

67 生成AI 人間の指示に応じてAIがデータを生成 138
68 ブロックチェーン 集中管理から自律分散型管理へ 140
69 ゲノム編集 ノーベル賞を受賞した遺伝子改変の新技術 142
70 アルテミス計画 人類が再び月へ 144
71 iPS細胞 実用化がすすむ万能細胞 145
ちょこっと時事 ツイッターの名称が「X」に (139)／ウェブ3.0 (141)／アルツハイマー病新薬「レカネマブ」(143)／人新世 (145)

## 文化・スポーツ

72 ノーベル賞2023 日本人受賞者はこれまでに25人 146
73 世界遺産2023 日本国内の世界遺産は25件 148
74 藤井聡太、史上初の八冠達成 史上初の8大タイトル独占 150
75 ブレイキン パリ五輪の新競技に採用 152
76 大谷翔平選手の活躍2023 日本人初の本塁打王に 153
77 大阪・関西万博 2025年に夢洲で開催予定 154
78 映画賞・文学賞2023 世界三大映画祭・アカデミー賞・芥川賞・直木賞 155
ちょこっと時事 国立科学博物館のクラウドファンディング (147)／オーバーツーリズム (149)／バスケ男子、パリ五輪出場 (151)／侍ジャパン、WBC優勝 (153)／ハリウッドのストライキ (155)

索引 159

※本書の内容は、原則として2023年11月現在の情報をもとにしています。

# パレスチナ問題

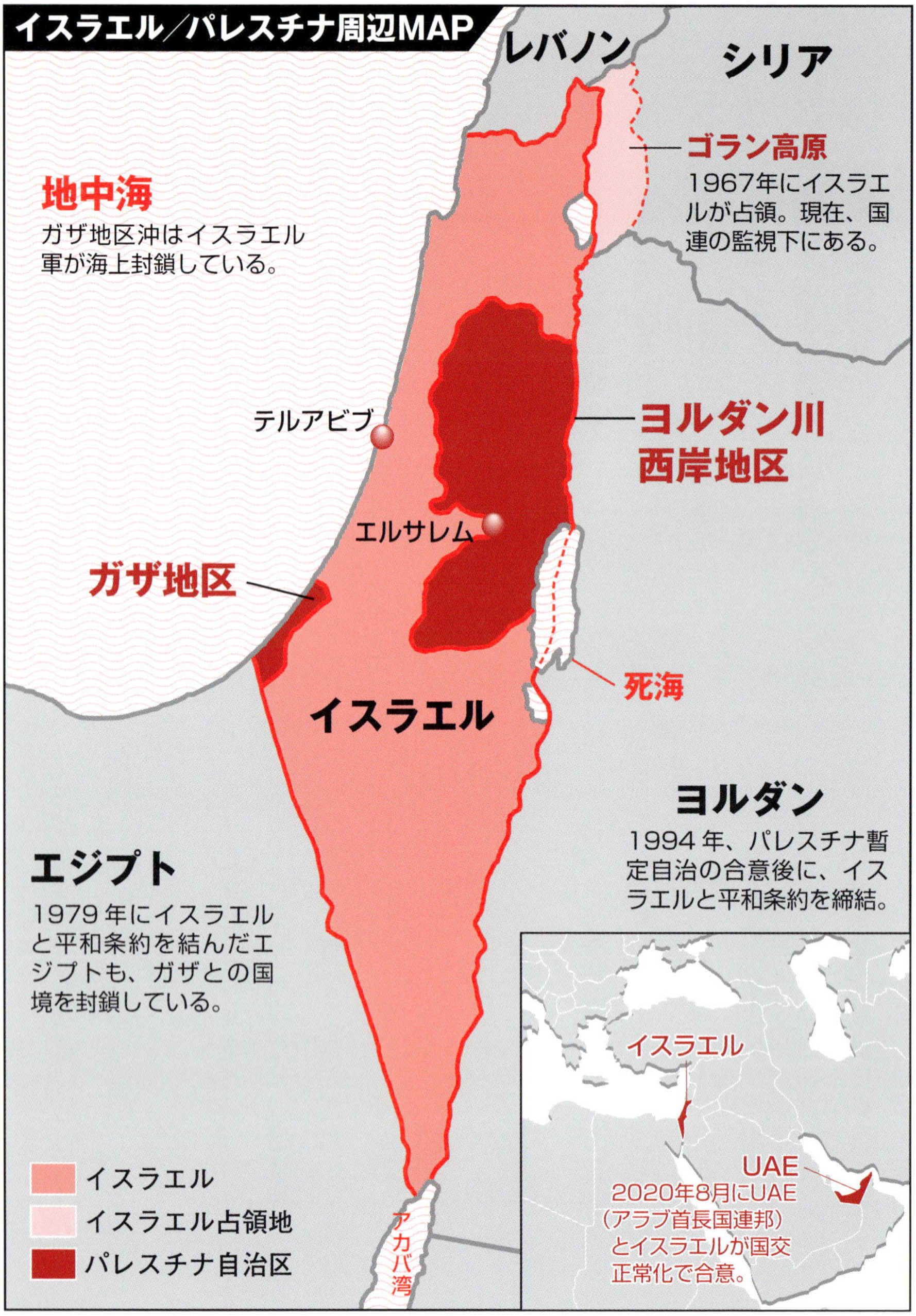
イスラエル／パレスチナ周辺MAP
レバノン
シリア
ゴラン高原
1967年にイスラエルが占領。現在、国連の監視下にある。
地中海
ガザ地区沖はイスラエル軍が海上封鎖している。
テルアビブ
ヨルダン川
西岸地区
エルサレム
ガザ地区
死海
イスラエル
ヨルダン
1994年、パレスチナ暫定自治の合意後に、イスラエルと平和条約を締結。
エジプト
1979年にイスラエルと平和条約を結んだエジプトも、ガザとの国境を封鎖している。
イスラエル
UAE
2020年8月にUAE（アラブ首長国連邦）とイスラエルが国交正常化で合意。
イスラエル
イスラエル占領地
パレスチナ自治区
アカバ湾

**100字でナットク**

パレスチナのガザ地区を実効支配する武装組織ハマスは、２０２３年10月、イスラエル側に大規模な攻撃を仕掛けた。イスラエル軍も報復としてガザ地区を空爆し、大きな被害が出ている。対立はなぜやまないのだろうか。

地中海南東岸のパレスチナ地方にある**イスラエル**は、この地に移住してきたユダヤ人によって、第二次世界大戦後に建国された。長らくヨーロッパで迫害されてきた歴史をもつユダヤ人にとって念願の祖国だ。しかし、もともとパレスチナに住んでいたアラブ人は、イスラエルの建国によって住む土地を奪《うば》われてしまった。彼らは**パレスチナ難民《なんみん》**と呼ばれ、イスラエルに激しく抵抗した。周辺のアラブ諸国も応援し、イスラエルと何度も戦争になった（中東戦争）。

１９９３年の**オスロ合意**によって、イスラエルは戦争で占領した**ヨルダン川西岸《せいがん》地区**と**ガザ地区**から撤退し、この場所にパレスチナ人による**自治政府**をつくることになった。パレスチナ人の国家をつくり、イスラエルと共存するのが将来の目標だ。

しかし現在、そのための話し合いは完全に行きづまっている。ヨルダ

## イスラエル・ハマス戦争

### イスラエル

アメリカなど　支持

ネタニヤフ首相

2022年に発足したネタニヤフ政権は、極右勢力を含む連立政権で、パレスチナに対して強硬路線をとる。2023年のハマスの攻撃により、戦時内閣を組織。

写真：アメリカ国防省

衝突

### パレスチナ

イランなど　支持

#### ハマス

イスラエルと敵対するイスラム原理主義組織。政治部門と軍事部門がある。2006年に行われた選挙で勝利したがファタハと対立。その後ガザ地区を武力で占拠し、実効支配を続けている。

分裂

#### 自治政府

アッバス議長（ファタハ）

1994年のオスロ合意によって生まれたパレスチナ人の暫定政府。ヨルダン川西岸地区の一部を統治する。政権を握るファタハはイスラエルとパレスチナの2国家共存を主張するが、パレスチナ人の支持率は低迷している。

写真：ロシア大統領府

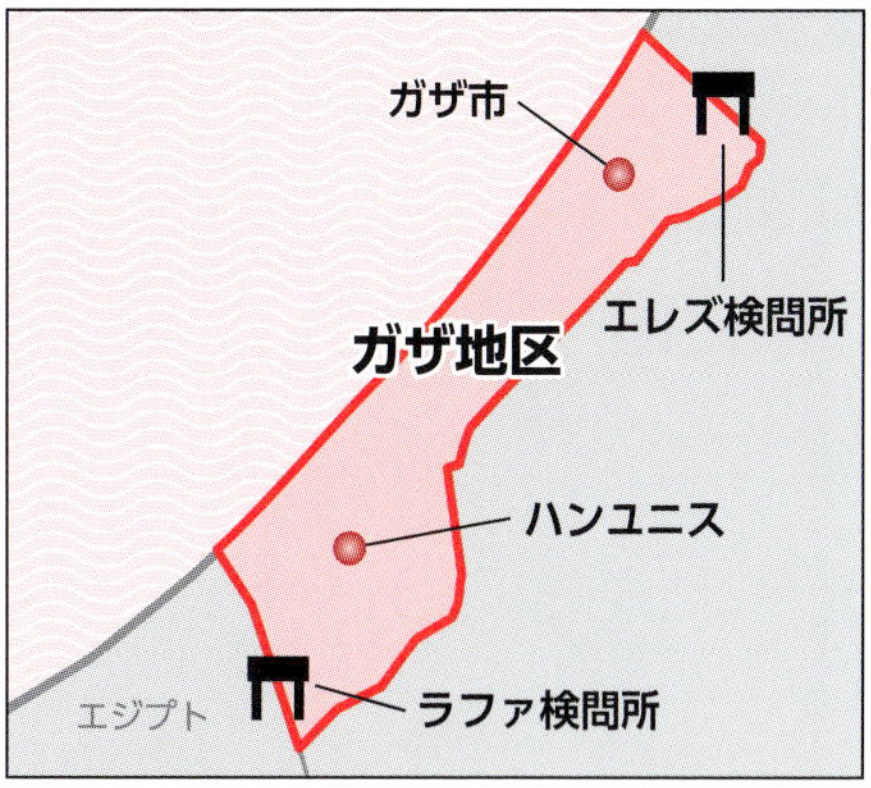


2023年10月、ハマスがイスラエルを攻撃し、大規模な武力衝突が発生。イスラエルは圧倒的な武力で反撃し、ガザ地区では1万人以上が殺害された。子どもやジャーナリスト、国連職員も多数犠牲になっている。

ン川西岸地区の約6割は現在もイスラエル統治下にある。イスラエル側は多数の**ユダヤ人入植地**を建設し、この地を事実上併合《へいごう》しようとしている。これは明かなルール違反だ。

　また、ガザ地区ではイスラエルとの武力闘争を続ける**ハマス**が実効支配し、西岸地区の自治政府と分裂状態になっている。イスラエルはガザ地区を**分離壁**で封鎖し、検問所を設けて物資や人の出入りを厳しく制限している。ガザ地区は「**天井のない監獄**」とも呼ばれ、住民は非常に困窮している。

　2023年10月、ハマスの戦闘員がイスラエル側を急襲し、民間人多数を殺害、さらに240人以上を人質として連れ去った。これに対し、イスラエルはガザ地区を広範囲に空爆し、同地区は戦争状態となった。イスラエル軍の空爆はガザ地区の多数の市民を殺害しており、犠牲者は1万人を超えるという。欧米はこの衝突ではおおむねイスラエルを支持しているが、イスラエルのガザ地区侵攻には人道的見地から強い批判の声もあがっている。

　戦闘は激しさを増しているが、停戦のめどはまったく立っていない。

ちょこっと時事

**エルサレム問題**　エルサレムの旧市街には、ユダヤ教、キリスト教、イスラム教の共通の聖地がある。イスラエルはエルサレムを「首都」と主張しているが、その東半分はイスラエルが一方的に占領したもので、国際的に認められていない。2018年、米トランプ政権は米大使館をエルサレムに移転し、国際的に批判された。


参照 地図で見るニュースの最前線 ››› P2

# 福島第一原発の処理水放出

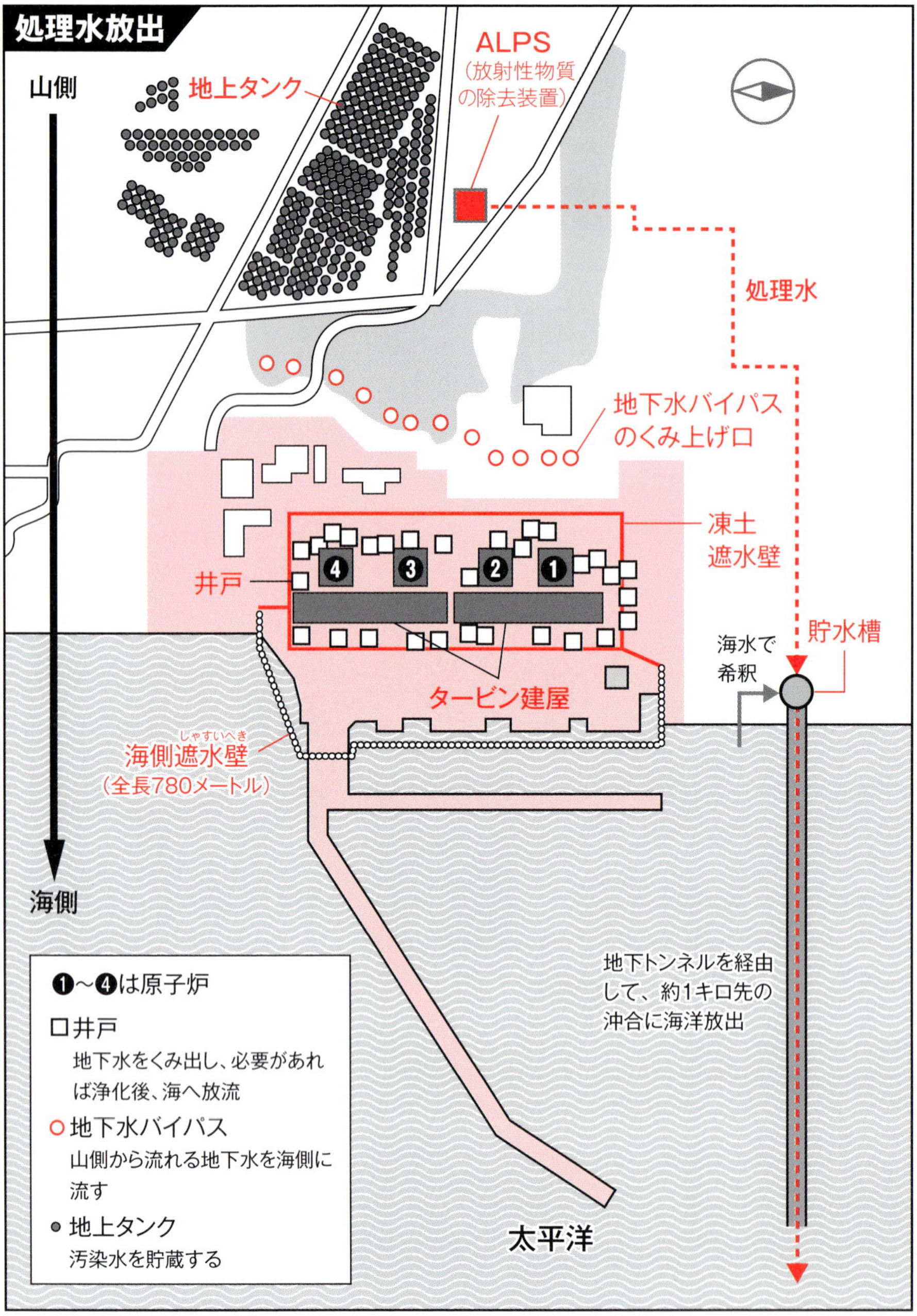
処理水放出
山側
地上タンク
ALPS
（放射性物質の除去装置）
処理水
地下水バイパスのくみ上げ口
凍土遮水壁
井戸
❹ ❸ ❷ ❶
タービン建屋
貯水槽
海水で希釈
海側遮水壁《しゃすいへき》
（全長780メートル）
海側
地下トンネルを経由して、約1キロ先の沖合に海洋放出
太平洋
❶～❹は原子炉
□井戸
地下水をくみ出し、必要があれば浄化後、海へ放流
○地下水バイパス
山側から流れる地下水を海側に流す
●地上タンク
汚染水を貯蔵する

## 100字でナットク

福島第一原発では廃炉に向けた取り組みが続いている。燃料デブリに流れ込んで増え続ける汚染水の対策として、浄化処理した「処理水」を海に放出することになり、2023年8月に1回目の放出が開始された。

東日本大震災が発生した2011年3月11日当時、東京電力の**福島第一原発**では、6基ある原子炉のうち1～3号機が運転中だった。地震発生により、運転中の原子炉は3基とも緊急停止したが、非常用の発電機が津波に飲まれて使えなくなり、原子炉内に冷却水を送るポンプが停止してしまった。これにより、原子炉内にあった核燃料は3基とも高熱によって溶け落ちたとみられている。さらに、発生した水素ガスが爆発し、点検中だった4号機を含む1～4基の建屋《たてや》が吹き飛ばされた。

現在、原子炉建屋内には溶け落ちた核燃料（**燃料デブリ**）による高濃度の放射能汚染水が残っており、そこに雨や地下水が流れ込んで大量の**汚染水**ができる。くみ上げて地上タンクに貯蔵しているが、タンクの数は千本を超え、貯蔵量が限界に達している。この汚染水対策が事故処理の大きな課題となっている。

関連URL ››› ●みんなで知ろう。考えよう。ALPS 処理水のこと（経済産業省）
https://www.meti.go.jp/earthquake/nuclear/hairo_osensui/shirou_alps.html

## 汚染水の流出対策

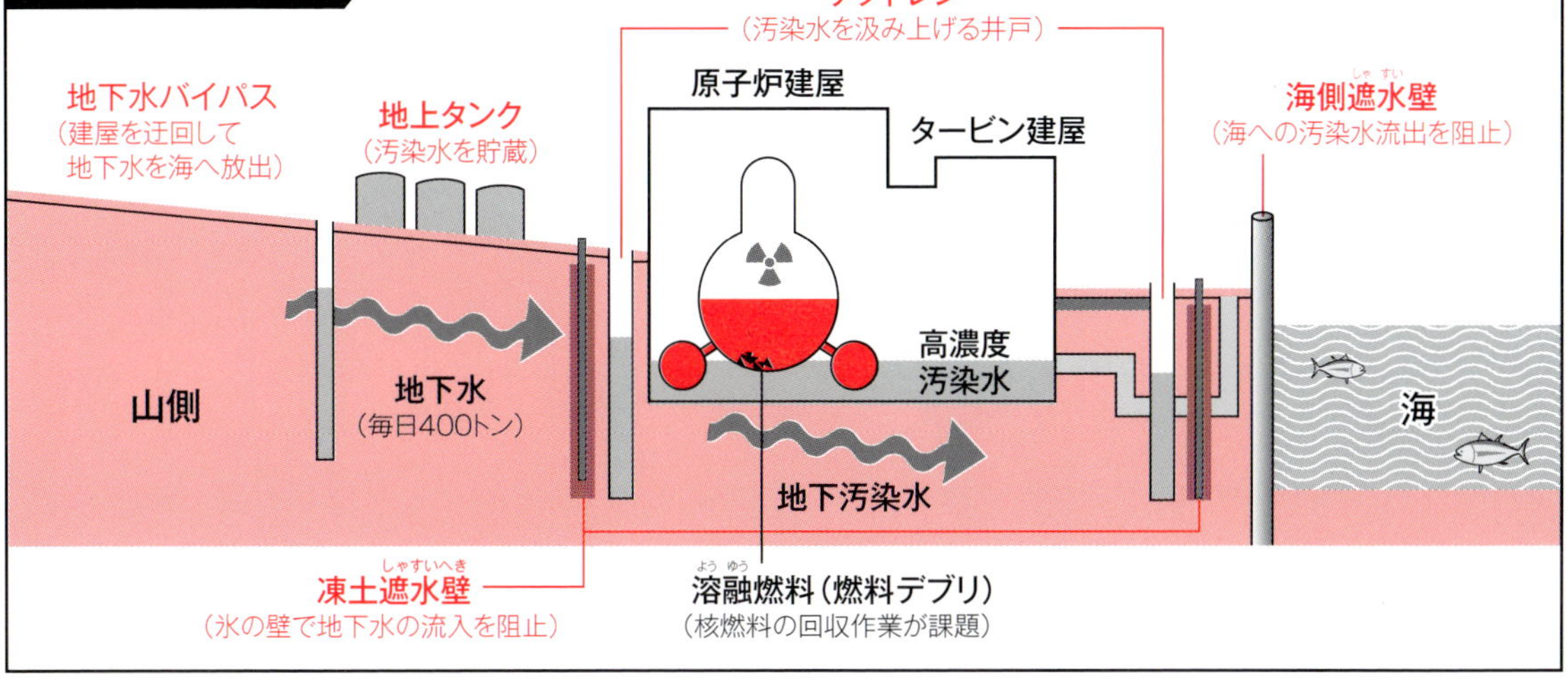


## トリチウム（三重水素）

**トリチウム（三重水素）**：水素の放射性同位体で、水道水や雨水にも微量に含まれている。

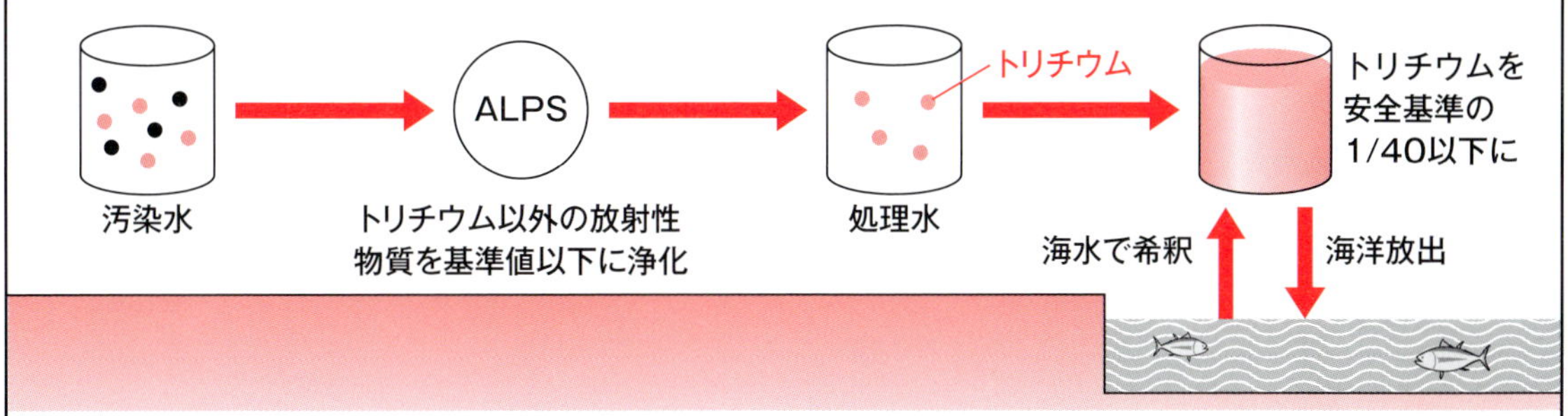


### ●海洋放出の安全性

- トリチウムのほとんどは水分子に含まれるため、水と一緒に体外に排出され、生物の体内に蓄積・濃縮されていく心配はない。
- トリチウムは世界各国の原発でも海洋に排出されている。
- 周辺の海水や魚などを測定・分析し、安全性を確認しながら放出する。

### ●海洋放出への批判

- 海洋放出以外の対策がほとんど検討されていない。
- 漁業関係者や周辺国などから十分な理解を得られていないのに放出を強行している。
- 長期にわたる放出では、トリチウム以外に微量に含まれる放射性物質による放射能汚染の心配がある。

くみ上げた汚染水を**ALPS**（多核種除去設備）という設備によって浄化すると、ほとんどの放射性物質は取り除かれる。浄化後の汚染水を「**処理水**《しょりすい》」という。政府はこの**処理水を海に放出**することにした。

ただし、**トリチウム**（三重水素）という放射性物質はALPSを使っても取り除くことができない。そこで、放出前の処理水を海水で薄め、トリチウムの濃度を国の安全基準の**40分の1**未満に下げてから、原発の約1キロ沖合に海底トンネルを通して放出することになった。この計画に、**IAEA**（国際原子力機関）も「国際的な安全基準に合致する」とお墨付きを与えた。それでも地元の漁業関係者などからは風評被害や環境への影響を懸念する声が上がっていたが、政府は安全性が十分に検証されたとして、2023年8月に1回目の放出を開始した（10月に2回目の放出）。**中国は処理水放出に激しく反発し、日本の水産物の輸入を全面的に停止**した。

放出は周囲の海水などを測定・分析し、安全を確認しながら行われるという。タンクがすべて空になるには、少なくとも30年かかる予定だ。

ちょこっと時事

**中国、日本の水産物を禁輸**　東京電力が福島第一原発の処理水放出を開始したことを受け、中国政府は2023年8月、日本の水産物の輸入を全面的に停止した。2022年の水産物輸出は対中国が最も多く871億円。このうちホタテが467億円を占める。


参照 日本の原子力発電所 ››› P122

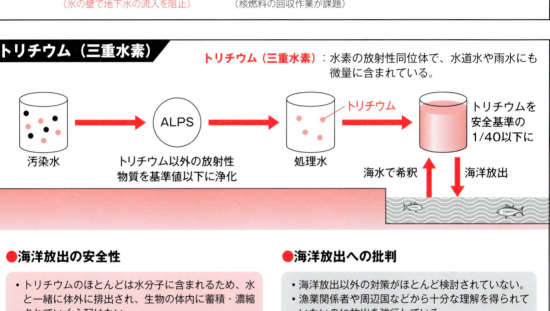

# ＬＧＢＴ理解増進法

100字でナットク

２０２３年6月、性的少数者の人権に関する国民の理解をうながすＬＧＢＴ理解増進法が施行された。当初の法案から内容が修正されたことに当事者らの批判が出る一方で、保守派からは法律に対する反発の声もある。

**LGBT理解増進法**

| | |
|---|---|
| **正式名称** | 性的指向及びジェンダーアイデンティティの多様性に関する国民の理解の増進に関する法律 |
| **基本理念** | 性的指向およびジェンダーアイデンティティを理由とする不当な差別はあってはならない |
| **国・地方自治体の役割** | 基本理念にのっとり、国民の理解の増進に関する施策を策定・実施する |
| | 政府は基本計画を策定し、施策の実施状況を毎年公表する |
| **事業主の努力** | 労働者への普及啓発、就業環境の整備、相談の機会の確保等を行う |
| **学校** | 家庭や地域住民その他関係者の協力を得ながら、教育または啓発、教育環境の整備、相談の機会の確保等を行う |
| **留意事項** | すべての国民が安心して生活することができるよう留意する |

**● LGBT理解増進法あらすじMAP**

**2016年**
- 超党派による「LGBTに関する課題を考える議員連盟」が法案をまとめる➡**国会提出せず**
- 野党4党が「**LGBT差別解消法案**」を**国会提出**

**2018年**
- 野党6党派が「LGBT差別解消法案」を国会提出

**2021年**
- 自民党内で「LGBT理解増進法」の法案まとまる
  **➡保守派議員の反対で国会提出見送り**
  ※「差別は許されない」という文言に強い反発

**2023年**
- 5月 • 自民・公明与党が「LGBT理解増進法案」を一部修正して国会提出
  • 日本維新の会・国民民主党が独自修正案を提出
- 6月 • 維新・国民の修正案を取り入れた法案が国会で**可決成立、施行される**

**ＬＧＢＴ理解増進法**《りかいぞうしんほう》は、**ＬＧＢＴ**（6ページ）などの性的少数者への不当な差別をなくすために、国民の理解を広くうながすことを目的とする法律だ。

性的少数者の権利保護については、先進的な国々で差別禁止法などの法整備がすすむ一方、日本では取り組みが遅れていた。２０１６年に超党派の議員連盟によってまとめられた最初の法案も、提出されないまま棚上げになっていた。しかし２０２１年の東京五輪・パラリンピック開催をきっかけに、法案提出の機運が高まった。オリンピック憲章は「性的指向を含むいかなる差別も受けない権利と自由」をうたっているからだ。ところが「伝統的家族観」を重視する自民党の保守派議員が強硬に反対したため、法案の国会提出は結局見送られた。

ＬＧＢＴに関する差別禁止規定のない国は、もはやＧ７のなかで日本

SPECIAL
国際
政治
経済
社会
環境・健康
情報・科学
文化・スポーツ

関連URL ››› ●一般社団法人 LGBT 理解増進会　https://lgbtrikai.net/

## LGBT 理解増進法への批判

| 原案からの修正点 | 修正理由 | 修正への批判 |
|---|---|---|
| 「差別は許されない」を「**不当な差別はあってはならない**」に修正 | 差別を禁止にすると受け入れられない人の反発を招く | 「不当でない差別」があるかのようだ |
| 「性自認」を「**ジェンダーアイデンティティ（性同一性）**」に変更 | 男性が女性を自認して女子トイレや女湯に入るなど犯罪行為を助長する | トイレや公衆浴場に関する規定ではない |
| 「**すべての国民が安心して生活することができるよう留意する**」を条文に追加 | 男性が女性を自認して女子トイレや女湯に入るなどの不安を払拭 | 少数派の権利が、多数派が認める範囲でしか認められないことになる |

## 女性用トイレ、女湯の利用ルールとの関連

**Q** 男性が「心は女性だ」と主張すれば、女性用トイレや女湯に入れるようになるの？

**A** 基本的にこれまでと変わりません。公衆浴場については、「身体的特徴で男女別に分ける」よう、厚労省が通達を出しています。

**Q** トランスジェンダー当事者の人はどうしてるの？

**A** ほとんどの人は、外見に応じて多目的トイレや男女別トイレを使うなど、慎重に配慮しています。

**Q** 裁判で、トランスジェンダー職員に女性用トイレを認める判決があったよ！

**A** 職場のトイレについては、ほかの職員や当事者の意向などを考慮して個々に判断すべきです。事業者には、多様性を考慮した職場環境の改善や研修などの取り組みが求められます。

だけ。2023年、広島でG7サミットが開催されることになり、このままではさすがにまずいということになった。岸田首相は議長国としての体面を保つため、法案提出を急がせた。与党は保守派議員の反発を避けるため、以前に超党派で作成した法案を修正し、2023年5月に国会に提出した。その後、日本維新の会・国民民主党による独自修正案が取り入れられ、6月に国会で**可決成立**した。

修正された法案では、原案にあった「差別は許されない」という記述が「**不当な差別はあってはならない**」に変更されている。また、原案の「性自認」という言葉は「**ジェンダーアイデンティティ**」に変更された。さらに、この法律にもとづいて何らかの措置を行う場合は「**全ての国民が安心して生活できるように留意する**」という条文が追加された。

こうした修正に対して、当事者などからは「かえって無理解を助長する」などの批判が出ている。その一方で、「男性が女性と偽《いつわ》って女子トイレや女湯に入れるようになる」といった誤った主張にもとづき、法律に反発する声も上がっている。

### ちょこっと時事

**岸田首相襲撃事件**　2023年4月、岸田文雄首相が衆院補選の応援演説で和歌山県の雑賀崎漁港を訪問中、演説会場に筒状のものが投げ込まれて爆発した。岸田首相にけがはなかった。20代の無職男性が現場で取り押さえられ、その後殺人未遂、爆発物取締罰則違反などの罪で起訴された。被告は逮捕後黙秘を続けている。


参照 LGBTQ+ってなに？ ››› P6　トランスジェンダー ››› P118　同性婚 ››› P119

04
SPECIAL

# マイナンバーカード（マイナカード）

## マイナンバーカード

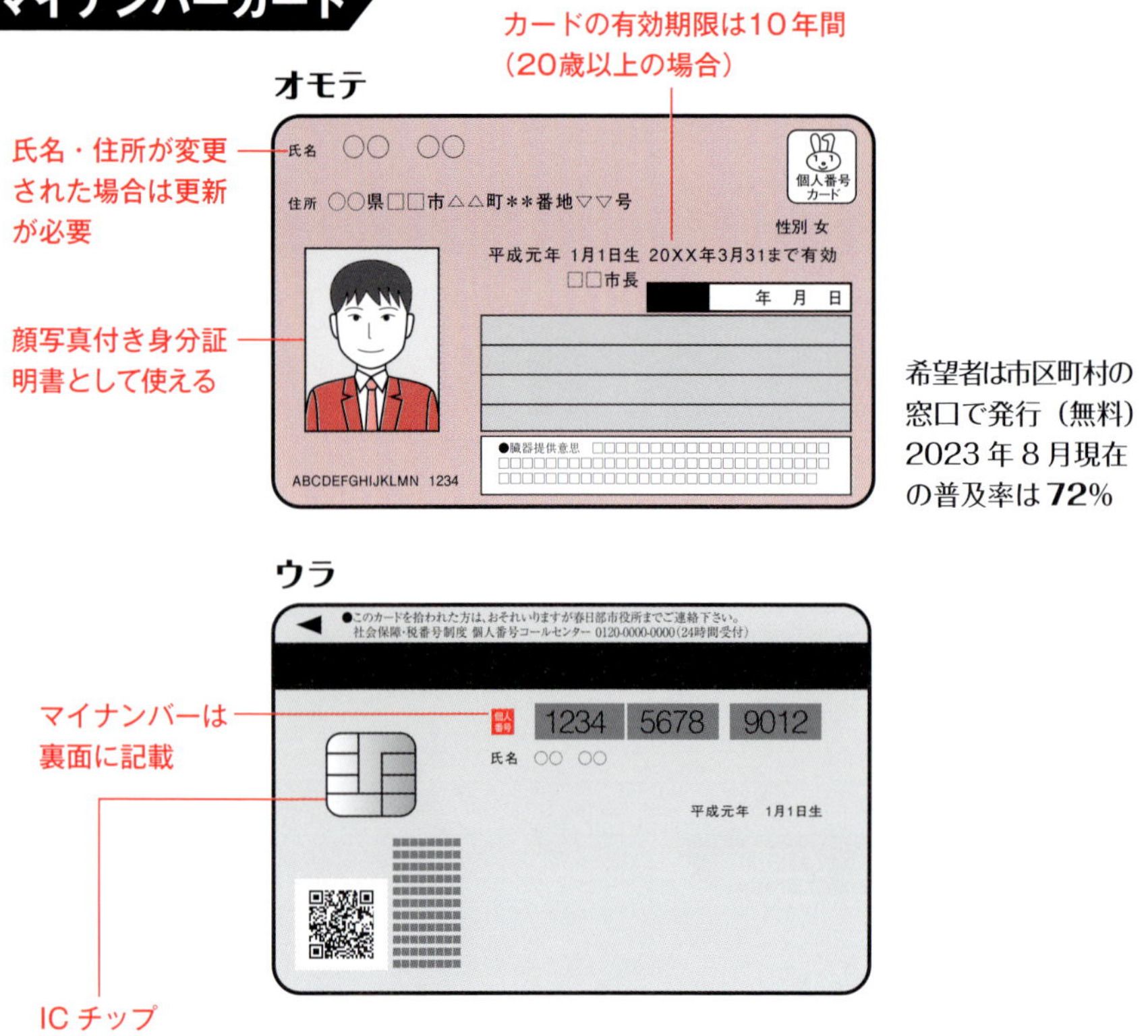
カードの有効期限は10年間
（20歳以上の場合）
オモテ
氏名・住所が変更
された場合は更新
が必要
氏名　○○　○○
住所　○○県□□市△△町＊＊番地▽▽号
個人番号
カード
性別 女
平成元年 1月1日生 20XX年3月31まで有効
□□市長
年 月 日
顔写真付き身分証
明書として使える
●臓器提供意思
ABCDEFGHIJKLMN 1234
希望者は市区町村の
窓口で発行（無料）
2023年8月現在
の普及率は72%
ウラ
●このカードを拾われた方は、おそれいりますが春日部市役所までご連絡下さい。
社会保障・税番号制度 個人番号コールセンター 0120-0000-0000(24時間受付)
マイナンバーは
裏面に記載
個人番号
1234 5678 9012
氏名 ○○ ○○
平成元年 1月1日生
ICチップ

氏名・住所・生年月日・性別・マイナンバー・顔写真の画像データのほか、オンライン認証で利用する電子証明書が格納される（電子証明書の有効期限は5年）。税金や年金の情報は記録されない。

### マイナンバーカードの用途

①マイナンバーの証明書類として利用
②コンビニ等から住民票や印鑑登録証明書などを取得
③マイナポータルで、各行政種手続きをオンライン申請
④顔写真付きの身分証明書として
⑤健康保険証、図書館カード、社員証、在留カードなど多目的に利用可能

※②～⑤の用途では、裏面のマイナンバーは使用していない

### 100字でナットク

政府はマイナンバーカードを健康保険証として利用し、従来の紙の健康保険証を原則2024年秋に廃止することを決めた。カード普及策の一環だが、カードをめぐるトラブルが相次いでおり、政府は対応に追われている。

**マイナンバー**（個人番号）は、生まれたばかりの赤ちゃんから老人まで、国籍にかかわらず日本に住んでいる人全員に重複《ちょうふく》なく割り当てられる12桁の番号だ。複数の機関にバラバラに管理されている個人情報を1つの番号で管理し、同じ個人の情報として扱えるようにする。これにより、関係機関の間での個人情報のやり取りを効率化できる。各種の手続が簡単になるメリットもある。

　マイナンバーは銀行の口座にもひも付けできる。預金口座とのひも付けは任意だが、投資信託や証券口座では義務化されている。個人の所得や行政サービスの受給状況を正確に把握して、税金や社会保障費の負担分を徴収しやすくするのがねらいだ。

　マイナンバーは他人に勝手に使われると困るので、利用するときには本人確認が必要だ。**マイナンバーカード**（通称**マイナカード**）は、マイナンバーが本人のものであることを

関連URL ≫ ●マイナンバーカード総合サイト（地方公共団体情報システム機構） https://www.kojinbango-card.go.jp/
●マイナポータル https://myna.go.jp/

## マイナ保険証

受診者は受付のカードリーダーにマイナカードをセットし、顔認証か暗証番号入力で本人確認を行う。

顔認証機能付きカードリーダー

**マイナ保険証のメリット**

- 引っ越しや転職による**健康保険証の更新が不要**（マイナンバーカードの更新は必要）
- マイナポータルで**健診結果や薬の情報を確認できる**
- 限度額を超える**高額療養費の一次支払いが不要**

**現行の保険証はどうなる？**

- 2024年秋に**原則廃止**（ただし、1年間の猶予期間を設ける）
- マイナカードを持たない人には有効期間5年の**資格確認書を交付**

### ●マイナンバーカードをめぐる動き

| | |
|---|---|
| 2015年10月 | 市区町村から住民へ**マイナンバー**（個人番号）の通知が始まる |
| 2016年 1月 | マイナンバーカードの**交付開始** |
| 2017年11月 | マイナポータル**本格運用を開始** |
| 2018年 1月 | **預金口座**へのマイナンバーひも付け開始（任意） |
| 2020年 9月 | **マイナポイント第1弾開始**（マイナカード作成で最大5000円相当のポイント還元） |
| 2021年 3月 | **マイナ保険証運用開始**（10月から本格運用） |
| 9月 | **デジタル庁発足** |
| | **公金受取口座登録制度開始**（給付金等の受取り用の口座をマイナンバーとともに登録） |
| 2022年 1月 | **マイナポイント第2弾開始**（マイナカード取得、マイナ保険証申込み、公金受取口座の登録で合計20,000円相当のポイント還元） |
| 10月 | 河野デジタル相、**紙の健康保険証を2024年秋に廃止**を発表 |
| 2023年 6月 | 国会で紙の健康保険証を廃止する等の**法案可決** |
| | 岸田首相、トラブル続発を受け、マイナポータルのデータ（29項目）**総点検を指示** |

証明する顔写真付きのICカードだ。希望者に無料で交付され、身分証明書として利用できる。

マイナンバーカードの作成は義務ではないが、政府はカードを普及させるため、カードの用途をマイナンバーと関係ない様々なサービスに広げている。2021年3月からは**健康保険証**として利用できるようになった。さらに政府は、**従来の健康保険証を2024年秋に原則廃止し、マイナ保険証に一元化する**方針を固めた。今ある健康保険証を使えなくして、マイナカードをさらに普及させようというねらいで、事実上の義務化といえる。

しかし、マイナンバーに他人の情報が誤って登録されるといったトラブルが相次ぎ、政府は対応に追われることになった。マイナ保険証を持ってない人については「**資格確認書**」を別途交付する予定だが、「現行の保険証をそのまま使えるようにすれば済む話では」という批判の声もある。

マイナカードを持っている人の数は2023年8月末時点で約9千枚。人口の約72%に達しており、普及策は一定の効果をあげている。

**ちょこっと時事**

**デジタル庁** 行政のデジタル化を推進する司令塔として、2021年9月に発足した政府機関。マイナンバーカードなどの普及を所管する。マイナンバーをめぐっては、公金受取口座に別人が登録されるなどのミスが相次ぎ、2023年9月、個人情報保護委員会はデジタル庁に改善を求める行政指導を行った。

# 05

国際

# ロシアのウクライナ侵攻

**100字でナットク**

2022年2月、ロシア軍は西隣の国ウクライナに侵攻した。ロシアはウクライナの東部と南部を占領し、4州の併合を宣言した。ウクライナは領土奪還をめざし大規模な反転攻勢をしかけているが、戦況は膠着している。

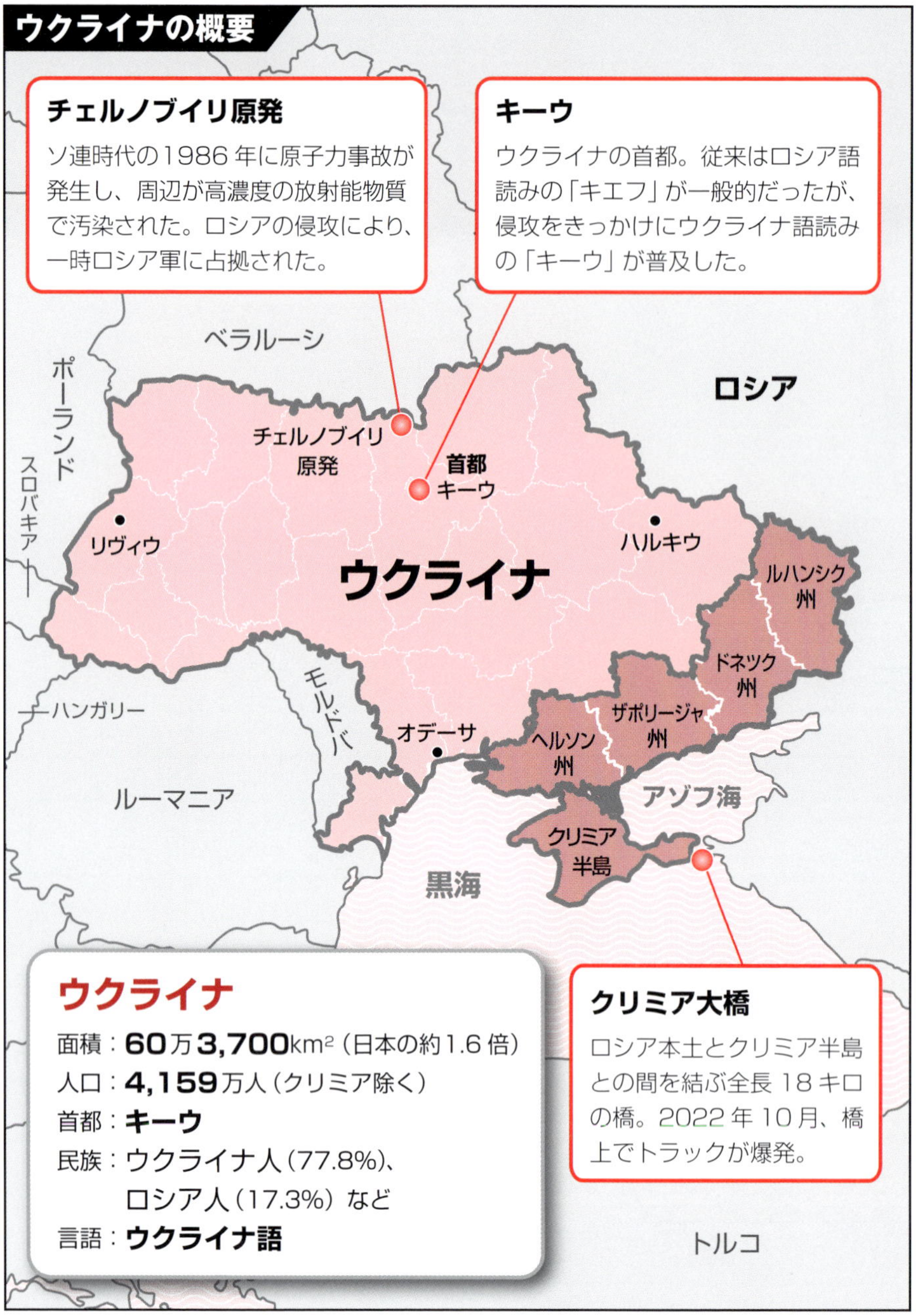

ウクライナの概要
チェルノブイリ原発
ソ連時代の1986年に原子力事故が発生し、周辺が高濃度の放射能物質で汚染された。ロシアの侵攻により、一時ロシア軍に占拠された。
キーウ
ウクライナの首都。従来はロシア語読みの「キエフ」が一般的だったが、侵攻をきっかけにウクライナ語読みの「キーウ」が普及した。
ベラルーシ
ポーランド
スロバキア
ロシア
チェルノブイリ原発
首都キーウ
リヴィウ
ハルキウ
ウクライナ
ルハンシク州
ドネツク州
ザポリージャ州
ヘルソン州
モルドバ
ハンガリー
オデーサ
ルーマニア
アゾフ海
クリミア半島
黒海
トルコ
ウクライナ
面積：60万3,700km²（日本の約1.6倍）
人口：4,159万人（クリミア除く）
首都：キーウ
民族：ウクライナ人（77.8%）、ロシア人（17.3%）など
言語：ウクライナ語
クリミア大橋
ロシア本土とクリミア半島との間を結ぶ全長18キロの橋。2022年10月、橋上でトラックが爆発。


**ロシアのウラジーミル・プーチン大統領**は、なぜ**ウクライナ**に侵攻したのだろうか？

理由のひとつは、**ウクライナがヨーロッパの仲間入りをするのを防ぐため**だ。ロシアがまだソビエト連邦（ソ連）だった頃、西側諸国はソ連の脅威に対抗するため**NATO**（北大西洋条約機構）という軍事同盟をつくった。ソ連は1991年に崩壊したがNATOは存続し、ソ連の同盟国だった国々を取り込みながら拡大している。ウクライナはかつてはソ連の構成国だったが、2014年に親ヨーロッパの政権が成立し、EUやNATOへの加盟に積極的となった。これがロシアにとっては大きな脅威なのだ。

もうひとつの理由は、**プーチン政権がウクライナを「ロシアの一部」と一方的に考えている**からだ。ウクライナに親ヨーロッパ政権が成立した2014年、ロシアはロシア系住民の保護を名目に、ウクライナ領の

関連URL ››› ●外務省・ウクライナ　https://www.mofa.go.jp/mofaj/area/ukraine/

## ウクライナ情勢あらすじMAP

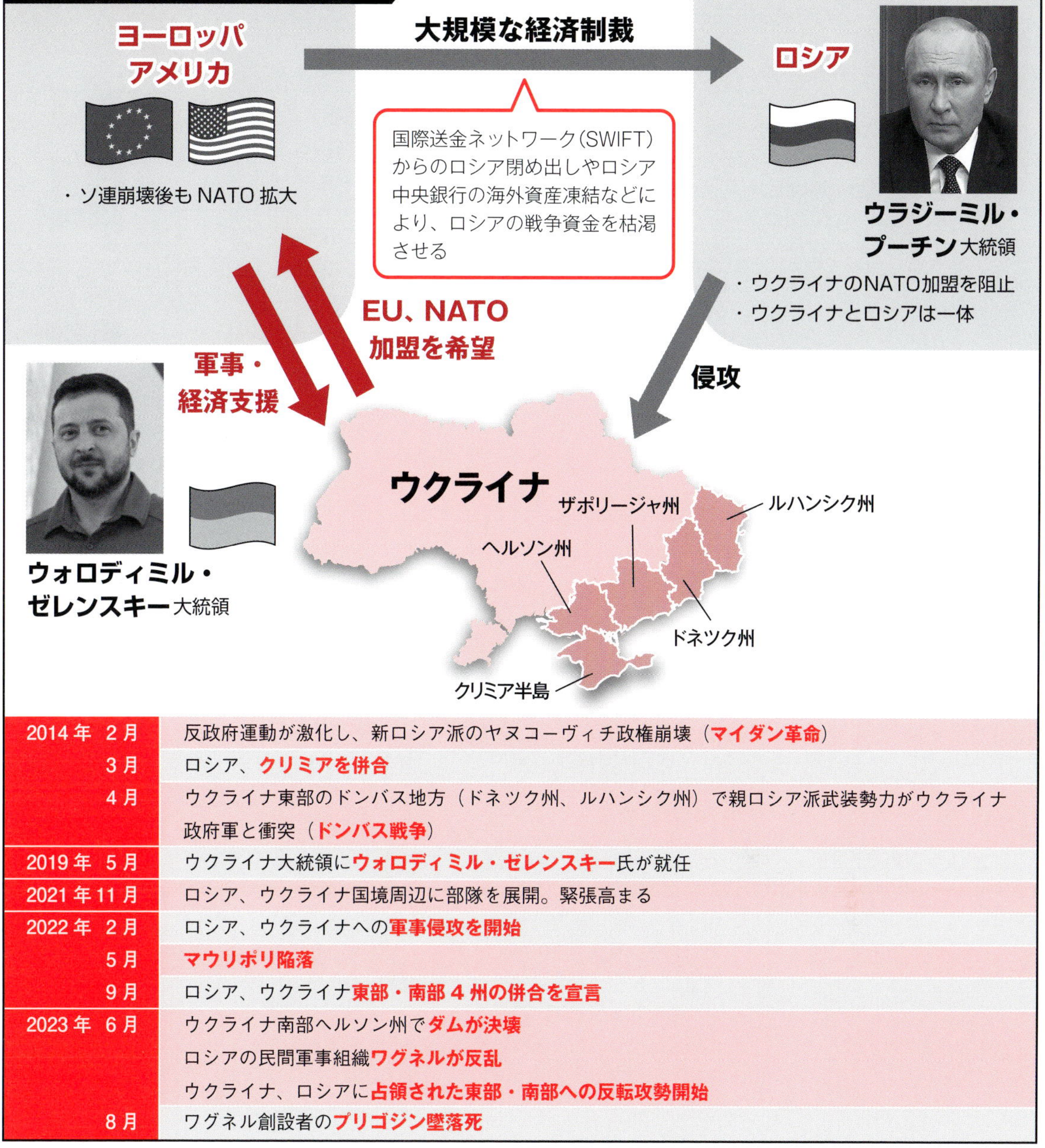


| | | |
|---|---|---|
| 2014年 | 2月 | 反政府運動が激化し、新ロシア派のヤヌコーヴィチ政権崩壊（**マイダン革命**） |
| | 3月 | ロシア、**クリミアを併合** |
| | 4月 | ウクライナ東部のドンバス地方（ドネツク州、ルハンシク州）で親ロシア派武装勢力がウクライナ政府軍と衝突（**ドンバス戦争**） |
| 2019年 | 5月 | ウクライナ大統領に**ウォロディミル・ゼレンスキー**氏が就任 |
| 2021年 | 11月 | ロシア、ウクライナ国境周辺に部隊を展開。緊張高まる |
| 2022年 | 2月 | ロシア、ウクライナへの**軍事侵攻を開始** |
| | 5月 | **マウリポリ陥落** |
| | 9月 | ロシア、ウクライナ**東部・南部4州の併合を宣言** |
| 2023年 | 6月 | ウクライナ南部ヘルソン州で**ダムが決壊** |
| | | ロシアの民間軍事組織**ワグネルが反乱** |
| | | ウクライナ、ロシアに**占領された東部・南部への反転攻勢開始** |
| | 8月 | ワグネル創設者の**プリゴジン墜落死** |

**クリミア半島**を併合した。同じ頃、ロシア系住民が多いウクライナ東部のドンバス地方では、ロシアの支援を受けた親ロシア派武装勢力が、ウクライナ政府軍と衝突した。ロシアは2022年2月にウクライナに侵攻すると、東部と南部の4州をほぼ占領し、**ロシアへの併合**を宣言した。

ウクライナ侵攻には、ロシアの民間軍事会社「**ワグネル**」の兵力が投入された。ワグネルはロシア権益のために海外で活動する裏部隊で、ウクライナでの戦闘でも重要な役割を果たしていた。しかし、戦争の長期化にともなって正規軍との確執が深まり、2023年6月には創設者**エフゲニー・プリゴジン**を中心に反乱を起こした。反乱は数日で収まったが、ロシア国内に動揺が走った。その後、プリゴジン氏は乗っていたジェット機が墜落して死亡した。

ウクライナは、領土を奪われたままで戦争をやめるわけにいかない。6月、ウクライナは欧米の軍事支援を受けて、占領された領土への大規模な**反転攻勢**を開始した。これに対し、ロシア側も塹壕や地雷原などで強固な防衛ラインを築いて防戦しており、厳しい戦いが続いている。

**ちょこっと時事**

**トランプ前大統領の起訴**　米国の前大統領ドナルド・トランプ氏は2023年3～8月、大統領選の敗北を認めず、支持者を扇動して結果を覆そうとした罪などで起訴された。このほか3つの罪でも起訴されている。トランプ氏は2024年の大統領選に共和党から立候補を表明しており、次期大統領選への影響が注目されている。


参照 地図で見るニュースの最前線 ››› P2　NATO（北大西洋条約機構）››› P46

# 中国・習近平体制

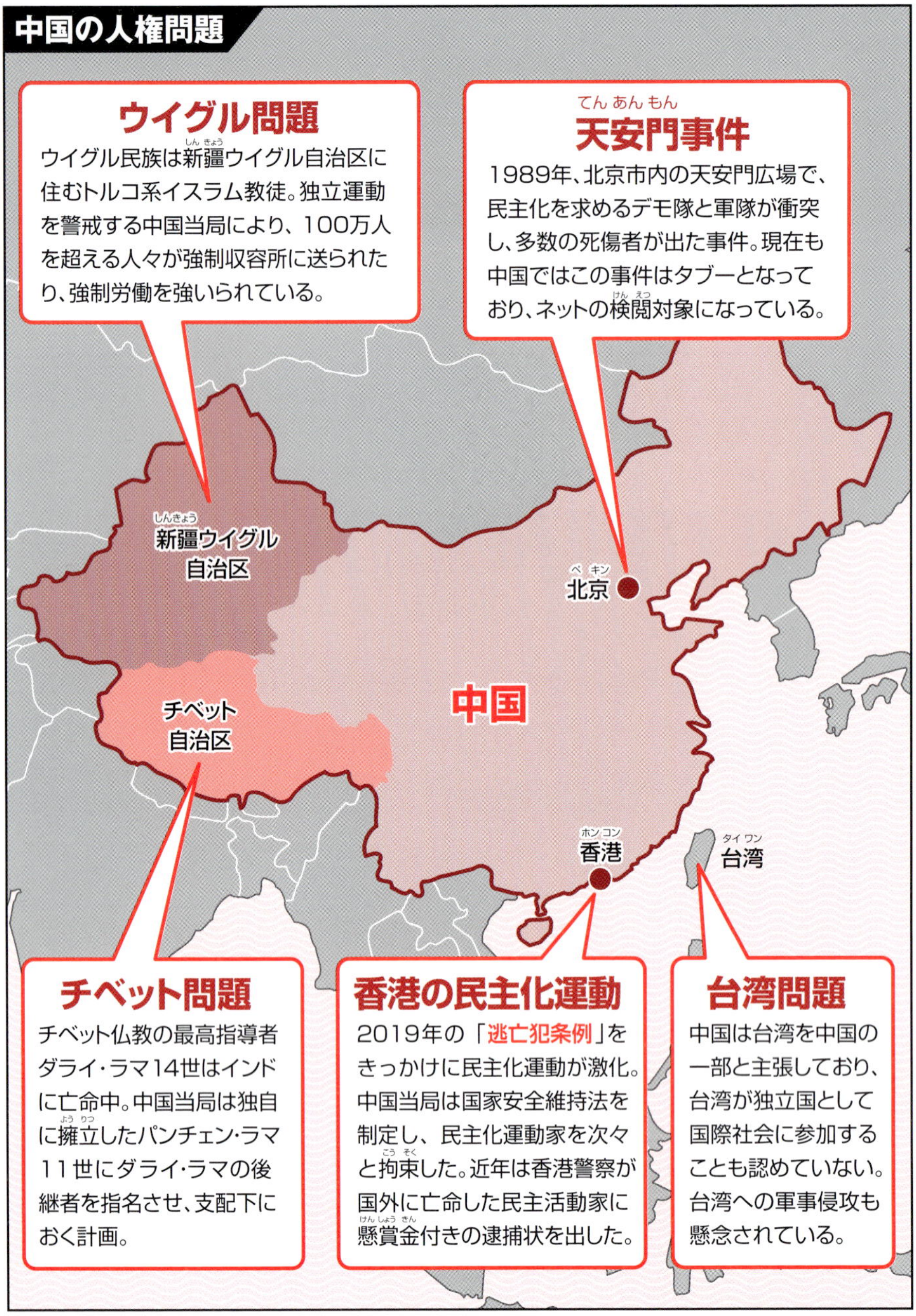
中国の人権問題
ウイグル問題
ウイグル民族は新疆《しんきょう》ウイグル自治区に住むトルコ系イスラム教徒。独立運動を警戒する中国当局により、100万人を超える人々が強制収容所に送られたり、強制労働を強いられている。
天安門《てんあんもん》事件
1989年、北京市内の天安門広場で、民主化を求めるデモ隊と軍隊が衝突し、多数の死傷者が出た事件。現在も中国ではこの事件はタブーとなっており、ネットの検閲《けんえつ》対象になっている。
新疆《しんきょう》ウイグル自治区
北京《ペキン》
チベット自治区
中国
香港《ホンコン》
台湾《タイワン》
チベット問題
チベット仏教の最高指導者ダライ・ラマ14世はインドに亡命中。中国当局は独自に擁立《ようりつ》したパンチェン・ラマ11世にダライ・ラマの後継者を指名させ、支配下におく計画。
香港の民主化運動
2019年の「逃亡犯条例」をきっかけに民主化運動が激化。中国当局は国家安全維持法を制定し、民主化運動家を次々と拘束《こうそく》した。近年は香港警察が国外に亡命した民主活動家に懸賞金《けんしょうきん》付きの逮捕状を出した。
台湾問題
中国は台湾を中国の一部と主張しており、台湾が独立国として国際社会に参加することも認めていない。台湾への軍事侵攻も懸念されている。

**100字でナットク**

２０２３年３月に北京で開かれた全人代で、習近平総書記が国家主席に再選され、習政権は異例の３期目を迎えた。強大な経済力と軍事力によって超大国と化した中国だが、政治体制は民主主義とは大きく異なっている。

２０２３年３月に北京で開かれた**全人代**《ぜんじんだい》（全国人民代表大会）で、**習近平**《しゅうきんぺい》氏が**国家主席**に再選され、習近平政権は異例の**３期目**を迎えた。

全人代とは、毎年３月に開かれる中国の国会だ。地方や軍の代表約３千人が集まり、重要な事柄について話し合う。もっとも、中国では重要な政策はすべて**共産党**の指導部が決めるので、全人代はほとんどそれを承認するだけの機関となっている。

共産党の最高司令部は政治局常務委員と呼ばれる７人のエリートで、そのナンバーワンが**総書記**だ。習近平氏は、２０２２年に開かれた共産党全国大会で総書記に再選されており、国家主席に再選されることはすでに決まっていた。国家主席の任期はこれまで２期（１０年）だったが、習近平氏は任期を撤廃し、みずからの長期政権を準備したのだ。

中国のＧＤＰ（国内総生産）は世界２位。しかし増大する経済力と軍事

## 中国のピラミッド構造

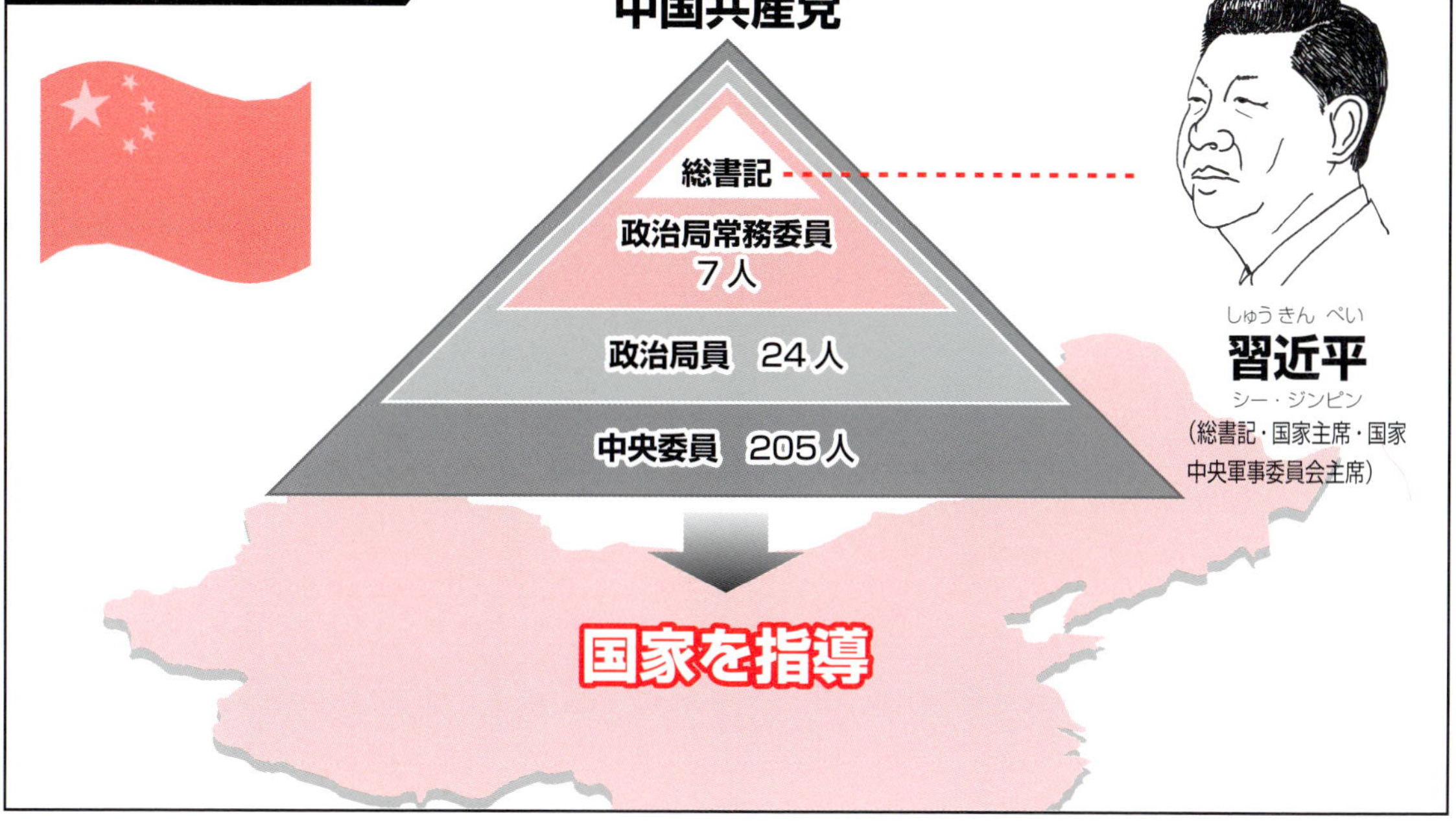
中国共産党
総書記
政治局常務委員
7人
政治局員　24人
中央委員　205人
国家を指導
習近平《しゅうきんぺい》
シー・ジンピン
（総書記・国家主席・国家中央軍事委員会主席）

## 民主主義・権威主義・全体主義

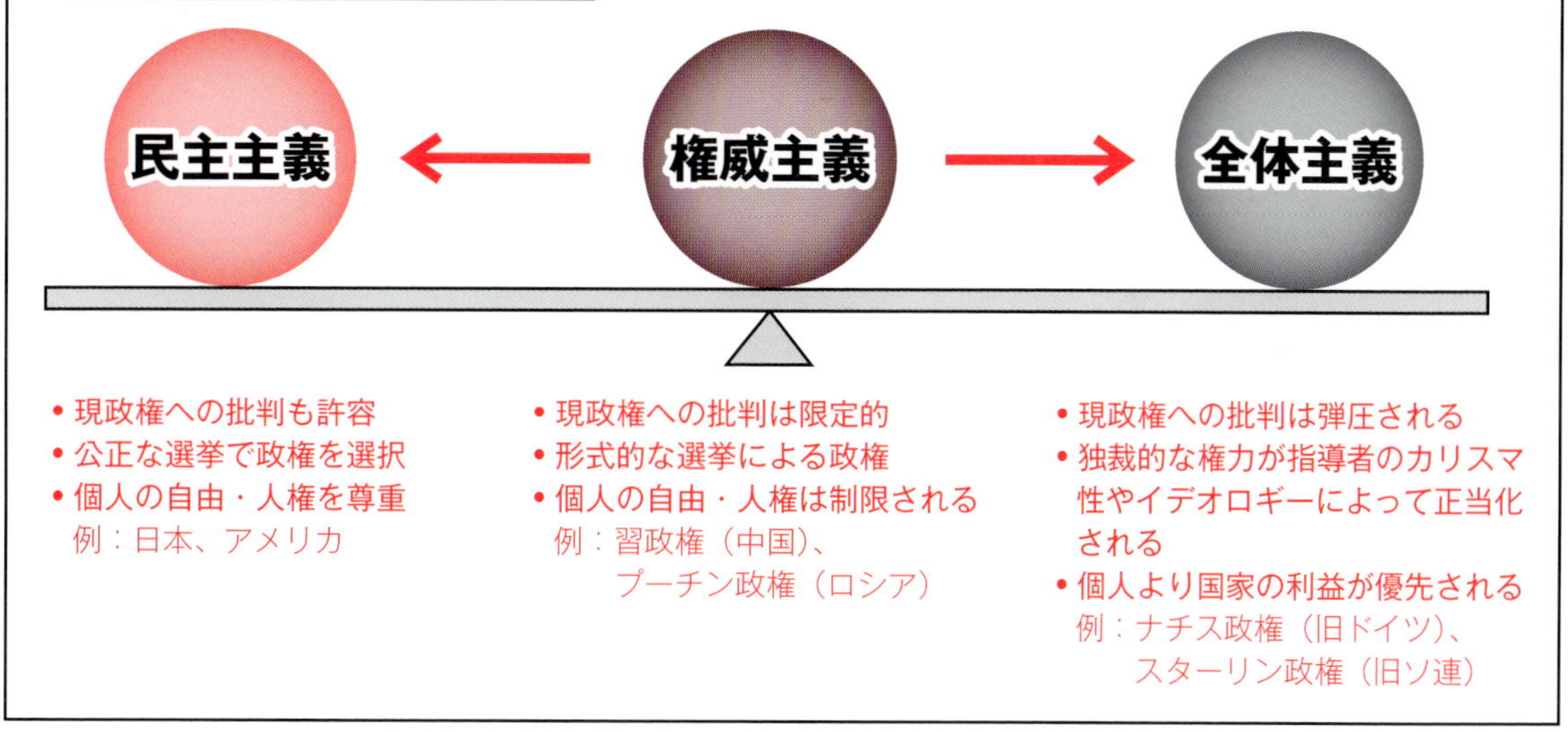
民主主義
権威主義
全体主義
・現政権への批判も許容
・公正な選挙で政権を選択
・個人の自由・人権を尊重
例：日本、アメリカ
・現政権への批判は限定的
・形式的な選挙による政権
・個人の自由・人権は制限される
例：習政権（中国）、プーチン政権（ロシア）
・現政権への批判は弾圧される
・独裁的な権力が指導者のカリスマ性やイデオロギーによって正当化される
・個人より国家の利益が優先される
例：ナチス政権（旧ドイツ）、スターリン政権（旧ソ連）

力を背景にした覇権《はけん》志向に、世界各国は警戒を強めている。

とくに懸念されているのが中国国内の**人権問題**だ。香港では2019年から民主化運動が激しくなったが、中国政府は2020年6月、突如として**国家安全維持法**（国安法）という法律を制定し、民主化運動の参加者を次々に逮捕した。香港は1997年に中国に返還されるまでイギリス領だったため、中国本土と法律や制度が異なり、言論の自由も保障されていた。中国も返還後50年はそれを維持する約束だったはずだ。

また、**新疆《しんきょう》ウイグル自治区**では、中国政府によるウイグル民族への弾圧が激しくなっている。テロ取り締まりを口実に、100万人を超えるウイグル人が強制収容所に送られているとみられ、欧米諸国は民族虐《ぎゃく》殺《さつ》（ジェノサイド）だと非難している。

個人の自由を尊重し、公正な選挙によって政権を選択する民主主義に対し、独裁的な権力が社会を厳しく統制する体制を**全体主義**という。現在の中国は民主主義と全体主義の中間で**権威主義**と呼ばれる。民主化を求める声を抑圧することで、全体主義に近づくことが懸念される。

**ちょこっと時事**

**ウイグル人権問題**　中国西部にある新疆《しんきょう》ウイグル自治区で、少数民族のウイグル族に対する中国政府の弾圧が激しくなっている。テロ取り締まりを口実に、100万人におよぶウイグル人を強制収容所に拘束しているとみられる。国連人権高等弁務官事務所は2022年8月、中国政府による深刻な人権侵害を指摘する報告書を公表した。


参照 一帯一路 ››› P34

# 07

国際

# 一帯一路

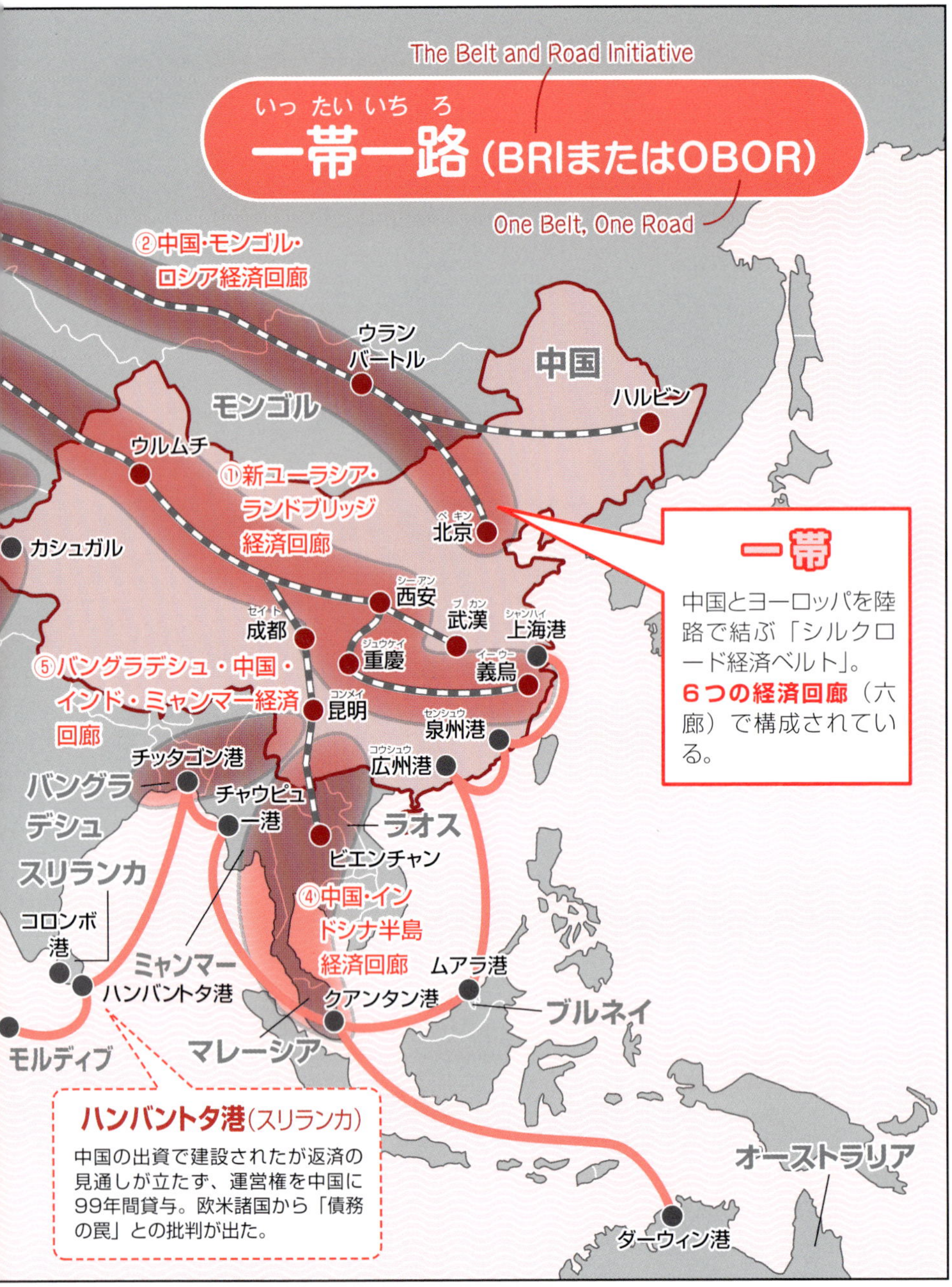

The Belt and Road Initiative
一帯一路《いったいいちろ》（BRIまたはOBOR）
One Belt, One Road
②中国・モンゴル・ロシア経済回廊
ウランバートル
中国
ハルビン
モンゴル
ウルムチ
①新ユーラシア・ランドブリッジ経済回廊
北京《ペキン》
カシュガル
一帯
中国とヨーロッパを陸路で結ぶ「シルクロード経済ベルト」。6つの経済回廊（六廊）で構成されている。
西安《シーアン》
武漢《ブカン》
成都《セイト》
上海港《シャンハイ》
⑤バングラデシュ・中国・インド・ミャンマー経済回廊
重慶《ジュウケイ》
義烏《イーウー》
昆明《コンメイ》
泉州港《センシュウ》
広州港《コウシュウ》
チッタゴン港
バングラデシュ
チャウピュー港
ラオス
ビエンチャン
スリランカ
④中国・インドシナ半島経済回廊
コロンボ港
ミャンマー
ムアラ港
ハンバントタ港
クアンタン港
ブルネイ
モルディブ
マレーシア
ハンバントタ港（スリランカ）
中国の出資で建設されたが返済の見通しが立たず、運営権を中国に99年間貸与。欧米諸国から「債務の罠」との批判が出た。
オーストラリア
ダーウィン港


**100字でナットク**

一帯一路は、中国が提唱するアジアからヨーロッパに至る巨大経済圏構想。構想実現に向け、中国資本による沿線国のインフラ整備がすすんでいるが、「債務の罠」だという批判や、中国の影響力拡大を警戒する声もある。

**一帯一路《いったいいちろ》**とは、アジアとヨーロッパをつなぐ陸と海の貿易ルートを整備し、巨大経済圏を構築しようという構想だ。陸のルートが**一帯**（シルクロード経済ベルト）、海のルートが**一路**（21世紀海上シルクロード）で、あわせて「一帯一路」という。中国の**習近平《しゅうきんぺい》**国家主席が2013年にはじめて提唱した。

陸のルート（一帯）を代表するのが、中国とヨーロッパを鉄道で結ぶ定期貨物路線「**中欧班列《ちゅうおうはんれつ》**」だ。2023年9月末現在で、欧州25か国・217都市を結んでおり、累計運行本数は7万8本を超えた。

また、海のルート（一路）としては、中国の国有海運企業「**中国遠洋海運集団**」（コスコ）」や「**招商局《しょうしょうきょく》集団**」が中心となって、物流の拠点《きょてん》となる世界各地の港や埠頭《ふとう》の買収・出資をすすめている。投資額は莫大《ばくだい》だ。

中国側としては、急速な経済成長によって生じた国内の過剰生産を海

## 一帯一路 MAP

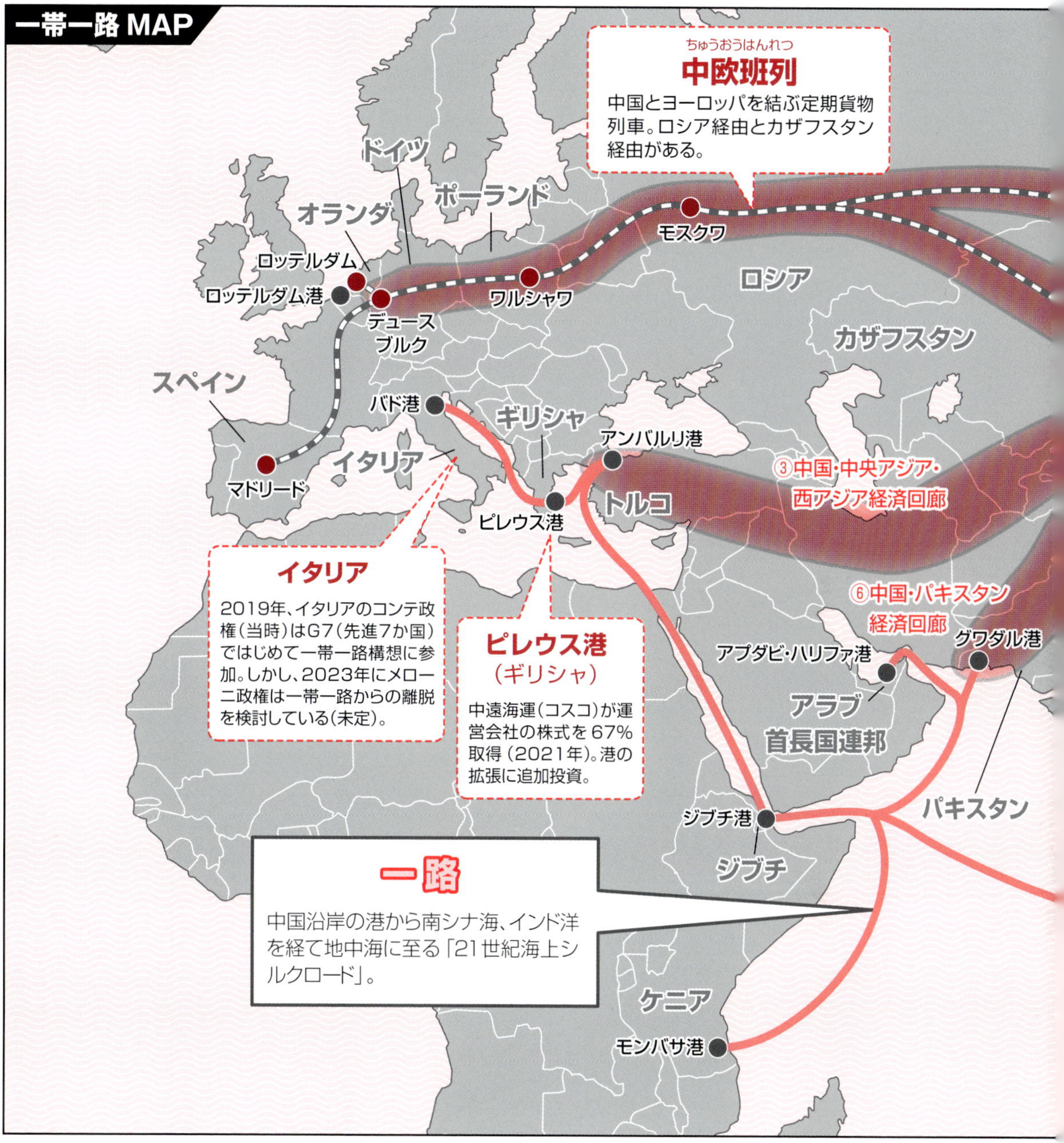
中欧班列《ちゅうおうはんれつ》
中国とヨーロッパを結ぶ定期貨物列車。ロシア経由とカザフスタン経由がある。
ドイツ
ポーランド
オランダ
ロッテルダム
ロッテルダム港
デュースブルク
ワルシャワ
モスクワ
ロシア
カザフスタン
スペイン
マドリード
バド港
イタリア
ギリシャ
アンバルリ港
ピレウス港
トルコ
③中国・中央アジア・西アジア経済回廊
⑥中国・パキスタン経済回廊
グワダル港
アブダビ・ハリファ港
アラブ首長国連邦
パキスタン
ジブチ港
ジブチ
ケニア
モンバサ港
イタリア
2019年、イタリアのコンテ政権（当時）はG7（先進7か国）ではじめて一帯一路構想に参加。しかし、2023年にメローニ政権は一帯一路からの離脱を検討している（未定）。
ピレウス港（ギリシャ）
中遠海運（コスコ）が運営会社の株式を67%取得（2021年）。港の拡張に追加投資。
一路
中国沿岸の港から南シナ海、インド洋を経て地中海に至る「21世紀海上シルクロード」。

外に向け、物流インフラを整備し、それによってさらに貿易を活性化するというねらいがある。同時に、貿易ルートの沿線国《えんせんこく》に中国の影響力を強めることもできる。沿線国にとっても、中国の豊富な資金によって自国のインフラ整備をすすめ、経済圏に加わることができるメリットがある。一帯一路構想はアジア、アフリカ、ヨーロッパから広く支持を集め、参加国・地域は150か国に及んだ。2019年にはG7（主要7か国）の中ではじめてイタリアが参加した。

一方、発展途上国が中国から膨大《ぼうだい》な融資を受け、借金漬《づ》けとなって返済できずに中国の要求を飲まざるをえなくなることを警戒する声もある。実際、返済不能におちいったスリランカでは、港の運営権を中国に引き渡してしまった。このような中国のやり方は「**債務《さいむ》の罠《わな》**」と呼ばれ、欧米諸国から批判されている。

とくにアメリカは、インド洋の拠点に配備された中国海軍や、一帯一路とともにすすめられている5G網《もう》などの情報ネットワーク構築を安全保障上の脅威《きょうい》とみなしており、これらが**深まる米中の対立**の一因となったという指摘もある。

**ちょこっと時事**

**中国、反スパイ法改正** 中国では2023年7月、スパイ行為を取り締まる反スパイ法が改正され、従来の国家機密に加えて「国家の安全と利益に関わる文書・データ・資料・物品」を盗み取ったり提供したりする行為を新たに取締りの対象とした。中国当局による外国人取り締まりの強化が懸念されている。

# 08

国際

# 緊迫する台湾情勢

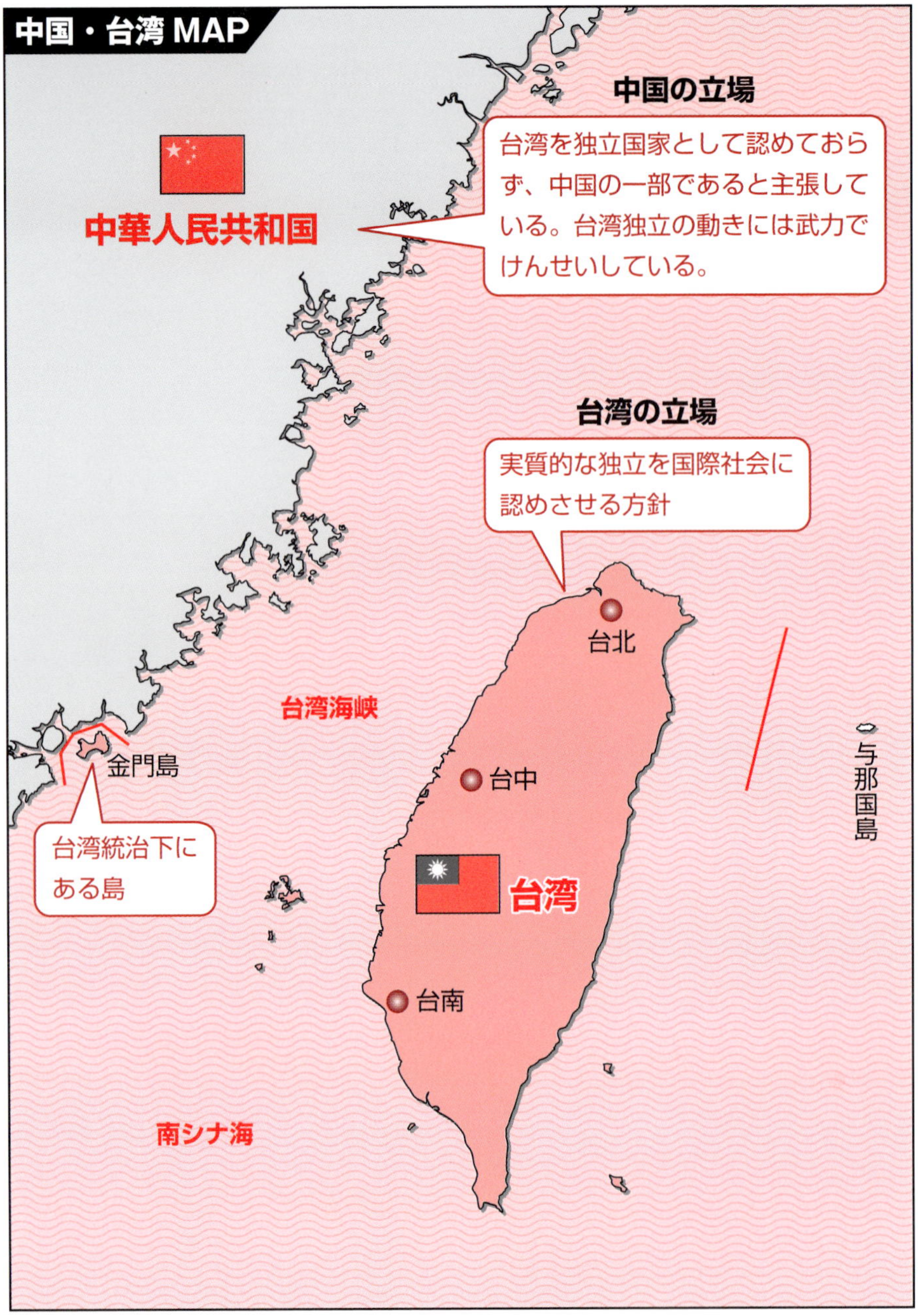

中国・台湾 MAP
中国の立場
台湾を独立国家として認めておらず、中国の一部であると主張している。台湾独立の動きには武力でけんせいしている。
中華人民共和国
台湾の立場
実質的な独立を国際社会に認めさせる方針
台北
台湾海峡
金門島
台湾統治下にある島
台中
与那国島
台湾
台南
南シナ海


**100字でナットク**

中国にとって台湾統一は悲願であり、場合によっては軍事力を使ってでも台湾を領有したい。もし、中国が台湾に攻め込んできたらどうなるか。ロシアのウクライナ侵攻を機に、台湾有事への警戒が強まっている。

**台湾《たいわん》**は、第二次世界大戦で日本が敗戦するまで日本の植民地だったが、日本の引き上げ後は中華民国に編入された。その後中国では国民党と共産党との内戦がはじまり、敗れた国民党は中華民国政府とともに台湾に逃れた。一方、共産党は大陸で中華人民共和国を建国。以来、両者は互いに「**自分たちこそ中国の正当な政府だ**」と主張するようになった。

　国連の安全保障理事会常任理事国といえば、アメリカ・イギリス・フランス・中国・ロシア（旧ソ連）の5か国だが、当初「中国」とは中華民国のことだった。しかし1971年の国連総会で、中華人民共和国が正式な中国政府と認定され、台湾は国連から追放されてしまう。日本も中国と国交を結んで以後、公式には台湾を「国」と認めていない。

　中国はかねてから「台湾は中国の領土だから、どんなことをしても統一する」と主張している。とくに現

| 関連URL | >>> | ●外務省・中国　https://www.mofa.go.jp/mofaj/area/china/index.html<br>●外務省・台湾　https://www.mofa.go.jp/mofaj/area/taiwan/index.html |
| --- | --- | --- |

## 台湾関連年表

| 1895年 | 日本の植民地になる（**下関条約**） |
| --- | --- |
| 1945年 | 日本の敗戦により、**中華民国に編入** |
| 1946年 | 中国で**国共内戦**（蒋介石率いる国民党と毛沢東率いる共産党の内戦） |
| 1949年 | 内戦に敗れた**国民党政府が台湾に移る** |
| 1971年 | 国連総会で中華人民共和国が正式な中国政府と認められる（台湾は**国連を脱退**） |
| 1987年 | 38年間続いていた戒厳令が**解除**される |
| 1988年 | **李登輝**氏が台湾総統に就任（民主化が進む） |
| 1996年 | 直接選挙による**総統選挙**がはじまる |
| 2000年 | 民進党の**陳水扁**氏が総統に就任（台湾独立の機運が高まる） |
| 2005年 | 中国で**反国家分裂法成立**（台湾独立を容認せず、武力で阻止できるとする法律） |

## 2024年台湾総統選挙

**候補者**
**頼清徳**（民進党）
**候友宜**（国民党）
**柯文哲**（民衆党）
**郭台銘**（無所属）

### 民進党（民主進歩党）
・台湾独立が目標
・もとからの台湾住民（本省人）の支持

### 国民党
・中国との関係改善を図る
・中国大陸出身者（外省人）の支持

### ●直接選挙制以後の歴代台湾総統

| 1988～2000 | 李登輝（国民党） |
| --- | --- |
| 2000～2008 | 陳水扁（民進党） |
| 2008～2016 | 馬英九（国民党） |
| 2016～2024 | 蔡英文（民進党） |
| 2024～ | ？ |

---

国家主席の**習近平**氏は台湾の統一に意欲的だ。ロシアがウクライナに侵攻したこともあり、「次は中国が台湾に攻めてくるのではないか」と、台湾の人々は警戒感を強めている。

台湾もかつては国民党による独裁政権が続いていたが、現在は**民主化**がすすみ、権威主義的な中国の体制を望む人々は多くない。かといって「台湾を国として独立させよう」という動きは中国の激しい反発を招くことになる。そのため、あまり中国を刺激しないよう、現状維持を続けるのが台湾の戦略となっている。

もし、中国が台湾に攻め込んできた場合、台湾が頼りにするのはアメリカ軍だ。そのアメリカも現状維持のため、台湾を防衛するかどうかをあえて明言しない「**あいまい戦略**」をとっている。しかし、現状維持は常に微妙なバランスの調整が必要で、バイデン大統領は有事の際は台湾を防衛するとも発言している。

2024年1月には、台湾の大統領に当たる総統選挙が行われる。台湾は中国と距離をおく**民進党**と、親中派の**国民党**が2大政党だ。民進党が**蔡英文**氏に続いて政権を維持できるかどうかが注目される。

---

### ちょこっと時事

**トルコ・シリア地震**　2023年2月、トルコ南部からシリア北部にかけて、マグニチュード7.8と7.5の大きな地震が2度にわたり発生した。両国の死者数は5万7千人にのぼり、近年では世界最大の被害となった。倒壊した建物は、真下に折り重なるように崩れるパンケーキクラッシュが多くみられた。

37　**参照** 中国・習近平体制 >>> P32

# 09

国際

# 日韓関係の改善

## 元徴用工問題あらすじ MAP

**1965年**

**日韓請求権協定**

- 日本が韓国に合計5億ドルの経済支援（当時の韓国の国家予算は3.5億ドル）を行い、戦時の補償問題は「**完全かつ最終的に**」解決済みとする。
- 両国間の紛争は**外交を通じて協議**し、解決しない場合は第3国を交えた**仲裁委員会**で協議する。

**2018年**

10月 **韓国大法院**（最高裁）が日本製鉄（旧新日鉄住金）と三菱重工業に対し、元徴用工への損害賠償を命じる

戦時の補償問題については**日韓請求権協定**によって解決済みである。

個人が受けた人権侵害に対する賠償の請求権は、日韓請求権協定の**対象外**である。

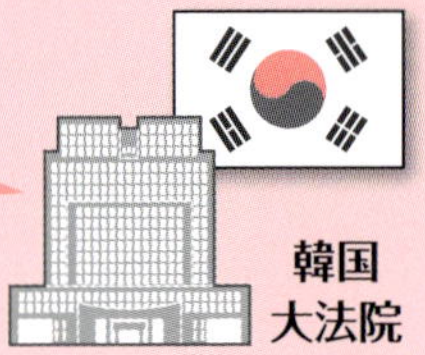


**2019年**

8月
- 日本政府、半導体材料などの**韓国への輸出規制を強化**
- 韓国、日本との**GSOMIA**（軍事情報包括保護協定）破棄を通告（後に**撤回**）

**日韓関係、戦後最悪に**

**2023年**

3月
- **尹錫悦**《ユンソンニョル》大統領が元徴用工問題の解決策を提示
➡原告15人中11人が受け入れ

**100字でナットク**

日本と韓国は元徴用工問題をきっかけに関係が悪化していたが、2023年、韓国の尹錫悦大統領が提示した解決策によって元徴用工問題が一応の決着をみせ、両国はシャトル外交を再開した。

近年、日韓関係が悪化するきっかけとなったのは、韓国で行われた**元**《もと》**徴用工訴訟**《ちょうようこうそしょう》だ。徴用工とは、第二次世界大戦中に朝鮮半島から動員され、炭鉱や軍需工場などで働かされた人たちのこと。2018年、日本の最高裁にあたる韓国大法院は、新日鉄住金（現・日本製鉄）と三菱重工業に対し、戦時中に働かせていた元徴用工への損害賠償を命じる判決を出した。

日本政府はこの判決に猛反発した。日本と韓国は、1965年に**日韓請求権協定**という取り決めを交わしている。日本が韓国に多額の経済協力金を支払う代わりに、戦時の補償については「**完全かつ最終的に解決済み**」とするという内容だ。今さら賠償金を払えとは、約束が違うじゃないかというのが日本政府の言い分だ。一方、韓国大法院は、請求権協定で解決したのは未払い賃金などの債務への補償であって、戦時中

## 徴用工問題解決策

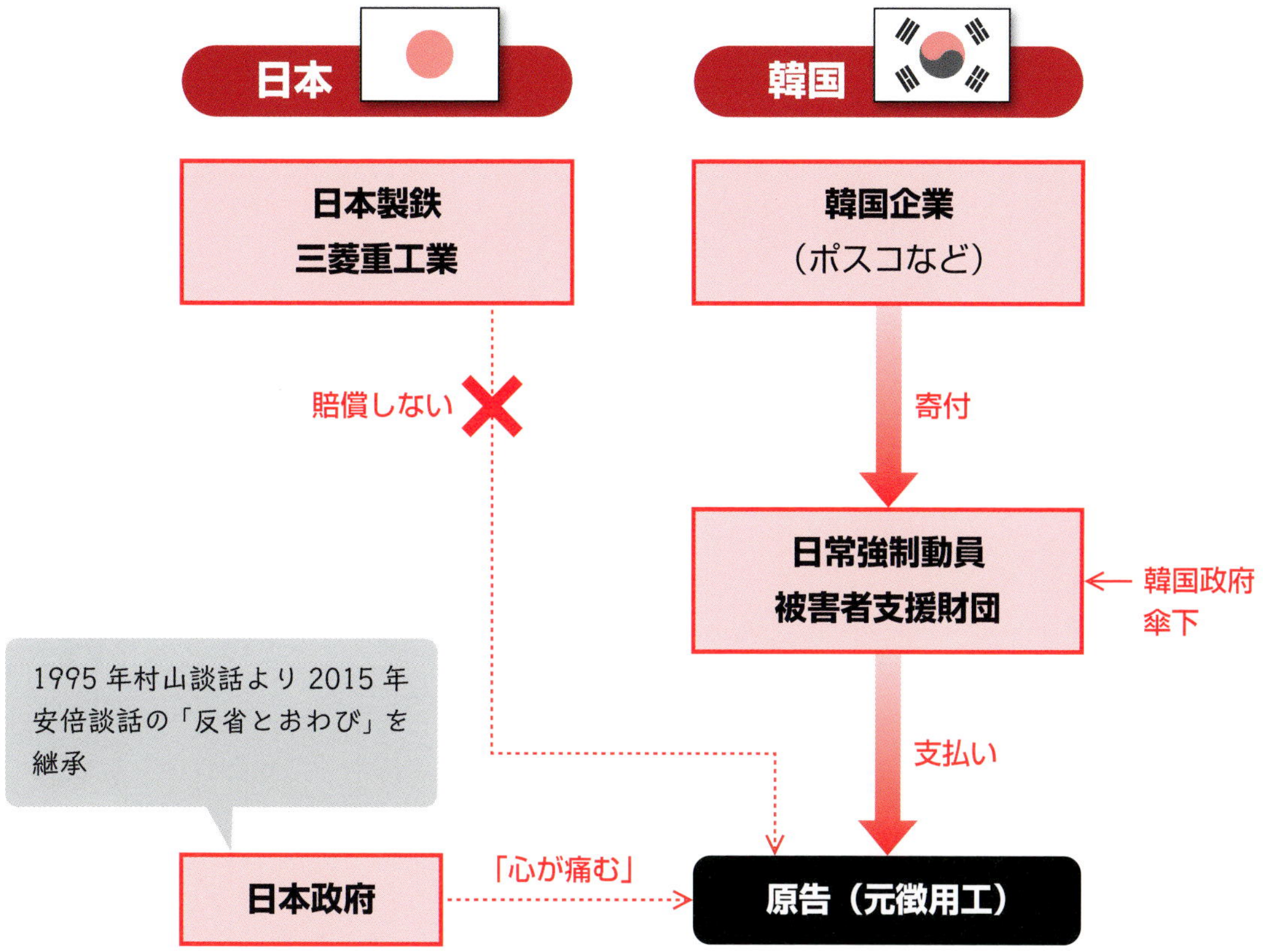


### ●日韓関係の改善（2023年）

| | |
|---|---|
| 3月 | **尹《ユン》大統領**が訪日 } **シャトル外交復活** |
| 5月 | **岸田《きしだ》首相**が韓国訪問 }<br>G7広島サミットで**日韓首脳会談** |
| 7月 | 日本が韓国への**輸出規制を緩和** |

に受けた精神的苦痛に対する慰謝料は請求できるとしている。しかし日本側は判決をあくまでも韓国の国内問題と位置づけ、被告企業も賠償に応じなかった。溝は埋まらないまま、日韓関係は「戦後最悪」と言われるほど悪化してしまった。

状況が変化するきっかけとなったのは、2022年5月に起こった韓国の政権交代だ。日韓関係の修復を公約に当選した保守系の**尹錫悦**《ユン・ソンニョル》大統領はこの問題の解決策を探り、2023年1月、**韓国政府傘下の財団が賠償を肩代わりするという案**を提示した。賠償の支払いにあてる資金は、日本の経済協力金の恩恵を受けた韓国の公共企業からの寄付によってまかなうという。韓国国内では「日本に妥協しすぎだ」との批判もあったが、岸田首相が元徴用工問題について「心が痛む思い」を表明し、韓国側に配慮を示したことで一応の幕引きとなった。

2023年3月には尹大統領が訪日して岸田首相と会談、5月には岸田首相が韓国を訪問し尹大統領と会談し、長らく中断していた日韓の**シャトル外交**（両国首脳がお互いに相手国を訪問すること）が再開した。

**ちょこっと時事**

**朝鮮戦争、休戦から70年**　朝鮮戦争は1950年、北朝鮮軍が韓国に侵攻してはじまった。米軍中心の国連軍が韓国側、中国の人民義勇軍が北朝鮮側に参戦。1953年に現在の軍事境界線が敷かれて休戦したが、国際法上は現在も戦争状態にある。2023年7月に休戦から70年を迎えたが、終戦の見通しは立っていない。

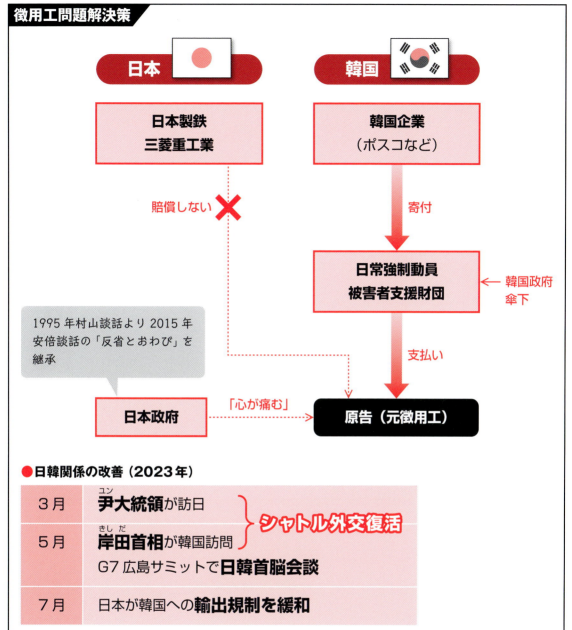

# 10

国際

# 日本の領土問題

**100字でナットク**

日本が他国との間で解決すべき領土問題には、ロシアとの間の北方領土問題と、韓国との間の竹島問題がある。また、中国と台湾は、沖縄県の尖閣諸島の領有権を主張している。いずれも平和的な解決には時間が必要だ。

## 日本の領土問題

### 尖閣諸島

沖縄県石垣島の北西にある無人の島々。主要な島は魚釣島《うおつりしま》、北小島《きたこじま》、南小島《みなみこじま》、久場島《くばじま》、大正島《たいしょうじま》の5つで、現在は久場島を除いて国有地となっている。また、台湾有事に備え、石垣島に陸上自衛隊の駐屯地が置かれるなど、緊張が高まっている。

### 竹島

東島（女島）と西島（男島)の2島と数十個の岩礁からなる。日本と韓国それぞれが自国の領土と主張し、現在は韓国が実効支配を続けている。韓国名は独島《トクト》。韓国軍は年に2回、島の防衛訓練を実施しており、日本政府は強く抗議している。

### 北方領土

択捉島《えとろふ》、国後島《くなしり》、色丹島《しこたん》、歯舞《はぼまい》群島からなる。戦後、ソ連（現ロシア)によって不法に占拠された状態が続いているため、日本とロシア間はいまだに平和条約を締結できない。ロシアのウクライナ侵攻の影響で、交渉への道はさらに遠のいている。

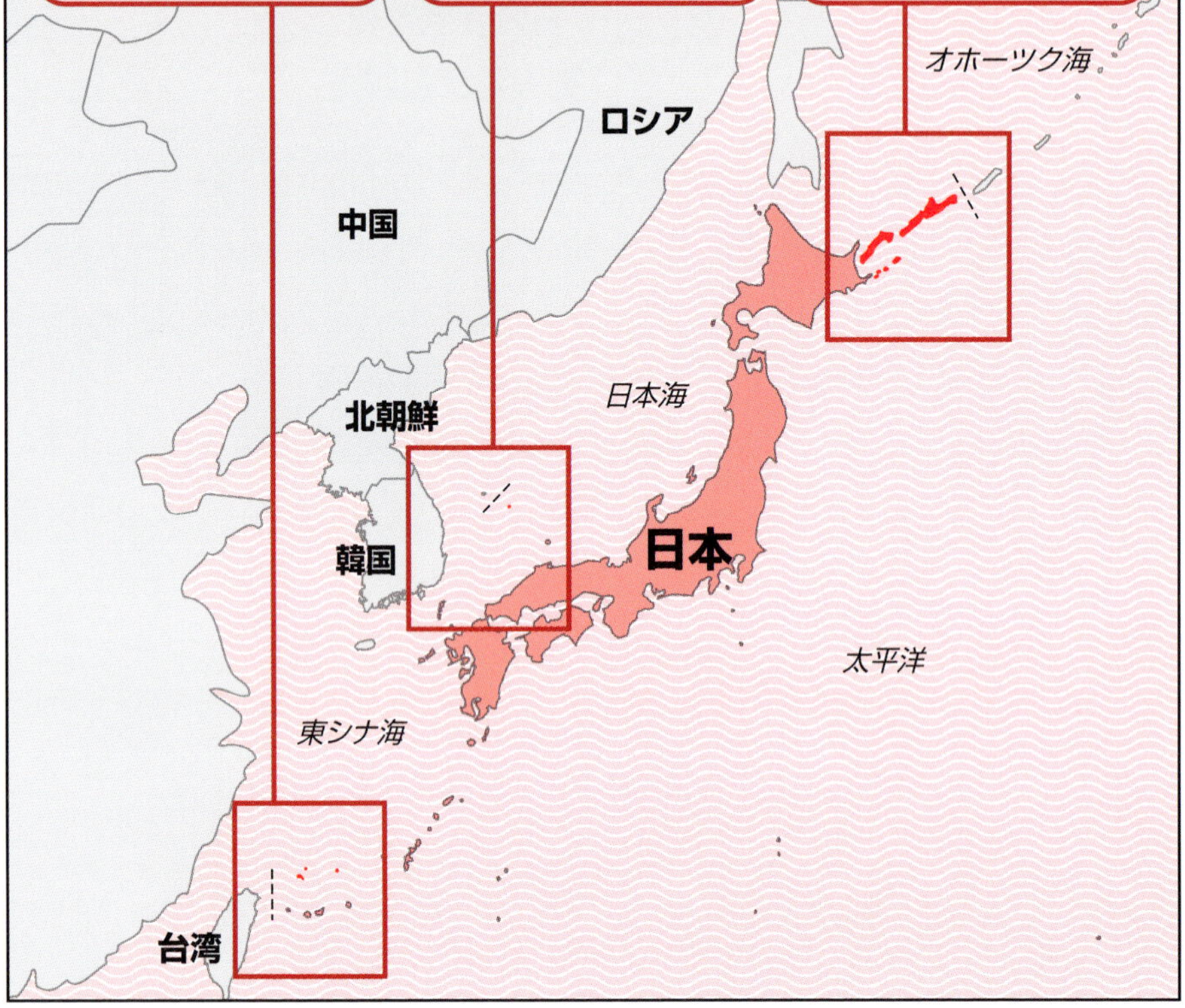


①**北方領土《ほっぽうりょうど》**　北方領土とは、根室《ねむろ》半島の沖合《おきあい》にある択捉島《えとろふとう》、国後島《くなしりとう》、色丹島《しこたんとう》、歯舞群島《はぼまいぐんとう》の4島のこと。第二次世界大戦前には日本人が1万人以上住んでいたが、日本の敗戦直後に**ソ連**（現ロシア）に占領され、現在もロシアが実効支配を続けている。

1956年の日ソ共同宣言には、平和条約の締結《ていけつ》後に色丹・歯舞の2島を返還することが明記されたが、日本はあくまでも4島一括返還にこだわり、交渉は行き詰った。現在のロシア政府は「**南クリル**（北方領土）はロシアの領土である」という立場だ。2020年に改正されたロシア憲法には領土割譲《かつじょう》の禁止が明記され、返還交渉はより難しくなった。ロシアはウクライナ侵攻以来、日本との平和条約交渉を中断している。

②**竹島《たけしま》**　竹島は、日本海に浮かぶ総面積0・21平方キロの小さな島。1905年に島根県に編入された。その後日本は**韓国**を併合《へいごう》するが、第

関連URL ››› ●外務省：日本の領土をめぐる情勢　https://www.mofa.go.jp/mofaj/territory/

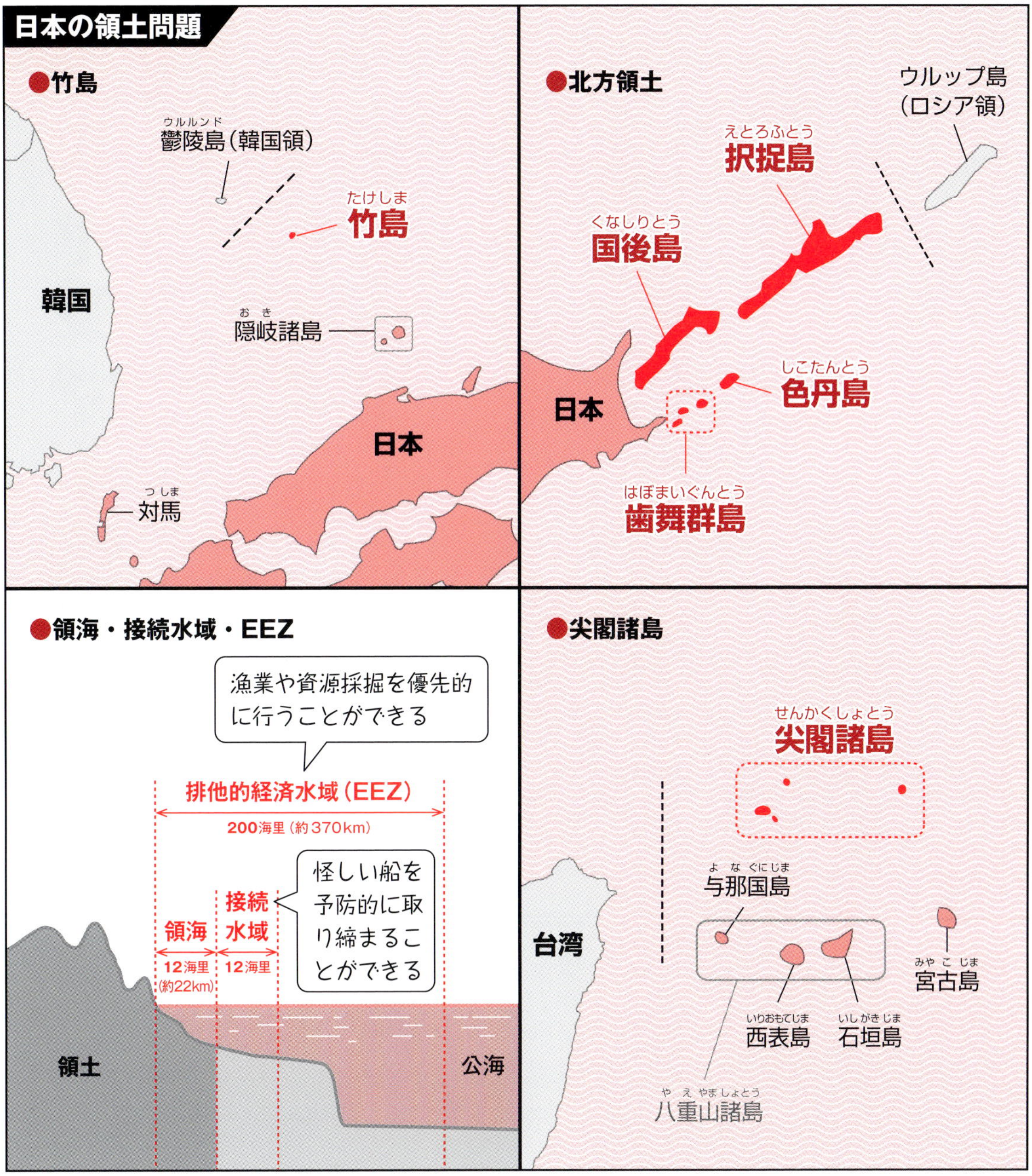

二次世界大戦後、独立した韓国は**独島**《トクト》（竹島の韓国名）の領有権を主張した。1952年、韓国は海洋境界線（いわゆる李承晩《イスンマン》ライン）を一方的に設定し、竹島を韓国領に取り込んだ。その後武装した兵士を送り込んで竹島を占拠し、現在に至るまで実効支配を続けている。

日本は領土問題を国際司法裁判所に提訴《ていそ》することを提案しているが、韓国側は拒否している。

**③尖閣諸島**《せんかくしょとう》　尖閣諸島は沖縄県石《いし》垣島《がきじま》の北西方にある無人の島々だ。1895年に沖縄県に編入して以降、アメリカの沖縄占領期間を除いて、日本が領有を続けている。しかし、1960年代後半の海洋調査で周辺の海域に石油資源が埋蔵されている可能性が報告されてから、**中国**と**台湾**が領有権を主張しはじめた。

2012年、日本政府は私有地となっていた3島を20億5千万円で購入し国有化した。中国側はこれに激しく反発し、日中関係は一時大幅に悪化した。近年では、中国海警局（日本の海上保安庁に相当）の公船が尖閣諸島の**接続水域**（領海の外側12海里までの海域）や領海への侵入を繰り返しており、緊張が非常に高まっている。

**ちょこっと時事**

**ナゴルノ・カラバフ**　アゼルバイジャン西部にあるナゴルノ・カラバフ地域はアルメニア人の住人が多数を占め、ナゴルノ・カラバフ共和国（自称）として独立を宣言していたが、2020年の軍事衝突でトルコの支援を受けたアゼルバイジャンに敗北、2023年の衝突で消滅した。これにより多数の避難民がアルメニア本国に逃れた。

# 11

国際

# ミャンマー情勢

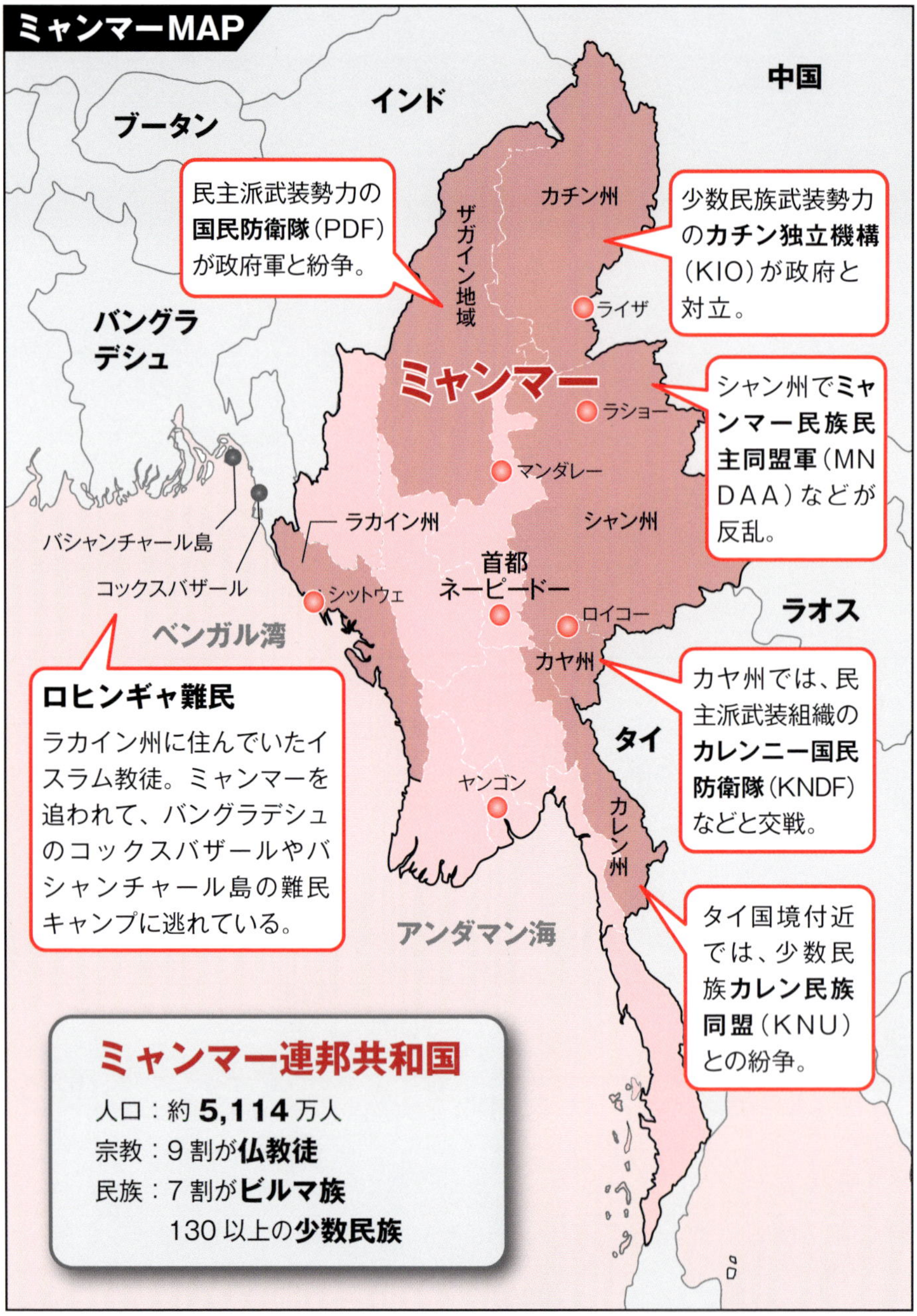
ミャンマーMAP
中国
インド
ブータン
バングラデシュ
民主派武装勢力の**国民防衛隊**（PDF）が政府軍と紛争。
ザガイン地域
カチン州
少数民族武装勢力の**カチン独立機構**（KIO）が政府と対立。
ライザ
ミャンマー
ラショー
シャン州で**ミャンマー民族民主同盟軍**（MNDAA）などが反乱。
マンダレー
シャン州
ラカイン州
バシャンチャール島
コックスバザール
首都ネーピードー
シットウェ
ロイコー
ラオス
ベンガル湾
カヤ州
カヤ州では、民主派武装組織の**カレンニー国民防衛隊**（KNDF）などと交戦。
**ロヒンギャ難民**
ラカイン州に住んでいたイスラム教徒。ミャンマーを追われて、バングラデシュのコックスバザールやバシャンチャール島の難民キャンプに逃れている。
タイ
ヤンゴン
カレン州
タイ国境付近では、少数民族**カレン民族同盟**（KNU）との紛争。
アンダマン海
ミャンマー連邦共和国
人口：約 **5,114** 万人
宗教：9 割が**仏教徒**
民族：7 割が**ビルマ族**
130 以上の**少数民族**

**100字でナットク**

2021年2月、民主化されて間もないミャンマーで軍によるクーデターが起こった。アウンサンスーチー国家顧問は拘束され、各地で行われた抗議デモは弾圧された。国際社会は軍事政権への批判を強めている。

**ミャンマー**の旧国名はビルマ。戦前はイギリスの植民地で、第二次世界大戦中は日本軍の侵攻を受けた。戦後独立したが、独裁的な軍事政権が長く続いていた。この独裁政権は1988年、大規模な民主化運動によって崩壊する。このとき運動の先頭に立ったのが**アウンサンスーチー**氏だ。スーチー氏の父親は「ビルマ建国の父」と呼ばれる国民的英雄で、その娘であるスーチー氏も国民からの人望が厚かったのだ。

しかし独裁政権が倒れた直後、軍部はクーデターを起こして再び政権を奪い、反対派を弾圧した。軍部と対立するスーチー氏は、現在に至るまで度々軟禁されている。こうした軍事政権の行動は国際的にも非難され、ミャンマーは国際社会からすっかり孤立してしまった。

2008年、軍部はようやく民政移管に同意し、新憲法を制定した。議会の4分の1を軍が指名する関連URL ●外務省・ミャンマー連邦共和国　https://www.mofa.go.jp/mofaj/area/myanmar/

## ミャンマーあらすじMAP

**アウンサンスーチー氏**
（1945生）

- **1948** ビルマ連邦としてイギリスから**独立**
- **1962** **軍部のクーデター**※により**独裁政権樹立**
  ※武力などの非合法的な手段によって政権を奪うこと。
- **1988** **民主化運動**によって**独裁政権崩壊** ➡
  - 軍部が再び武力で**政権を奪う**
  - アウンサンスーチー氏を**自宅軟禁**
- **1990** 総選挙で**アウンサンスーチー**氏の**NLD**（**国民民主連盟**）が**勝利**
  するが、軍事政権は選挙結果を拒否
- **1991** アウンサンスーチー氏に**ノーベル平和賞**
- **2008** **新憲法制定**（軍の権力を維持しながら民政への移行を定める）
- **2011** **民政移行**
- **2015** 総選挙でNLD（国民民主連盟）が**圧勝**
- **2016** **アウンサンスーチー国家顧問就任**
- **2020** 総選挙で再びNLD（国民民主連盟）が**圧勝**
- **2021** **軍部のクーデター**　アウンサンスーチー国家顧問を**拘束**
- **2022** アウンサンスーチー氏に対し、非公式裁判で**有罪判決** **計33年の刑期**※
  ※恩赦で27年に減刑

### ちょこっと時事

**ロヒンギャ問題**

ロヒンギャは、ミャンマー西部のラカイン州に住む少数派のイスラム教徒。多数派の仏教徒住民やミャンマー治安当局に迫害され、多くが隣国バングラデシュに逃れて難民となった。ミャンマー政府はロヒンギャを不法移民として市民権を認めていない。軍事クーデター後、難民の帰国はますます困難になったとみられる。

など、軍の権力は依然として強かったが、2015年の総選挙ではスーチー氏率いる**NLD（国民民主連盟）**が大勝し、ついに政権交代が実現した。

新憲法には「家族に外国人がいると大統領になれない」という規定がある。スーチー氏が大統領になれないように、軍がわざわざ設けたものだ。そのためスーチー氏は、大統領とは別に新設された**国家顧問**という役職に就任し、事実上の国家指導者となった。

ところが、2020年の総選挙でNLDが前回を上回る議席を獲得すると、結果に不満な軍部は「選挙に不正があった」と主張し、2021年2月、クーデターを起こして政権を奪い取ってしまった。スーチー氏は軍に拘束され、司法・行政・立法の三権は国軍側が掌握した。ようやく民主化がすすんだと思ったのに、軍事政権に逆戻りだ。

ミャンマー国内では大規模な抗議運動が広がったが、治安部隊により弾圧された。その後、一部の民主派は武装して軍との戦闘を続けており、多数の死傷者が出ている。スーチー氏は軍による一方的な裁判で有罪を宣告され、現在も服役中だ。

# G7広島サミット



## 100字でナットク

2023年5月、世界の主要7か国首脳とEU代表によるG7サミットが日本の広島で開催された。ロシアのウクライナ侵攻により世界の分断がすすむなか、G7を超える新たな国際的枠組みも模索されている。

### G7広島サミット

写真：首相官邸ホームページ

**オラフ・ショルツ**
（ドイツ首相）

**岸田文雄《きしだふみお》**
（日本の総理大臣）

**ジョルジャ・メローニ**
（イタリア首相）

**ジャスティン・トルドー**
（カナダ首相）

**エマニュエル・マクロン**
（フランス大統領）

**ジョー・バイデン**
（アメリカ大統領）

**リシ・スナク**
（イギリス首相）

**シャルル・ミシェル**
（欧州理事会議長）写真左端

**ウルズラ・フォン・デア・ライエン**
（欧州委員会委員長）写真右端

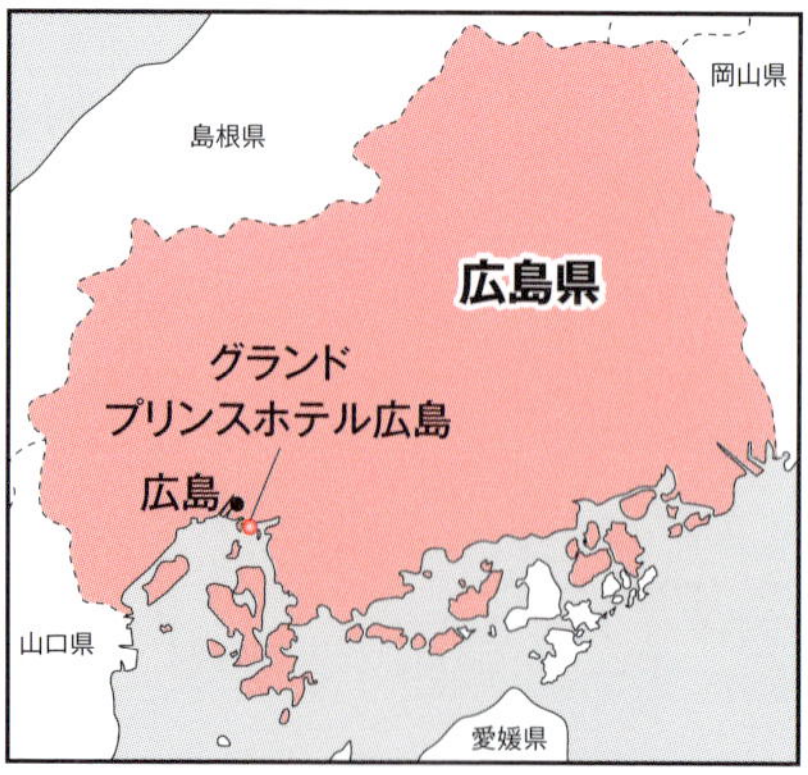


「**サミット**」とは、日本、アメリカ、ドイツ、イギリス、フランス、イタリア、カナダの7か国首脳と、EU（欧州《おうしゅう》連合）の代表が年1回集まって行う会議だ。主要国首脳会議、略して**G7**《ジーセブン》とも呼ばれる。

サミットがはじめて開かれたのは1975年。オイルショックやドルの切り下げといった世界的な問題に対処するため、当時「**先進国**」と呼ばれる国々の首相が集まったのがはじまりだ。2013年まではロシアも参加していたのでG8だったが、2014年にロシアがウクライナのクリミア半島を併合して以来、ロシアは呼ばないことになった。

サミットの開催地は毎回各国の持ち回りで、2023年は日本の**広島**で5月に開催された。日本での開催は7回目。2016年の伊勢志摩《いせしま》サミット以来7年ぶりだ。今回のサミットには、7か国首脳以外にもインド、韓国など8か国の首脳や、国

関連URL ››› ●G7 広島サミット 2023　https://www.g7hiroshima.go.jp/

## 世界のなかのG7/G20

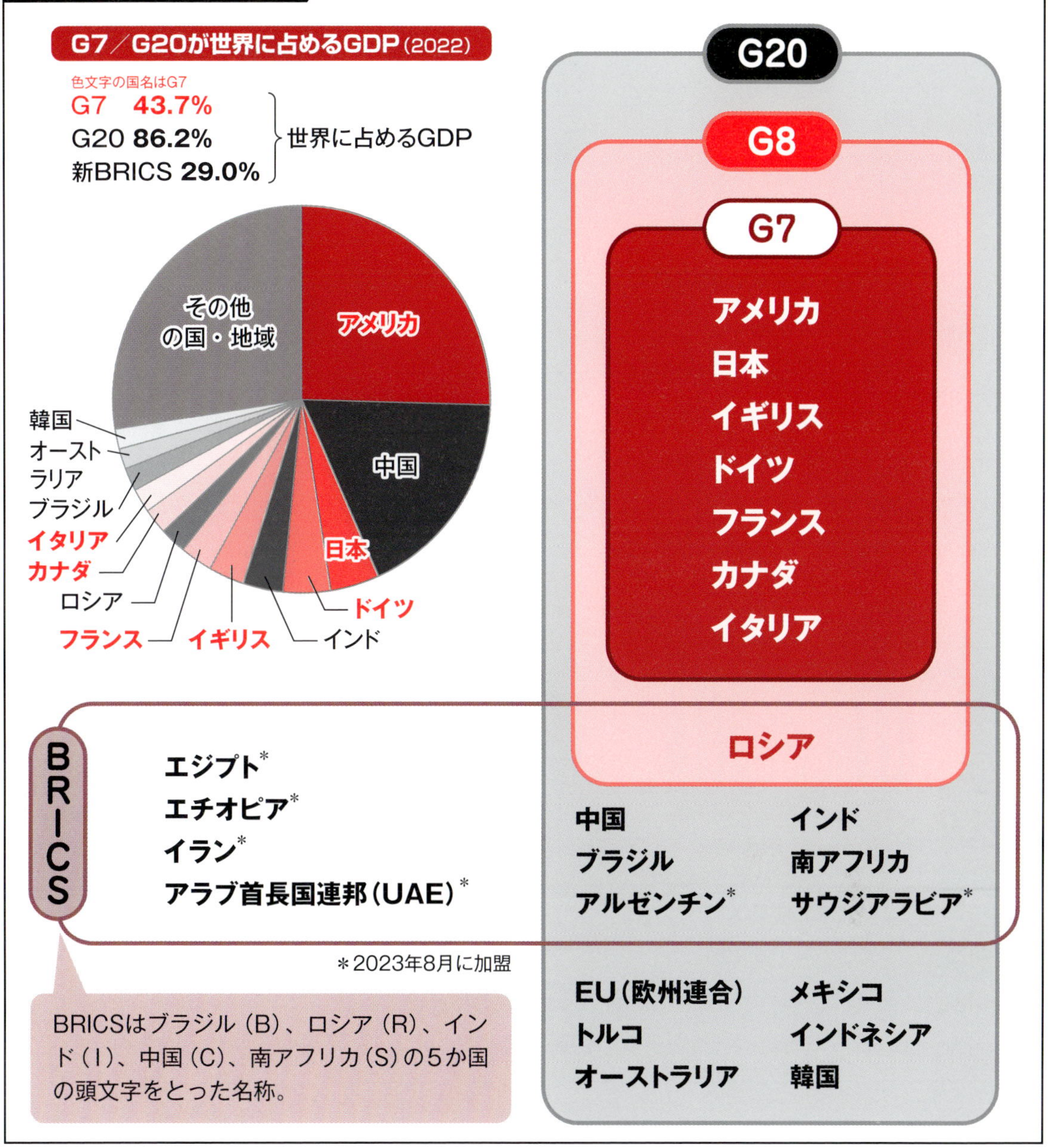
G7／G20が世界に占めるGDP（2022）
色文字の国名はG7
G7　43.7%
G20 86.2%
新BRICS 29.0%
世界に占めるGDP
その他の国・地域
アメリカ
中国
日本
ドイツ
インド
イギリス
フランス
ロシア
カナダ
イタリア
ブラジル
オーストラリア
韓国
G20
G8
G7
アメリカ
日本
イギリス
ドイツ
フランス
カナダ
イタリア
ロシア
BRICS
エジプト*
エチオピア*
イラン*
アラブ首長国連邦（UAE）*
中国
インド
ブラジル
南アフリカ
アルゼンチン*
サウジアラビア*
＊2023年8月に加盟
EU（欧州連合）
メキシコ
トルコ
インドネシア
オーストラリア
韓国
BRICSはブラジル（B）、ロシア（R）、インド（I）、中国（C）、南アフリカ（S）の5か国の頭文字をとった名称。

連事務総長など国際機関のトップも招待された。また、ゲストとしてウクライナの**ゼレンスキー**大統領も来日した。各国首脳は平和記念資料館を訪れ、原爆慰霊碑に献花した。サミットでは、ロシアのウクライナ侵攻への非難と、ウクライナへの支持があらためて確認された。

かつては世界GDPの7割近くを占めていたG7のシェアも、現在では約43.8%まで落ち込み、存在感が薄れている。そのため近年ではG7に新興国を加えた**G20**（世界20か国・地域首脳会合）も開かれている。2023年のG20は9月にインドの**ニューデリー**で開催され、ロシアと中国以外の各国首脳が参加した（ロシアからは外相、中国からは首相が参加）。

欧米諸国とロシアとの分断がすすむなかで、いわゆる**グローバルサウス**といわれる新興国・途上国の動向に注目が集まっている。広島サミットでも、グローバルサウスとの連携強化が重要な議題にのぼった。一方、新興5か国（ブラジル・ロシア・インド・中国・南アフリカ）が加盟する**BRI《ブリッ》CS《クス》**は、新たにサウジアラビアなど6か国の加盟を認め、G7への対抗勢力を形成している。

**ちょこっと時事**

**地球の人口、80億人を突破**　国連人口基金が発表した「世界人口白書2023」によると、2023年の世界人口は80億4500万人で、はじめて80億人を突破した。また、これまで世界1位だった中国を抜き、インド（14億2860万人）が人口世界1位となった。日本の人口は1億2330万人で、世界12位。


参照 グローバルサウス ››› P51

# 13

国際

# NATO（北大西洋条約機構）

**100字でナットク**

NATOは東西冷戦時代にソ連に対抗して設立された軍事同盟。ソ連崩壊後は東欧諸国を取り込んで拡大した。ロシアはNATOの拡大を脅威とみなしており、ウクライナへの侵攻も加盟阻止が大きなねらいといわれる。

**NATO**

## NATO North Atlantic Treaty Organization 北大西洋条約機構

本　部：ブリュッセル（ベルギー）
加盟国：31 か国

「集団防衛」「危機管理」「協調的安全保障」の３つを中核的任務とし、加盟国の領土及び国民を防衛する。

NATO 旗

| | |
|---|---|
| 1949 年 | 北米 2 か国と西ヨーロッパ 10 か国で設立 |
| 1952 年 | ギリシャ、トルコが加盟 |
| 1955 年 | 西ドイツが加盟 |
| | ソ連、ワルシャワ条約機構を設立 |
| 1982 年 | スペインが加盟 |
| 1989 年 | マルタ会談（冷戦終結） |
| 1990 年 | 統一ドイツが加盟 |
| 1991 年 | ソ連崩壊、ワルシャワ条約機構解体 |
| 1995 年 | ボスニア・ヘルツェゴビナ内戦に軍事介入 |
| 1999 年 | チェコ、ハンガリー、ポーランドが加盟 |
| 1999 年 | コソボ紛争に軍事介入し、セルビアを空爆 |
| 2001 年 | マケドニア紛争に軍事介入 |
| 2004 年 | バルト三国、ルーマニア、スロバキア、スロベニアが加盟 |
| 2009 年 | アルバニア、クロアチアが加盟 |
| 2011 年 | リビア内戦に介入 |
| 2017 年 | モンテネグロが加盟 |
| 2020 年 | 北マケドニアが加盟 |
| 2022 年 | ロシアがウクライナに侵攻 |
| | フィンランド、スウェーデンが加盟申請 |
| 2023 年 | フィンランドが加盟 |

**NATO**《ナトー》（北大西洋条約機構）とは、アメリカとカナダ、ヨーロッパの国々が加盟する軍事同盟だ。**集団的自衛権**の考えにもとづき、加盟国が他国から攻撃を受けた場合にはみんなで防衛するという条約を結んでいる。

NATOは、東西冷戦がはじまったばかりの1949年、ソビエト連邦の勢力拡大をおそれた西ヨーロッパの国々によって設立された。ソ連もNATOに対抗して、東欧7か国と**ワルシャワ条約機構**を設立する。東西2つの陣営のにらみ合いは「鉄のカーテン」とも呼ばれたが、冷戦という言葉のとおり、実戦には至らなかった。

1989年に行われた米ソ首脳会談（マルタ会談）によって冷戦が終結し、1991年にはソ連が崩壊する。このときワルシャワ条約機構は解体されたがNATOは存続し、新たな目的として、周辺地域の紛争に介入

関連URL ››› ●NATO（英語） https://www.nato.int/
●外務省：北大西洋条約機構（NATO） https://www.mofa.go.jp/mofaj/area/nato/

## NATO加盟国の推移

※地図では北米（❷カナダ・⓬アメリカ）を省略

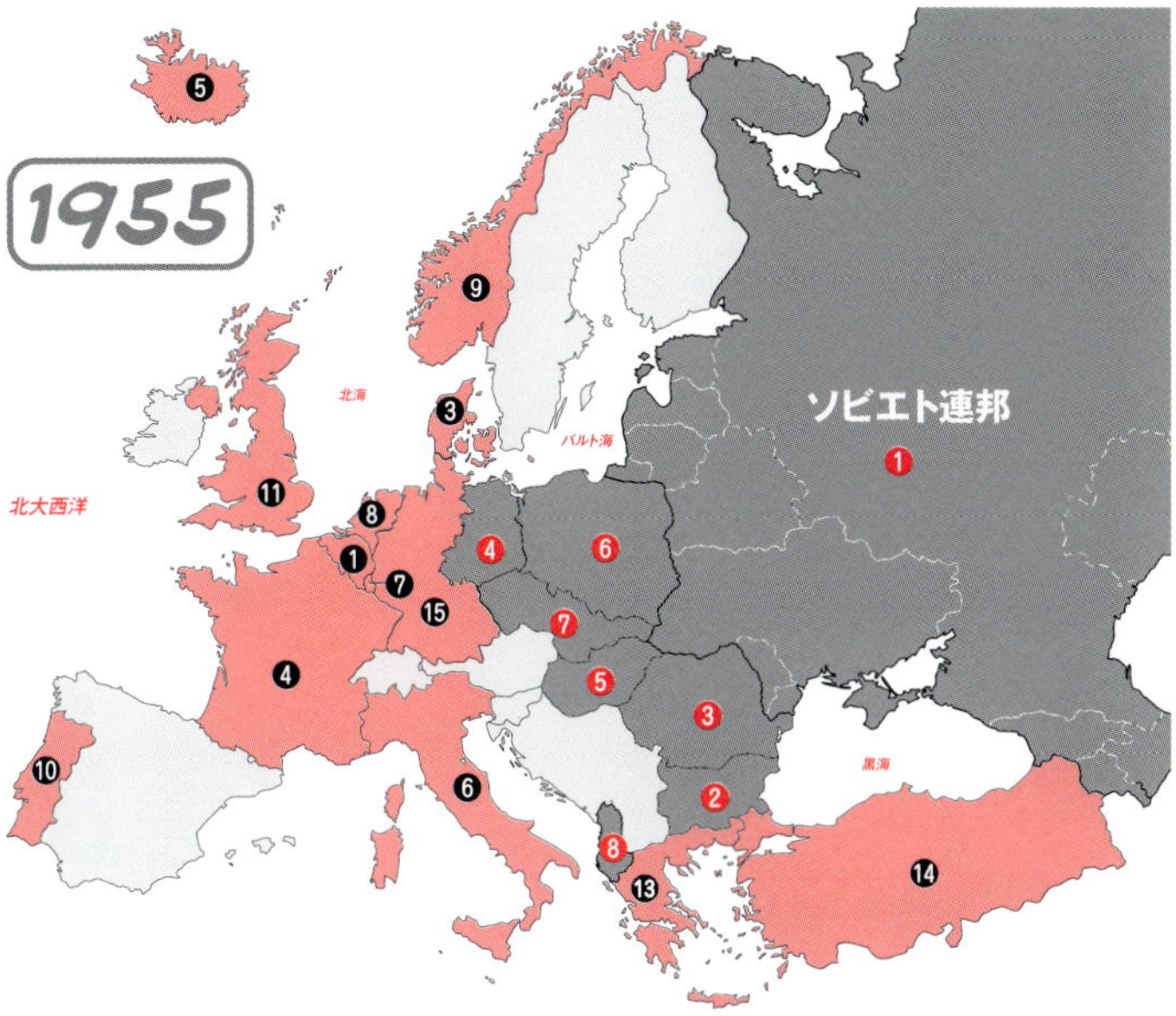

### NATO（1949年設立時12か国）

❶ベルギー
❷カナダ
❸デンマーク
❹フランス
❺アイスランド
❻イタリア
❼ルクセンブルク
❽オランダ
❾ノルウェー
❿ポルトガル
⓫イギリス
⓬アメリカ
⓭ギリシャ（1952年加盟）
⓮トルコ（1952年加盟）
⓯西ドイツ（1955年加盟）

### ワルシャワ条約機構（1991年解散）

❶ソビエト連邦
❷ブルガリア
❸ルーマニア
❹東ドイツ
❺ハンガリー
❻ポーランド
❼チェコスロバキア
❽アルバニア

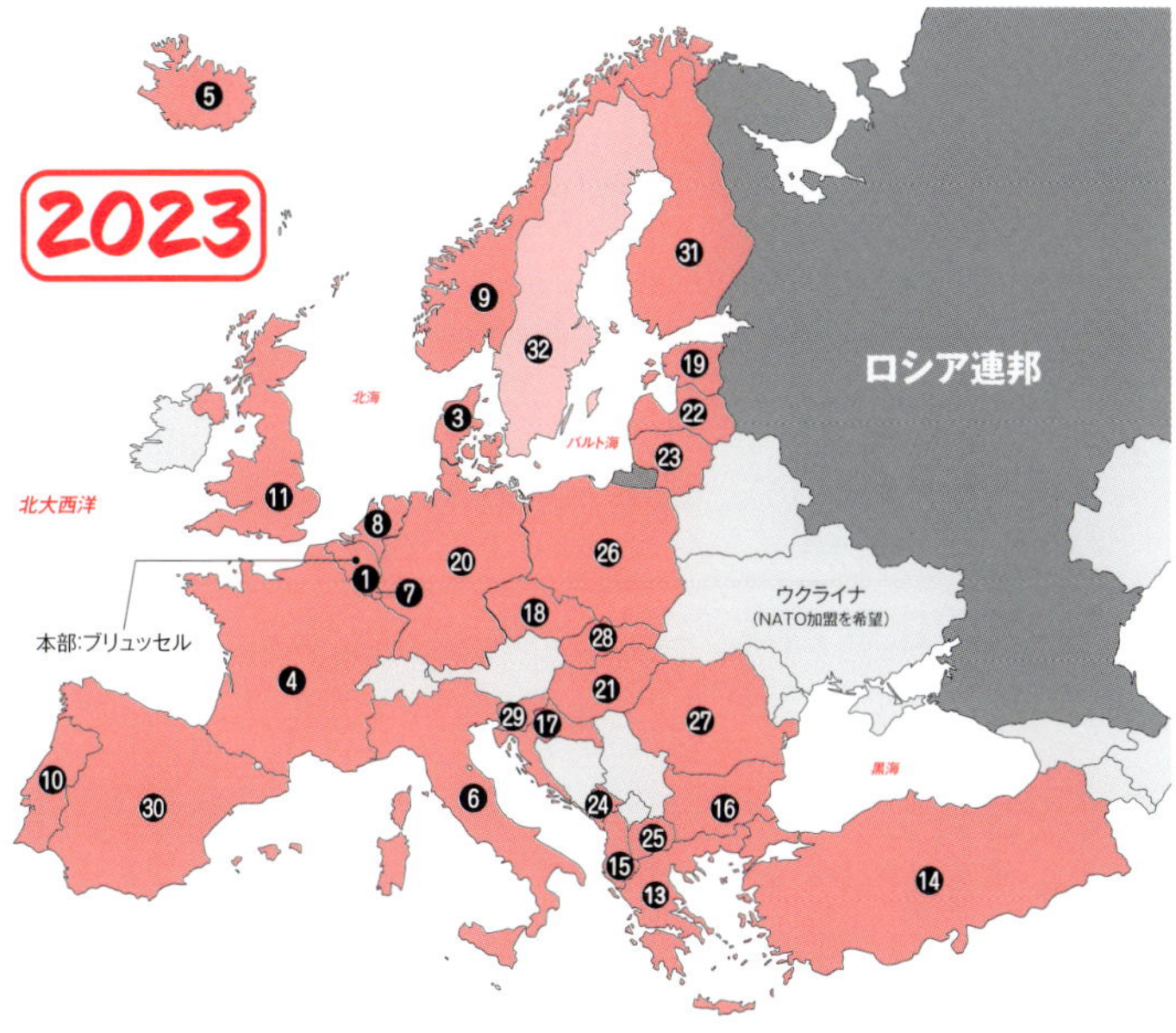

### NATO 2023年現在（31か国）

❶ベルギー
❷カナダ
❸デンマーク
❹フランス
❺アイスランド
❻イタリア
❼ルクセンブルク
❽オランダ
❾ノルウェー
❿ポルトガル
⓫イギリス
⓬アメリカ
⓭ギリシャ
⓮トルコ
⓯アルバニア
⓰ブルガリア
⓱クロアチア
⓲チェコ
⓳エストニア
⓴ドイツ
㉑ハンガリー
㉒ラトビア
㉓リトアニア
㉔モンテネグロ
㉕北マケドニア
㉖ポーランド
㉗ルーマニア
㉘スロバキア
㉙スロベニア
㉚スペイン
㉛フィンランド
㉜スウェーデン※

※2022年加盟申請

するようになった。1995年にはボスニア・ヘルツェゴビナの内戦、1999年にはコソボ紛争に軍事介入する。その一方で、旧ソ連の勢力下にあったバルト三国（エストニア、ラトビア、リトアニア）や東ヨーロッパの国々が相次いでNATOに加盟したため、**NATO加盟国は31か国にまで拡大**した。

NATO拡大に危機感を強めているのがロシアである。とくに、旧ソ連圏の国々のNATO加盟は、ロシアとの緊張を高める原因となった。2022年にロシアがウクライナに侵攻した理由のひとつは、**ウクライナのNATO加盟を阻止するため**といわれている。

フィンランドとスウェーデンは、ロシアを刺激しないように、これまでNATOに加盟していなかった。しかし今回の侵略でロシアへの不信を強め、両国はNATOへの加盟を申請した（フィンランドは正式加盟）。

ウクライナもNATOへの加盟申請を表明している。まだ正式には加盟していないが、もしロシアがNATO加盟国に侵攻すれば、冷戦時代にもなかった全面戦争に発展するおそれがある。

ちょこっと時事

**QUAD（クアッド）** 日本、アメリカ、オーストラリア、インド4か国による安全保障の協力体制。「4」を意味する英語に由来する。安倍晋三首相（当時）が提唱したもので、軍事的・経済的に勢力を強める中国に対抗するねらいがある。2022年5月には日本で対面による4か国の首脳会合が行われた。

参照 ロシアのウクライナ侵攻 ››› P30

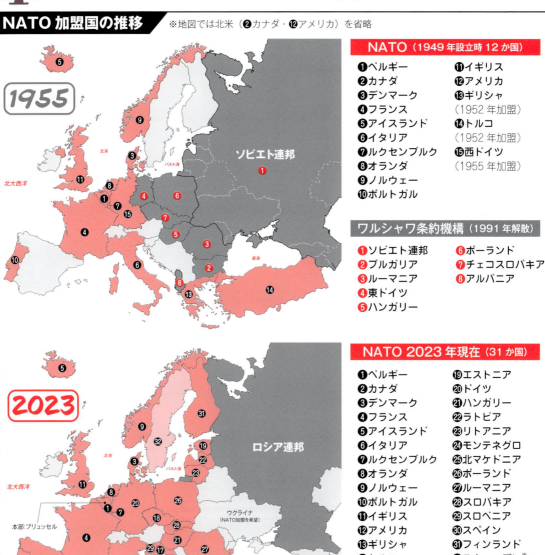

14

国際

# 核拡散防止条約 再検討会議

### NPTとTPNW

## NPT：核拡散防止条約

Treaty on the Non-Proliferation of Nuclear Weapons

1. 核保有国への**核軍縮**の義務
2. 非核保有国の**核拡散防止**
3. 原子力の**平和利用**

→ 3つの柱

↓ 弱体化

- **非加盟の核保有国の増加**
- **ロシアのウクライナ侵攻で核兵器使用も？**
- **再検討会議（2022年8月）で最終文書を採択できず**

## TPNW：核兵器禁止条約

Treaty on the Prohibition of Nuclear Weapons

- 核兵器は、被爆者（ヒバクシャ）に容認し難い苦しみと害をもたらす ➡ **人道的見地からの否定**
- 核兵器の「**開発**」「**保有**」「**使用**」などを**禁止**
- 「**威嚇**《いかく》としての使用」も禁止 ➡ **核抑止を否定**

↓

- **核保有国は条約に不参加（日本も不参加）**

### 100字でナットク

核拡散防止条約（NPT）は、核保有国がこれ以上増えるのを防ぎ、核軍縮をすすめるための国際条約だ。しかし条約発効後も核保有国は増加し、話し合いは成果が出ていない。NPTの存在意義が改めて問われている。

**核拡散防止条約**（略して**NPT**）は、核兵器をもつ国をこれ以上増やさずに、核軍縮をすすめていくための国際条約だ（1970年発効）。核兵器をもつ国を、当時すでに核兵器の開発に成功していた米国・イギリス・ソ連（現ロシア）・フランス・中国の5か国（いずれも国連の安保理常任理事国）に限り、それ以外の国の核保有を禁止する。それだけではあまりに不公平なので、核をもたない加盟国に対しては原子力発電所などの平和利用を認め、そのための技術を提供する。また、核を保有する5か国には核軍縮への取り組みを義務づける。すなわち、**拡散防止**・**平和利用**・**核軍縮**が3本柱だ。

とはいえ実際のところ、核保有国の軍縮は50年たってもすすんでいない。その間NPTに加盟しなかったインド、パキスタン、イスラエルは核保有国となり、当初加盟国だった北朝鮮は密かに核兵器を開発して脱

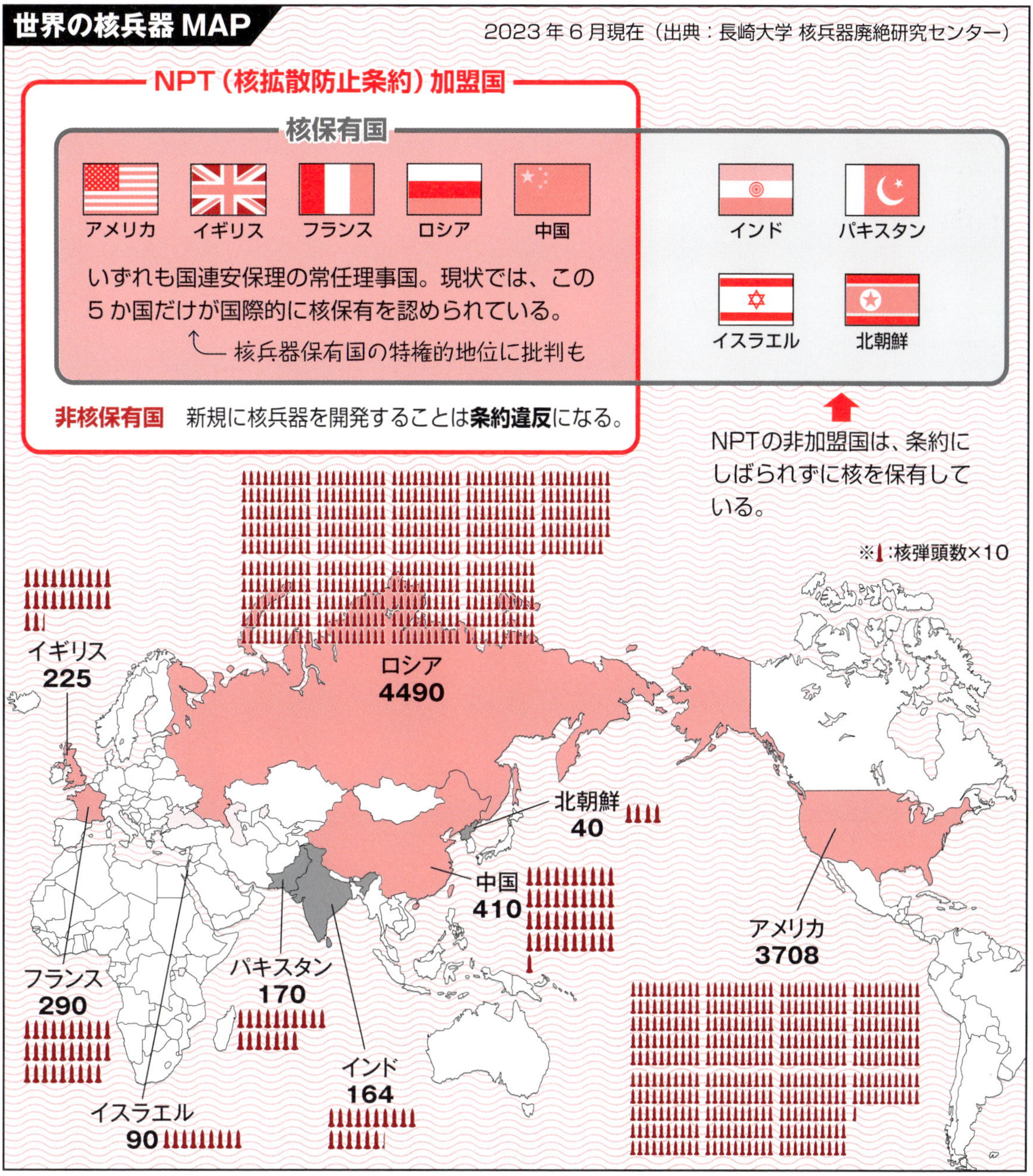
世界の核兵器 MAP
2023年6月現在（出典：長崎大学 核兵器廃絶研究センター）
NPT（核拡散防止条約）加盟国
核保有国
アメリカ
イギリス
フランス
ロシア
中国
いずれも国連安保理の常任理事国。現状では、この5か国だけが国際的に核保有を認められている。
核兵器保有国の特権的地位に批判も
非核保有国　新規に核兵器を開発することは条約違反になる。
インド
パキスタン
イスラエル
北朝鮮
NPTの非加盟国は、条約にしばられずに核を保有している。
※：核弾頭数×10
イギリス 225
ロシア 4490
北朝鮮 40
中国 410
アメリカ 3708
フランス 290
パキスタン 170
インド 164
イスラエル 90

退してしまった。核廃絶のゴールはますます遠のいているのが現状だ。

NPTの加盟国間では、今後の核軍縮の方針を決める**再検討会議**が5年に1回開催されている。第10回再検討会議は新型コロナの影響で延期されていたが、2022年に米国ニューヨークで開催された。しかし最終文書の草案はロシアの反対によって採択できず、前回に続いて会議は決裂した。NPTの存在意義が問われる事態となっている。

NPTに失望した国々の賛同で2017年に採択されたのが**核兵器禁止条約**だ（2021年発効）。条約は核兵器の開発や保有、使用を全面的に禁止する。また、核保有国が「核兵器を使用するぞ」と威嚇《いかく》することも禁止する。これは「核保有国は互いに核攻撃を恐れて戦争を回避するので、平和が保たれる」という、核抑止の考え方を否定するものだ。条約によって「核兵器は違法」という国際的なコンセンサスができれば、核保有国も実質的に核兵器を使用できなくなる。しかし、核保有国はこの条約に加盟しておらず、米国の「**核の傘**」の下にいる日本も参加していない。

ちょこっと時事

**IAEA（国際原子力機関）** 原子力の軍事利用を防止し、原発などの平和利用を促進するための国際機関。核燃料サイクルを進める日本も監視下にあり、政府の原子力規制委員会とは協力関係にある。2023年7月には福島第一原発の処理水放出が国際的な安全基準に合致しているとする報告書を公表した。

15
国際

# スーダンの武力衝突

**100字でナットク**

2023年4月、民政移行を直前に控えたスーダン共和国で、軍事組織の勢力争いによる武力衝突が発生した。スーダン国内外には住む場所を奪われた大量の避難民が発生しており、人道危機が深刻化している。

## スーダンの武力衝突

●武力衝突までの流れ

| | |
|---|---|
| 1989年 | **バシール独裁政権誕生** |
| 2019年　4月 | 民主化デモにより**バシール政権崩壊** |
| 2021年 10月 | 軍がクーデターを起こし**暫定政権崩壊** |
| 2022年 12月 | 軍と民主化勢力が2023年4月の**民政移行に合意** |
| 2023年　4月 | **国軍とRSFの武力衝突** |

アフリカ大陸のナイル川上流に位置する**スーダン**では、2019年に30年間続いた**バシール独裁政権**が民衆のデモをきっかけに崩壊し、軍と**民主化勢力による暫定《ざんてい》政権が生まれた**。2021年には軍によるクーデターがあったものの、市民の抵抗や国際社会の働きかけにより、2023年4月に**民政**（文官による政府）に移行することが決まっていた。

スーダンには、これまで独裁政権を支えてきた**国軍**と、民兵組織がルーツの治安部隊**RSF**（即応支援部隊）という2つの軍事組織がある。両者は民政移行にともない統合される予定だったが、その過程で権力闘争が起こり、2023年4月に武力衝突に発展した。首都ハルツームやダルフール地方では戦闘が続き、大量の市民が避難を余儀なくされている。旧政権で市民を抑圧してきた2つの軍事組織の争いにより、民政移行が遠のいているという状況だ。

16
国際
# グローバルサウス

100字でナットク

**南アジア、中東、アフリカ諸国など、赤道付近や南半球に多い発展途上国や新興国をグローバルサウスという。これからの世界秩序に影響を与える第三の勢力として、これらの国々の動向に注目が集まっている。**

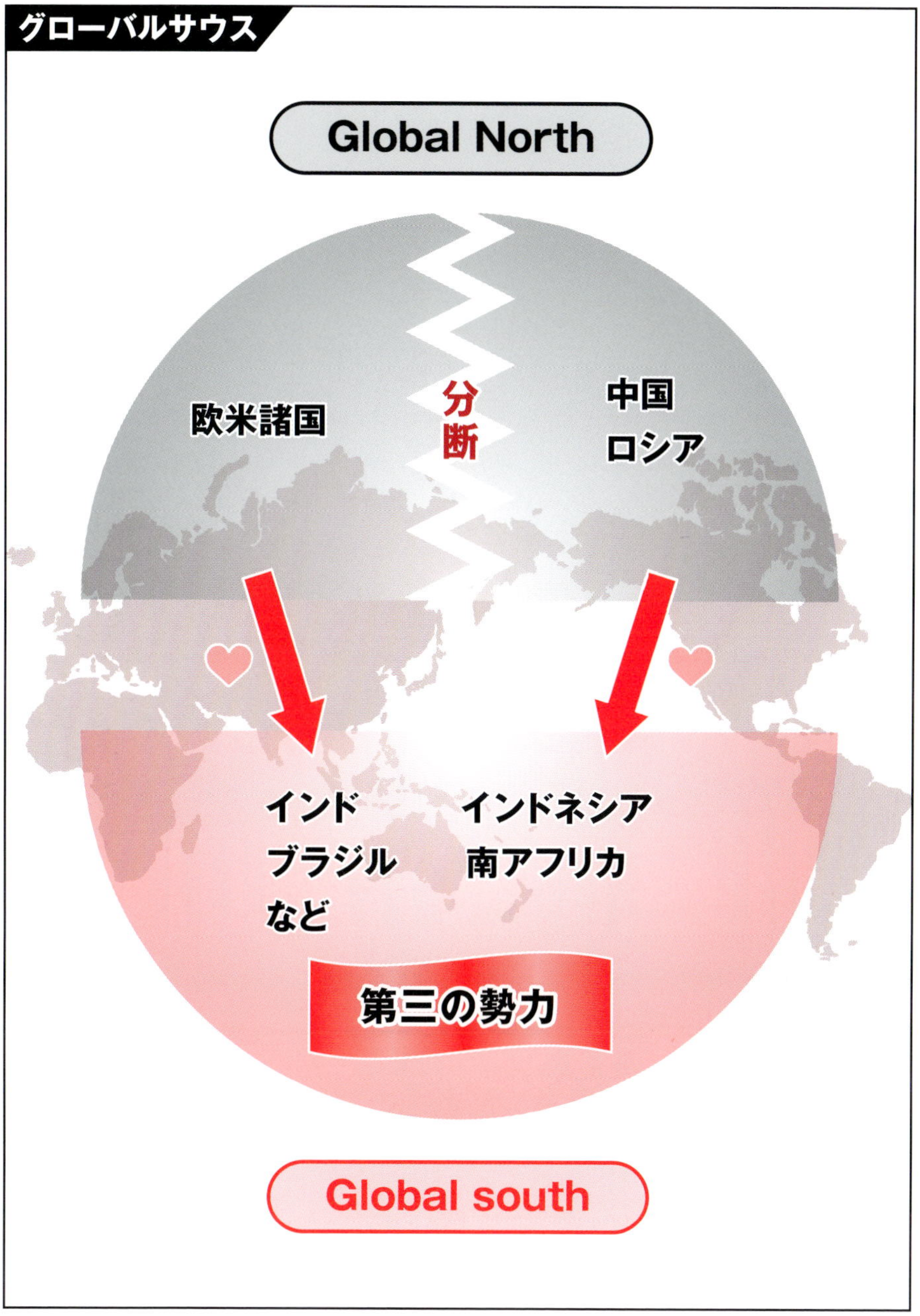

グローバルサウス
Global North
欧米諸国
分断
中国
ロシア
インド
ブラジル
など
インドネシア
南アフリカ
第三の勢力
Global south


欧米諸国や日本をはじめ、先進国といわれる国々が世界地図の北半分に集中しているのに対し、発展途上国は南半分に多い。**グローバルサウス**とは、もともとは南半球の発展途上国や経済新興国を指す言葉だ。ただし最近では「南」に限らず、途上国・新興国一般を指すことが多い。

米中の覇権争いやロシアのウクライナ侵攻により、世界では西側諸国（民主主義的な国）と中国・ロシア（権威主義的な国）との対立が激しくなっている。両陣営とも、自分たちの陣営に取り込もうと、グローバルサウスの国々の動向に注目が集まるようになった。

なかでも、2023年に人口規模で中国を抜いた**インド**は、どちらの陣営にも与せず、近年存在感を高めている。インドを中心としたグローバルサウスが、**第三の勢力**としてこれからの世界秩序に影響を及ぼしていくことは間違いない。

ちょこっと時事

**ニジェールのクーデター** 2023年7月、西アフリカのニジェールで大統領警護隊がクーデターを起こし、バズム大統領を拘束した。隣国のマリやブルキナファソではクーデターによって親ロシアの政権が相次いで生まれたが、バズム大統領は欧米と良好な関係を築いており、クーデターによる情勢の変化が懸念されている。


参照 G7広島サミット ››› P44

# 17

政治

# 第2次岸田第2次改造内閣の顔ぶれ

日本の総理大臣は衆議院から選ばれる。**岸田文雄**《きしだふみお》首相は2021年10月に内閣総理大臣に就任した後、すぐ衆議院を解散して再度任命されたので、現在の内閣は「**第2次岸田内閣**」だ。また、近年の自民・公明政権は毎年のように内閣のメンバー入れ替えを行っており、2023年9月にも恒例(?)の内閣改造が行われた。第2次岸田内閣としては2回目の内閣改造なので、この内閣を**第2次岸田第2次改造内閣**という。

　大臣が1年余りで交代してしまうことには批判もある。なぜ、毎年のように内閣改造が行われるのだろうか? じつは内閣改造では、大臣だけでなく**副大臣**や**政務官**、**自民党役員**などの入れ替えも同時に行われており、実質的に自民党の人事の一環となっているのだ。総理大臣は自民党のトップでもあるので、新人議員からベテラン議員まで、ポストを配分する役割がある。

　今回の内閣改造は、19のポストのうち13を入れ替え、11人が初入閣となる大幅なものとなった。女性の入閣は5人で、第1次小泉内閣(2001年)、第2次安倍改造内閣(2014年)と並んで最も多い。ただし、副大臣26人・政務官28人の女性起用はゼロで、女性活躍の目標からほど遠い結果となった。自民党内の派閥の推薦や、年功序列を優先させた結果とみられている。

　自民党役員の人事では、麻生太郎《あそうたろう》副総裁、茂木敏充《もてぎとしみつ》幹事長、萩生田光《はぎうだこう》一《いち》政務調査会長が留任したほか、総務会長に森山裕《もりやまひろし》選挙対策委員長、選挙対策委員長に小渕優子《おぶちゆうこ》氏が就任した。小渕氏はかつて政治資金をめぐる問題で経済産業大臣を辞任しており、元秘書が有罪判決を受けている。当時、検察の家宅捜索時に事務所のパソコンのハードディスクがドリルで破壊されていたことで、世間の関心を集めた。

## 100字でナットク

岸田首相は2023年9月、毎年ほぼ慣例となっている内閣改造を行い、閣僚ポストをはじめ副大臣、政務官、自民党役員を含む人事を刷新した。女性閣僚は5人と過去最多だが、副大臣・政務官の女性起用はゼロだった。

関連URL ››› ●首相官邸ホームページ　https://www.kantei.go.jp/

**ちょこっと時事**

**副大臣・政務官の辞任ドミノ**　2023年10月、山田《やまだ》太郎《たろう》議員が不倫問題で文科省の政務官を辞任したのに続き、柿沢《かきざわ》未途《みと》議員が公選法違反への関与で法務副大臣を辞任、11月には神田《かんだ》憲次《けんじ》議員が度重なる税金滞納発覚で財務副大臣を辞任した。いずれも所管にかかわる不祥事で、「適材適所」とした首相の任命責任が問われている。

## 岸田内閣の顔ぶれ（敬称略）

※（特）は内閣府特命担当大臣　（担）は無任所の担当大臣

### ①内閣総理大臣
岸田派

**岸田《きしだ》　文雄《ふみお》**　1957年7月29日生

2021年9月の自民党総裁選挙で自民党総裁に就任。10月に第100代内閣総理大臣に指名された。その10日後に衆議院を解散し、総選挙後に第101代内閣総理大臣に指名された。

衆院広島県1区　当選10回　自由民主党

### ②総務大臣
安倍派

**鈴木《すずき》　淳司《じゅんじ》**　1958年4月7日生

衆院愛媛県7区　当選6回　自由民主党

### ③法務大臣
二階派

**小泉《こいずみ》　龍司《りゅうじ》**　1952年9月17日生

衆院埼玉県11区　当選7回　自由民主党

### ④外務大臣
岸田派

**上川《かみかわ》　陽子《ようこ》**　1953年3月1日生

衆院静岡県第1区　当選7回　自由民主党

### ⑤財務大臣　金融（特）　デフレ脱却（担）
麻生派

**鈴木《すずき》　俊一《しゅんいち》**　1953年4月13日生

衆院岩手県2区　当選10回　自由民主党

### ⑥文部科学大臣
岸田派

**盛山《もりやま》　正仁《まさひと》**　1953年12月14日生

衆院比例近畿　当選5回　自由民主党

### ⑦厚生労働大臣
麻生派

**武見《たけみ》　敬三《けいぞう》**　1951年11月5日生

参院東京都　当選5回　自由民主党

### ⑧農林水産大臣
安倍派

**宮下《みやした》　一郎《いちろう》**　1958年8月1日生

衆院長野県5区　当選6回　自由民主党

### ⑨経済産業大臣　原子力経済被害／GX実行推進／産業競争力／ロシア経済分野協力（担）　原子力損害賠償・廃炉等支援機構（特）
安倍派

**西村《にしむら》　康稔《やすとし》**　1962年10月15日生

衆院兵庫県9区　当選7回　自由民主党

### ⑩国土交通大臣　水循環政策／国際園芸博覧会（担）

**斉藤《さいとう》　鉄夫《てつお》**　1952年2月5日生

衆院広島県3区　当選10回　公明党

### ⑪環境大臣　原子力防災（特）
麻生派

**伊藤《いとう》　信太郎《しんたろう》**　1953年5月6日生

衆院宮城県4区　当選7回　自由民主党

### ⑫防衛大臣
茂木派

**木原《きはら》　稔《みのる》**　1969年8月12日生

衆院熊本県1区　当選5回　自由民主党

### ⑬内閣官房長官　沖縄基地負担軽減／拉致問題（担）
安倍派

**松野《まつの》　博一《ひろかず》**　1962年9月13日生

衆院千葉県3区　当選8回　自由民主党

### ⑭デジタル大臣　規制改革（特）　デジタル行財政改革／デジタル田園都市国家構想／行政改革／国家公務員制度（担）
麻生派

**河野《こうの》　太郎《たろう》**　1963年1月10日生

衆院神奈川県15区　当選9回　自由民主党

### ⑮復興大臣　福島原発事故再生総括（担）
無派閥

**土屋《つちや》　品子《しなこ》**　1952年2月9日生

衆院埼玉県13区　当選8回　自由民主党

### ⑯国家公安委員会委員長　国土強靭化／領土問題（担）　防災／海洋政策（特）
茂木派

**松村《まつむら》　祥史《よしふみ》**　1964年4月22日生

参院熊本県　当選4回　自由民主党

### ⑰こども政策／少子化対策／若者活躍／男女共同参画（特）　女性活躍／共生社会／孤独・孤立対策（担）
無派閥

**加藤《かとう》　鮎子《あゆこ》**　1979年4月19日生

衆院山形県3区　当選3回　自由民主党

### ⑱経済財政政策（特）　経済再生／新しい資本主義／スタートアップ／感染症危機管理／全世代型社会保障改革（担）
茂木派

**新藤《しんどう》　義孝《よしたか》**　1958年1月20日生

衆院埼玉県2区　当選8回　自由民主党

### ⑲経済安全保障（担）　クールジャパン戦略／知的財産戦略／科学技術政策／宇宙政策／経済安全保障（特）
無派閥

**高市《たかいち》　早苗《さなえ》**　1961年3月7日生

衆院奈良県2区　当選9回　自由民主党

### ⑳沖縄及び北方対策／消費者及び食品安全／地方創生／アイヌ施策（特）　国際博覧会（担）
二階派

**自見《じみ》　はなこ**　1976年2月15日生

参院比例代表　当選2回　自由民主党

18

政治

# 旧統一教会問題

**100字でナットク**

安倍晋三元首相の銃撃事件をきっかけに、旧統一教会（現・世界平和統一家庭連合）をめぐる問題に注目が集まっている。霊感商法や高額献金の実態とともに、政治家との不透明な関わりが明らかになった。

## 旧統一教会の概要

FFWPU：Family Federation for World Peace and Unification

### 世界平和統一家庭連合（旧統一教会）

1954年、文鮮明《ぶんせんめい》（ムン・ソンミョン）氏によって韓国で創設された宗教団体。文鮮明氏の死後、妻の韓鶴子《かんつるこ》（ハン・ハクチャ）氏が総裁となる。
日本では1964年に宗教法人「世界基督教統一神霊協会」として認証され、2015年に「世界平和統一家庭連合」に名称変更。

#### ●関連年表

**1954年**
**文鮮明**によって韓国で創設

**1964年**
日本で宗教法人「**世界基督教統一神霊協会**」が認証される
全国の大学に「**原理研究会**」を設立

**1968年**
右翼団体「**国際勝共連合**」を創設

**1980年代**
**霊感商法**が社会問題となる

**1992年**
**合同結婚式**に日本人歌手らが参加

**2009年**
教団が**コンプライアンス**順守を宣言

**2012年**
文鮮明氏が死去、妻の**韓鶴子**氏が後継者に

**2015年**
「**世界平和統一家庭連合**」への名称変更が日本で認証される

**2021年**
**安倍元首相**が関連団体UPFの会合にビデオメッセージ

#### ●関連団体

**国際勝共連合**（政治団体）
**世界平和連合**（政治団体）
**UPF（天宙平和連合）**（国際NGO）
**世界平和女性連合**（国際NGO）
**日韓トンネル研究会**（NPO法人）
**世界日報**（日本の日刊紙）
**ワシントン・タイムズ**（米国の日刊紙）
**CARP（原理研究会）**（学生サークル）
…ほか多数

**原理講論《げんりこうろん》**
旧統一教会の教義である「統一原理」の解説書。

「神が創造した最初の人類であるアダムとエバは、サタンの誘惑によって堕落し、すべての人間は「原罪」を負うことになった。人間は、真の父母として現れるメシヤ（救世主）により原罪を清算することで、地上天国を復帰できる。」という主張。

**旧統一教会**は、1954年に韓国で創設された新興宗教団体だ。当時の名称は「世界《せかい》基督《キリスト》教《きょう》統一《とういつ》神霊《しんれい》協《きょう》会《かい》」といい、統一協会（または統一教会）は略称である。日本では2015年に団体名が「**世界《せかい》平和《へいわ》統一《とういつ》家庭《かてい》連合《れんごう》**」に変更されたため、報道などでは旧統一教会と呼称されている。

旧統一教会をめぐっては、信者らによる**霊感《れいかん》商法《しょうほう》**と呼ばれる商法が1980年代に社会問題化した。霊感商法とは「先祖のたたりがある」「買わないと不幸になる」といった話で不安をあおり、印鑑や壺などを高額な値段で買わせる商法だ。全国霊感商法対策弁護士連絡会によると、被害合計は2021年までに約1237億円にのぼり、現在も被害相談が寄せられているという。また、安倍元首相を銃撃した山上徹也《やまがみてつや》容疑者が「母親が多額の献金をして人生を破壊された」と供述していたことが報じられ、信者による多額の献金

## 旧統一教会をめぐる問題

### ❶ 霊感商法

1980年代に「買わないと不幸になる」などと不安をあおって高額な壺や印鑑を売る商法が社会問題化した。

全国霊感商法対策弁護士連絡会によると、1987年から2021年までの被害総額は約1237億円にのぼる。2009年には教団の信者を増やすことを目的に違法な印鑑販売を行ったとして、印鑑販売会社社長に有罪判決が言い渡された。教団側は霊感商法との関わりを否定している。

### ❷ 高額献金

教団には「すべてを神に捧げなければならない（万物復帰）」という教義がある。信者には教団への献金が奨励され、高額献金により家庭が崩壊するケースが相次いでいる。

日本の信者から集められた資金は海外での事業に投資されているとの報道もある。

### ❸ 政治家との関係

教団創設者の文鮮明氏は安倍晋三氏の祖父・岸信介《きしのぶすけ》元首相と親密な関係にあった。教団の政治的主張である伝統的な家族観や反共産主義は自民党保守派の主張に近く、安倍氏は教団の組織票を候補者に差配する立場にあったとみられている。

2022年9月に公表された自民党の内部調査の結果によると、自民党所属議員379人のうち179人が旧統一教会と何らかの接点をもっていた。調査結果公表後も、新たな接点が次々に発覚した。

### ❹ 2世信者問題

合同結婚式で結婚した両親が旧統一教会の信者であるため、幼少期から信仰を強要されたり、教義にしたがうよう強制されたりする被害にあったという元信者の告発が相次いでいる。

### 宗教法人法（第81条）

法令に違反し公共の福祉を害する行為や、宗教団体の目的を著しく逸脱した行為をした場合などに、裁判所は解散を命じることができる。

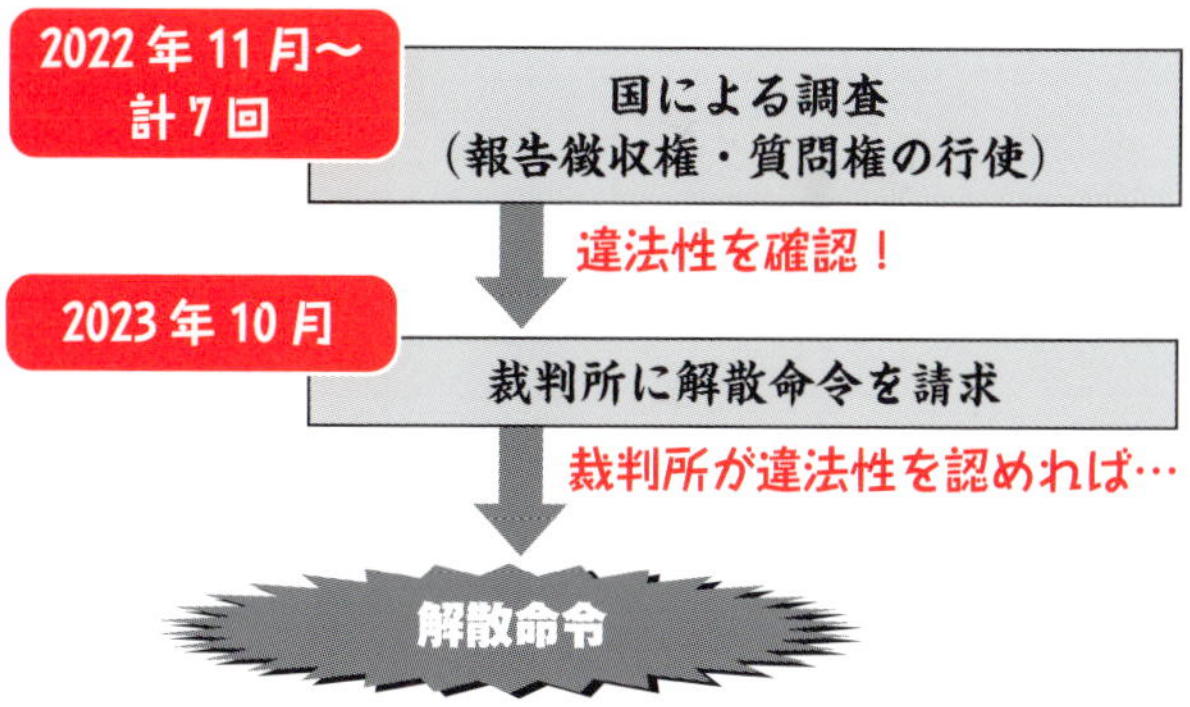

**2022年11月～計7回**　国による調査（報告徴収権・質問権の行使）
↓ 違法性を確認！
**2023年10月**　裁判所に解散命令を請求
↓ 裁判所が違法性を認めれば…
**解散命令**

についても批判の声が高まった。

安倍氏は生前、旧統一教会の関連団体の会合にビデオメッセージを送り、教団トップに賛辞《さんじ》を送るなど、教団とのつながりが深かったとみられる。銃撃事件は、自民党の政治家と教団との関わりが注目されるきっかけとなった。自民党の内部調査の結果、約半数の所属国会議員が教団の関連団体の会合に出席してあいさつをしたり、選挙運動員の支援を受けたりといった接点をもっていた。選挙での支援を得るために、教団の活動の権威付けに貢献していたとすれば問題がある。

文科省は宗教法人法に定められた「**報告徴収・質問権**」を使い、教団への調査を開始した。2023年9月、文科省は教団側に過料を科すよう、東京地裁に通知した（調査に未回答の項目が多かったため）。その翌月、文科省は東京地裁に対し、ついに教団の**解散命令**を請求した。

今後は裁判所が文科省と教団の主張を聞き、解散を命じるかどうかを判断する。解散が命じられても宗教活動自体は続けることができるが、宗教法人格ははく奪され、税金の優遇は受けられなくなる。

ちょこっと時事
**不当寄附勧誘防止法**　旧統一教会の問題を受け、2022年12月に成立した悪質な寄附の勧誘を規制する法律（被害者救済新法）。霊感商法のように不安をあおって寄附をさせようとするなどの行為を禁止し、適切な判断ができない状況にしないなどの配慮義務を課す。違反した場合は消費者庁が勧告や命令を出せる。

# 19

政治

# 防衛費の増額（安保3文書）



**100字でナットク**

2022年12月、岸田政権は防衛費の大幅増額や反撃能力の保有を定めた安保3文書を閣議決定した。防衛費は5年間で総額43兆円とし、米国からトマホークやF35戦闘機などを大量購入する計画だ。

2022年12月、岸田内閣はいわゆる「**安保《あんぽ》3文書**」を閣議決定した。

安保3文書とは「国家安全保障戦略」「国家防衛戦略」「防衛力整備計画」の3つの文書をいう。

このうち「**国家安全保障戦略**」は、今後10年間程度の外交・防衛の基本方針を定めたもの、「**国家防衛戦略**」（旧称・防衛計画の大綱）は、今後10年間の防衛力のあり方を規定したものだ。政府はこれらの文書で、中国や北朝鮮、ロシアといった周辺国の軍備増強が急速にすすみ、日本の安全保障環境は厳しさ・複雑さを増していると説明。周辺国からミサイル攻撃を受けたとき、従来のミサイル防衛（飛んできたミサイルをミサイルで撃ち落とす）だけでは不十分として、**相手のミサイル基地をたたく反撃能力をもつ必要がはじめて明記された**。相手の射程圏外からミサイル攻撃できる**スタンド・オフ防衛能力**を早期に整備する。政府は、反撃能力

**安保3文書**

| | |
|---|---|
| **国家安全保障戦略** | 今後10年間の外交・防衛の基本方針 |
| **国家防衛戦略**（旧称・防衛計画の大綱） | 今後10年間の防衛力整備の方針 |
| **防衛力整備計画**（旧称・中期防衛力整備計画） | 今後5年間に整備する装備品の規模や防衛費の総額を規定 |

**●反撃能力の保有**

敵国のミサイル攻撃に対し、ミサイル発射基地を攻撃

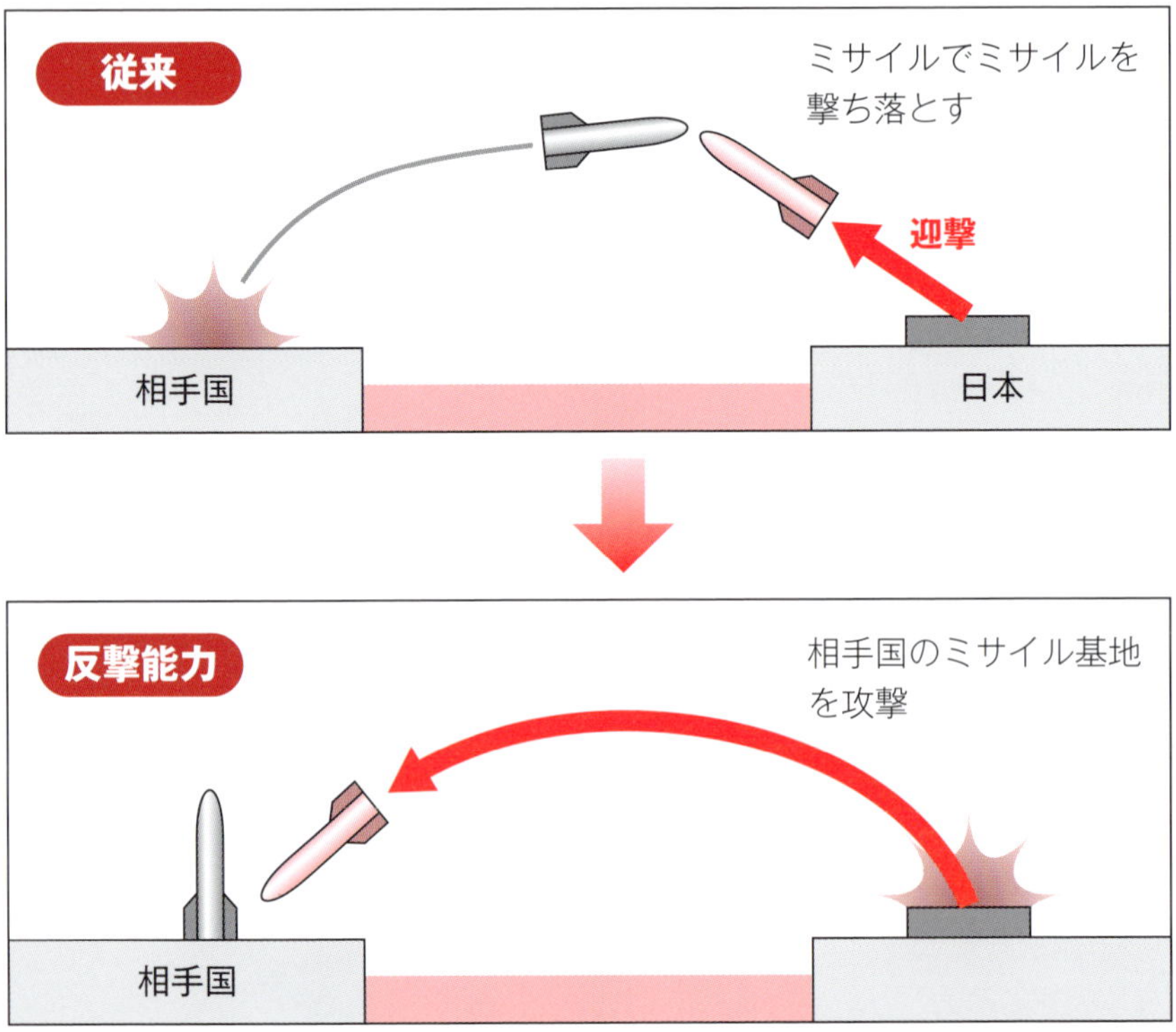
従来
ミサイルでミサイルを撃ち落とす
迎撃
相手国
日本
反撃能力
相手国のミサイル基地を攻撃
相手国

関連URL ››› ●防衛省・自衛隊：「国家安全保障戦略」・「国家防衛戦略」・「防衛力整備計画」
https://www.mod.go.jp/j/policy/agenda/guideline/

## 防衛費の増額

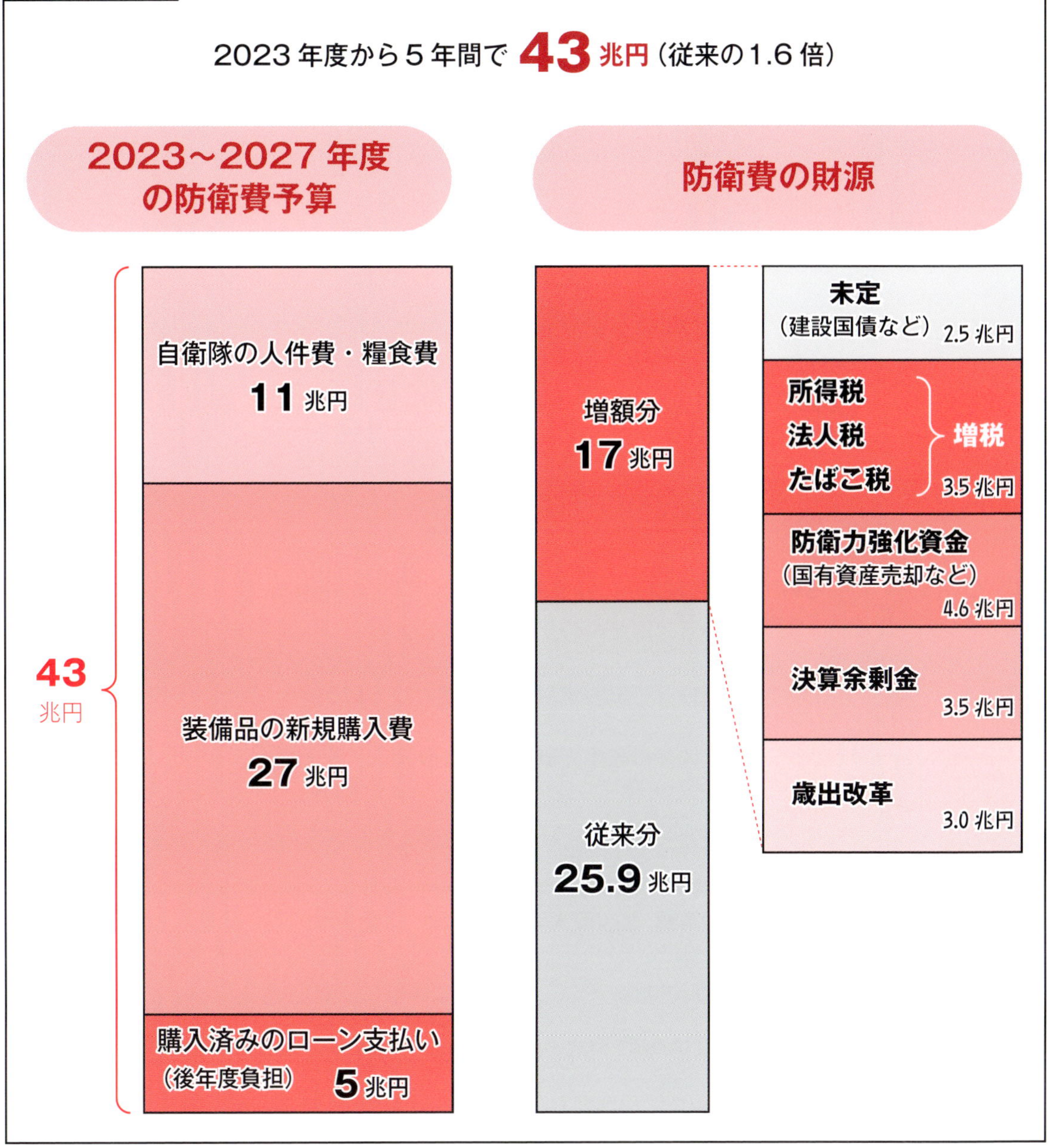


は必要最小限度の自衛措置であり、従来の専守防衛の考え方は変わらないとしている。

「**防衛力整備計画**（旧称・中期防衛力整備計画）」は、今後5年間に整備する戦力や必要な予算を定めたものだ。計画では、**防衛費を大幅に増額**し、２０２３年度から5年間で総額約43兆円とする。これを受け、２０２３年度予算の防衛費は過去最大の6兆８２１９億円が計上された。

予算のなかで、米国政府から装備品を購入する**ＦＭＳ**（有償軍事援助）は1兆４７６８億円にのぼった。ＦＭＳは米国が同盟国に有償で装備品を提供する制度だが、価格が米国の言い値で、高額になりやすいなどの問題点が指摘されている。米国は日本に対し、防衛費を**ＧＤＰの２％**以上にすることを求めており、防衛費増額は米国の思惑《おもわく》に沿ったものだ。

防衛費の増加分（5年間で約17兆円）は、**歳出改革**や**決算剰余金**の活用のほか、**法人税**、**所得税**、**たばこ税**の増税でまかなう。２０２３年6月には国会で防衛財源確保法が成立し、国有財産の売却などの税外収入を積み立てて複数年度で使う**防衛力強化資金**が創設された。

**ちょっと時事**

**防衛費の後年度負担** 高額兵器の購入費を複数年度に分割して支払うローン制度。米国のＦＭＳ（有償軍事援助）により残高が積み上がっており、２０２２年度までに購入した分の返済残高は約５兆円。２０２３年度からの５年間に新規購入する装備品についても、27兆円のほか16・５兆円は２０２８年度以降に支払う後年度負担となる。


参照 武器輸出ルールの見直し ››› P70 2023年度予算 ››› P76

# 20

政治

# 辺野古基地新設問題

## 100字でナットク

政府は、沖縄県宜野湾市にある米軍の普天間基地を、同じ沖縄県内の名護市辺野古に移設する計画で、辺野古での埋め立て工事をすすめている。しかし沖縄県に米軍基地が集中している現状に、県内では反発も大きい。

### 普天間問題あらすじMAP

**1995年**
- 沖縄米兵少女暴行事件　**基地反対運動が激化**
- ▼
- 普天間基地《ふてんま》を移転することに決まる（1996）
  - 住宅地の真ん中にあって非常に危険

**2006年**
- 移転先を名護市辺野古《なごしへのこ》にすることで日米合意
- 沿岸を埋め立てて飛行場を建設する計画

**2013年**
- 仲井真弘多《なかいまひろかず》県知事が辺野古の埋め立て工事を承認
- 政府は沖縄県の基地負担軽減策を約束
- ▼
- 県知事選で移設反対派の翁長雄志氏《おながたけし》が当選（2014）

**2015年**
- 翁長知事が辺野古埋め立て工事の承認を取り消し
- ▼
- 国との法廷闘争で県の敗訴確定（2016）

**2018年**
- 8月　翁長知事死去、反対派の玉城《たまき》デニー知事が当選
- 12月　埋め立て区域への土砂《どしゃ》投入はじまる

**2019年**
- 2月　県民投票で投票総数７割が埋め立てに反対

**2020年**
- 4月　軟弱地盤の改良工事にともなう変更承認申請
- 総工費最大9300億円、完成は2030年以降
  - 当初見込みの約2.7倍。さらに増える可能性も…
- ▼
- 沖縄県が不承認処分（2021）

**2022年**
- 9月　県知事選　移設反対派の玉城デニー知事が再選

**2023年**
- 9月　変更承認申請の不承認、最高裁で県の敗訴確定
- ▼
- 国が工事承認を県に「勧告」「指示」（県は拒否）
  - 国が県に代わって工事を承認できる
- ▼
- 10月　国が高裁に「代執行」訴訟

　1995年、米兵による少女暴行事件をきっかけに、沖縄では米軍基地への反対運動が激しくなった。日米間で協議が行われ、**宜野湾市《ぎのわんし》**の住宅地にある**普天間《ふてんま》飛行場**を別の場所に移転し、土地を返還することが決まった。

　そこで問題になったのが移転先だ。沖縄県には、すでに日本にある米軍基地の**約7割**が集中している。沖縄は、県の面積の約8％が米軍施設なのだ。にもかかわらず、移転先として決まったのはやはり沖縄県だった。**名護市辺野古《なごしへのこ》**にある米軍基地キャンプ・シュワブの沿岸を埋め立て、新たに飛行場をつくるというのが、日米両政府が合意した内容だ。

　ところが、2009年に民主党鳩山政権が成立すると、移転先をめぐる議論が再燃した。鳩山由紀夫首相（当時）は選挙で「**最低でも県外に**」と主張し、県外移設を公約にしていたからだ。しかしアメリカとの交渉

## 沖縄の米軍基地

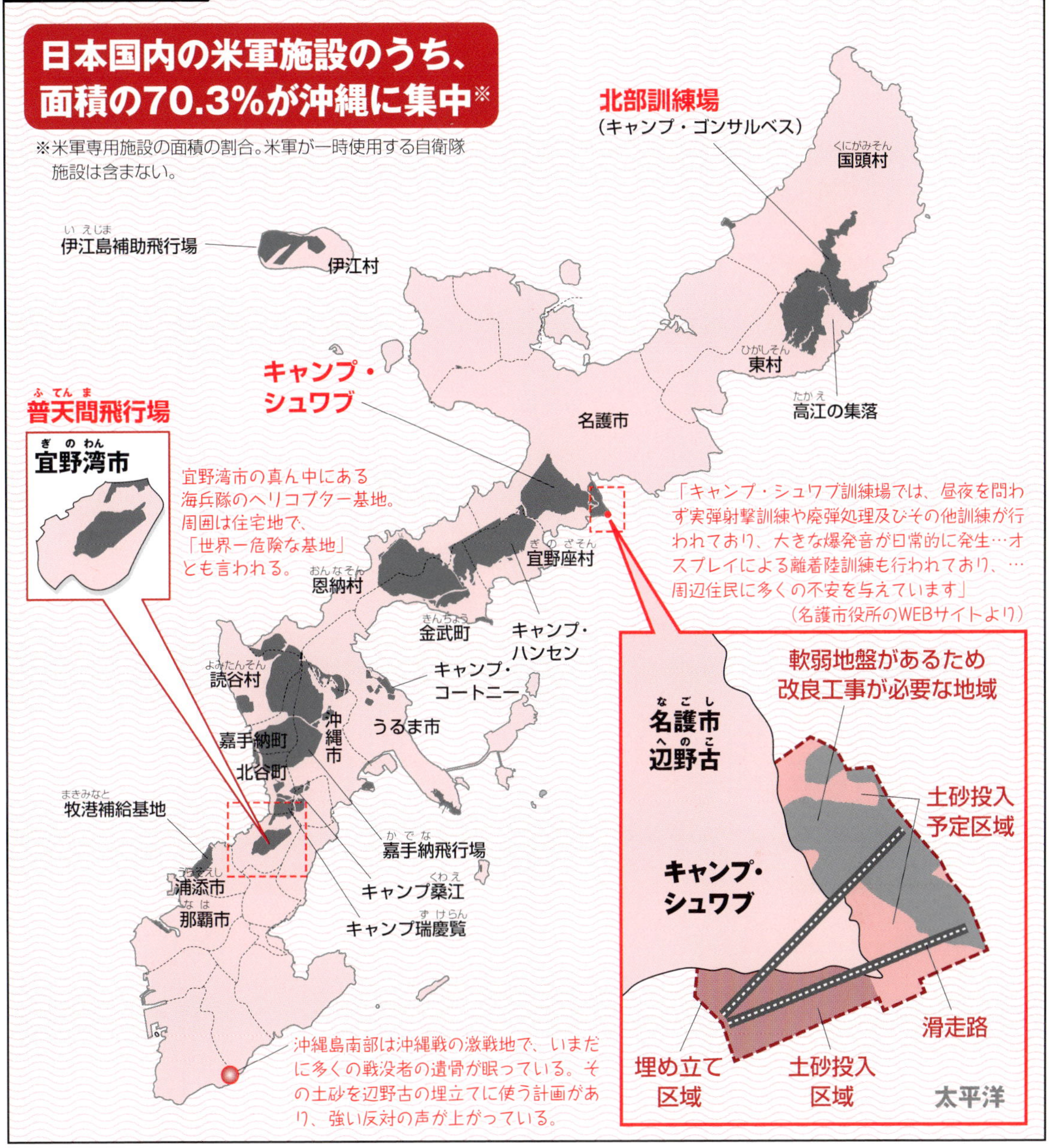


の結果は、結局「**辺野古への移設**」だった。鳩山首相はこの問題で信頼を失い辞任。約束を反故《ほご》にされた沖縄では、辺野古への移設反対論が再び優勢となった。

2013年、沖縄県の仲井真弘多《なかいまひろかず》知事（当時）は、政府が提示した基地負担軽減策と引きかえに辺野古の埋立工事を承認した。ところが次の知事選では移設反対を掲げた**翁長雄志**《おながたけし》氏が当選する。翁長知事は埋立工事の承認を取り消したが、政府は沖縄県を提訴し、県は敗訴した。

こうして2018年12月、政府はついに辺野古での土砂《どしゃ》投入を開始した。しかし問題はまだある。埋め立て区域内の海底に**軟弱地盤**《なんじゃくじばん》があり、大規模な地盤改良工事が必要なことがわかったのだ。軟弱地盤は海面下90メートルに及ぶが、70メートルより深い部分の工事は世界で例がない。完成まで12年、費用は最大9300億円に及ぶという。

沖縄県の**玉城**《たまき》**デニー**知事は、この改良工事は調査が不十分として承認せず、国との裁判となった。2023年、最高裁は国の訴えを認めたが、県は応じず。国が高裁に「代執行《だいしっこう》」訴訟を起こしている。

**ちょこっと時事**

**代執行訴訟**　最高裁判決で敗訴したにもかかわらず、沖縄県が辺野古の地盤改良工事を承認しないため、国は2023年10月、承認を命令するよう裁判所に提訴した。裁判所が国の訴えを認めて命令しても県が応じない場合は、国が県に代わって工事を承認する「代執行」が行われ、改良工事を着工する見込み。


参照 地図で見るニュースの最前線 ››› P2

# 21
政治
# 憲法改正論

## 100字でナットク

**憲法を改正しようという議論が活発だ。改憲に積極的な自民党は、現行憲法の第9条の改正や、緊急事態条項の創設を主張する。憲法改正の手続きを定めた国民投票法も整備されたが、改正に反対する声も根強くある。**

### 憲法改正の手続き

**改正原案を国会に提出**

- **衆院100人以上、参院50人以上の賛成が必要**

↓

**憲法審査会で審査**

↓

**改正案を国会で可決**

- **衆院・参院のそれぞれ3分2以上の賛成が必要**

↓

**国会が憲法改正を発議**

- **60〜180日の国民投票運動**
- **公務員の意思表示も可**（地位を利用した運動は禁止）
- **運動費の上限やポスター等の枚数制限なし**
- **テレビCMも可**（投票日の2週間前まで）

↓

**国民投票**

- **18歳以上が投票**
- **賛成・反対どちらかに○を付ける（個別の改正案ごとに投票）**
- **有効得票の過半数の賛成が必要**（最低得票率なし）

↓

**改正憲法の発布**

**憲法**とは、簡単にいえば「国家が守るべきルール」を定めたものだ。法律は国民が従うべきルールを定めたものだが、その法律は憲法が定めたルールにのっとっていなければならない。たとえば「政府を批判してはならない」といった法律がつくれないのは、国民の「表現の自由」が憲法で保障されているおかげだ。

そんな憲法を改正しようという議論が、近年活発になっている。とくに自民党は憲法改正を党是《とうぜ》としており、2012年には**改正草案《そうあん》**を発表している。

しかし、現憲法を全面的に書き換えるのはハードルが高い。自民党は2018年3月、以下の**4項目からなる改憲案**をまとめた。

**①自衛隊の明記**：現憲法は第9条で「戦争の放棄」を宣言している。そのため、今の日本に自衛隊があるのは憲法違反ではないかという意見がある。自民党案は、第9条につい

関連URL ›››
●日本国憲法の誕生（国立国会図書館） https://www.ndl.go.jp/constitution/
●自民党 憲法改正実現本部 https://constitution.jimin.jp/

## 自民党の改憲原案

### ①自衛隊の明記
- 第9条の条文は変えず、「**第9条の2**」を新設して自衛隊を明記する。

### ③参院選の合区解消
- 参議院議員は「1票の格差」にかかわらず、各都道府県から**1人以上選出**できるようにする。

### ②緊急事態条項の創設
- 大規模災害などの緊急事態が発生した場合に、政府が**政令を制定**できる。
- 緊急事態時には国会議員の**任期を延長**する。

### ④教育の充実
- 経済的理由にかかわらず**教育を受けられる**ように国に努力義務を課す。
- **私学助成**（国が私立学校を援助すること）の合憲性を明確にする。

## 改正国民投票法（2021年）

- 投票人名簿の縦覧《じゅうらん》制度を廃止し、本人の同意が必要な閲覧《えつらん》制度にする
- 在外投票人名簿の登録制度を整備
- 駅・商業施設などにどの投票区の人でも投票できる共通投票所を設置
- 期日前投票の事由に「天災・悪天候」を追加、時間の弾力化
- 洋上投票の対象を船員のほか実習生にも拡大
- 繰り延べ投票の告示期限を短縮
- 投票所への子供の同伴を幼児から18歳未満に拡大

→ **2016年の公職選挙法の改正に合わせた改正**

- CM規制の強化
- 外資規制
- インターネットの適正利用

→ **3年後をめどに検討する**

ては変更せずに第9条の2を新設し、自衛隊を明記するというものだ。一方、条文の追加によって第9条が死文化し、軍備拡張や自衛隊の海外活動に歯止めが効かなくなるという反対意見も根強い。

**②緊急事態条項の創設**：大規模災害やテロなどの非常事態が発生したとき、政府の権限を一時的に強化する規定を設けるというもの。国家による人権の制限につながりかねないといった反対意見がある。

**③参院選の合区《ごうく》解消**：参議院議員は一票の格差（64ページ）にかかわらず、各都道府県から1人以上選出できるようにする。

**④教育の充実**：経済的理由にかかわらず教育を受けられるようにし、私学助成の規定を改める。

実際の憲法改正の流れは次のとおりだ。①国会議員（衆議院100人以上、参議院50人以上）が改正原案を発議する、②衆参両院に設けられた憲法審査会が原案を審査する、③衆参両院で**3分の2以上**の賛成を得る、④18歳以上の有権者による国民投票で、過半数の賛成を得る。このうち、国民投票の具体的な手続きについては、**国民投票法**で定められている。

ちょこっと時事

**こども家庭庁** 2023年4月に発足した政府機関。初代長官は厚生労働省出身の渡辺由美子氏。これまで厚生労働省や内閣府などに分かれていた子どもに関する部署を統合し、子育て支援や子ども貧困対策、少子化対策などを受け持つ。幼稚園や義務教育は引き続き文部科学省の所管となり、幼保一元化は見送られた。


参照 日本の政党 2023 ››› P66

22

政治

# 選択的夫婦別姓



## 選択的夫婦別姓

民法750条
「夫婦は、婚姻《こんいん》の際に定めるところに従い、夫又は妻の氏《うじ》※を称する。」

↓夫婦同姓を強制

※民法等の法律では、「姓」や「名字」のことを「氏（うじ）」と呼んでいる。

佐藤
田中

**選択的夫婦別姓**　夫婦の希望する場合には、それぞれが結婚前の姓を名乗ってもよい。

●内閣府「家族の法制に関する世論調査」　※全国の18歳以上から無作為抽出した5千人を対象に、5年ごとに実施

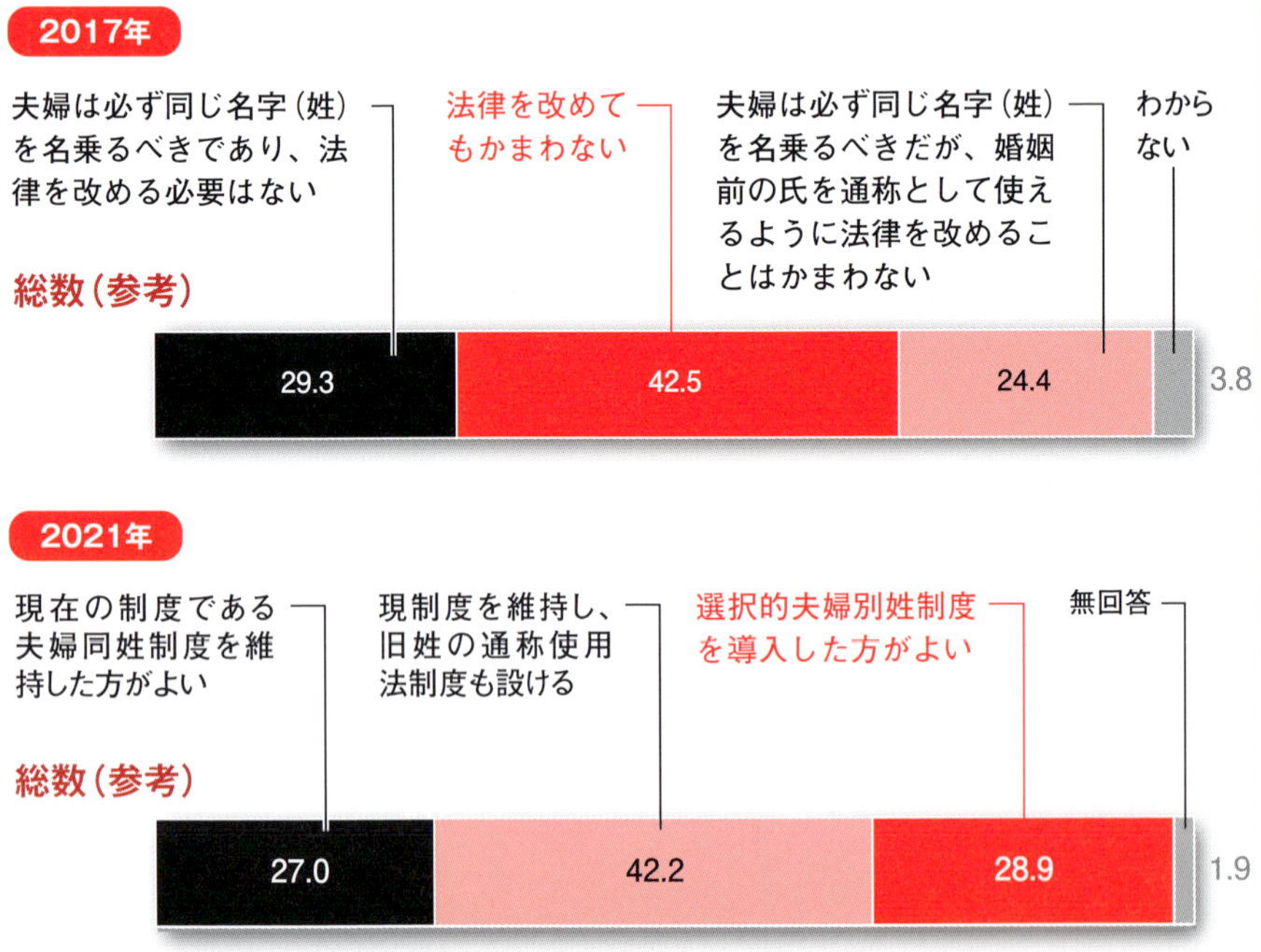
2017年
夫婦は必ず同じ名字（姓）を名乗るべきであり、法律を改める必要はない
法律を改めてもかまわない
夫婦は必ず同じ名字（姓）を名乗るべきだが、婚姻前の氏を通称として使えるように法律を改めることはかまわない
わからない
総数（参考）
29.3
42.5
24.4
3.8
2021年
現在の制度である夫婦同姓制度を維持した方がよい
現制度を維持し、旧姓の通称使用法制度も設ける
選択的夫婦別姓制度を導入した方がよい
無回答
総数（参考）
27.0
42.2
28.9
1.9

2017年と2021年の世論調査は、アンケートの「聞き方」や「選択肢の並び順」を変更しているため、単純に増減を比較できないという見方もある。

### 100字でナットク

夫婦が希望すれば、結婚した男女がそれぞれの姓を名乗ってもよいとする選択的夫婦別姓制度。導入を求める声が以前からあるが、政府・自民党が反対している。しかし夫婦同姓を義務付けている国は世界で日本だけだ。

現行の日本の民法では、結婚した夫婦は同じ姓《せい》（名字）を名乗らなければならない。夫か妻のどちらかが姓を変える必要があるが、現実には妻が夫の姓に変えるケースが96％と圧倒的に多く、結果的に女性に不便や不都合を強いることが慣習になっている。夫婦に同姓を強制する現在の制度は、女性差別の間接的な原因となっているのではないか。

そこで、「夫婦が望むのであれば、結婚後も夫婦がそれぞれの姓を名乗ってもよいことにしよう」という議論がある。これを**選択的夫婦別姓**《せんたくてきふうふべっせい》（選択的夫婦別氏《べつうじ》（法務省））という。

じつは、選択的夫婦別姓を求める意見はかなり以前からある。法務大臣の諮問《しもん》機関である法制審議会は、1996年に導入を提言したが、自民党の反対で見送られた。国連の**女子差別撤廃**《てっぱい》**委員会**は、現在の日本の夫婦同姓制度は差別的な規定だとして、2003年から何度も改善を勧

## 選択的夫婦別姓をめぐる議論

### 賛成

- 改姓によってキャリアが分断されたり、結婚や離婚などのプライベートが公になるなど不都合が多い。
- 旧姓を通称として使用できる範囲は限定的で、国際的に通用しない場合もある。
- 結婚しても夫婦は独立した個人なのだから、一方に姓の変更を強いるのは不合理である。
- 現実には女性が姓を変える場合が圧倒的に多く、男女平等といえない。
- 希望するカップルに別姓を認めるだけで、従来どおり同姓を希望するカップルに不都合は生じない。

### 反対

- 通称がより幅広く使用できるように法律を改正すればよい。
- 現行の民法は男女どちらの姓にしてもよいのだから、男女平等は保障されている。
- 家族の一体感がなくなり、家族制度が崩壊する。
- 子どもの姓がどちらか一方の姓になり、混乱する。

**●年表**

| | |
|---|---|
| 1996 | 法制審議会が選択的夫婦別姓制度の導入を答申 |
| 2003 | 国連女子差別撤廃委員会が差別的規定を廃止するよう日本政府に勧告 |
| 2015 | 最高裁が現行の夫婦同姓規定を合憲と判断 |
| 2020 | 政府が第５次男女共同参画基本計画から「選択的夫婦別姓」の文言を削除 |
| 2021 | 最高裁が再び合憲判断 |

**●政党別賛否**

告しているが、政府の態度は煮《に》え切らない。とうとう、夫婦同姓を法律で義務付けている国は世界中で日本だけになってしまった。

「現行の夫婦同姓は男女平等を定めた憲法に違反する」として、国を訴える裁判も起こされた。2015年の最高裁判決は現行の夫婦同姓そのものは合憲としたが、制度については国会で議論するべきだとしている。

しかしこれまでのところ、政府・自民党は導入にきわめて消極的だ。2020年12月に公表された**第5次男女共同参画《さんかく》基本計画**では、当初の政府案にあった選択的夫婦別姓の記述が自民党の反対で削除されている。

内閣府が2017年に行った世論調査では、選択的夫婦別姓に賛成する意見は42・5%を占めていた。しかし2021年に行った調査では質問項目を変更しており、賛成は28・9%にとどまっている。

選択的夫婦別姓に対する主な反対意見としては「家族の絆《きずな》が崩壊する」「両親の姓が違うと、片方の親は子供と姓が違ってしまい、子供に負担がかかる」「旧姓を通称《つうしょう》として使用すれば不都合はない」などがある。

**ちょこっと時事**

**候補者男女均等法** 女性議員を増やすことを目的に、2018年5月に成立・施行された法律。国会選挙や地方議会選挙において、男女の候補者数ができるだけ均等になるよう各政党に求める。2022年の参議院議員選挙の女性候補者の割合は33・2%で、はじめて3割を超えた。


参照 同性婚 ››› P119

# 小選挙区の区割り変更

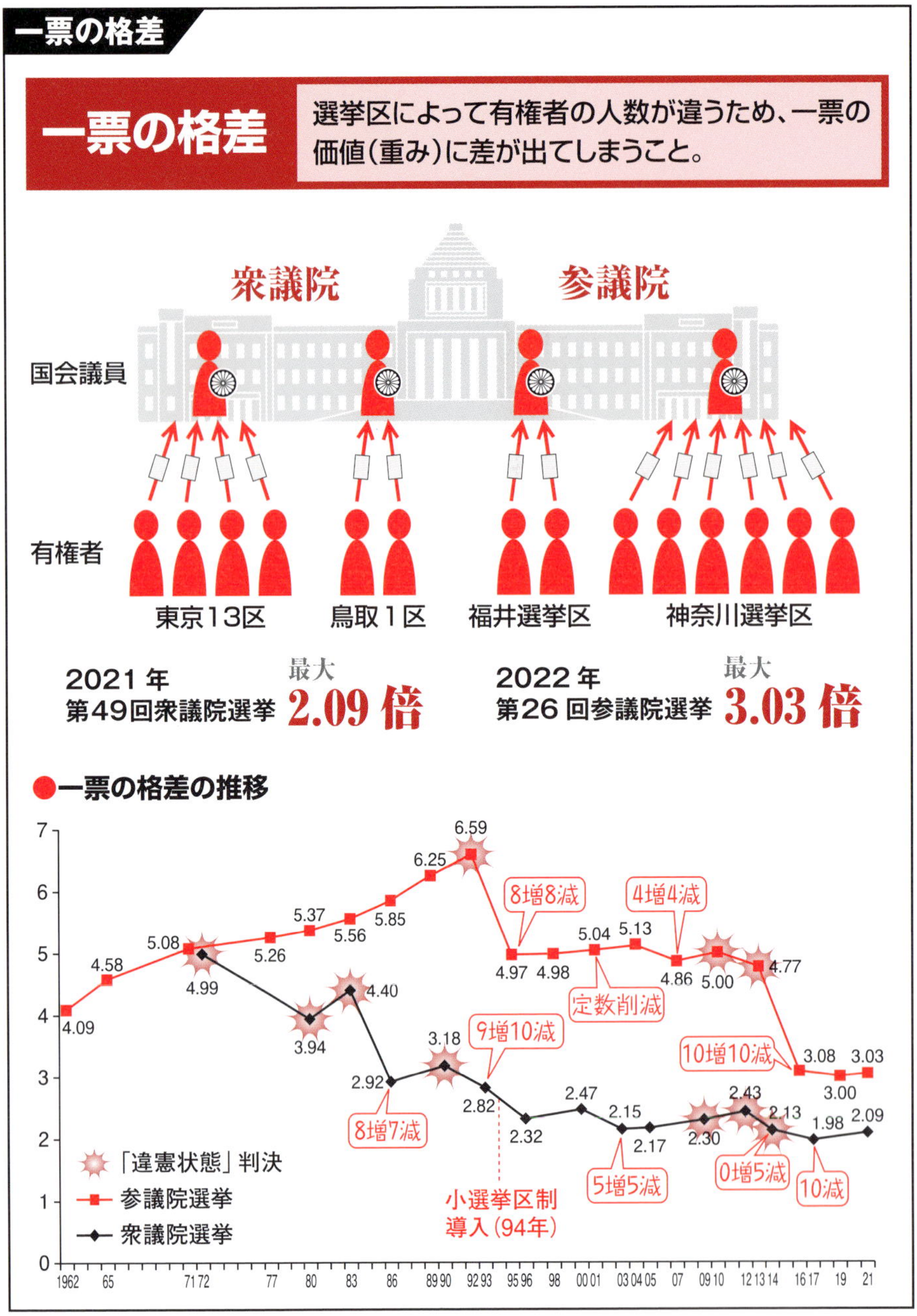
一票の格差
一票の格差
選挙区によって有権者の人数が違うため、一票の価値（重み）に差が出てしまうこと。
衆議院
参議院
国会議員
有権者
東京13区
鳥取1区
福井選挙区
神奈川選挙区
2021年 第49回衆議院選挙 最大 2.09倍
2022年 第26回参議院選挙 最大 3.03倍
●一票の格差の推移
8増8減
4増4減
定数削減
9増10減
10増10減
8増7減
5増5減
0増5減
10減
小選挙区制導入（94年）
「違憲状態」判決
参議院選挙
衆議院選挙
4.09 4.58 5.08 5.26 5.37 5.56 5.85 6.25 6.59 4.97 4.98 5.04 5.13 4.86 5.00 4.77 3.08 3.00 3.03
4.99 3.94 4.40 2.92 3.18 2.82 2.32 2.47 2.15 2.17 2.30 2.43 2.13 1.98 2.09
1962 65 71 72 77 80 83 86 89 90 92 93 95 96 98 00 01 03 04 05 07 09 10 12 13 14 16 17 19 21

有権者の人数が選挙区によって違うために、一票の重みに差が出てしまうことを「**一票の格差《かくさ》**」という。2021年10月に行われた衆議院選挙の場合、東京13区が有権者約48万人で1人の国会議員を選んだのに対し、鳥取1区は有権者約23万人で1人の国会議員を選んでいる。一票の格差は**2・09倍**だ。

選挙権は国民に平等に与えられる権利だから、住んでいる場所によって票の価値に差があるのは問題だ。そのため、一票の格差が大きくなると裁判で「**違憲《いけん》状態**」とみなされる。違憲状態とは、「このまま放置すると憲法違反として選挙も無効ですよ」という意味だ。衆議院では、格差が2倍以上になると判決で違憲状態と判断されるケースが多い。今回の衆院選では、2倍を上回る小選挙区が全国で31にのぼった。

衆院選では、これまで「違憲状態」の判決が出るたびに定数見直しや選

**100字でナットク**

有権者の数が選挙区によって違うために生じる一票の格差。2021年衆院選の一票の格差は2・09倍だった。格差解消のため、次回の衆院選ではアダムズ方式が適用され、選挙区は「10増10減」になることが決まった。

## アダムズ方式

※米国の第6代大統領アダムズが考案したとされる。

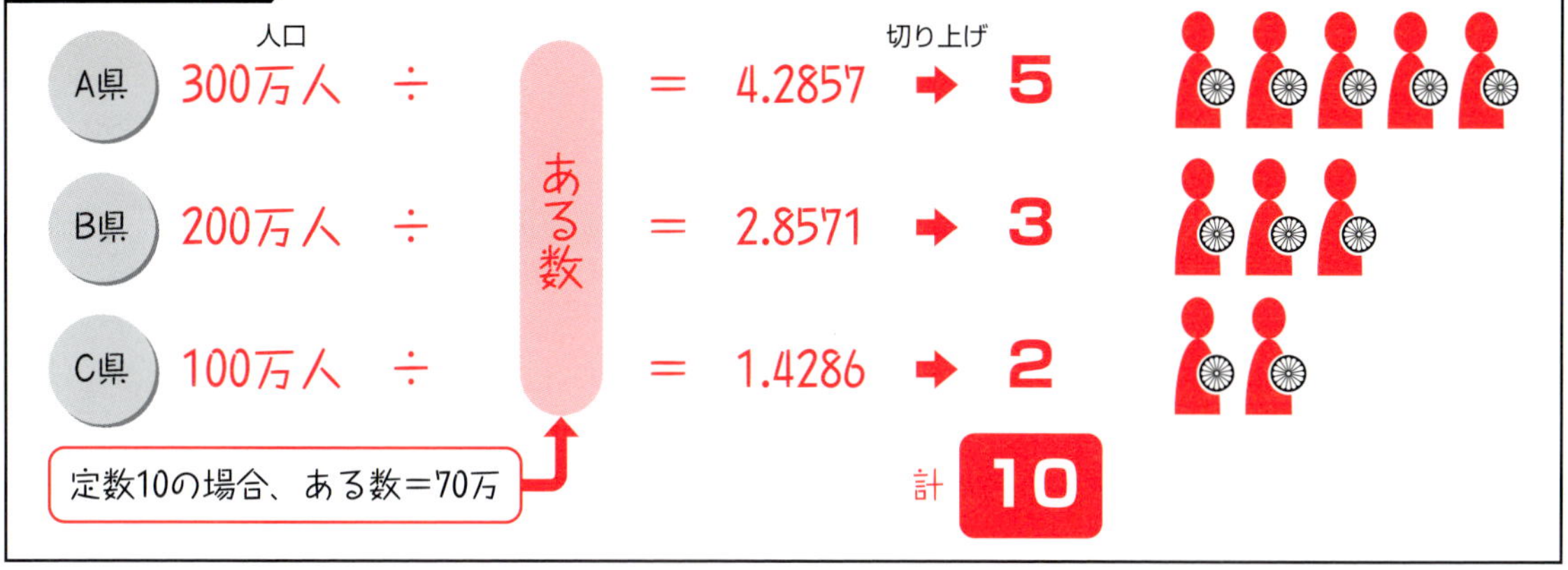


## 次回の衆院選選挙区

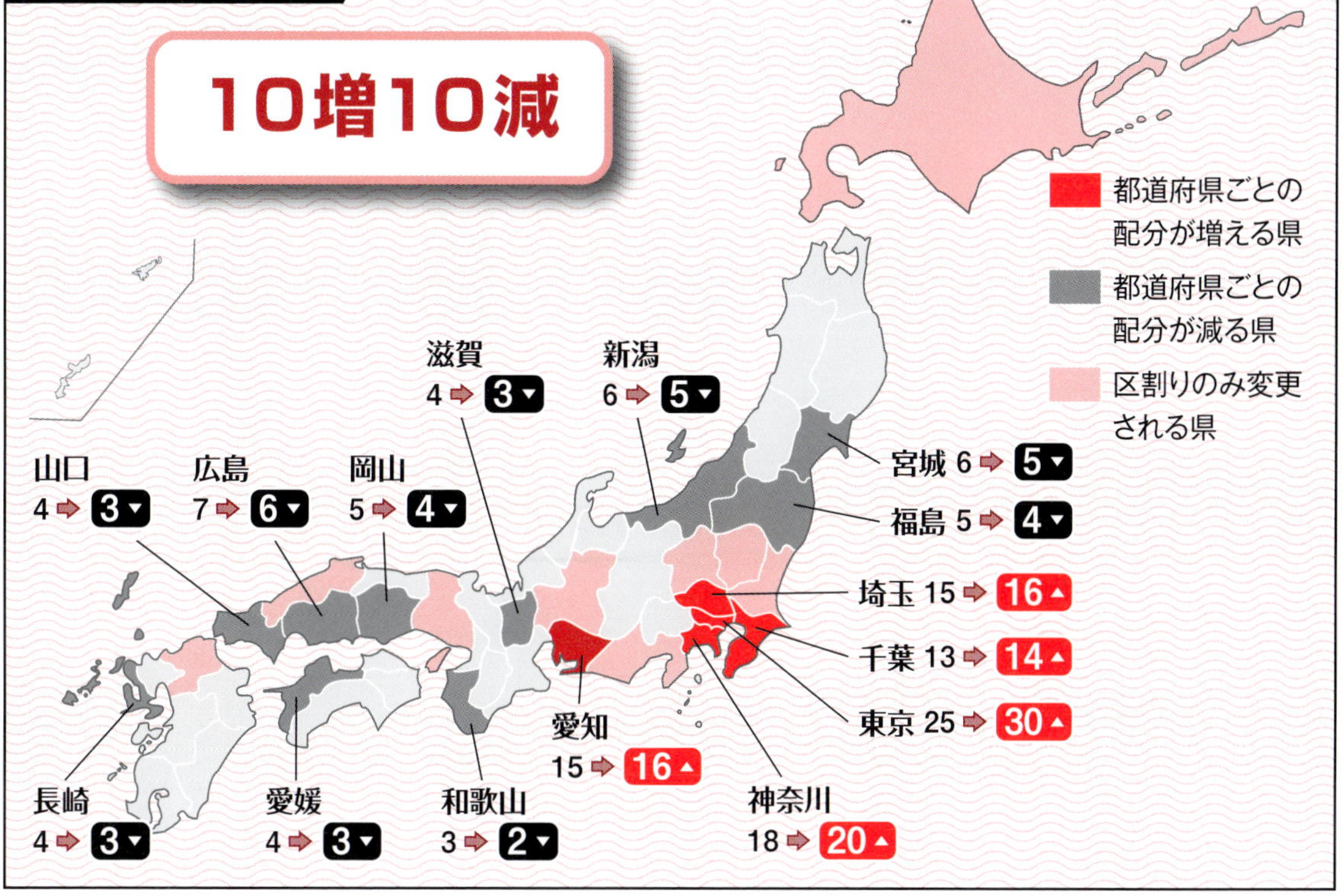


挙区の区割りを変更して対応してきた。しかし、これでは根本的な問題の解決にはならない。そこで、今後は都道府県ごとの定数配分に**アダムズ方式**を導入することが決まっている。アダムズ方式とは、各都道府県の人口を一定数で割り、その商の小数点以下を切り上げて議席数とする方法だ。2022年12月には改正公職選挙法が成立し、新しい区割りは次回の衆議院選挙から適用されることになった。

新しい区割りは、2020年の国勢調査の結果をもとにして、小選挙区の数を東京で5、神奈川で2、埼玉、千葉、愛知で1ずつ増やす。一方、広島、宮城、新潟、福島、岡山、滋賀、山口、愛媛、長崎、和歌山で1ずつ減らし、全体では「**10増10減**」とする。なお、北海道、大阪、兵庫など10の道府県では、選挙区の数はそのままで線引きだけが変更される。全体では25の都道府県で140の選挙区の区割りが変更されることになった。

これにより、一票の格差は国勢調査の時点で最大1.999倍となり、現在の最大2.09倍から改善される。

**ちょこっと時事**

**統一地方選挙**　地方公共団体の長と議会の議員選挙を、全国的に期日を統一して行うこと。任期が4年であることから4年に1度実施される。2023年の統一地方選挙は4月9日に前半戦、23日に後半戦が実施された。大阪では府知事・市長のダブル選で大阪維新の会が勝利。府議選、市議選でも大阪維新が過半数を獲得した。

# 24
政治

# 日本の政党2023

### 政党の要件

**「政党」とは**
（公職選挙法、政党助成法などによる規定）

国会議員が**5人以上**所属しているか、または、近い国政選挙で**2％以上**の得票があった政治団体

→

**選挙で圧倒的に有利**

- 国から政党交付金が配布される
- 企業から献金を受けられる
- 衆議院選挙で小選挙区と比例区の重複立候補ができる（小選挙区で落選しても、比例区で当選するチャンスがある）
- 立候補者とは別枠で、ポスターや選挙カーなどが認められる

### 国会の議席数

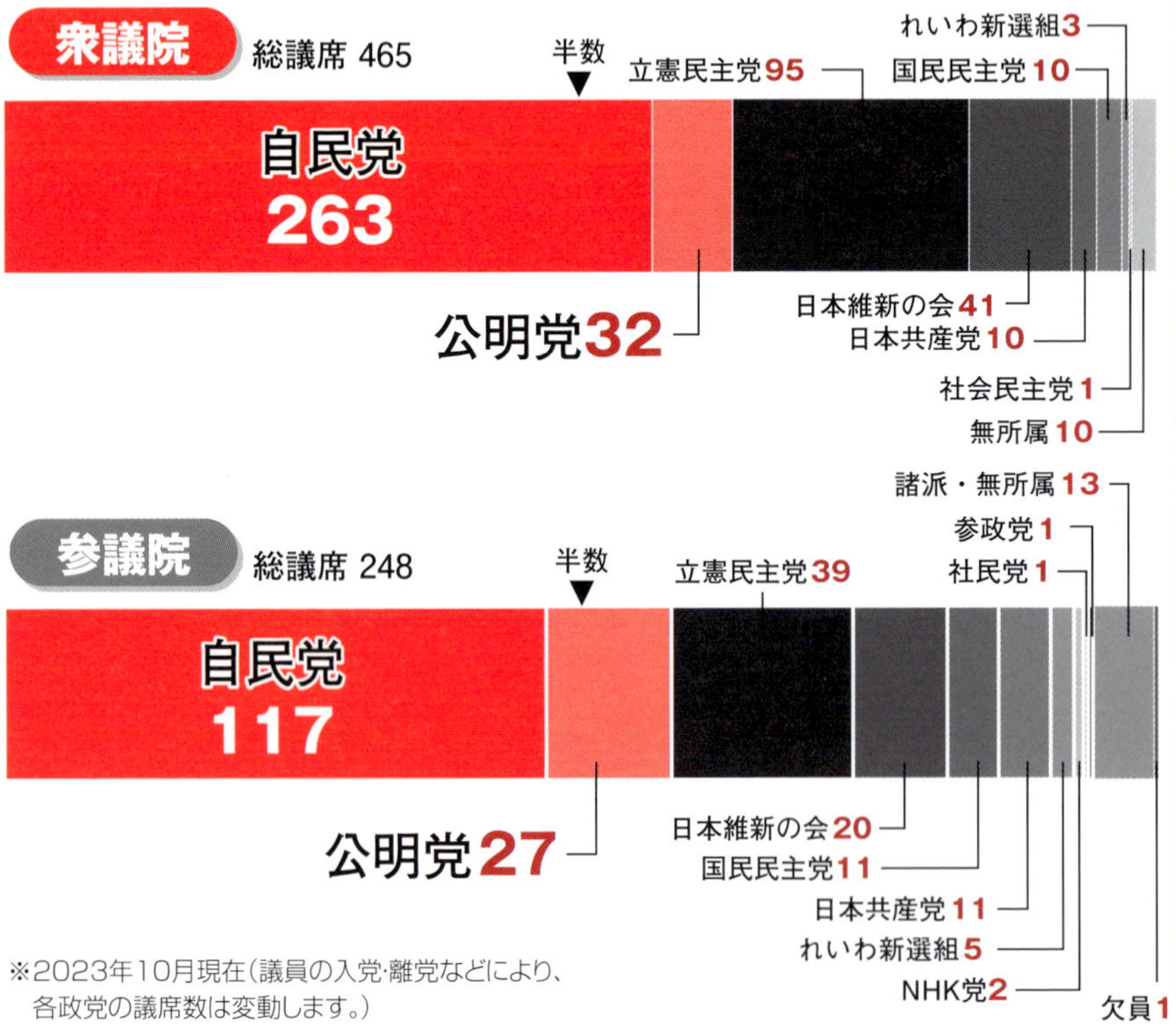

衆議院
総議席 465
半数
自民党 263
公明党32
立憲民主党95
日本維新の会41
日本共産党10
国民民主党10
れいわ新選組3
社会民主党1
無所属10
参議院
総議席 248
半数
自民党 117
公明党27
立憲民主党39
日本維新の会20
国民民主党11
日本共産党11
れいわ新選組5
NHK党2
参政党1
社民党1
諸派・無所属13
欠員1


※2023年10月現在（議員の入党・離党などにより、各政党の議席数は変動します。）

政党とは、政治的な意見が同じ人たちが集まって、その意見の実現をめざす集団のことだ。現在、国会に所属議員のいる政党のうち、公職選挙法の**政党要件**（国会議員が5人以上所属するか、直近の衆議院または参議院選挙で2％以上の得票があった団体）を満たしているものは10政党ある。

これらのうち、所属議員が内閣に加わっている政党を「**与党**《よとう》」という。ふつうは、国会で過半数の議席を占めている勢力が与党になる。ひとつの党単独では過半数に足りない場合は、複数の党が連立を組んで与党となる。現在の内閣は、自民党と公明党の議員によって構成されているので、この2つの政党が連立与党だ。

与党以外の政党を「**野党**《やとう》」という。野党には本来「**政府の政策をチェックする**」という重要な役割がある。政府・与党が数にまかせて問題のある行動をしないように目を光らせ、国民に別の選択肢《せんたくし》を示す必要がある

**100字でナットク**

政策の違いがわかりにくい日本の政党。自民党・公明党の与党勢力に押されて、野党各党は存在感を発揮できずにいる。しかし、野党には政府・与党の政策や問題行動をチェックし、別の選択肢を示す大事な役割がある。

## 国会に議席のある政党・政治団体

**リベラル（左派）**　**中道**　**保守（右派）**

**立憲民主党**（The Constitutional Democratic Party of Japan）
代表：泉健太《いずみけんた》
議席数：134（衆95 参39）

**自民党**
総裁：岸田文雄《きしだふみお》
議席数：380（衆263 参117）

**与党**

**日本共産党**
委員長：志位和夫《しいかずお》
議席数：21（衆10 参11）

**公明党**（NEW KOMEITO）
代表：山口那津男《やまぐちなつお》
議席数：59（衆32 参27）

**日本維新の会**
代表：馬場伸幸《ばばのぶゆき》
議席数：61（衆41 参20）

**れいわ新選組**（REIWA SHINSENGUMI）
代表：山本太郎《やまもとたろう》
議席数：8（衆3 参5）

**国民民主党 こくみん**（Democratic Party For the People）
代表：玉木雄一郎《たまきゆういちろう》
議席数：21（衆10 参11）

**参政党**（SANSEITO）
代表：神谷宗幣《かみやそうへい》
議席数：1（衆0 参1）

**社民党**
党主：福島瑞穂《ふくしまみずほ》
議席数：2（衆1 参1）

**政治家女子48党**※
党主：大津綾香《おおつあやか》
議席数：2（衆0 参2）

※旧「NHK党」「みんなでつくる党」に党名を変更

**リベラル政党の多数意見**
憲法改正に消極的／辺野古基地建設に反対／選択的夫婦別姓《べっせい》・同性婚に積極的

**保守政党の多数意見**
憲法改正に積極的／辺野古基地建設に賛成／選択的夫婦別姓・同性婚に消極的

のだ。しかし現在の野党は、国政選挙で敗北が続いており、勢力が大きく後退している。2021年10月の衆議院選挙では、立憲民主党・共産党など野党5党が小選挙区で候補を1本化する**野党共闘**《きょうとう》を行ったが、勝利にはつながらなかった。

　政党は政治的なスタンスによって、**保守**《ほしゅ》（右派）と**リベラル**（左派）、**中道**の3つにおおまかに分類される。一般に、保守は伝統的な価値観や秩序を重んじ、リベラルは個人の価値や自由を重んじる傾向がある（中道はその中間）。もっとも同じ政党内にも保守派とリベラル派が存在するため、違いは必ずしも明確ではない。

　本来、政治家の政治スタンスは個人の信条によって一人ひとり違うはずだ。それでも国会議員のほとんどが政党に所属しているのは、そのほうが有利な点が多いからだ。たとえば、政党要件を満たす各政党には、活動費として国から**政党交付金**が配られる。2023年の交付金総額は約315・4億円。また、企業からの献金は、政治家個人に対しては禁止されているのに、政党に対してならOK。衆院選で重複立候補するのも政党に所属しなければ不可能だ。

**ちょこっと時事**

**秋本衆議院議員、受託収賄容疑で逮捕**
2023年9月、秋本真利衆議院議員（自民党を離党）が洋上風力発電事業をめぐる受託収賄容疑で逮捕された。事業への参入をめざす風力発電会社の元社長から会社が有利になるような国会質問をするよう依頼を受け、6000万円にのぼる借り入れや資金提供を受けた疑い。


参照 憲法改正論 ››› P66

# 25

政治

# IR（統合型リゾート）

## 100字でナットク

2023年4月、国土交通省は大阪府・市が申請したIR整備計画を認可した。大阪万博の会場となる夢洲に、カジノを含む統合型リゾートを建設する計画。地域振興や経済効果が期待される反面、懸念も指摘されている。

### IR（統合型リゾート）

**統合型リゾート（IR）**

カジノに国際会議場、ホテル、商業施設、レストラン、劇場、アミューズメントパーク、スポーツ施設、温泉施設などを併設した複合レジャー施設。

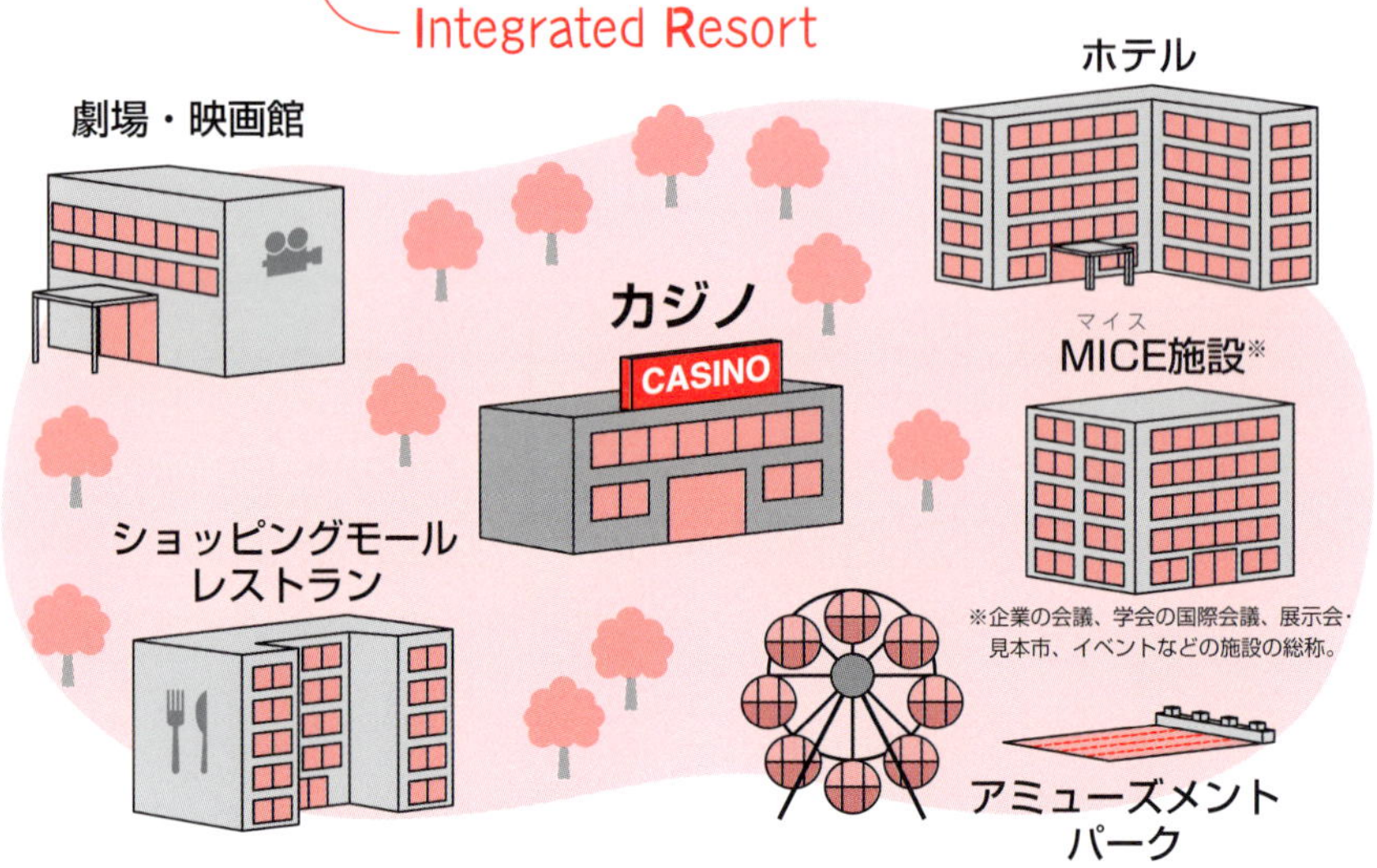

Integrated Resort
劇場・映画館
ホテル
カジノ
CASINO
MICE《マイス》施設※
ショッピングモール
レストラン
※企業の会議、学会の国際会議、展示会・見本市、イベントなどの施設の総称。
アミューズメント
パーク


**メリット**

- 外国人観光客を呼び込むことができる
- 地域雇用や地方自治体の収入が増え、地域振興になる
- 日本の経済成長にも有益

**デメリット**

- ギャンブル依存症が増加する
- マネーロンダリングに利用されるおそれ
- 依存症や犯罪が増えると、かえって社会的コストが増える

**統合型リゾート**（略して**IR**）とは、ホテルや会議場、商業施設、娯楽施設などに**カジノ**を含めた複合施設だ。カジノとは、ルーレットやブラックジャック、スロットマシンなどの、お金を賭《か》けたゲームをする施設（賭博場《とばくじょう》）のこと。世界にはカジノが合法的に運営されている国が多数あるが、日本では競馬、競輪といった公営ギャンブルを除き、賭博行為は禁止されている。そのため、これまでは民間業者が合法的にカジノを開くことはできなかった。

しかし、カジノには観光客が大勢集まるし、地域振興の効果もあるとして、**カジノ解禁**に向けた議論がすすみ、2018年7月に**統合型リゾート実施法**が成立した。国内最大3か所に、カジノのある統合型リゾートをつくるという内容だ。どこにつくるかは、都道府県や政令指定都市が申請した整備計画をもとに、国が選定する。

関連URL ›››
●特定複合観光施設区域整備推進本部　https://www.kantei.go.jp/jp/singi/ir_promotion/
●大阪IR株式会社　https://osaka-ir.co.jp/

## 統合型リゾート実施法の概要

| | |
|---|---|
| 場所 | 国内**3か所まで**　※大阪府・市が認定済み |
| 事業者 | **民間企業**（免許制《めんきょせい》） |
| 監督機関 | **カジノ管理委員会**を新設 |
| カジノ税 | カジノ収入の**30パーセント** |
| 入場料 | **1回6000円**（訪日観光客は無料） |
| 入場制限 | **週3回、月10回**まで（日本人等※のみ）　※国内居住の外国人も含む |
| 本人確認 | **マイナンバーカード**で本人確認 |
| 貸付業務 | カジノ利用者への貸付《かしつけ》を**認める** |

## 大阪IR（2030年秋開業予定）

| | |
|---|---|
| 運　営 | 大阪IR株式会社 |
| 所在地 | 大阪府大阪市此花区夢洲 |
| 面　積 | 約49.2万 $m^2$ |
| 着　工 | 2025年春（予定） |

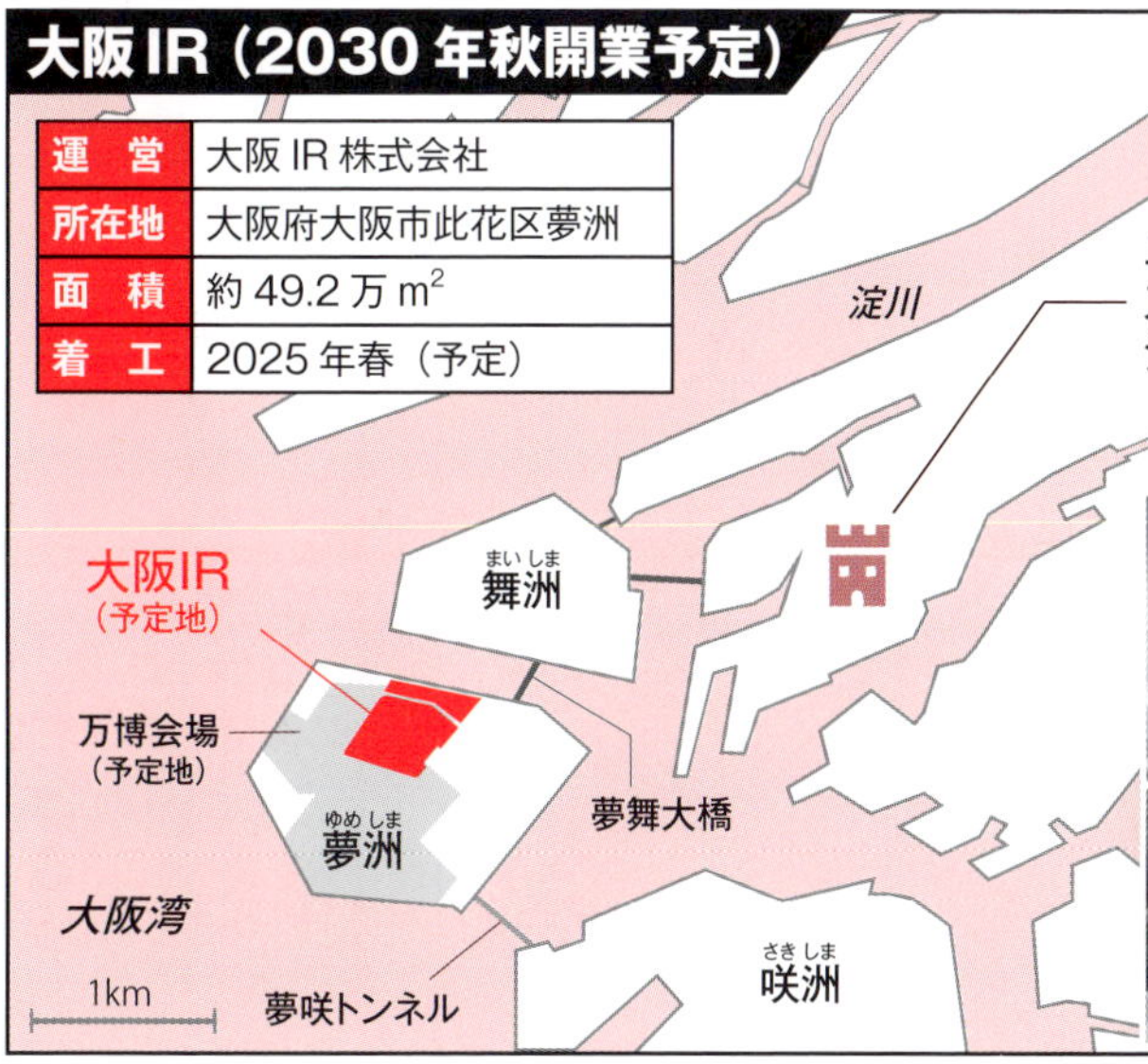


大阪IRの完成イメージ図

当初は大阪府・市と横浜市、和歌山県、長崎県が誘致を表明していた。しかし、横浜市は2021年に就任した新市長が誘致の撤回を表明。和歌山県も2022年に国への申請案が県議会に否決された。結局、指定した期限までに整備計画を申請したのは、大阪と長崎の2か所のみとなった。

2023年4月、国は大阪府・市のIR整備計画を認可した。大阪万博の会場となる大阪湾の人工島「**夢洲《ゆめしま》**」に建設し、2030年の開業をめざす計画だ。運営会社は米MGMリゾーツの日本法人とオリックスが中核となり、年間来場者数約2000万人（うち国内約1400万人）、売上5200億円（うちカジノ事業で約4200億円）を見込む。ただし、来場者数や売上見込みについては「非現実的だ」といった懸念の声もあがっている。

カジノ自体は民営だが、カジノ収入の30%が**カジノ税**として国と自治体に入る。懸念される**ギャンブル依存症**への対策として、日本人等には入場料の徴収や入場回数の制限がある。それでも、客は大半が日本人と見込まれている。

ちょこっと時事

**ガーシー参議院議員の除名処分**　ガーシー参議院議員（政治家女子48党）は、2022年の当選後一度も国会に登院せず、懲罰処分の「議場での陳謝」にも応じなかったことから、2023年3月の参院本会議で除名処分が可決され、議員資格を失った。

 参照 大阪・関西万博 ››› P154

関連URL ››› ●防衛装備移転三原則｜外務省
https://www.mofa.go.jp/mofaj/fp/nsp/page1w_000097.html

# 26

**政治**

# 武器輸出ルール見直し

## 100字でナットク

岸田政権は従来の武器輸出のルールを見直し、これまで原則禁止されていた殺傷能力のある武器の輸出解禁を検討している。実際に認められれば、戦後の日本が積み上げてきた安全保障政策の大転換となる。

### 防衛装備移転三原則

**防衛装備移転三原則**（2014年～）

**①移転を禁止する場合の明確化**

国際条約の違反国、紛争当事国、国連安保理決議による禁輸対象国への武器輸出は禁止する

**②移転を認める場合の条件を限定**

平和貢献・国際協力の積極的な推進に資する場合、日本の安全保障に資する場合には、国家安全保障会議による審査後、武器輸出を認める

**③目的外使用と第三国移転**

目的外使用や第三国への移転については、事前に日本の同意を得ることを相手国に義務付ける

↓

**運用指針（具体的なルール）**

| 従来 | → | 見直し |
|---|---|---|
| ・輸出は５類型の活動向けで、殺傷能力のない装備品に限定<br>［救難］［輸送］［警戒］［監視］［掃海］<br>・国際共同開発した武器の日本からの輸出は、共同開発国に限定 | | ・５類型の活動向けであれば、殺傷能力のある装備品も輸出可能に<br>・国際共同開発した武器の第三国への輸出を可能に |

**防衛装備移転三原則**《ぼうえいそうびいてん》とは、日本から海外へ武器（防衛装備品）を輸出する場合のルールのことだ。第２次安倍政権下の２０１４年に制定されたもので、それまで「武器輸出三原則」によって原則禁止されていた武器輸出が解禁された。ただし、現行の運用指針では、輸出できるのは「救難」「輸送」「警戒」「監視」「掃海」の**５類型**の装備品で、レーダーなどの殺傷《さっしょう》能力のないものに限られている。

２０２３年８月、岸田政権は「**５類型にあてはまれば、現行のルールでも殺傷能力のある武器を輸出できる**」とする政府見解を示した。対中国を念頭に、東南アジア諸国への輸出が想定されている。

また、現行ルールでは、日本が他国と共同開発した戦闘機などは、共同開発国以外に輸出できない。これについても、政府は**第三国への輸出を可能とする**考えだ。

参照 防衛費の増額（安保３文書）››› P56

# 27 政治
# 皇位継承をめぐる議論

## 100字でナットク

2021年10月、秋篠宮殿下の長女眞子さまが結婚して皇籍を離れ、皇室の人数は17人に減少した。皇族の人数を減らさないために、結婚後も女性が皇籍に残る案や、旧宮家を皇籍復帰させる案などが検討されている。

系図

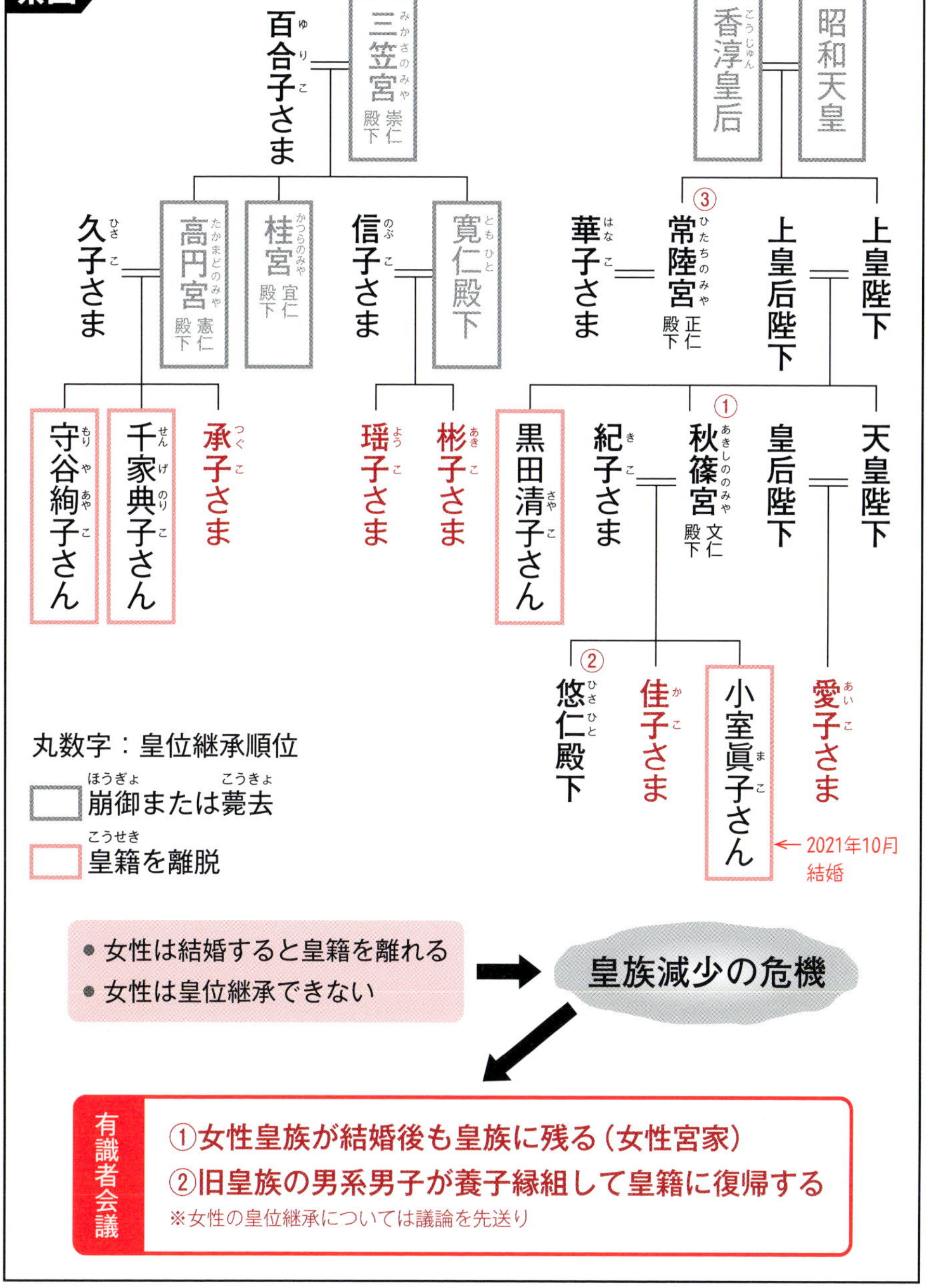
昭和天皇
香淳《こうじゅん》皇后
三笠宮《みかさのみや》崇仁殿下
百合子《ゆりこ》さま
上皇陛下
上皇后陛下
③常陸宮《ひたちのみや》正仁殿下
華子《はなこ》さま
寛仁《ともひと》殿下
信子《のぶこ》さま
桂宮《かつらのみや》宜仁殿下
高円宮《たかまどのみや》憲仁殿下
久子《ひさこ》さま
天皇陛下
皇后陛下
①秋篠宮《あきしののみや》文仁殿下
紀子《きこ》さま
黒田清子《さやこ》さん
彬子《あきこ》さま
瑶子《ようこ》さま
承子《つぐこ》さま
千家典子《せんげのりこ》さん
守谷絢子《もりやあやこ》さん
愛子《あいこ》さま
小室眞子《まこ》さん
2021年10月結婚
佳子《かこ》さま
②悠仁《ひさひと》殿下
丸数字：皇位継承順位
崩御《ほうぎょ》または薨去《こうきょ》
皇籍《こうせき》を離脱
● 女性は結婚すると皇籍を離れる
● 女性は皇位継承できない
皇族減少の危機
有識者会議
①女性皇族が結婚後も皇族に残る（女性宮家）
②旧皇族の男系男子が養子縁組して皇籍に復帰する
※女性の皇位継承については議論を先送り

日本の**皇室**《こうしつ》は、天皇陛下と皇族《こうぞく》からなる。男性皇族が結婚や成人して独立したときは、あらたに「**宮家**《みやけ》」をかまえて皇族にとどまる。しかし、女性皇族が皇族以外の人と結婚した場合は、皇族の身分を離れなければならないという決まりがある。

現在の皇族には未婚の女性が多い。この先、女性皇族の結婚によって皇族の人数が減っていくと、皇室が担《にな》う公務に支障が出る。将来的には、皇室の血統が途絶《とだ》えてしまうおそれもある。

2021年に開かれた政府の有識者会議では、皇族数の確保策として、**①女性皇族が結婚後も皇族に残る**案と、**②旧皇族の男系男子が養子縁組して皇籍に復帰する**案の2案を示し、どちらがよいか議論していくことになった。さらに安定した皇位継《けい》承《しょう》のためには、現在は認められていない女性天皇や女系（母方が天皇の血筋）の天皇についても議論が必要だ。

### ちょこっと時事

**「政治的公平」めぐる総務省内部文書**　2014年から2015年にかけ、政権に批判的なテレビ番組に不満をもった当時の首相補佐官が、放送法の「政治的公平」をめぐる解釈変更を総務省に迫った経緯を記した内部文書。当時総務大臣だった高市早苗議員は「捏造だ」と主張したが、総務省は行政文書であることを認めた。

関連URL ››› ●経団連（日本経済団体連合会） https://www.keidanren.or.jp

28

政治

# 経団連（日本経済団体連合会）

**100字でナットク**

経団連は日本の大手企業が加盟する団体で、その政策提言は日本の経済政策に重要な影響を与えている。自民党は経団連の意向を政策に反映することで、毎年多額の企業献金を受けている。

## 日本の経済３団体

### 日本の経済3団体

### 日本経済団体連合会（経団連）

日本の有力企業を中心に構成され、国の経済政策に影響力をもつ団体。

会長：**十《と》倉《くら》雅《まさ》和《かず》**氏（住友化学会長）

十倉雅和
経団連会長

**主な主張**

- 法人税の減税
- 社会保障財源として消費税を増税
- 規制改革

### 日本商工会議所（日商）

全国の商工会議所をとりまとめる機関。中小企業が多数参加している。

会頭：**小《こ》林《ばやし》健《けん》**氏（三菱商事相談役）

### 経済同友会

企業経営者が個人で参加し、国内外の問題について議論し、見解を提言する団体。

代表幹事：**新《にい》浪《なみ》剛《たけ》史《し》**氏（サントリーホールディングス社長）

**経団連《けいだんれん》**（正式名称「日本経済団体連合会」）は、日本の有力企業が多数加盟する経済団体だ。**日本商工会議所**、**経済同友会**と並び、日本の経済三団体のひとつとされている。

経団連は自民党の支持母体のひとつで、政治に強い影響力をもっているのが特徴だ。日本の経済政策に提言を行うなど、財界の意向を国政に反映させる力をもっている。政府がこれまでに行ってきた法人税減税・消費税増税は、経団連の提言を忠実に実現したものだ。２０２３年９月、経団連の**十倉雅和《とくらまさかず》**会長（住友化学）は「消費税増税から逃げてはいけない」と発言し、さらなる消費税増税の必要性を強調した。

経団連は会員企業に対し、**政治献金**をするよう毎年呼びかけている。献金先の基準となる政策評価では自民・公明与党の政策を高く評価しているため、自民党には毎年多額の企業献金があつまっている。

参照 日本の政党 2023 ››› P66

関連URL ››› ●連合（日本労働組合総連合会） https://www.jtuc-rengo.or.jp/

29 政治

# 連合（日本労働組合総連合会）

### 100字でナットク

連合は、全国の労働組合が集まってつくる連合組織。主に立憲民主党の支持基盤だが、日本共産党とは対立している。連合の芳野会長は共産党との共闘に強く反対し、2022年参院選での野党共闘は実現しなかった。

**日本の労働組合**

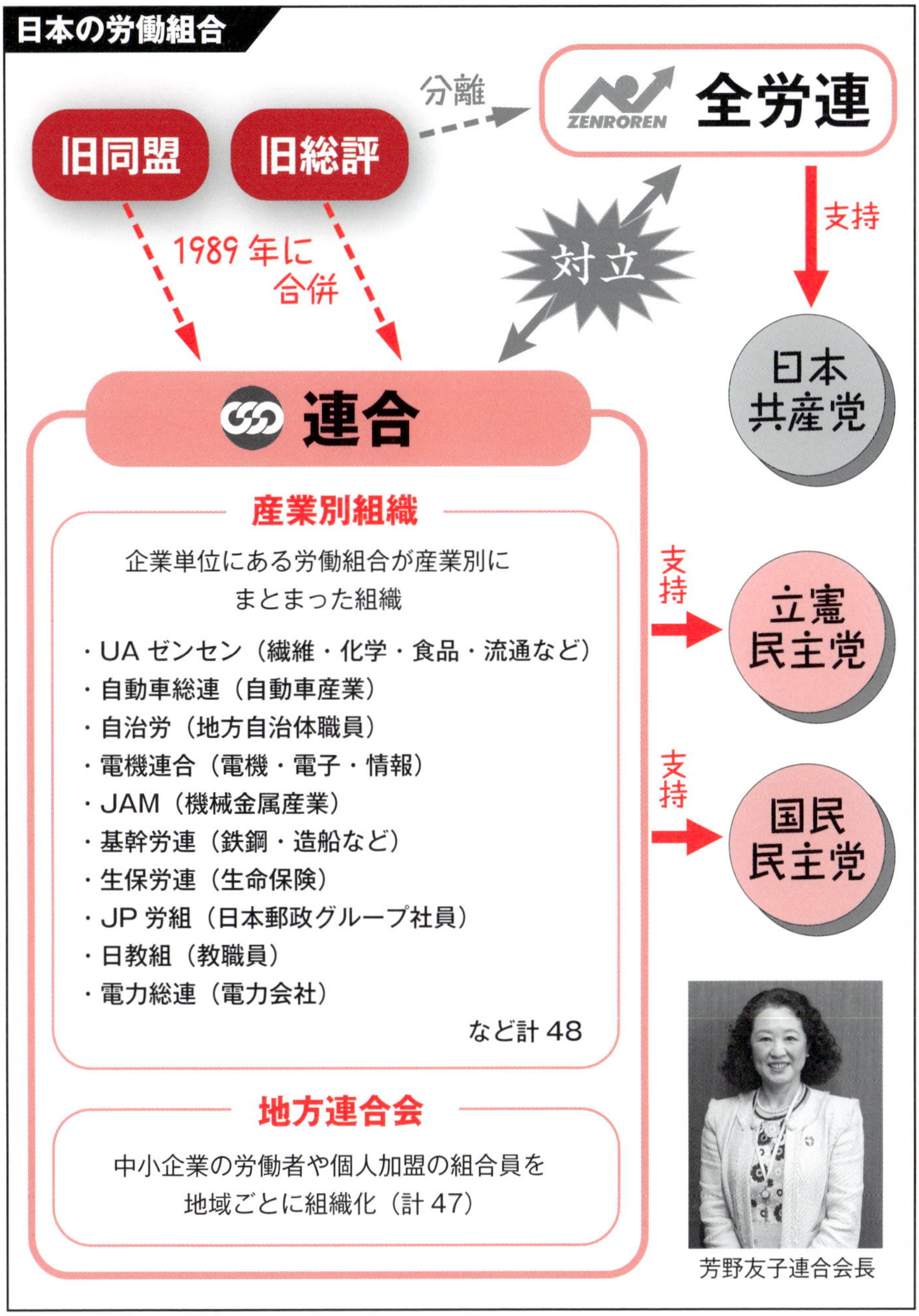
旧同盟
旧総評
1989年に合併
分離
全労連
ZENROREN
対立
支持
日本共産党
連合
産業別組織
企業単位にある労働組合が産業別にまとまった組織
・UAゼンセン（繊維・化学・食品・流通など）
・自動車総連（自動車産業）
・自治労（地方自治体職員）
・電機連合（電機・電子・情報）
・JAM（機械金属産業）
・基幹労連（鉄鋼・造船など）
・生保労連（生命保険）
・JP労組（日本郵政グループ社員）
・日教組（教職員）
・電力総連（電力会社）
など計48
地方連合会
中小企業の労働者や個人加盟の組合員を地域ごとに組織化（計47）
支持
立憲民主党
支持
国民民主党

芳野友子連合会長

労働者が団結して、労働条件の改善や賃金の引き上げなどを図るための組織を**労働組合**という。日本の労働組合は企業ごとに組織されることが多い。それらが産業ごとにまとまって産業別組織となり、さらに全国の産業別組織があつまって連合組織（ナショナルセンター）をつくっている。そのひとつが**連合**（日本労働組合総連合会）だ。組合員数は約700万人で、政治的には主に立憲民主党の支持基盤となっている。ただし、共産党系の労働組合がつくる全労連と対立しているため、共産党には批判的だ。

現在の選挙制度では、非自民党勢力は協力しないと自民党に太刀打ちできない。しかし2022年の参院選で、連合の**芳野友子**《よしのともこ》会長は共産党との共闘に強く反対した。選挙は自民党が勝利し、野党の弱体化が際立つ結果となった。労働者の声が政治に届きにくくなっている。

**ちょこっと時事**

**ふるさと納税**　個人が自分で選んだ自治体に寄付をすると、寄付額のうち2000円を超える分の住民税や所得税が控除される制度。寄付先の自治体からは様々な返礼品が贈られる。寄付を募るための返礼品競争が過熱したため、返礼品は地場産品で、調達費用が寄付金の3割以下というルールが設けられた。

30

経済

# 日本の景気2023

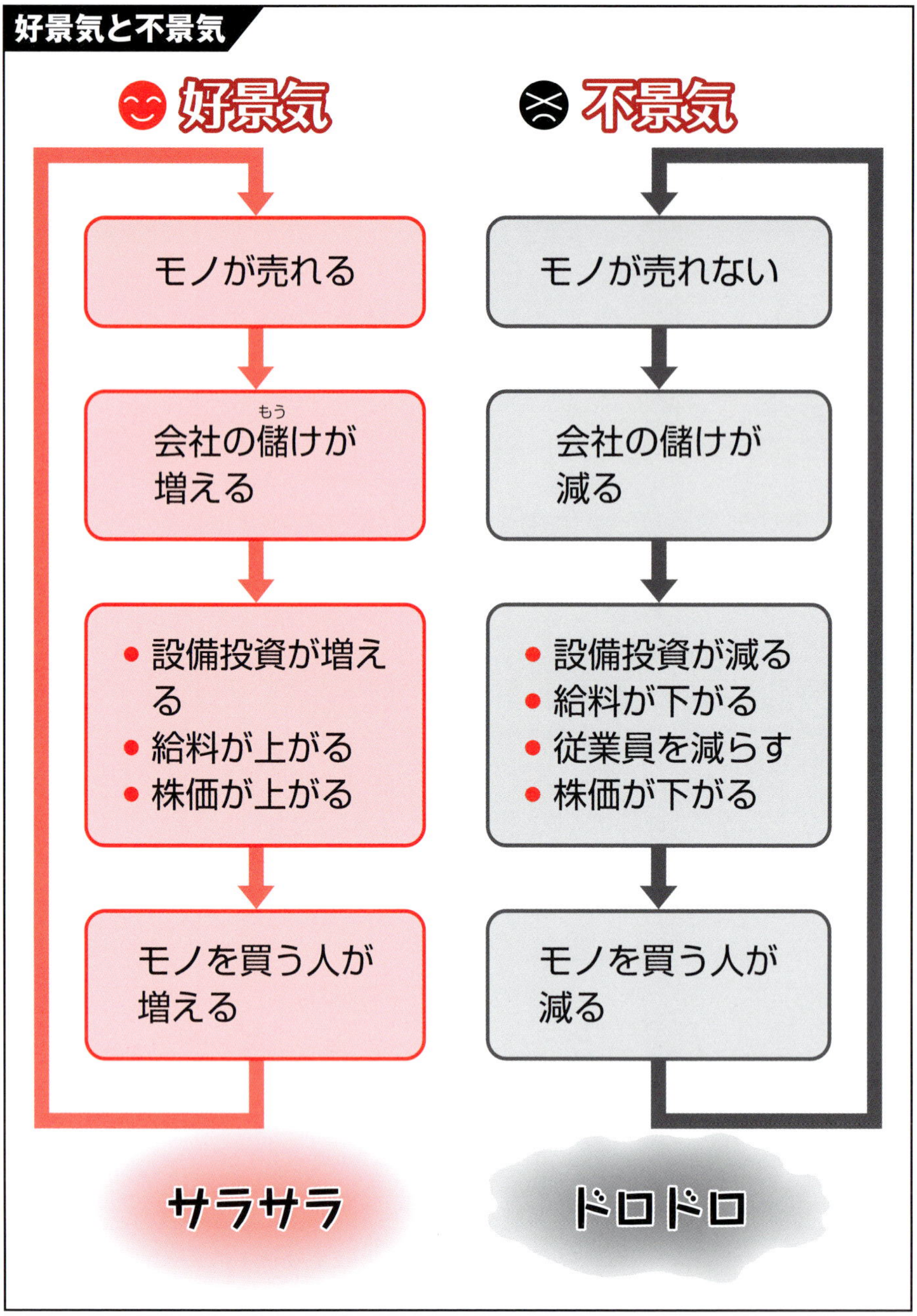


100字でナットク

世の中にお金がサラサラ流れるのが好景気、ドロドロよどんで流れが悪いのが不景気だ。2023年は新型コロナによる落ち込みからの復帰期間にあたるが、物価上昇にともなう賃金の上昇が課題だ。

**景気**《けいき》とは、簡単にいえば世の中のお金の循環《じゅんかん》のことだ。身体のなかを流れる血液と同じように、お金のめぐりも「ドロドロ」より「サラサラ」が望ましい。つまり、みんながモノをたくさん買ったり売ったりして、世の中をお金がサラサラと流れている状態が「**好景気**」。反対に、みんながあまりお金を使わず、お金のめぐりが「ドロドロ」と停滞《ていたい》した状態が「**不景気**」だ。

好景気と不景気は交互にやってくる。これを**景気循環**（景気の波）という。景気の波がいちばん高いときが「景気の山」、いちばん低いときが「景気の谷」だ。

日本では、内閣府が専門家の議論を踏まえて、景気の山と谷がいつだったかを決定している。それによると、日本は2012年12月以来、景気拡大局面（つまり好景気）が長期間続いた。景気拡大といっても、**GDP**（国内総生産）の実質成長率は

ちょこっと時事

**物流2024年問題**　働き方改革関連法により、2024年4月からトラックドライバーの時間外労働時間が年間960時間に制限される。1人当たりの走行距離が短くなるため、長距離輸送が難しくなったり、運送・物流業者の売上減少、ドライバーの収入が減るなどの様々な問題が起こることが懸念されている。

## 日本の景気動向

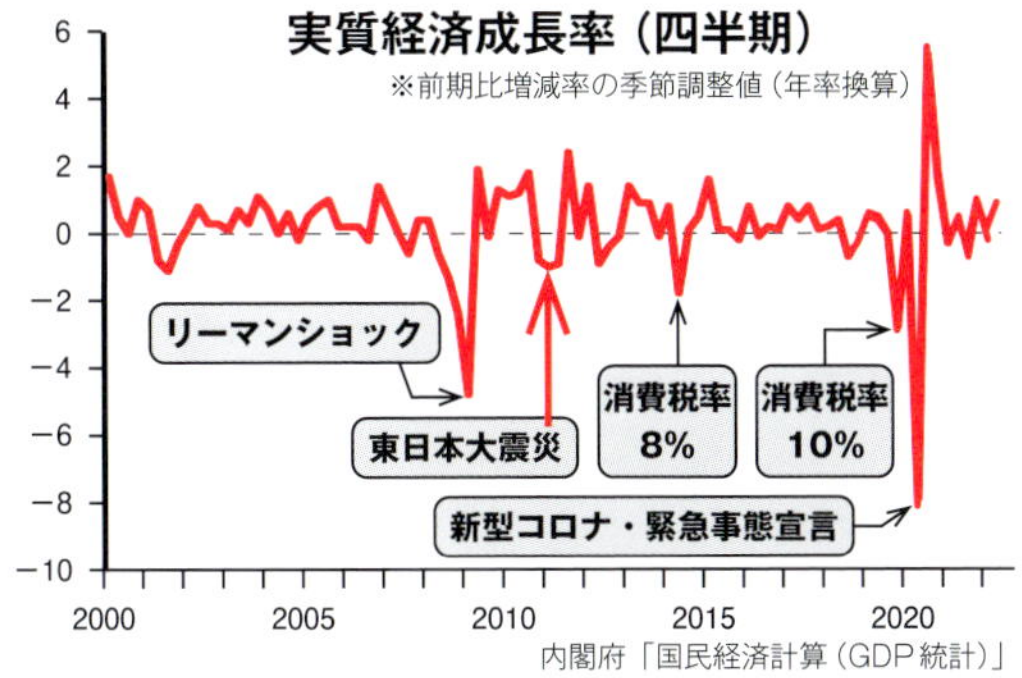
実質経済成長率（四半期）
※前期比増減率の季節調整値（年率換算）
リーマンショック
東日本大震災
消費税率 8%
消費税率 10%
新型コロナ・緊急事態宣言
内閣府「国民経済計算（GDP統計）」

実質経済成長率は、前期と比較した実質GDPの伸び率。日本は好景気でも低い状態が続いている。

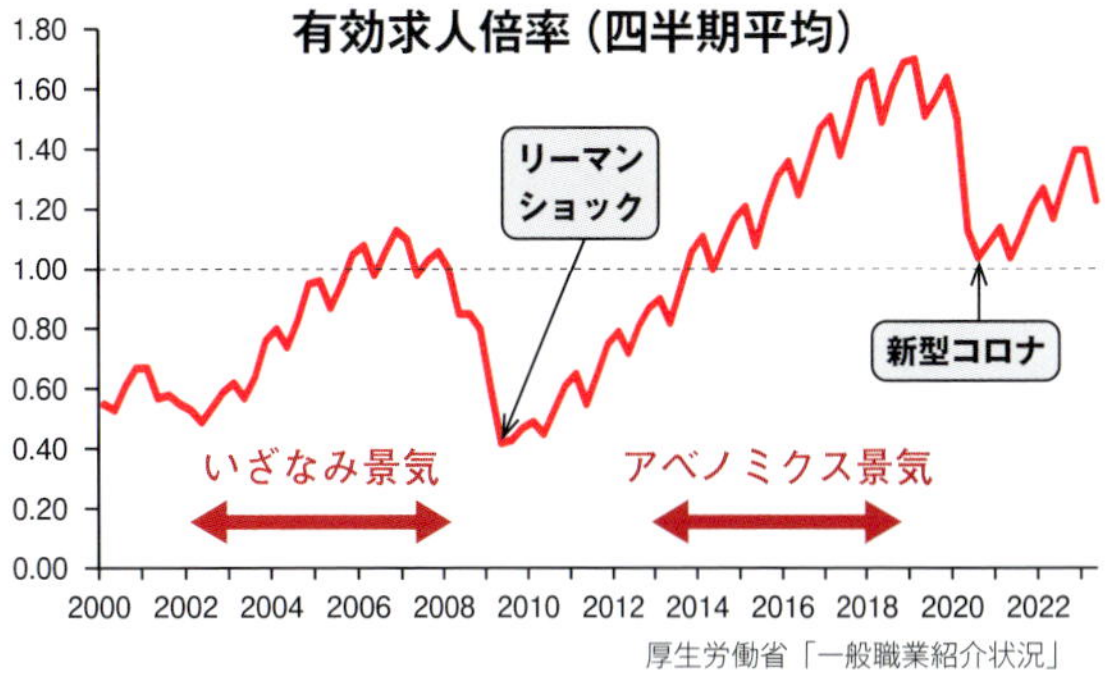
有効求人倍率（四半期平均）
リーマンショック
新型コロナ
いざなみ景気
アベノミクス景気
厚生労働省「一般職業紹介状況」

有効求人倍率は、有効求職者に対する有効求人数の割合。一般に景気がよいほど高くなる。

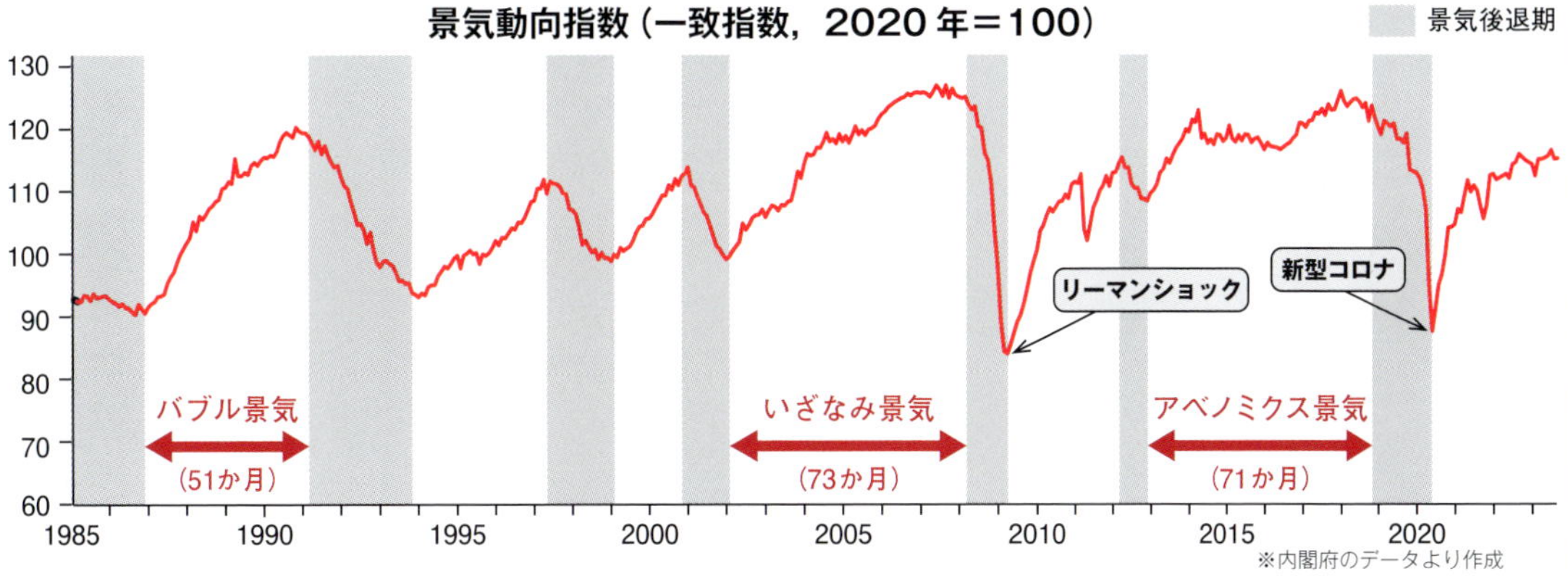
景気動向指数（一致指数，2020年＝100）
景気後退期
リーマンショック
新型コロナ
バブル景気（51か月）
いざなみ景気（73か月）
アベノミクス景気（71か月）
※内閣府のデータより作成

**【景気動向指数】**

各種経済データを「先行系列」（景気の先行き）「一致系列」（現在の状況）「遅行系列」（これまでの状況）の3グループに分け、各グループごとに良くなっているか、悪くなっているかを数値で表したもの。内閣府が毎月公表している。

**●戦後の主な景気回復期**

| 名称 | 期間 | 成長率 |
|---|---|---|
| 神武景気 | 1954年12月～57年6月（31か月） | 7.0% |
| 岩戸景気 | 1958年7月～61年12月（42か月） | 11.3% |
| いざなぎ景気 | 1965年11月～70年7月（57か月） | 11.5% |
| バブル景気 | 1986年12月～91年2月（51か月） | 5.4% |
| いざなみ景気 | 2002年2月～2008年2月（73か月） | 1.6% |
| アベノミクス景気 | 2012年12月～2018年10月（71か月） | 1.5% |

平均1%台と、まるでスローモーションのような景気拡大だった。また、景気が拡大しているにもかかわらず、**デフレ**は解消されなかった。デフレとは、モノの値段が下がり続けること。デフレになると、企業はもうけが少ないので従業員の給料を下げる。従業員は給料が下がるとモノが買えない。企業はモノが売れないのでまた値段を下げる……このように、デフレはふつう景気に悪い影響をおよぼす。

政府と日銀はデフレ対策として大規模な**金融緩和**《きんゆうかんわ》を行い、世の中に出回るお金の量を増やした。この政策はデフレ解消にはあまり効果がなかったが、株価の上昇と円安をもたらし、企業の業績は改善した。雇用も改善したが、給料はほとんど上がらなかったため、消費は伸びなかった。消費税増税も消費にはブレーキとして働き、好景気にもかかわらずデフレの状態が続いたのだ。

2023年は、前年に続いてコロナ禍からの経済活動の正常化が、景気をゆるやかに回復させる結果となった。物価の上昇は家計を圧迫しているが、賃金が上昇すれば消費が増加し、景気は上向きとなる。


参照 物価高 ››› P80　すすむ円安 ››› P82　実質賃金 ››› P88

# 2023年度予算

**100字でナットク**

2023年度の一般会計予算は約114・4兆円と、過去最大となった。予算が膨らんだ主な原因は、大幅に増額された防衛費だ。国の借金は1270兆円を超え、財務省は財政破綻を警告している。

**2023年度予算**

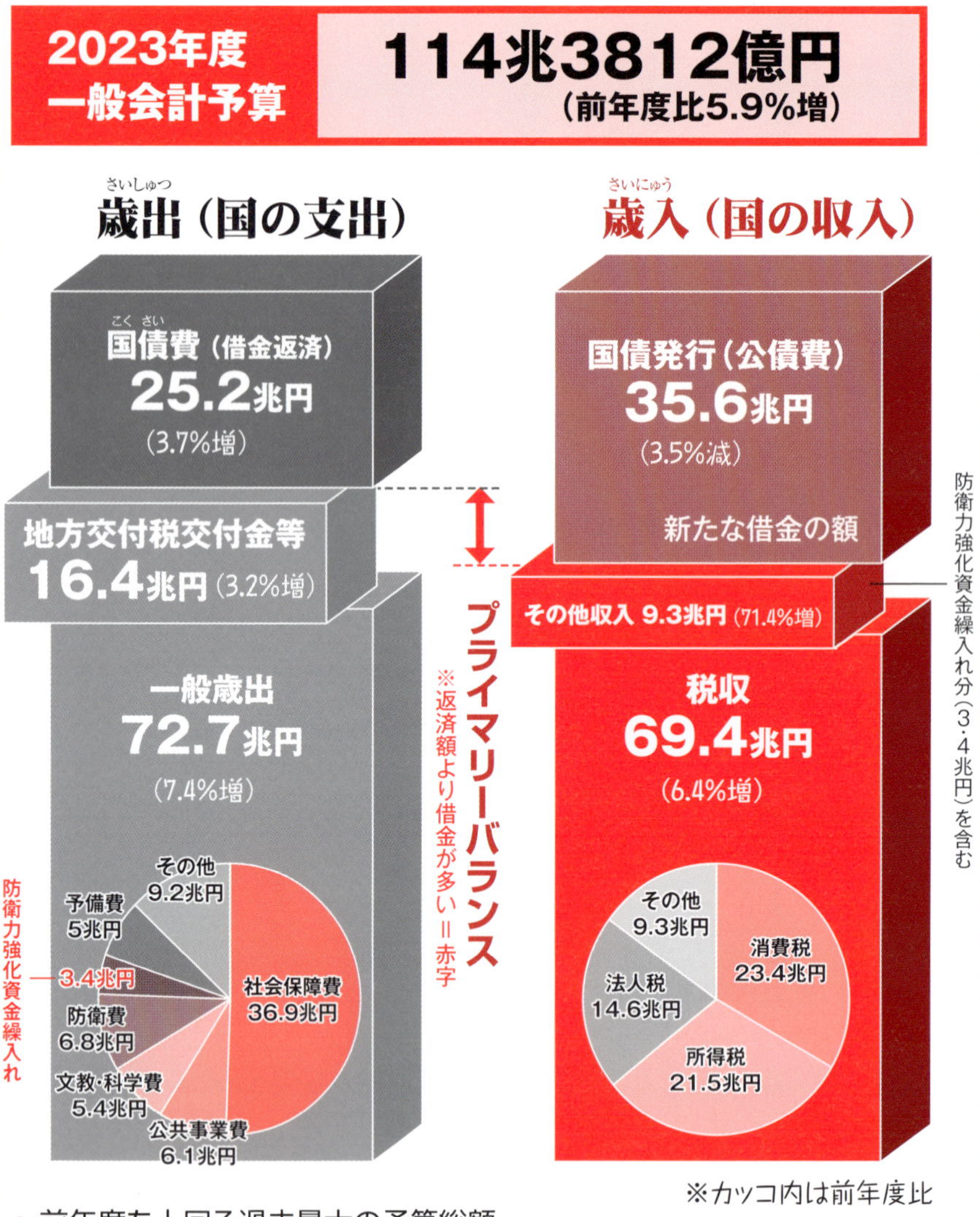
2023年度
一般会計予算
114兆3812億円
（前年度比5.9%増）
歳出《さいしゅつ》（国の支出）
歳入《さいにゅう》（国の収入）
国債《こくさい》費（借金返済）
25.2兆円
（3.7%増）
地方交付税交付金等
16.4兆円（3.2%増）
一般歳出
72.7兆円
（7.4%増）
その他
9.2兆円
予備費
5兆円
3.4兆円
防衛力強化資金繰入れ
防衛費
6.8兆円
文教・科学費
5.4兆円
公共事業費
6.1兆円
社会保障費
36.9兆円
プライマリーバランス
※返済額より借金が多い＝赤字
国債発行（公債費）
35.6兆円
（3.5%減）
新たな借金の額
その他収入 9.3兆円（71.4%増）
防衛力強化資金繰入れ分（3.4兆円）を含む
税収
69.4兆円
（6.4%増）
その他
9.3兆円
消費税
23.4兆円
法人税
14.6兆円
所得税
21.5兆円
※カッコ内は前年度比

- 前年度を上回る過去最大の予算総額
- 防衛費はGDPの1.2%
- 予備費：新型コロナ対策（4兆円）+ウクライナ情勢経済緊急対応（1兆円）

国の基本的な収入と支出の見積もりを**一般会計予算**という。日本では、政府が年度（4月から翌年3月まで）ごとに予算をつくり、国会の承認を受けて予算が決まる。2023年度の一般会計予算の総額は、過去最大の**114兆3812億円**となった。

歳出で大幅に増えたのは**防衛費**の6兆7880億円。2022年度より1・4兆円増えた。**防衛力強化資金**は税外収入をプールしておき、複数年度にまたがって利用できるようにした防衛予算で、これを合わせると防衛関係予算は10兆円を超える。政府は今後5年間の防衛費を総額43兆円に増額する計画だ。

114・4兆円の支出に対し、税金による収入は69・4兆円。足りない分のほとんどは**国債**を発行してまかなうことになる。国債というのは「○年後に換金します」という約束をして売り出す債券で、要するに国の借金だ。毎年の予算には、この借金の

## 国の借金残高の推移

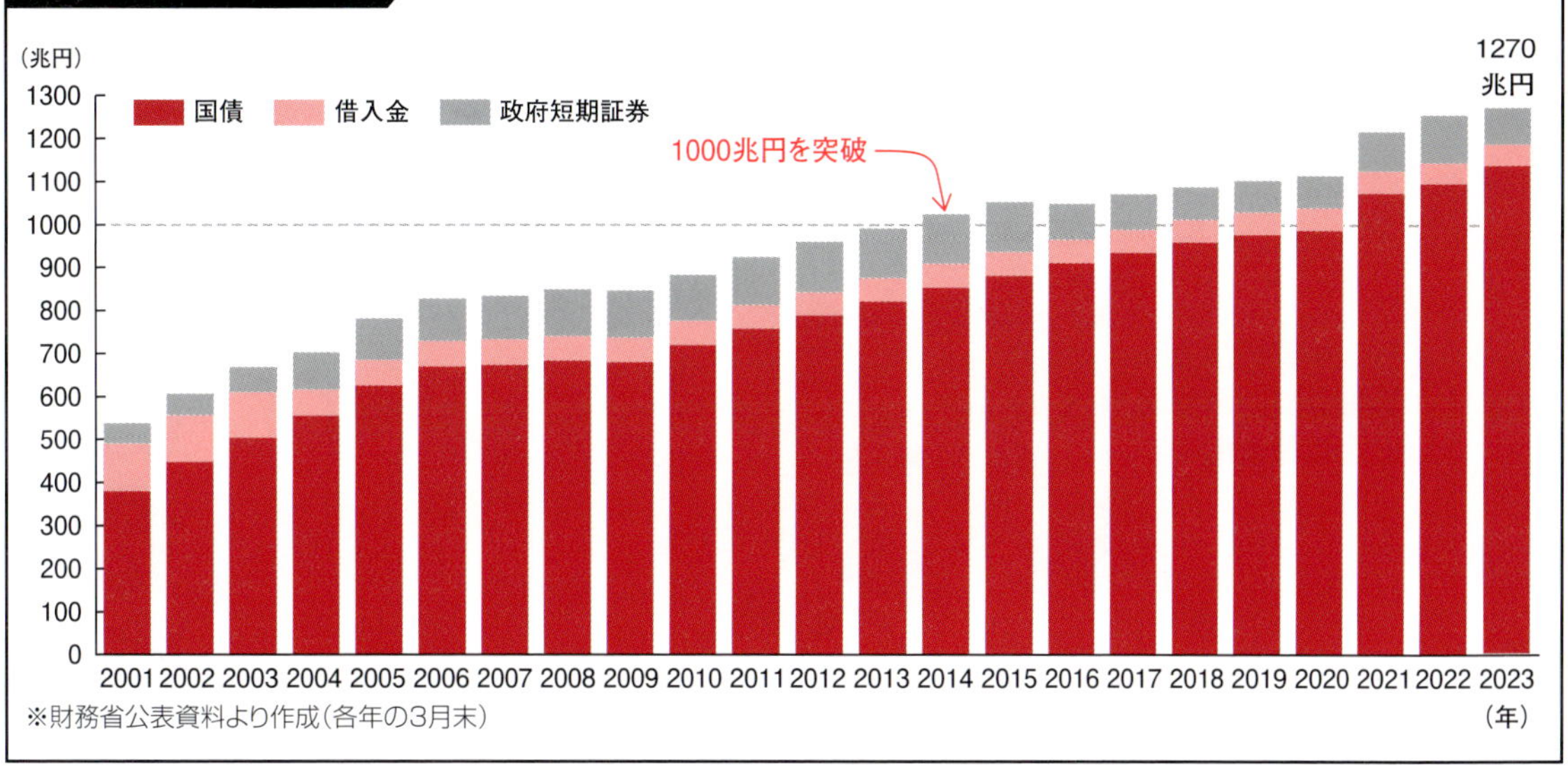

※財務省公表資料より作成（各年の3月末）

## 歳出と税収の推移

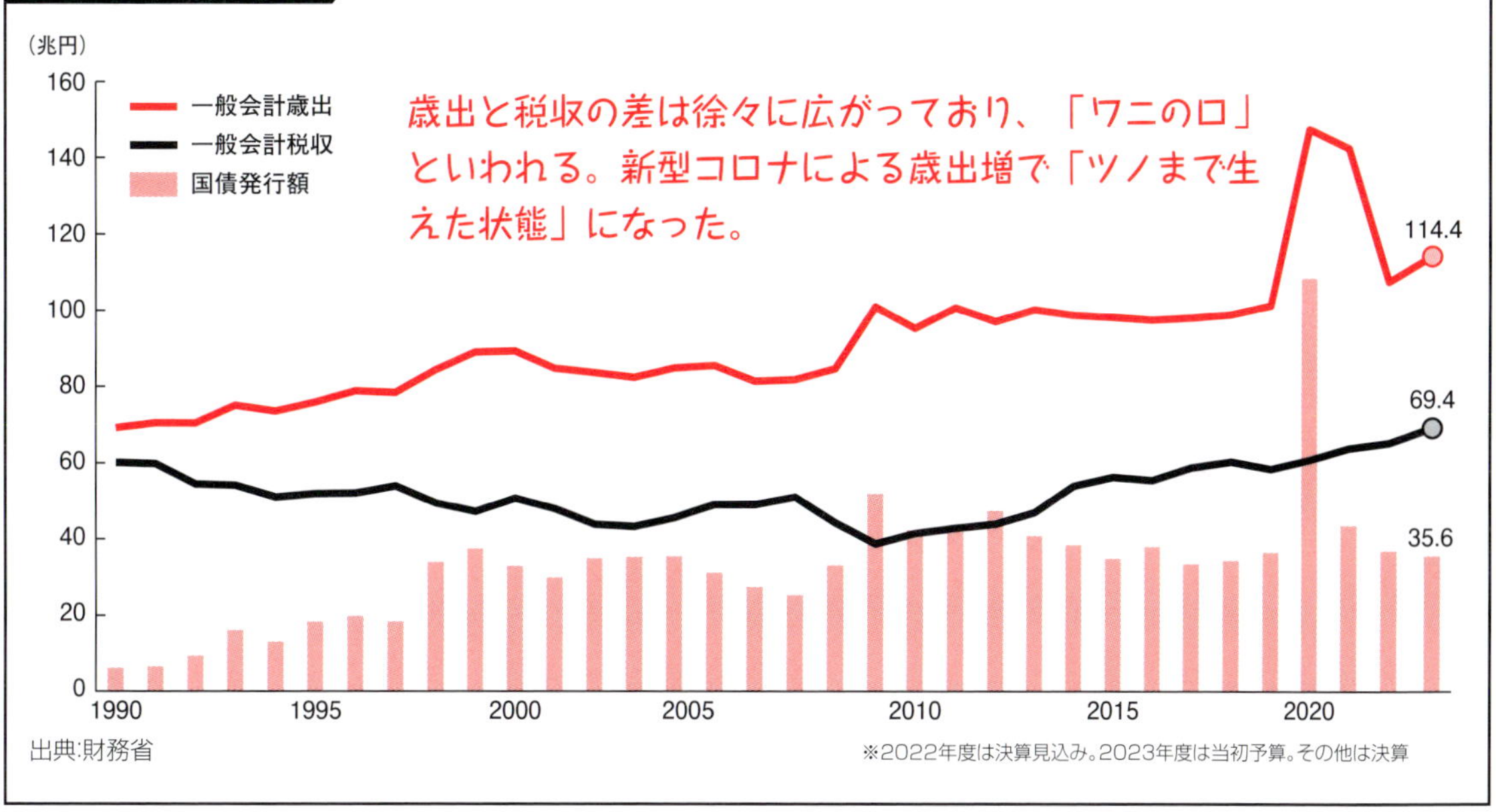

出典:財務省　※2022年度は決算見込み。2023年度は当初予算。その他は決算

ちょこっと時事

**税収、初の70兆円台に**　2022年度の国の一般会計の税収は71兆円1373億円となり、予算で見込んでいた68・4兆円を上回る税収となった。消費税率を10%に引き上げて以後、3年連続で過去最高を更新。とくに物価高騰の影響でモノやサービスの価格が上がり、消費税収が1兆円以上増えた。

返済分が**国債費**として盛り込まれている。2023年度予算の歳出と歳入を比べてみると、国債費25・3兆円に対し、新規の国債発行額は35・6兆円。**借金の返済額より、新しく借金する額のほうが多い**のだ。

この状態は今年に限ったことではなく、もう何年も続いている。返すより借りるお金のほうが多ければ、当然、借金は増えていく。借金の総額は積もりに積もって、1270兆円を超えてしまった。それでも政府が破産しないのは、自国通貨である円で借金しているからだ。しかし、政府の財布を管理する財務省は、この事態に危機感を募らせている。

毎年の国債費（借金返済額）と国債発行額の差を**プライマリーバランス**（基礎的財政収支）という。借金をこれ以上増やさないためには、プライマリーバランスを黒字化する必要がある。政府は2025年度の黒字化を目標としているが、実現は厳しそうだ。

もっとも、財政破綻を心配しすぎて増税や緊縮を行うと、今度は国民の生活が苦しくなる。国の借金が減っても、国民が貧乏になっては本末転倒だ。

32

経済

# 日銀の金融緩和政策

## 100字でナットク

日銀は、デフレを解消するために、物価上昇率を2％にするという目標を定めて、様々な金融緩和政策を実施しているが、もくろみ通りの成果は出ていない。金融緩和をいつまで続けるのか、出口がみえない状況だ。

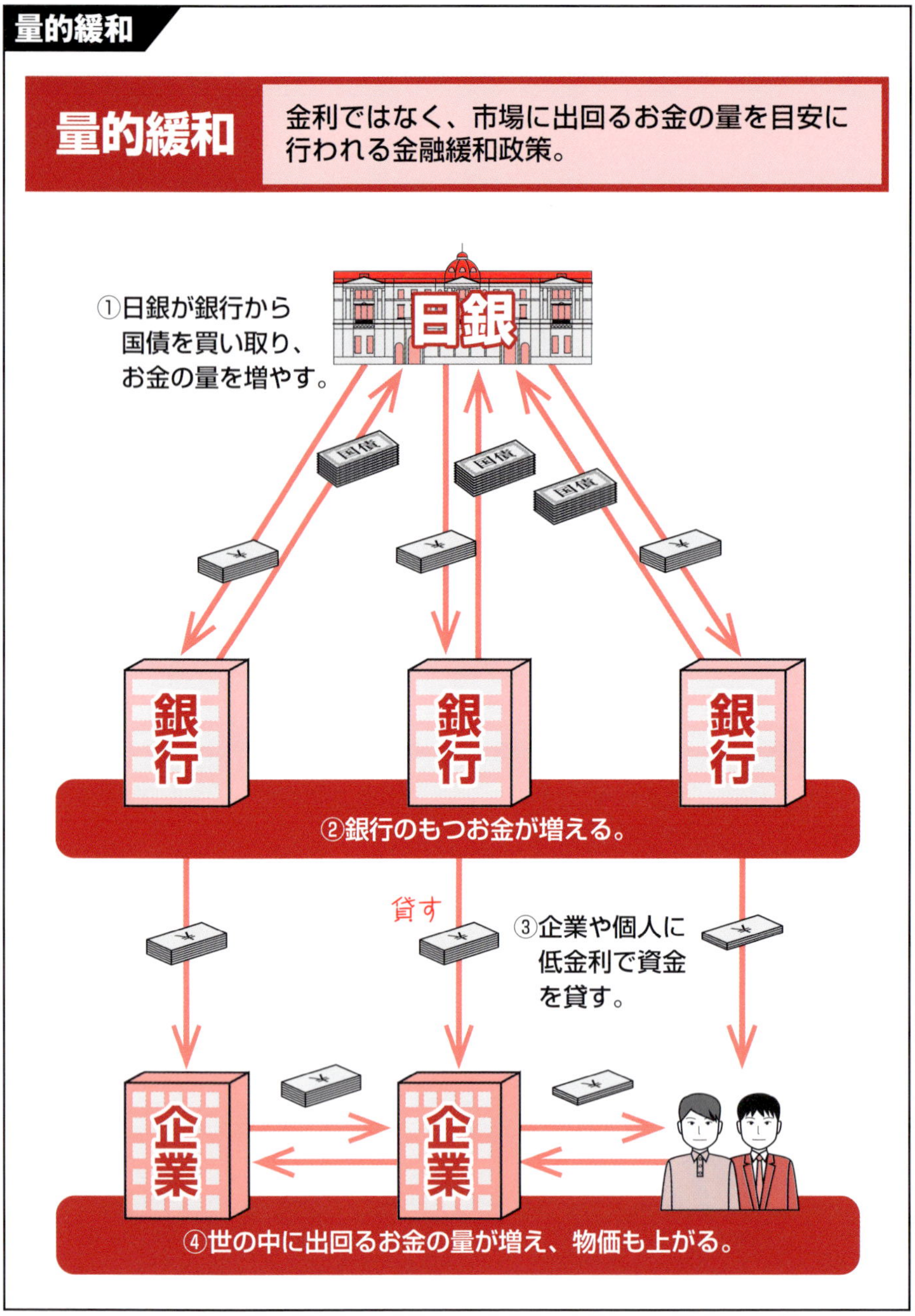

量的緩和
量的緩和
金利ではなく、市場に出回るお金の量を目安に行われる金融緩和政策。
①日銀が銀行から国債を買い取り、お金の量を増やす。
日銀
国債
国債
国債
銀行
銀行
銀行
②銀行のもつお金が増える。
貸す
③企業や個人に低金利で資金を貸す。
企業
企業
④世の中に出回るお金の量が増え、物価も上がる。


「カネは天下の回りもの」というが、**日本銀行**（略して日銀）には、日本の景気や物価に対応して、世の中のお金の量をコントロールする役割がある。２０１３年に就任《しゅうにん》した黒田東彦《はるひこ》総裁（当時）は、**デフレ**（75ページ）を解消するため、**物価上昇率を2％**に増やすことを目標に掲《かか》げ、異次元緩和と呼ばれる大胆な**金融緩和《かんわ》政策**を打ち出した。

まず、お金を大量に印刷して、金融機関がもっている**国債《こくさい》**を大規模に買い入れた（年間80兆円ペース）。銀行には現金がだぶつくので、企業や個人に低金利で貸し出し、世の中に出回るお金の量が増える、という作戦だ。国債に加えて、**ETF**（証券取引所で取り引きされる投資信託）も大量に購入した。ところがどんなに買入れを続けても、貸出しは日銀のもくろみ通りには増えてくれなかった。

そこで２０１６年1月、日銀は新たな政策として、金融機関が日銀に

## マネタリーベースと金融機関の貸出動向

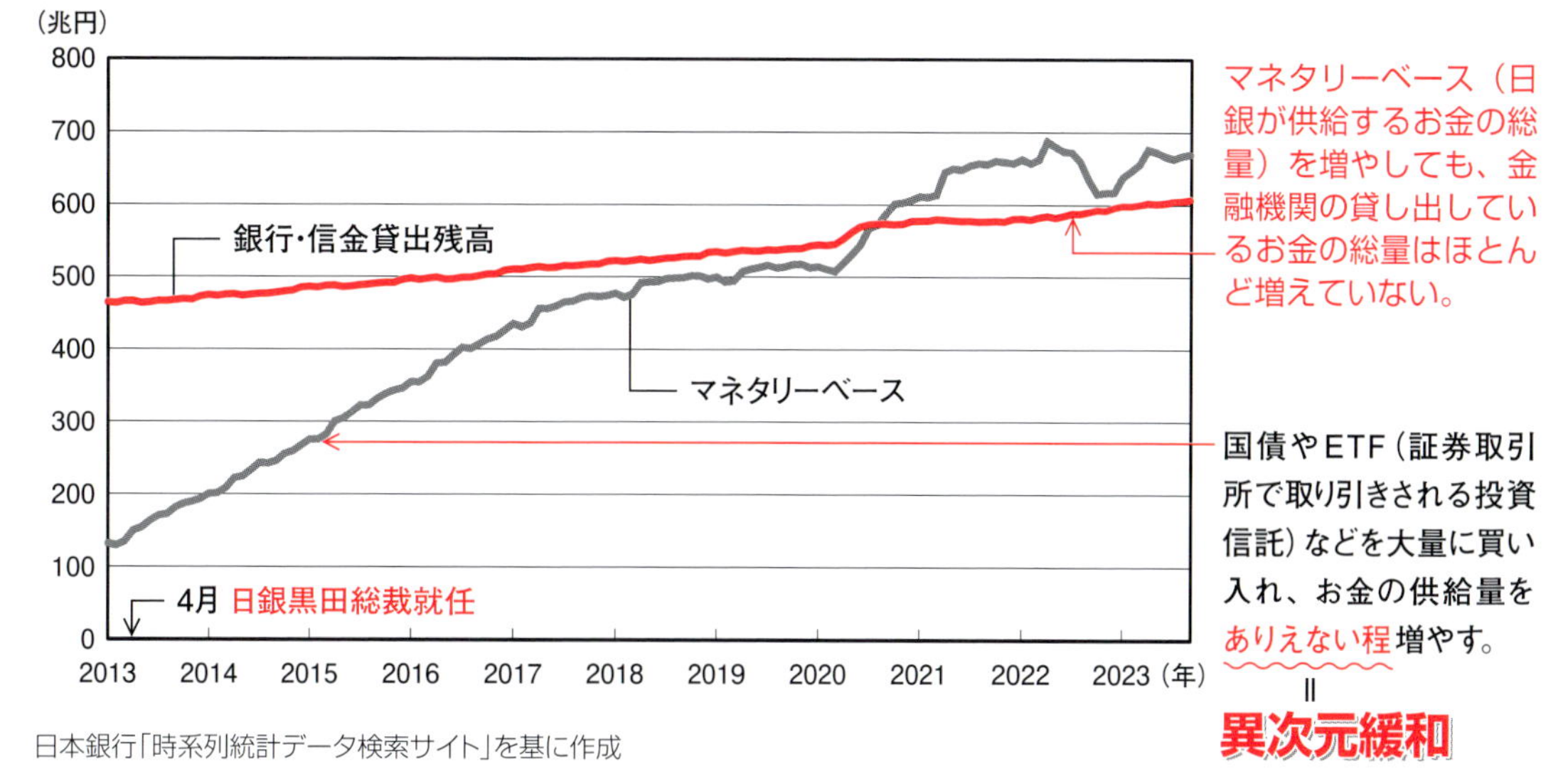
(兆円)
800
700
600
500
400
300
200
100
0
2013
2014
2015
2016
2017
2018
2019
2020
2021
2022
2023 (年)
銀行・信金貸出残高
マネタリーベース
4月 日銀黒田総裁就任
マネタリーベース（日銀が供給するお金の総量）を増やしても、金融機関の貸し出しているお金の総量はほとんど増えていない。
国債やETF（証券取引所で取り引きされる投資信託）などを大量に買い入れ、お金の供給量をありえない程増やす。
＝
異次元緩和

日本銀行「時系列統計データ検索サイト」を基に作成

## 消費者物価指数の推移

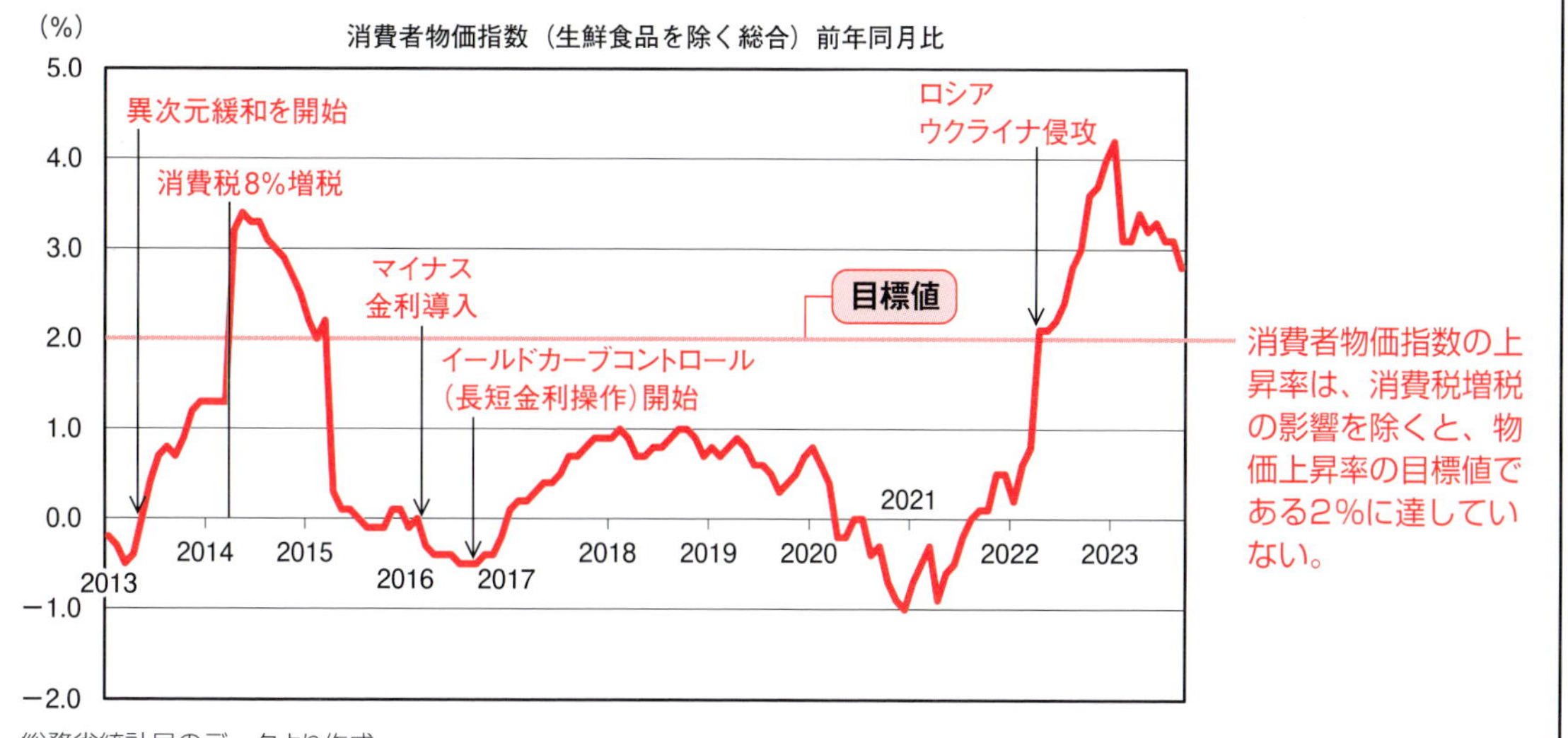
(%)
消費者物価指数（生鮮食品を除く総合）前年同月比
5.0
4.0
3.0
2.0
1.0
0.0
−1.0
−2.0
2013
2014
2015
2016
2017
2018
2019
2020
2021
2022
2023
異次元緩和を開始
消費税8%増税
マイナス金利導入
イールドカーブコントロール（長短金利操作）開始
ロシア ウクライナ侵攻
目標値
消費者物価指数の上昇率は、消費税増税の影響を除くと、物価上昇率の目標値である2%に達していない。

総務省統計局のデータより作成

預《あず》けている預金の一部に、**マイナスの金利**をつけることにした。銀行に預けたお金にはふつう利息がつく。これは金利がプラスだからだ。しかし金利がマイナスになると、預けたお金は逆に減っていくことになる。預金額が大きいほど損失も拡大するため、各金融機関は預金を引き出して貸出しなどに回すだろう、というねらいだ。この結果、**長期金利**（10年満期の国債の利回り）がマイナスになり、金融機関の収益に悪影響がおよぶおそれが生じたため、現在は短期金利をマイナスに保ちつつ長期金利は０％程度に抑える操作（**イールドカーブコントロール**）を行っている。

２０２２年に入ると物価は急速に上昇したが、これは金融緩和の効果ではなく、ウクライナ危機や円安の影響だ。こうした「**コストプッシュ型**」の物価上昇は企業の収入を圧迫し、賃金も上がらないため、デフレ解消にはつながらない。かといって、このままでは円安にも物価高にも有効な対策を打てない。２０２３年４月に就任した**植田和男**《うえだかずお》新総裁は金融緩和を継続する方針だが、難しい舵取りを迫られている。

ちょこっと時事

**イールドカーブ・コントロール**　イールドカーブは国債の利回りと償還期間の関係を表すグラフで、一般に償還期間が長くなるほど利回りも上がる。日銀は10年物国債の利回り（長期金利）の目標を０％とし、変動幅がプラスマイナス０・５％（２０２２年12月にプラスマイナス０・25％から引き上げ）程度になるように抑えている。

# 33

経済

# 物価高

### 消費者物価指数

●消費者物価指数の推移（2020年の平均を100とした指数）

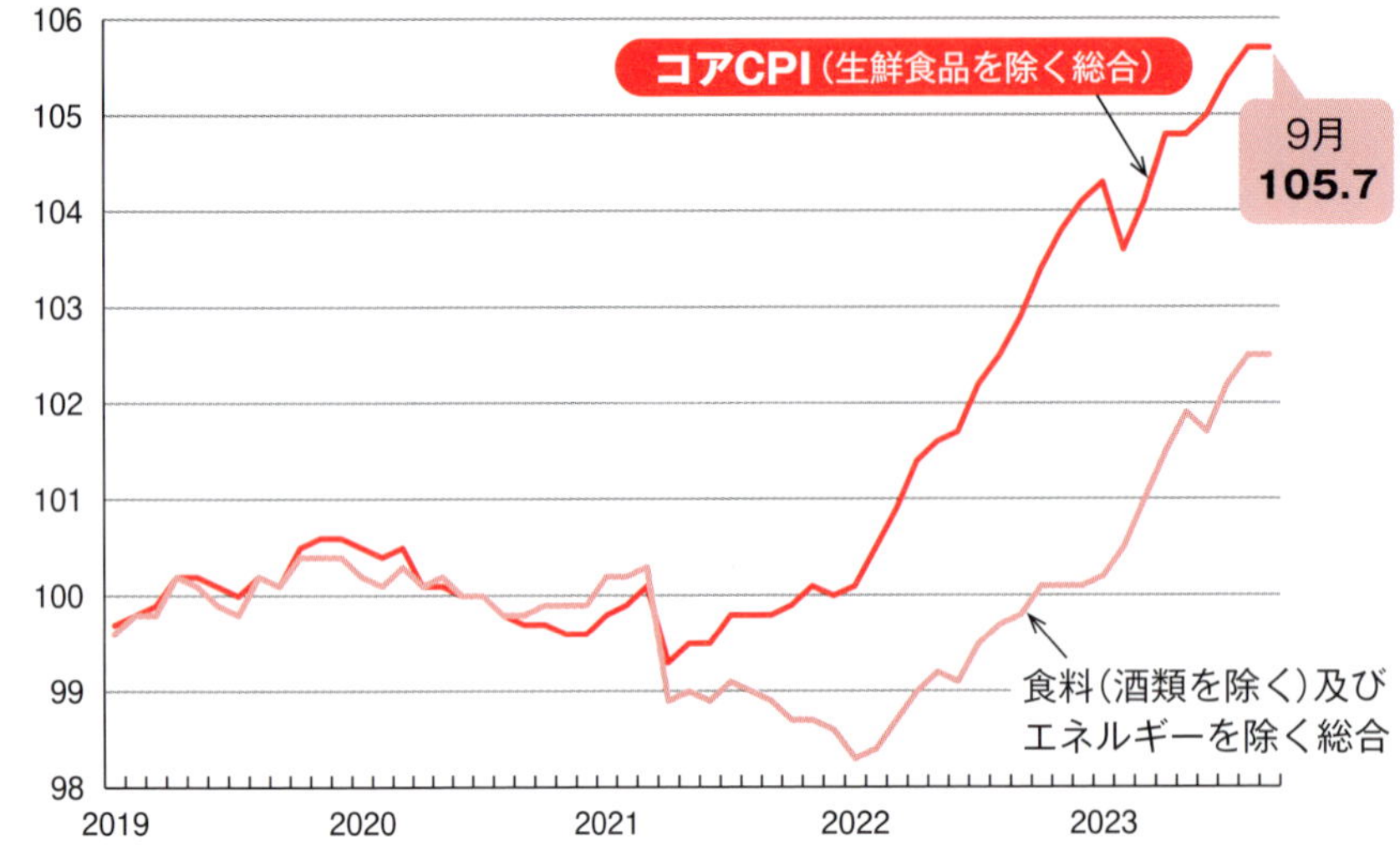

コアCPI（生鮮食品を除く総合）
9月
105.7
食料（酒類を除く）及び
エネルギーを除く総合
106
105
104
103
102
101
100
99
98
2019
2020
2021
2022
2023


※総務省「2020年基準消費者物価指数」より作成

●消費者物価指数（コアCPI）前年同月比の推移

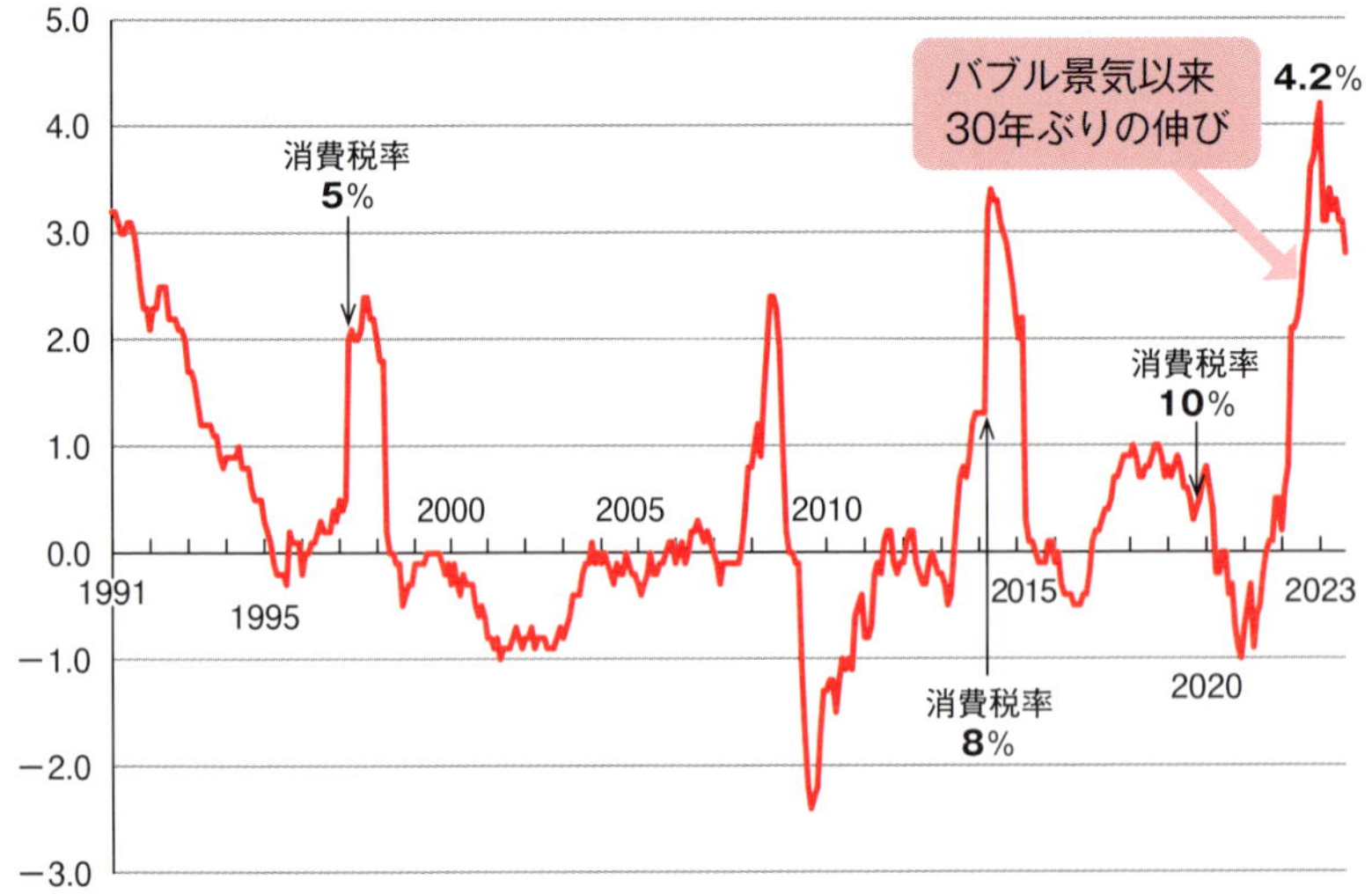

バブル景気以来
30年ぶりの伸び
4.2%
消費税率
5%
消費税率
10%
消費税率
8%
5.0
4.0
3.0
2.0
1.0
0.0
−1.0
−2.0
−3.0
1991
1995
2000
2005
2010
2015
2020
2023


※総務省「2020年基準消費者物価指数」より作成

**100字でナットク**

原材料の高騰や円安の影響による物価高が続いている。物価の上昇に賃上げが追いつかず、国民の生活は苦しくなっている。政府は2023年11月、所得税の定額減税などを含む13兆円超の総合経済対策を打ち出した。

モノやサービスの値段（物価）の変動は、総務省が毎月発表する**消《しょう》費《ひ》者《しゃ》物《ぶっ》価《か》指《し》数《すう》**（CPI）で判断できる。消費者物価指数は、無数にある商品の中から、家計に与える影響の大きい582品目の値段を調べて基準年の値段を100とする指数で表し、家計に占めるウエイトを加味して平均したものだ。このうち、天候による値動きの激しい生鮮食品を除いて計算したものを**コアCPI**という。

2023年9月のコアCPI（生鮮食品を除く総合）は、2020年を100として105.7で、前年同月より2.8%上昇した。物価上昇は2年連続で、消費増税の影響を除くと、バブル景気以来30年ぶりの物価高だ。

品目別にみると、とくに食料とエネルギー関連の上昇が目立つ。主にロシアのウクライナ侵攻による資源価格の高騰と円安の影響だ。政府は経済対策として、ガソリン、電気代、

**補正予算** 年間の予算がいったん決まった後、経済対策などのために追加で編成する予算。岸田政権は2023年11月、「デフレ完全脱却のための総合経済対策」のための補正予算として、13兆1992億円を計上することを閣議決定した。

## 良いインフレと悪いインフレ

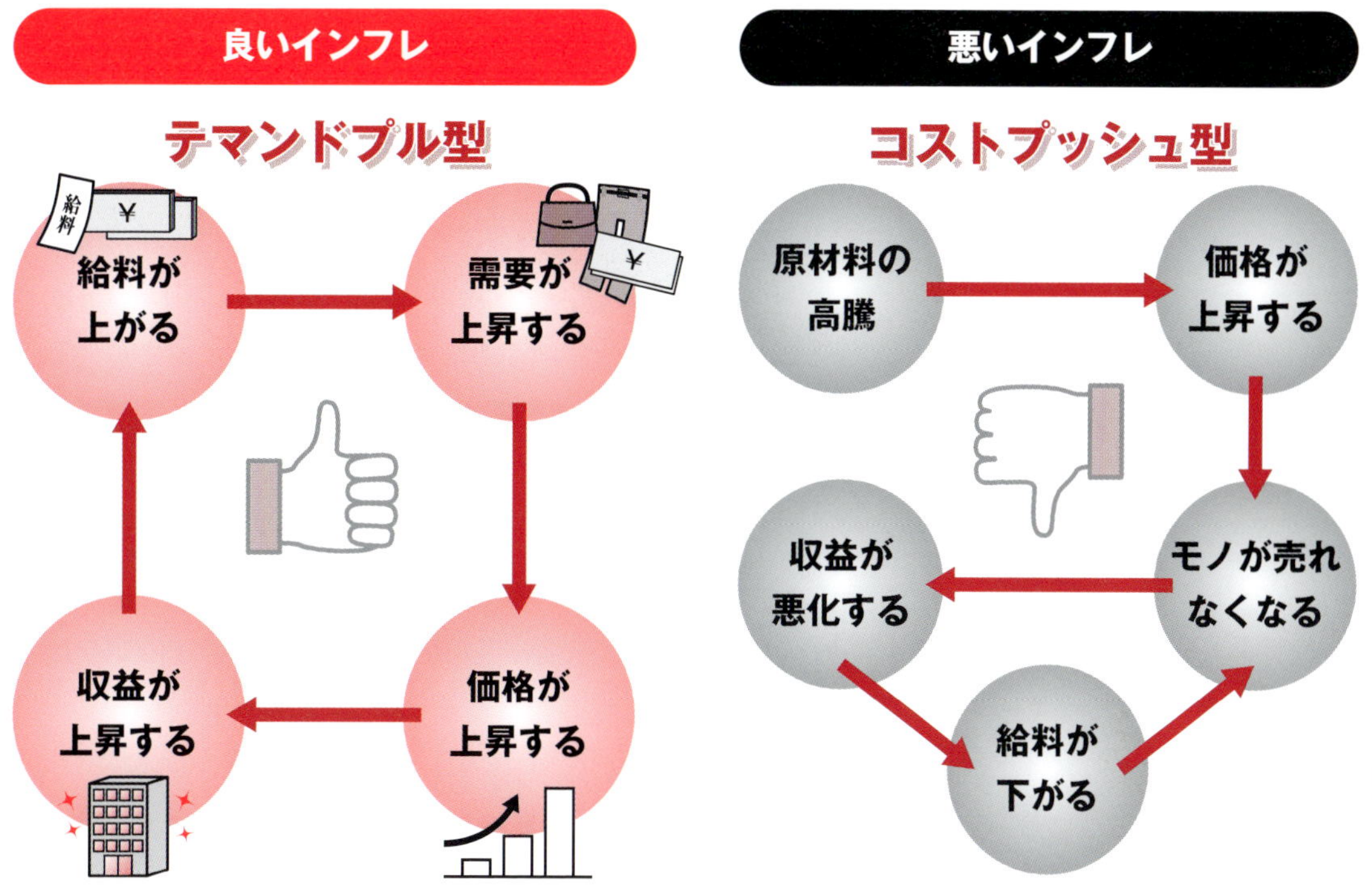


## 政府の経済対策

| 年月 | 内容 | 予算 |
|---|---|---|
| 2022年4月 | **原油価格・物価高騰等総合緊急対策** | **6.2**兆円 |
| 2022年10月 | **物価高克服・経済再生実現のための総合経済対策** | **39**兆円 |
| 2023年11月 | **デフレ完全脱却のための総合経済対策**<br>・1人当たり4万円の定額減税を実施<br>・住民税非課税世帯に7万円を給付　ほか | **13.2**兆円 |

都市ガスの負担軽減策を2023年1月から実施している。そのためエネルギーについては、2023年9月で前年同月比11・7％のマイナスとなったが、他の品目は上昇が続いている。

物価が継続して上がることを**インフレ**という。日本は長い間インフレの反対の**デフレ**が続いており、日本銀行はインフレを起こそうと必死になっていた。では、今回のインフレは歓迎すべき事態なのだろうか？残念ながらそうではない。インフレにも「**良いインフレ**」と「**悪いインフレ**」があるからだ。

「良いインフレ」とは、賃金が上昇してモノがよく売れることで起こるインフレだ。ところが現在の物価高は原材料の高騰によるコストプッシュ型で、賃金は上がらないのに物価だけが上がる「悪いインフレ」なのだ。欧米では日本以上に物価が高騰しているが、人件費も高騰している。一方、日本では賃金の上昇が弱く、国民の生活が苦しくなっている。

政府は2022年4月の緊急対策、10月の総合経済対策に続き、2023年11月に13・2兆円規模の経済対策をまとめた。


参照 日本の景気2023 ››› P74　すすむ円安 ››› P82

34

経済

# すすむ円安

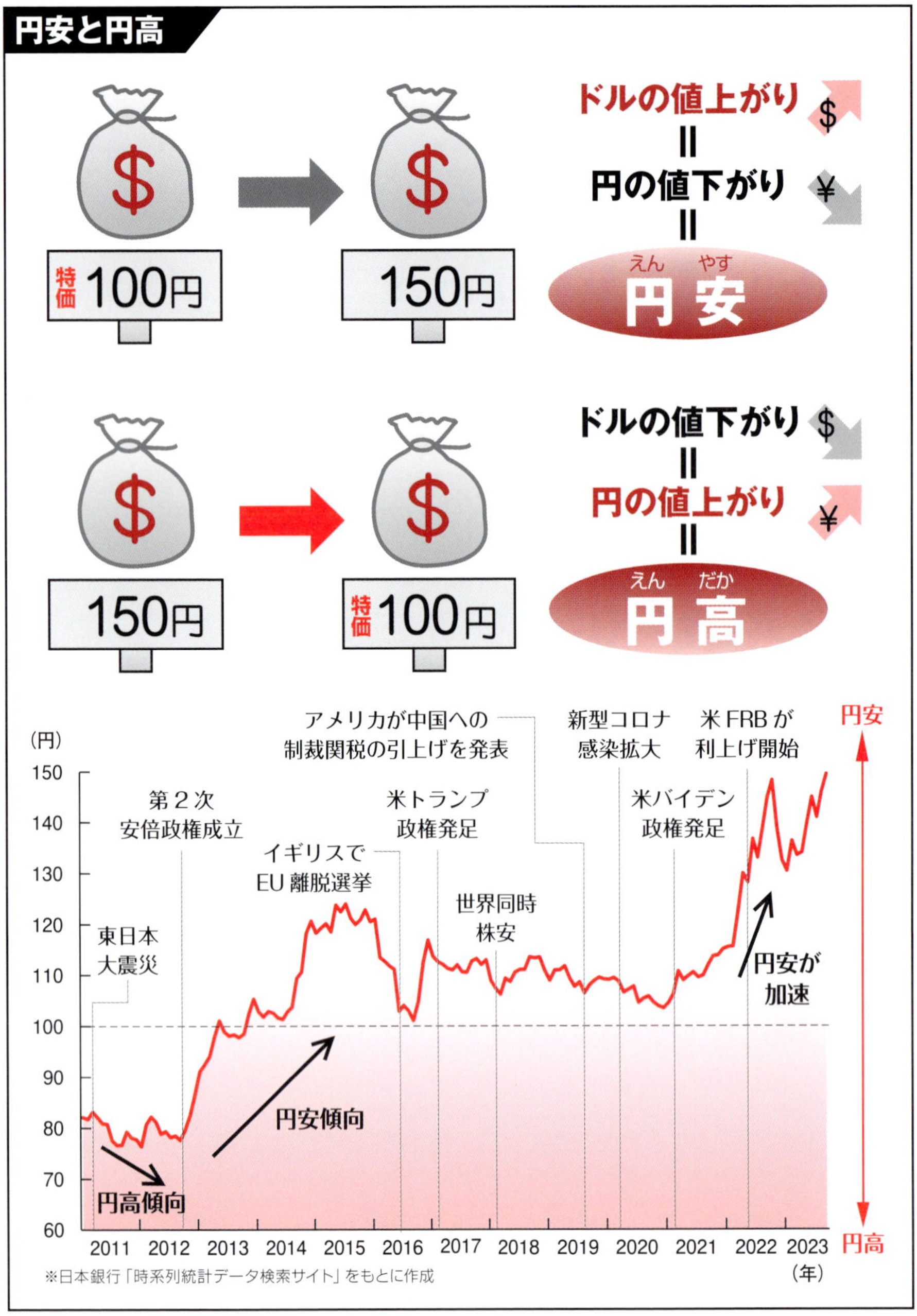


たとえば日本からアメリカに旅行するときには、手持ちのお金をアメリカの通貨と交換する。これは、アメリカのお金（ドル）を日本のお金（円）で買うということだ。1ドルを何円で買えるかはそのときの需要と供給によって変動する。仮に、これまで1ドル＝100円だったのが、1ドル＝150円になったとすれば、ドルは50円の値上がりだ。ドルの値上がりは、逆に考えると円の値下がりだから、この変化を**円安**という。逆に、1ドル100円が80円になった場合は20円の**円高**ということになる。

最近の円相場は、円安が急速にすすんでいる。2023年1月に1ドル115円台だったものが、10月20日には一時150円台を記録した。約32年ぶりの円安水準だ。

円安がすすんだ原因は、欧米と日本の金融政策が真逆の方向を向いているからだ。アメリカの中央銀行にあたる**FRB**（連邦準備制度理事会）は、物

100字でナットク

「1ドル＝何円」というとき、円の数字が大きくなるのが円安、小さくなるのが円高だ。円安が急速にすすんでいる。円安は輸出産業には有利だが、輸入品の価格が上昇するため、物価高などのマイナス面もある。

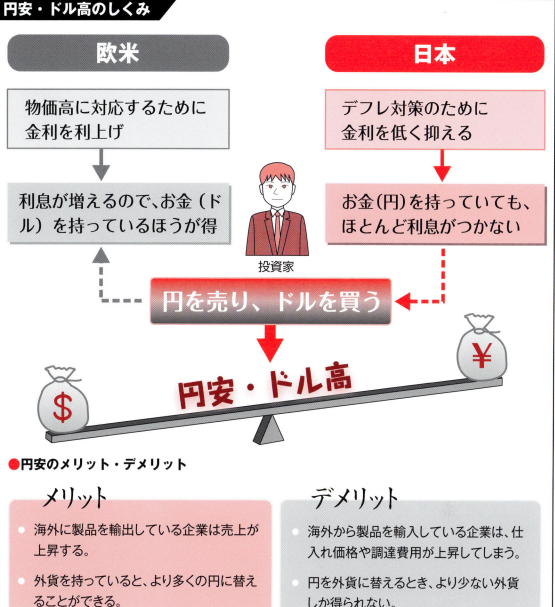

## 円安・ドル高のしくみ

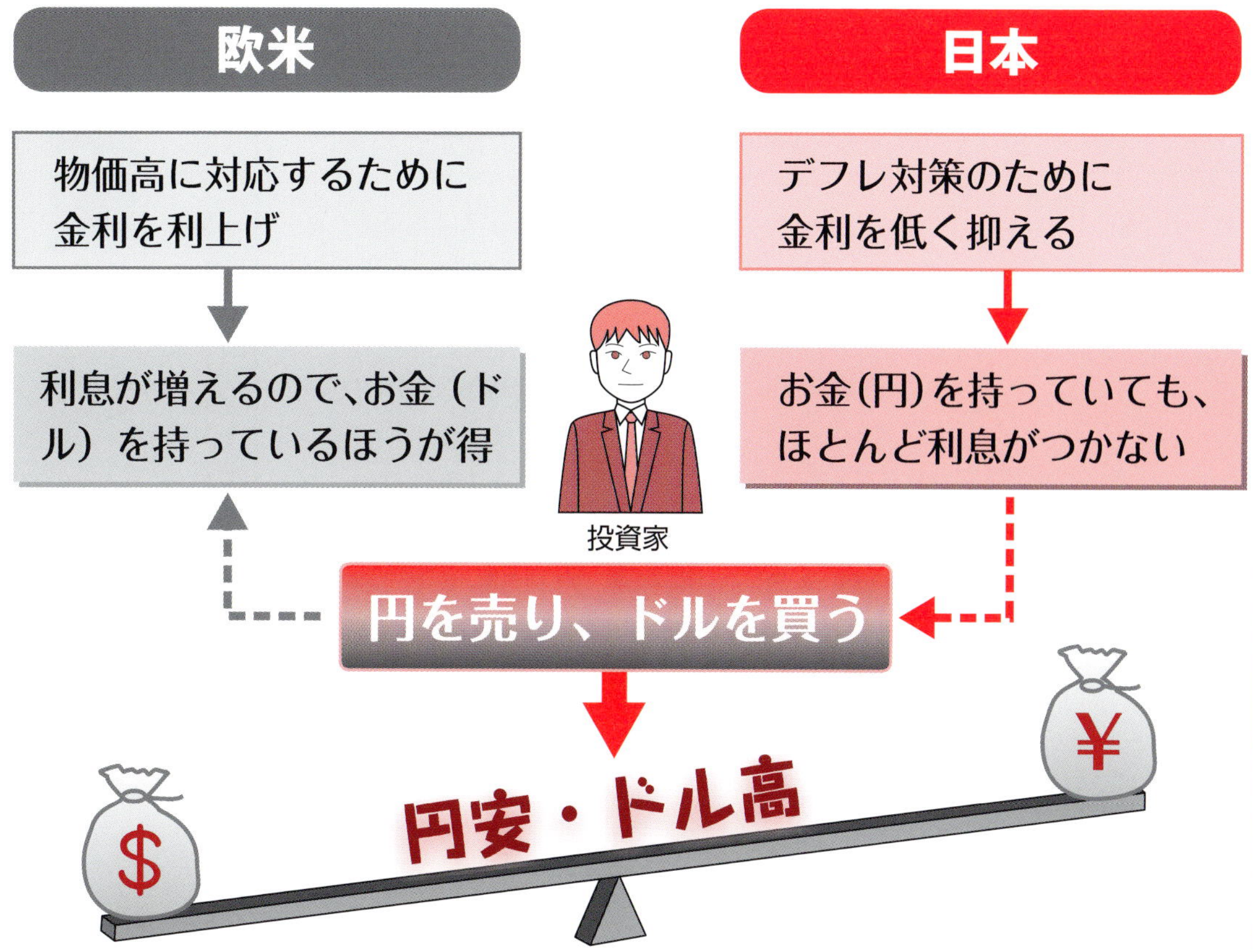
欧米
物価高に対応するために
金利を利上げ
利息が増えるので、お金（ドル）を持っているほうが得
日本
デフレ対策のために
金利を低く抑える
お金(円)を持っていても、
ほとんど利息がつかない
投資家
円を売り、ドルを買う
円安・ドル高
$
¥

●円安のメリット・デメリット

**メリット**

- 海外に製品を輸出している企業は売上が上昇する。
- 外貨を持っていると、より多くの円に替えることができる。

**デメリット**

- 海外から製品を輸入している企業は、仕入れ価格や調達費用が上昇してしまう。
- 円を外貨に替えるとき、より少ない外貨しか得られない。

価の上昇に対抗するため、2022年にはいって大幅な**利上げ**を行った。利上げとは、融資を受けるときの金利を上げることだ。金利が上がるとお金を借りにくくなるので、みんなお金を使わなくなる。するとモノが売れないので物価が下がる。つまり、利上げには物価上昇を抑える効果があるのだ。アメリカだけでなく、EUやイギリスも相次いで利上げを行っている。ところが、日本はアベノミクス以来の**金融緩和**《きんゆうかんわ》を継続しており、金利を低いまま据え置いている。投資家は、金利の高い欧米のほうが高い利回りが見込めるので、円を売ってドルを買う。こうして、円安ドル高が一気にすすんだのだ。

円安にはどのような影響があるのだろうか？　たとえば日本からアメリカに製品を輸出して、1個100ドルで売るとしよう。1ドル＝100円なら売上は1万円だが、1ドル＝150円なら1万5千円になる。このように、円安は輸出には有利だが、輸入には不利に働く。また、円安は円の価値を下げる。日本のGDPは世界3位だったが、円安によりドル換算で目減りし、2023年にはドイツに抜かれ、4位に転落する見通しだ。

**ちょこっと時事**

**恒大集団の経営危機**　恒大《こうだい》集団は中国の深圳《しんせん》に本拠を置く不動産開発会社で、多額の借入金と投資家からの資金を基に事業を拡大した。しかし2021年、中国当局が不動産規制を強化したことをきっかけに債務不履行の危機におちいった。2022年末の負債総額は約48兆円にのぼり、経営破綻すれば世界経済への影響も大きい。


参照 日本の景気2023 ››› P74　日銀の金融緩和政策 ››› P78　物価高 ››› P80

# 国債

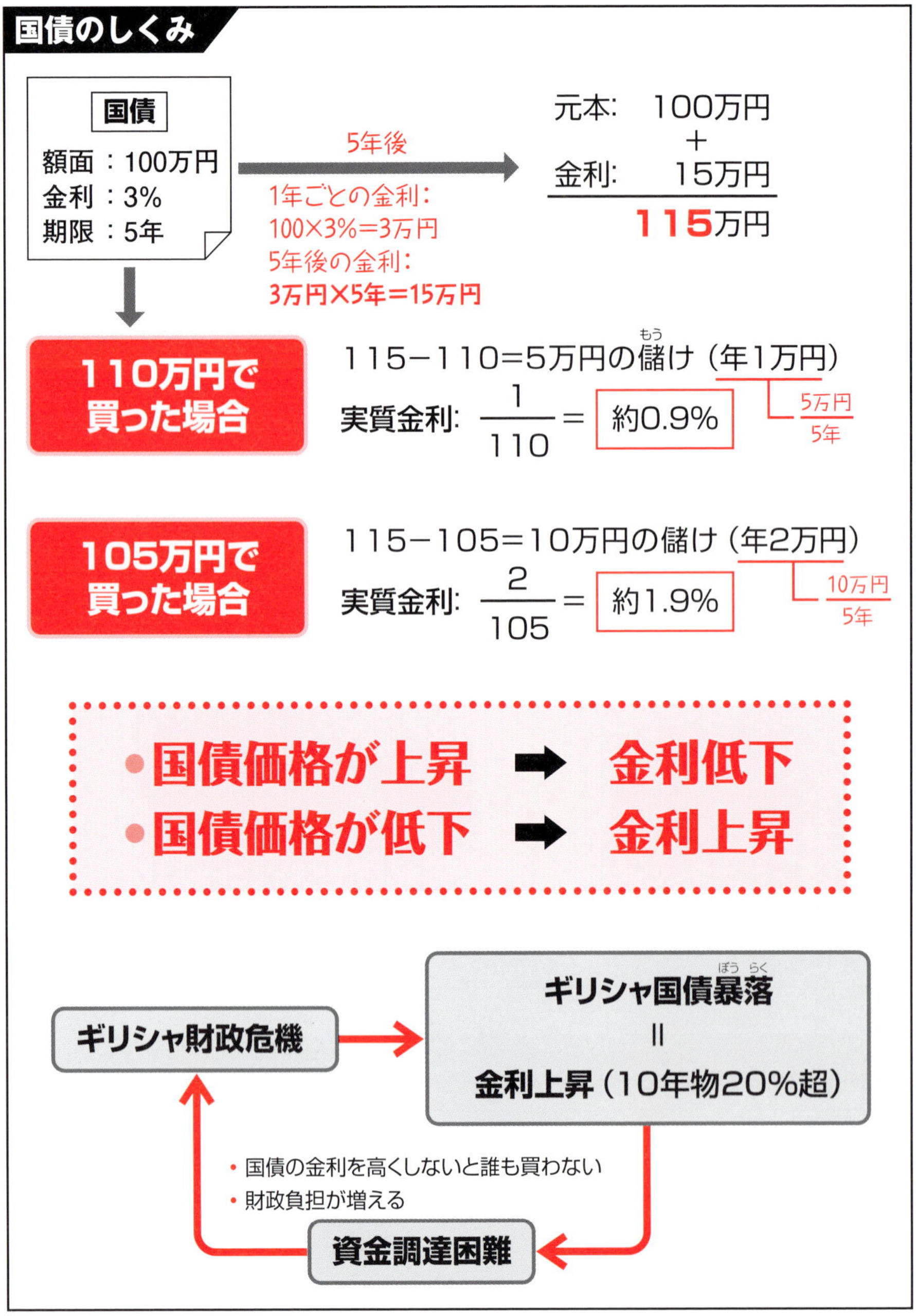


**100字でナットク**

国債とは国が借金をするために発行する債券のこと。財政危機などで国債の価格が下がると、金利は上がる。日本は借金1200兆円を超える財政赤字国だが、国債はほとんど国内で売買されているため価格暴落の可能性は低い。

**国債《こくさい》**は、歳入の不足を補《おぎな》うために国が発行する債券《さいけん》だ。国債を買うということは、国にお金を貸すということ。国債を買った人は、期限が来たらお金を返してもらう（これを償還《しょうかん》という）。また、半年や1年ごとに利息がもらえる。この利息の分が、国債を買った人の儲《もう》けになる。

国債は債券市場で取引されていて、期限が来る前なら自分がもっている国債を売ることもできる。ただし、価格はそのときどきで変動する。たとえば、額面が100万円で期限が5年、年利3%の国債なら、毎年3万円の利息がつくから、5年間で計115万円になる。110万円で買ってもまだ5万円の儲けだ。1年に1万だから、110万円に対する金利は約0・9%。つまり、**国債の価格が上昇すると、実質的な金利は下がる**。一方、この国債が105万円に値下がりすると、儲けは10万円に増え、金利は約1・9%に上

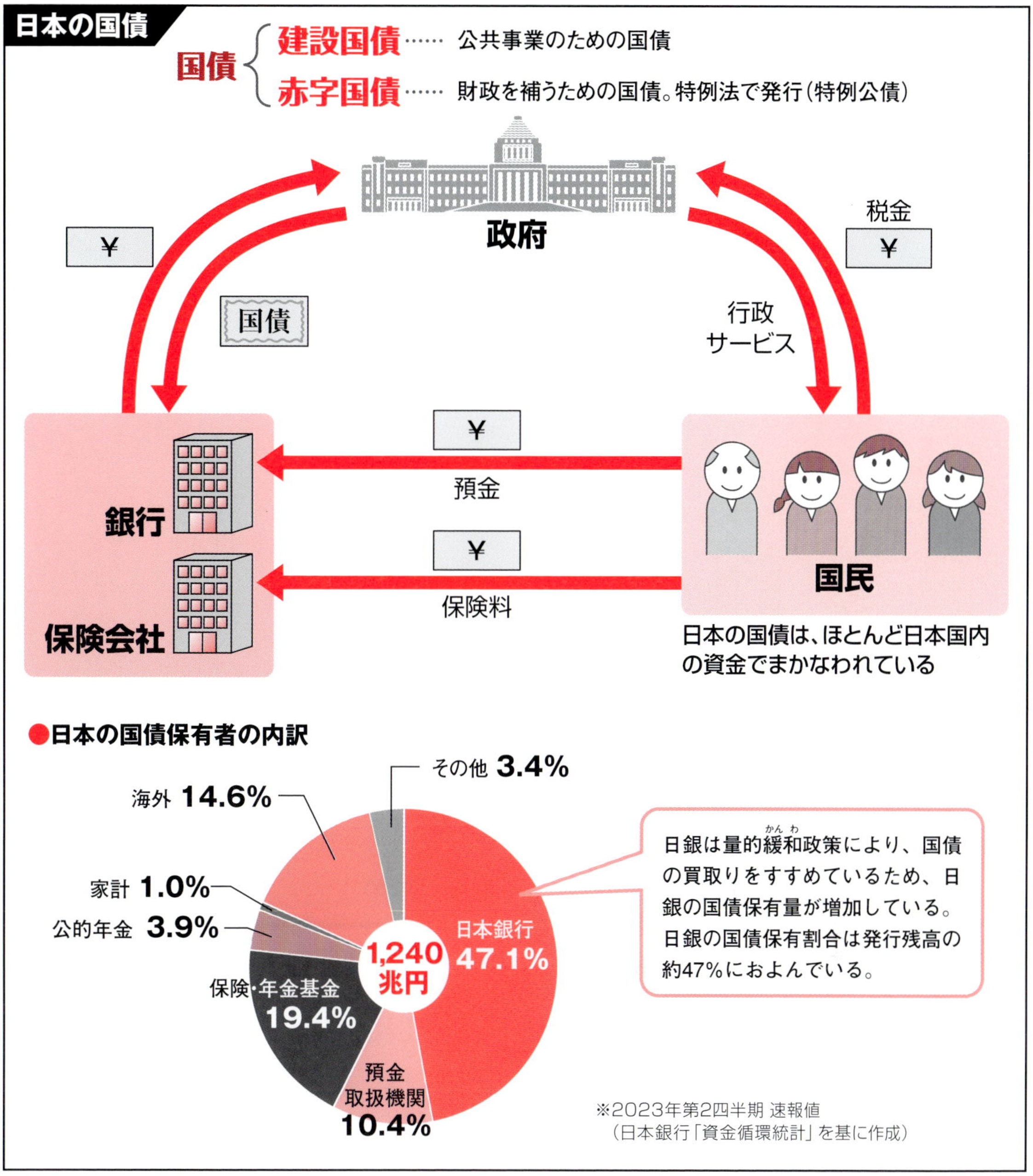
日本の国債
国債
建設国債……公共事業のための国債
赤字国債……財政を補うための国債。特例法で発行（特例公債）
政府
¥
国債
税金
¥
行政
サービス
銀行
保険会社
¥
預金
¥
保険料
国民
日本の国債は、ほとんど日本国内の資金でまかなわれている
●日本の国債保有者の内訳
その他 3.4%
海外 14.6%
家計 1.0%
公的年金 3.9%
保険・年金基金 19.4%
預金取扱機関 10.4%
日本銀行 47.1%
1,240兆円
日銀は量的緩和《かんわ》政策により、国債の買取りをすすめているため、日銀の国債保有量が増加している。日銀の国債保有割合は発行残高の約47%におよんでいる。
※2023年第2四半期 速報値
（日本銀行「資金循環統計」を基に作成）

がる。つまり、**国債の価格が下がると、実質的な金利は上がる**。国債の価格と金利には、こうした関係がある。

２００９年に起きたギリシャの財政危機では、「ギリシャ政府はもう借金の返済ができないかも」という不安が広がり、ギリシャ国債の価格が暴落《ぼうらく》した。価格の低下＝金利の上昇だから、ギリシャは新たに国債を発行するときも、高い金利をつけなければ誰も買ってくれなくなる。この結果、財政はますます苦しくなった。

ギリシャ以上の財政赤字を抱える日本では、今のところこのような問題は起きていない。これは、日本国債の主な買い手が国内の金融機関や保険会社だからだ。銀行や保険会社は、利用者が預金したお金や保険料で国債を買っている。だから国民が一斉に預金を解約したりしない限り、価格が暴落する可能性は低いのだ。

日本政府が発行する国債には、大きく**建設国債**と**赤字国債**がある。じつは、赤字国債の発行は法律で禁止されているのだが、毎年国会で**特例**《とくれい》**公債法**《こうさいほう》という法律を定め、特例として発行している。そのため赤字国債は正式には**特例公債**という。

ちょこっと時事

**MMT（現代貨幣理論）**　国の借金がいくら増えても、その分通貨を発行して返済すれば国家財政は破綻しないという経済理論。インフレさえ起こらないように注意すれば、どんどん国債を発行して公共事業や社会保障を実施すればよいとし、緊縮財政を批判する。従来の経済学からは異端とみなされている。


参照 2023年度予算 ››› P76　日銀の金融緩和政策 ››› P78

36

経済

# インボイス制度

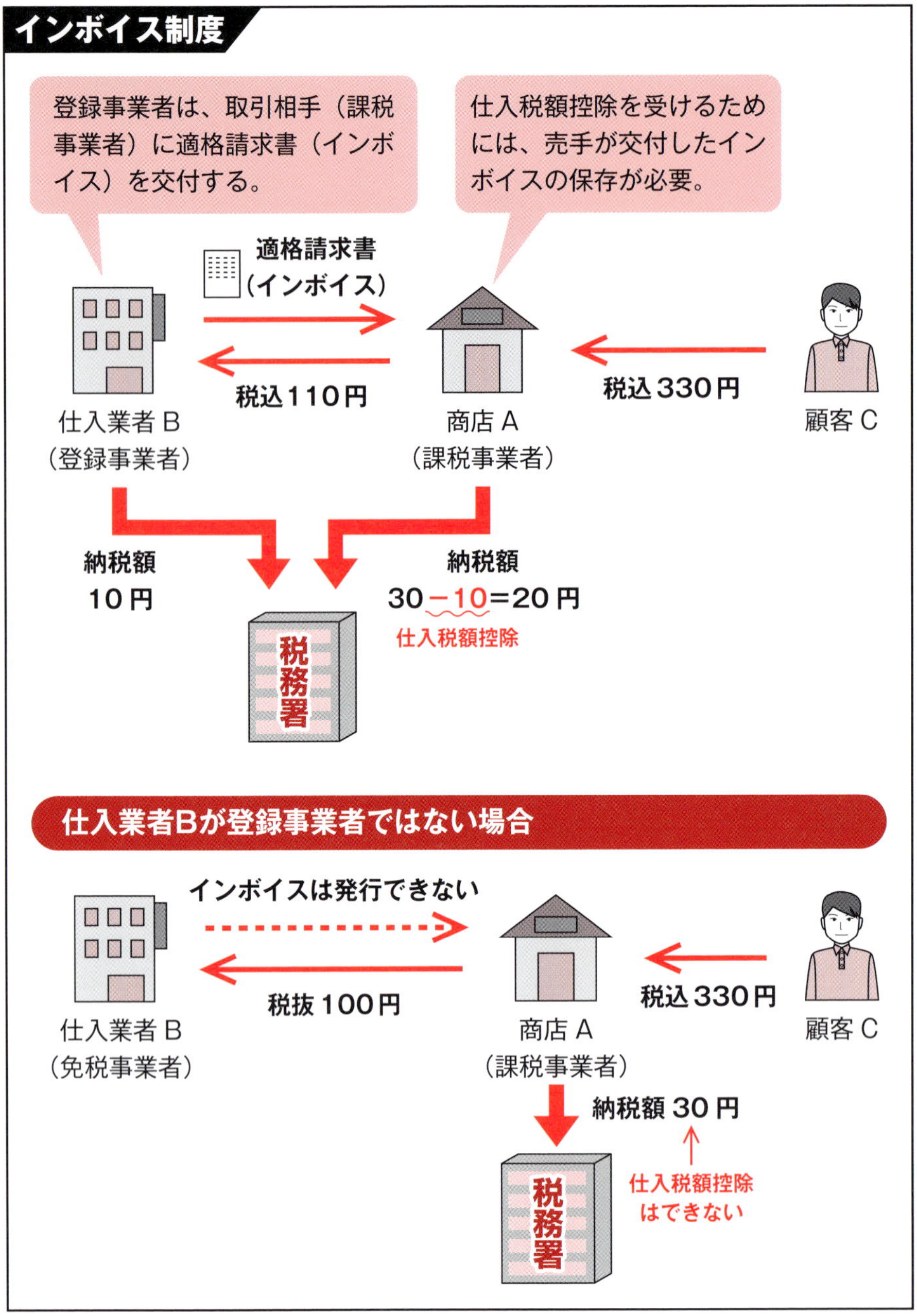


**100字でナットク**

消費税の仕入税額控除を受けるために、仕入先の適格請求書（インボイス）が必要となる制度。2023年10月から開始したが、個人事業主などの免税事業者への負担が大きいことから、中止を求める声が強く上がった。

たとえば、商店Aが仕入業者Bから110円で商品を仕入れ、顧客Cに330円で売ったとしよう。これらの値段には**消費税**分の10％も含まれている。このうち、国に納付する必要があるのは最終消費者（顧客C）が支払った税額30円だけだ。このうち10円は仕入業者Bが納付するので、商店Aは30円から10円を引いた20円を納付すればよい。このように、売上に含まれる消費税額から、仕入業者に支払った消費税額を差し引くことを**仕入税額控除**《しいれぜいがくこうじょ》という。

2023年10月からはじまった**インボイス制度**は、この仕入税額控除を受けるために、仕入業者から**適格**《てきかく》**請求書**《せいきゅうしょ》（インボイス）という書類を受け取らなければならないというものだ。インボイスがない場合は、商店Aが30円をまるまる納付しなければならなくなる。

ところが、インボイスは消費税の課税事業者でないと発行できない。

関連URL ››› ●国税庁：特集インボイス制度特設サイト
https://www.nta.go.jp/taxes/shiraberu/zeimokubetsu/shohi/keigenzeiritsu/invoice.htm

## インボイス制度の影響

**影響ありそうな職業**

企業と取引のある個人事業主やフリーランス：個人タクシー、配送請負業、一人親方、日雇い労働者、シルバー人材センターで働く高齢者、俳優、映画監督、脚本家、カメラマン、イラストレーター、デザイナー、アニメーター、小説家、翻訳家、ミュージシャン、Webデザイナーなど

・免税事業者が取引先から適格請求書を要求されたら？

①課税事業者になって消費税を納める
②免税事業者のままで、消費税分を値引きする
③何もしない（取引先の負担増）

税収増：年間 **2480** 億円
（事務負担の経費のほうがはるかに多いという批判も）

## インボイスの例

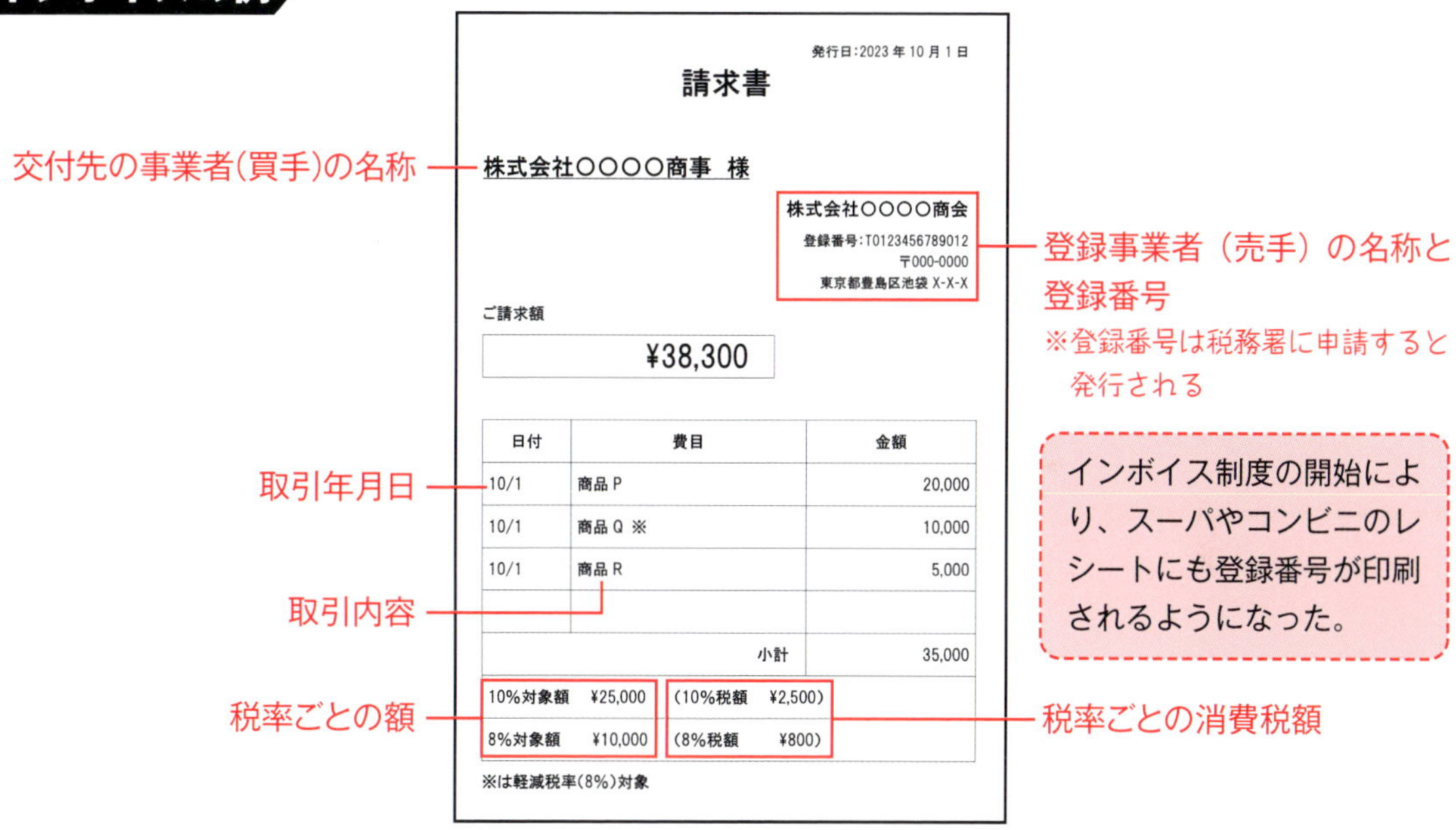


発行日:2023 年 10 月 1 日

請求書

株式会社○○○○商事 様

株式会社○○○○商会
登録番号:T0123456789012
〒000-0000
東京都豊島区池袋 X-X-X

ご請求額
¥38,300

| 日付 | 費目 | 金額 |
|---|---|---|
| 10/1 | 商品 P | 20,000 |
| 10/1 | 商品 Q ※ | 10,000 |
| 10/1 | 商品 R | 5,000 |
| | | |
| | 小計 | 35,000 |

10%対象額 ¥25,000 （10%税額 ¥2,500）
8%対象額 ¥10,000 （8%税額 ¥800）

※は軽減税率(8%)対象

インボイス制度の開始により、スーパやコンビニのレシートにも登録番号が印刷されるようになった。

年間の売上高が1000万円以下の事業者は消費税の納付が免除されるが、免税事業者のままではインボイスを発行できないのだ。そのため、もし仕入業者Bが免税事業者だった場合は、課税事業者になって消費税10円を納付するか、商店Aと交渉して10円の値下げをするかの選択を迫られる。どちらにしても少ない売上がさらに減ってしまう。個人事業主などからは「これでは暮らしていけない！」という切実な声が上がった。

消費税は、消費者に負担を転嫁していることから「**預《あず》り金的な性格をもつ**」という考え方がある。そうだとすれば、免税事業者は預かり金の一部を利益として得ていることになる（これを**益税《えきぜい》**という）。インボイス制度は益税を解消するために必要という理屈だ。もっとも、消費税の納税義務は消費者ではなく事業者にあることから、預り金という見方には疑問もある。そもそも免税措置は、売上が少ない事業者を保護するためのものだったはずだ。

インボイス制度は事実上の増税で、とくに零細業者や個人事業主にとって負担が大きい。政府はいくつかの**負担軽減措置**を用意している。

**ちょこっと時事**

**ゼロゼロ融資** コロナ禍で売り上げが減った個人事業主や中小企業に、実質無利子・無担保で融資する制度。コロナ禍での倒産件数の抑制に劇的な効果があったが、返済開始とともに倒産件数が増加している。物価高騰や円安に返済が重なったことが要因。もともと経営不振の企業の延命に使われたとの指摘もある。

# 実質賃金

**実質賃金**

**実質賃金＝名目賃金指数《しすう》／消費者物価指数×100**

物価が上がると、実質賃金は下がる

**実質賃金と名目賃金前年同月比の推移**

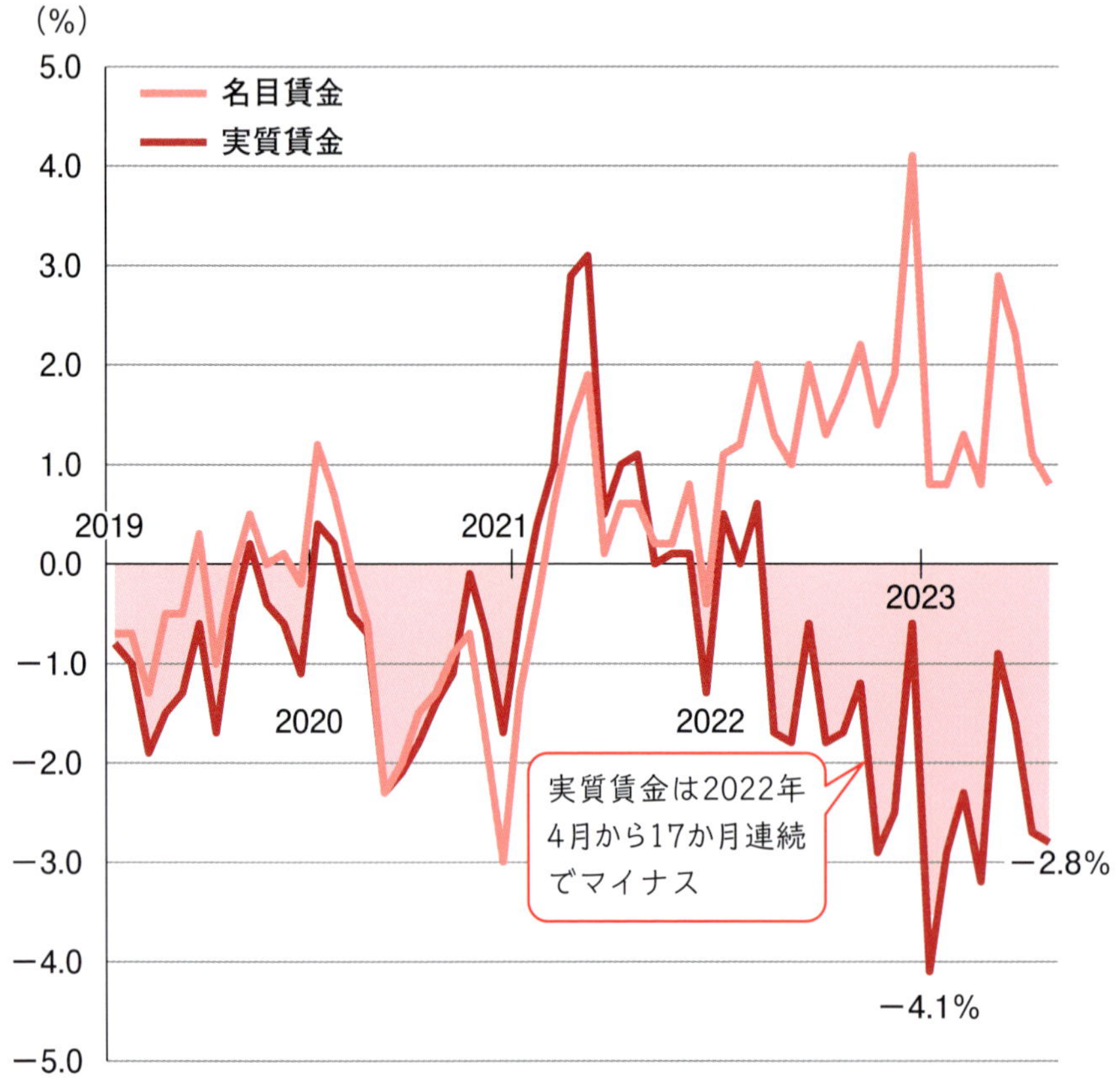


※厚生労働省「毎月勤労統計調査」より作成

## 100字でナットク

実質賃金とは、サラリーマンの平均の賃金を、物価の変動に合わせて調整したもの。賃金がアップしても、それ以上に物価がアップすれば実質賃金は下がる。実質賃金の低下は経済にどんな影響があるのか。

働く人に支払われる賃金の変動については、厚生労働省が**毎月勤労統計**《まいつききんろうとうけい》で毎月調査している。ただし、サラリーマンの給料を一人ずつ調査するのはたいへんなので、会社が支払った給与の総額を求め、それを働く人の人数で割って、平均の賃金を算出する。この金額を**名目賃金**《めいもくちんぎん》という。

名目賃金が上がっても、それだけではサラリーマンの暮らしがよくなったとはいえない。給料のアップ以上に物価がアップしてしまうと、買えるものは少なくなるからだ。そのため賃金の変動をみるときは、物価変動の影響を考慮する必要がある。

たとえば、100円だったものが今月120円に値上がりしたとしよう。一方、名目賃金は100円から108円に上昇したとする。賃金は上がっているにもかかわらず先月買えたものが今月は買えなくなるという状況は、実質的な賃金が下がったといえる。物価上昇

## 参考データ

### ●平均給与（実質）の推移

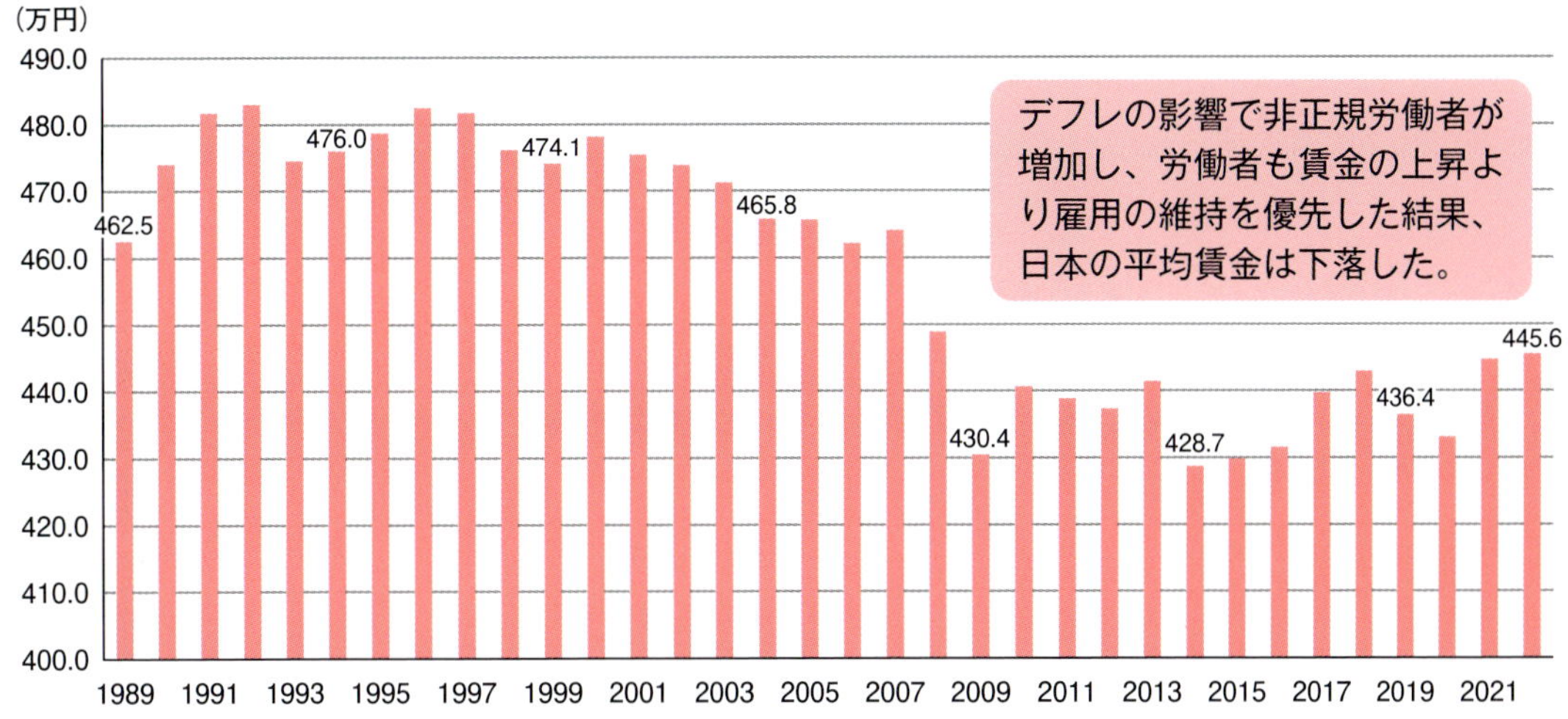
（万円）
490.0
480.0
470.0
460.0
450.0
440.0
430.0
420.0
410.0
400.0
462.5
476.0
474.1
465.8
430.4
428.7
436.4
445.6
1989 1991 1993 1995 1997 1999 2001 2003 2005 2007 2009 2011 2013 2015 2017 2019 2021
デフレの影響で非正規労働者が増加し、労働者も賃金の上昇より雇用の維持を優先した結果、日本の平均賃金は下落した。

※国税庁「民間給与実態統計調査」より、1年勤続者の平均給与を2020年基準の消費者物価指数（持ち家の帰属家賃を除く総合）で補正

### ●平均賃金の国際比較

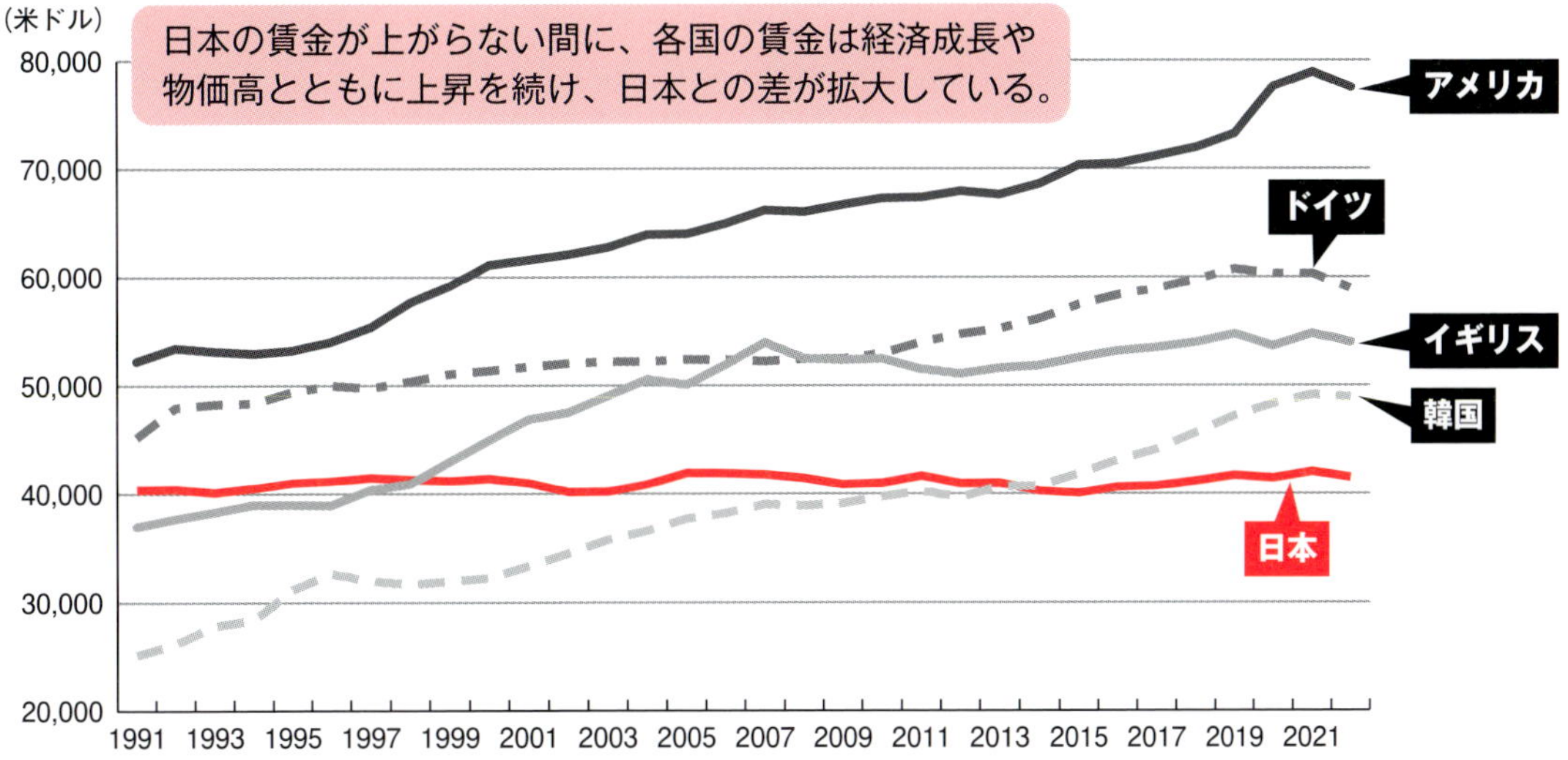
（米ドル）
80,000
70,000
60,000
50,000
40,000
30,000
20,000
1991 1993 1995 1997 1999 2001 2003 2005 2007 2009 2011 2013 2015 2017 2019 2021
日本の賃金が上がらない間に、各国の賃金は経済成長や物価高とともに上昇を続け、日本との差が拡大している。
アメリカ
ドイツ
イギリス
韓国
日本

※OECD DATA より作成

を考慮した賃金は、先月の賃金を100とすると、（108÷120）×100＝90の価値しかない。この実際の賃金価値のことを、**実質賃金**《じっしつちんぎん》という。

日本の実質賃金は、２０２２年４月から17か月連続して下落が続いている（２０２３年８月現在）。物価上昇に対し、名目賃金の上昇が追いついていないためだ。

そもそも日本の賃金は、ここ30年ほとんど上がっていない。なぜだろうか？　**デフレ**（75ページ）が長い間解消されなかったことが原因のひとつだ。モノの値段を上げることができないため、企業は人件費を抑えることで利益を確保しようとした。その結果、低賃金で賃上げを望みにくい**非正規雇用**が増えたのだ。また、労働者側も**雇用維持を優先**して低賃金を受け入れた。しかし、その間に多くの国では経済成長とともに賃金が上昇したため、日本は先進国の中でも賃金の安い国になってしまった。このままでは優秀な人材が海外に出ていってしまう。

物価が上昇しても賃金が追いつかなければ、消費が冷え込んで経済は失速する。政府は企業に対し、物価上昇を上回る賃上げを訴えている。

**ちょこっと時事**

**最低賃金**　企業が従業員に支払わなければならない最低限の賃金。最低賃金法にもとづき、都道府県ごとに毎年秋に改定される。２０２３年度の最大賃金は全国加重平均で時給１００４円。前年から43円増で、物価高騰を受け過去最大の引き上げ額となり、初めて１０００円を超えた。

# 38
経済

# FTAとEPA

100字でナットク

関税撤廃により自由貿易を拡大するFTA（自由貿易協定）。関税以外でも、投資・人材の移動などで様々な経済連携を強化するEPA（経済連携協定）。国際的な貿易競争で有利になる反面、国内の産業が不利になることもある。

## FTAとEPA

**FTA**
Free Trade Agreement
**自由貿易協定**

日本 ⟷ 関税撤廃 ⟷ 相手国

特定の国どうしが、貿易の障害となる関税の撤廃《てっぱい》などをお互いに約束する取り決め。

**EPA**
Economic Partnership Agreement
**経済連携《れんけい》協定**

日本 ⟷ 関税引き下げ ＋ 他の規制緩和《かんわ》 ⟷ 相手国

貿易以外に、人材や技術、制度といった幅広い分野で２国間の経済的な結びつきを強化する取り決め。

**●主要国・地域のFTA／EPAカバー率**　（「通商白書2023」より）

| | FTAカバー比率※ | 主要相手国・地域 |
|---|---|---|
| 日本 | 77% | ASEAN、EU、インド、メキシコ、チリ、スイス、オーストラリア、モンゴル、アメリカ |
| EU | 44%（域内貿易を含まず） | スイス、ノルウェー、アルジェリア、南アフリカ、チリ、メキシコ、韓国、日本 |
| アメリカ | 44% | USMCA（カナダ、メキシコ）、中米、韓国、オーストラリア、日本 |
| 中国 | 48% | 香港、ASEAN、チリ、ペルー、韓国 |
| 韓国 | 77% | アメリカ、EU、ASEAN、インド、チリ |

※FTA相手国との貿易額が貿易総額に占める割合（発効済み）

**ASEAN《アセアン》（東南アジア諸国連合）**
東南アジア10か国（ブルネイ，カンボジア，インドネシア，ラオス，マレーシア，ミャンマー，フィリピン，シンガポール，タイ，ベトナム）による地域共同体。近年、高い経済成長を見せており、世界の「開かれた成長センター」として注目されている。

**USMCA（米国・メキシコ・カナダ協定）**
アメリカのトランプ大統領（当時）が「NAFTA（北米自由貿易協定）は不公正な競争環境」だとして、NAFTAに代わる新たな通商協定として合意した自由貿易協定。2020年7月に発効。

外国との貿易では、モノを輸入する側が関税を課したり数量を制限したりして、特定の輸入品が自国に入りすぎないようにしている。外国から安い商品が大量に流入すると、国内で同じ商品を作っている人がダメージを受けてしまうからだ。とはいえ、こちらがモノを輸出するときは、相手国に関税をかけてもらいたくない。そこで、国どうしが互いに相手の輸出品の関税を撤廃《てっぱい》しあって、「うちは農産物の関税をゼロにするから、そちらは自動車の関税をゼロにしてね」といった取り決めをするようになった。このような取り決めを**FTA**（自由貿易協定）という。また、関税だけでなく、人の移動や投資などの幅広い分野で経済的な結びつきを強化する取り決めを**EPA**（経済連携《れんけい》協定）という。最近では、FTAと称して幅広い経済協定を結ぶ場合もあり、FTAとEPAの区別はあいまいになっている。

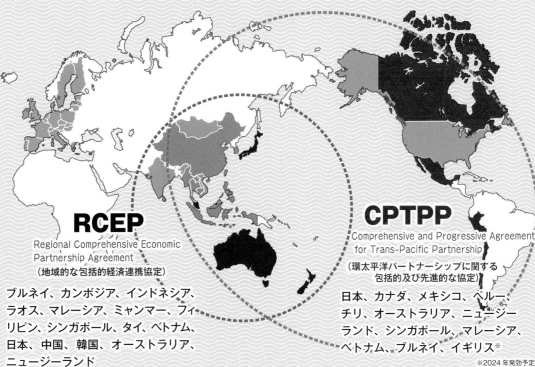

関連URL ›››
●外務省：経済連携協定（EPA）／自由貿易協定（FTA） https://www.mofa.go.jp/mofaj/gaiko/fta/
●海外ビジネス情報テーマ別 FTA/EPA、WTO（日本貿易振興機構） https://www.jetro.go.jp/themetop/wto-fta/

ちょこっと時事

**春闘** 春季闘争の略で、労働組合が毎年2月頃に行う労働条件の改善運動。春闘の賃上げ率は厚生労働省、連合、経団連が毎年それぞれ集計している。厚生労働省の発表によると、2023年のベースアップ（ベア）と定期昇給（定昇）を合わせた平均賃上げ率は約3・6％で、物価高や人手不足を受け、30年振りの高水準となった。

## 日本のFTP・EPA相手国・地域

日本のFTA・EPA＝50か国との間で21のFTA・EPAが署名・発効済

| | | |
|---|---|---|
| シンガポール | ASEAN（全体） | モンゴル |
| メキシコ | フィリピン | CPTPP（TPP11）（2018年12月発効） |
| マレーシア | スイス | |
| チリ | ベトナム | EU（2019年2月発効） |
| タイ | インド | アメリカ（2020年1月発効） |
| インドネシア | ペルー | イギリス（2021年1月発効） |
| ブルネイ | オーストラリア | RCEP（2022年1月発効） |

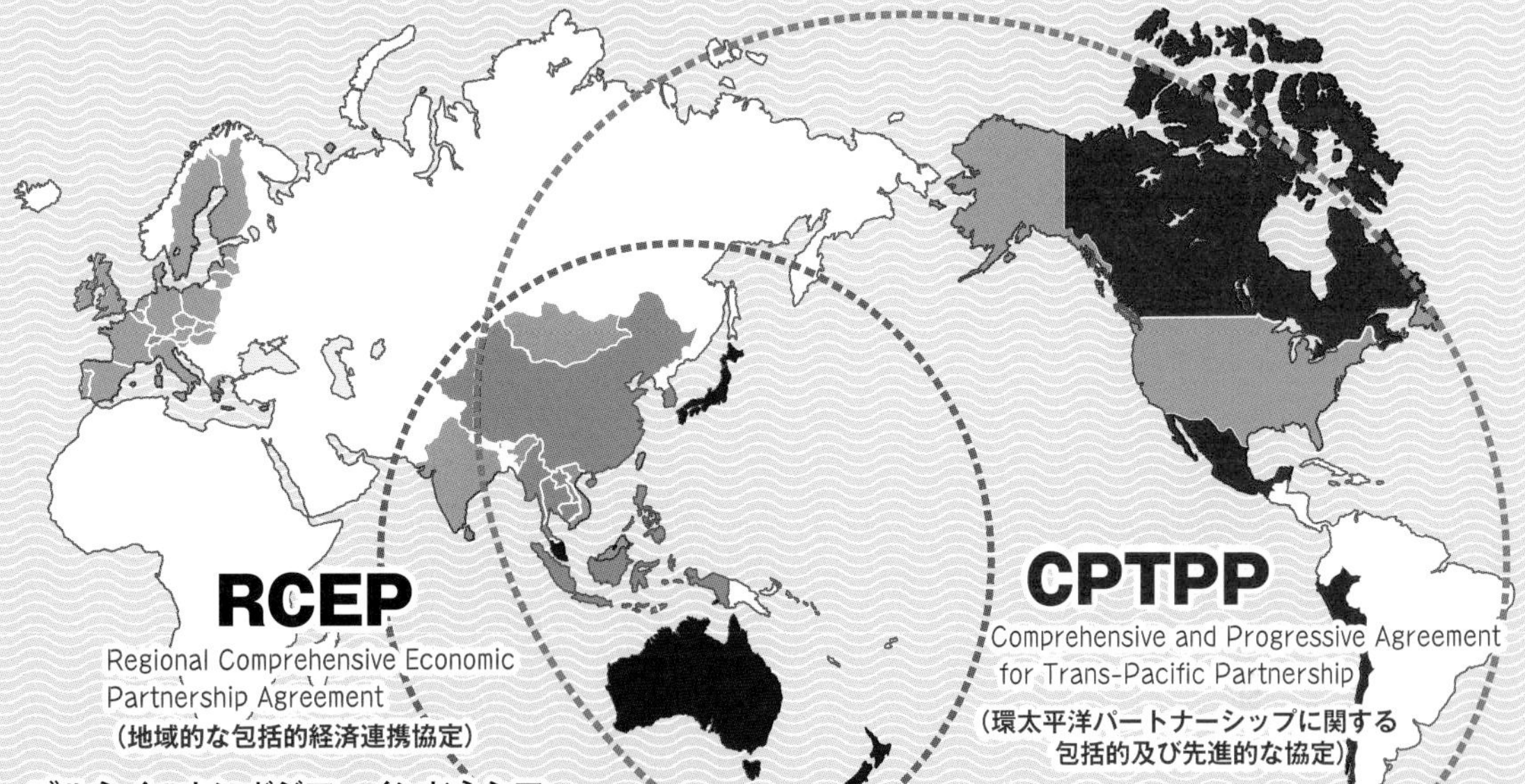
RCEP
Regional Comprehensive Economic Partnership Agreement
（地域的な包括的経済連携協定）
CPTPP
Comprehensive and Progressive Agreement for Trans-Pacific Partnership
（環太平洋パートナーシップに関する包括的及び先進的な協定）

ブルネイ、カンボジア、インドネシア、ラオス、マレーシア、ミャンマー、フィリピン、シンガポール、タイ、ベトナム、日本、中国、韓国、オーストラリア、ニュージーランド

日本、カナダ、メキシコ、ペルー、チリ、オーストラリア、ニュージーランド、シンガポール、マレーシア、ベトナム、ブルネイ、イギリス※

※2024年発効予定

最近では2国間ではなく、複数の国が参加する**多国間FTA**もさかんに結ばれるようになった。TPPやRCEPには日本も参加している。

**TPP**（環太平洋パートナーシップ協定）は、2018年12月に発効した多国間FTAだ。その名のとおり、太平洋を囲む国々の間の貿易協定で、当初4か国ではじまったものに日本やアメリカなどが参加し、12か国になった。しかし発効直前に**アメリカが離脱**したため、残った11か国による貿易協定となった。**CPTPP**（環太平洋パートナーシップに関する包括的及び先進的な協定）または**TPP11**という。CPTPPにはその後**イギリスが加盟**し、中国、台湾、韓国なども加盟を申請している。

**RCEP**（アールセップ、地域的な包括的経済連携）は、ASEAN10か国と日本、中国、韓国、オーストラリア、ニュージーランドの15か国による多国間FTAだ。2020年11月に署名が行われ、2022年1月に発効した。署名15か国で世界の人口とGDPの3割を占める広域経済圏だ。中国、韓国とのEPAはこれが初となる。日本のFTAカバー率が一気に広がった。


参照 一帯一路 ››› P34 インド太平洋経済枠組み（IPEF）››› P94

関連URL ›››●金融庁：新しいNISA
https://www.fsa.go.jp/policy/nisa2/about/nisa2024/

# 39
経済
# 新NISA

### 新NISA

**NISA**（少額投資非課税制度）
Nippon Individual Savins Account

| | これまでのNISA（～2023年） | | 新しいNISA（2024年～） | |
|---|---|---|---|---|
| | どちらか一つを選択 | | 併用できる | |
| 種類 | 一般NISA | つみたてNISA | 成長投資枠 | つみたて投資枠 |
| 年間投資枠 | 120万円 | 40万円 | 240万円 | 120万円 |
| 非課税保有期間 | 5年 | 20年 | 無期限 | |
| 非課税保有限度額 | 600万円 | 800万円 | 1800万円（うち成長投資枠1200万円） | |
| 投資対象 | 上場株式・投資信託等 | 長期・積立・分散投資に適した一定の投資信託 | 上場株式・投資信託等 | 長期・積立・分散投資に適した一定の投資信託 |

※「ジュニアNISA」は2023年で廃止

**100字でナットク**

投資による利益が非課税となるNISA制度。2024年にはじまる新しいNISAでは、「一般」と「つみたて」の併用が可能になり、非課税期間が無期限になるなど、制度が大幅に拡大される。

**NISA**《ニーサ》（少額投資非課税制度）とは、投資によって得た利益が非課税になる制度だ。たとえば、値上がりした株を売却して10万円の利益を得た場合、通常の投資では約20％の税金がかかるので、受け取ることができるのは約8万円となる。しかしNISAを利用すれば、10万円を全額受け取ることができる。家計の資産形成を支援するための制度だが、個人資産を投資に向かわせようとする国のねらいもある。

NISAは2014年に始まったが、2024年1月から制度が刷新される。これまでNISAには「**一般**」「**つみたて**」の2種類があり、どちらか一方しか選択できなかったが、新しいNISAでは両方を併用できるようになった。また、非課税で保有できる期間（一般5年、つみたて20年）が撤廃されて無期限となり、年間に投資できる金額や保有できる金額も拡大された。

**セブン&アイ、そごう・西武を売却** 2023年9月、セブン&アイHDは傘下の百貨店そごうと西武を米投資会社フォートレス・インベスト・グループに売却した。フォートレスはそごう・西武がもつ池袋本店の土地などをヨドバシHDに売却する見通しで、そごう・西武の労働組合は雇用維持などを求めてストライキを実施した。

関連URL ●日本銀行：改刷・改鋳 https://www.boj.or.jp/note_tfjgs/note/n_note/

40 経済

# 紙幣のデザイン刷新

## 100字でナットク

2024年7月前半をめどに、千円札、五千円札、一万円札のデザインが新しくなる。新しい紙幣の肖像画は、千円札が北里柴三郎、五千円札が津田梅子、一万円札が渋沢栄一となる。どんな人物か今から知っておこう。

## 日本銀行券

一万円札

| 発行開始 | 肖像画（表） | 裏面 |
|---|---|---|
| 1958年 | 聖徳太子《しょうとくたいし》 | 鳳凰《ほうおう》 |
| 1984年 | 福沢諭吉《ふくざわゆきち》 | 雉《きじ》 |
| 2004年 | 福沢諭吉 | 平等院《びょうどういん》の鳳凰像 |
| 2024年 | 渋沢栄一《しぶさわえいいち》 | 東京駅（丸の内駅舎） |

五千円札

| 発行開始 | 肖像画（表） | 裏面 |
|---|---|---|
| 1957年 | 聖徳太子 | 日本銀行 |
| 1984年 | 新渡戸稲造《にとべいなぞう》 | 富士山と逆《さか》さ富士《ふじ》 |
| 2004年 | 樋口一葉《ひぐちいちよう》 | 尾形光琳《おがたこうりん》「燕子花図《カキツバタ》」 |
| 2024年 | 津田梅子《つだうめこ》 | 藤《ふじ》の花 |

千円札

| 発行開始 | 肖像画（表） | 裏面 |
|---|---|---|
| 1950年 | 聖徳太子 | 法隆寺夢殿《ほうりゅうじゆめどの》 |
| 1963年 | 伊藤博文《いとうひろぶみ》 | 日本銀行 |
| 1984年 | 夏目漱石《なつめそうせき》 | タンチョウ |
| 2004年 | 野口英世《のぐちひでよ》 | 富士山と桜 |
| 2024年 | 北里柴三郎《きたさとしばさぶろう》 | 葛飾北斎《かつしかほくさい》「神奈川沖浪裏《かながわおきなみうら》」 |

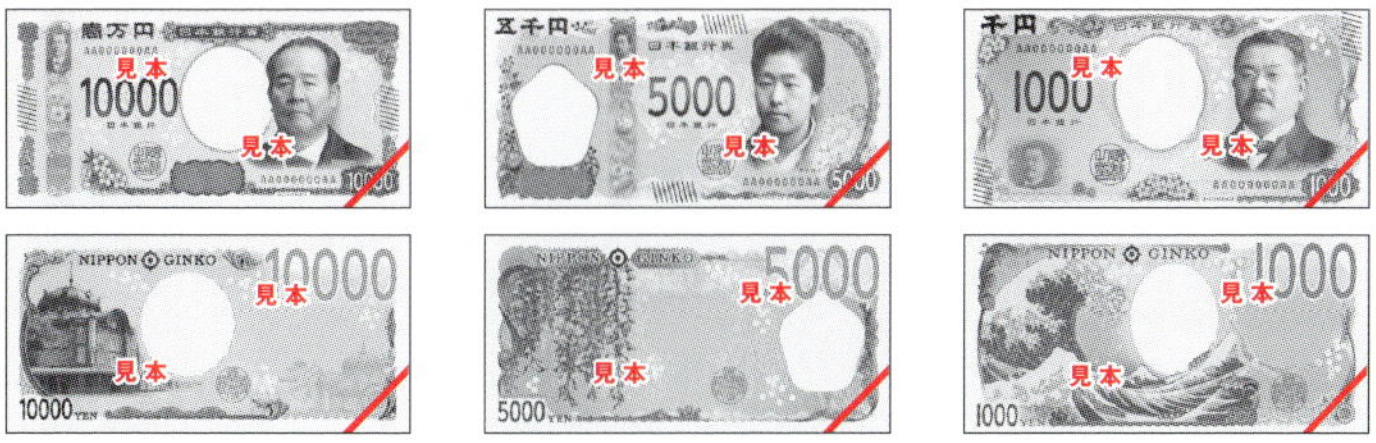

財務省は2024年7月前半をめどに、千円札と五千円札、一万円札のデザインを新しくすると発表した。新しい紙幣の肖像画は、千円札が北里柴三郎、五千円札が津田梅子、一万円札が渋沢栄一となる。

**北里柴三郎**《きたさとしばさぶろう》（1853—1931）は、血清による破傷風の治療法やペスト菌の発見者として知られる世界的な医学者・細菌学者。**津田梅子**《つだうめこ》（1864—1929）は津田塾大学を創設した日本の女子教育の先駆者。**渋沢栄一**《しぶさわえいいち》（1840—1931）は第一国立銀行（後のみずほ銀行）をはじめ東京海上火災保険、王子製紙といった数々の企業を設立し、「日本資本主義の父」と称される実業家だ。

紙幣のデザインはこれまでも約20年ごとに新しくなっており、**偽造防止対策**などもその都度強化している。新しい紙幣でも、3D画像が回転してみえるホログラムなどが新たに導入される予定だ。

関連URL ››› ●外務省：インド太平洋経済枠組み（IPEF）
https://www.mofa.go.jp/mofaj/gaiko/ipef.html

# 41

経済

# インド太平洋経済枠組み（IPEF）



**100字でナットク**

インド太平洋経済枠組みは、2022年、米国バイデン政権によって提唱された経済枠組みだ。参加国は日本を含む14か国で、関税引き下げは交渉しない点がTPPなどと異なっている。中国に対抗する連携強化が目的だ。

**インド太平洋経済枠組み**

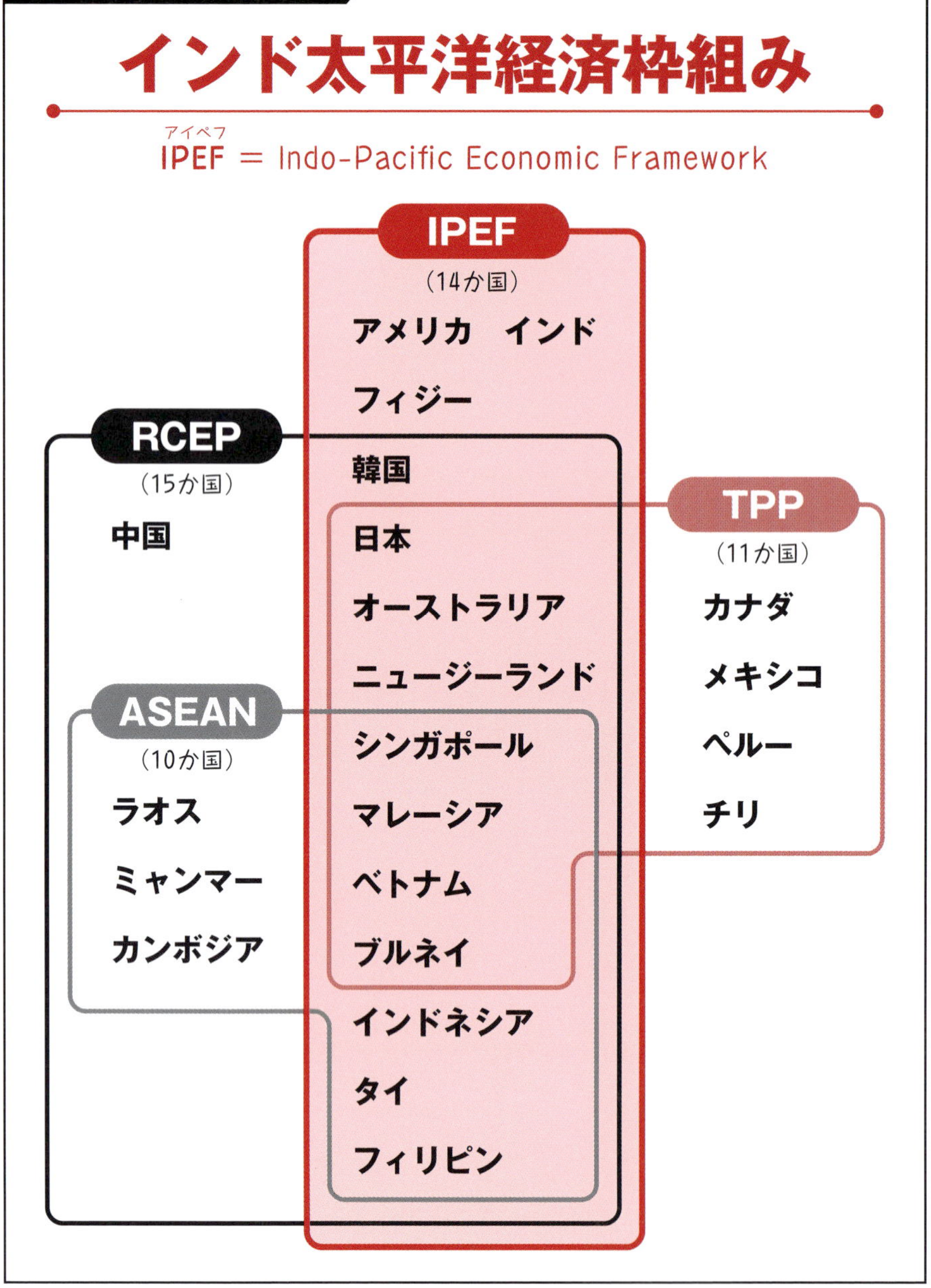

インド太平洋経済枠組み
IPEF《アイペフ》 = Indo-Pacific Economic Framework
IPEF
（14か国）
アメリカ　インド
フィジー
韓国
日本
オーストラリア
ニュージーランド
シンガポール
マレーシア
ベトナム
ブルネイ
インドネシア
タイ
フィリピン
RCEP
（15か国）
中国
ASEAN
（10か国）
ラオス
ミャンマー
カンボジア
TPP
（11か国）
カナダ
メキシコ
ペルー
チリ


**インド太平洋経済枠組み**、略称**IPEF**（アイペフ）とは、米バイデン大統領が新たに提唱する、アメリカとアジアの経済協力の枠組みだ。

アジア太平洋地域には、すでにTPP、RCEPといった経済連携協定が結ばれている。しかしアメリカはトランプ前政権のときにTPPから離脱してしまった。一方、**一帯一路構想**（34ページ）で各国への影響力を強める中国はすでにRCEPに参加しており、さらにTPPへの加盟も申請中だ。アメリカとしては、IPEFによってアジア各国との関係を強化し、中国に対抗していこうというねらいがある。

参加国は現在14か国。①**貿易**、②**サプライチェーン**、③**脱炭素化**、④**公正な経済**の4分野について、各国が参加したい項目を選んで交渉する。関税引き下げなどの法的拘束力の必要な合意は求めず、ゆるやかな連携を目指す方針だ。

# 42 経済

# 国際課税ルール

## 100字でナットク

2021年、グローバル企業に対する課税の新しいルールをめぐる交渉で各国が合意に達した。巨大IT企業を対象としたデジタル課税と、グローバル・ミニマム課税の導入によるタックスヘイブン対策が柱となっている。

## 国際課税ルール

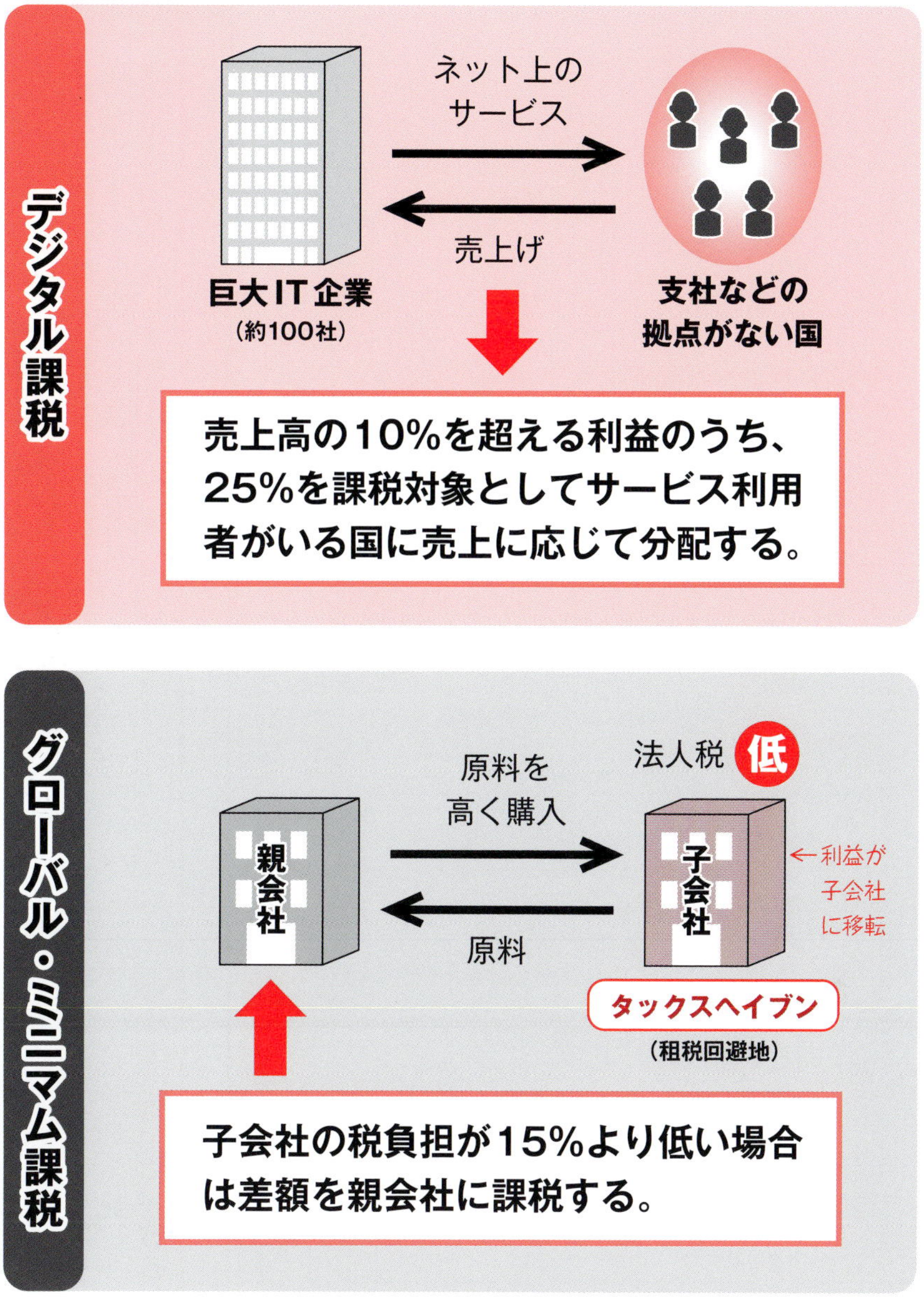
デジタル課税
ネット上のサービス
売上げ
巨大IT企業
（約100社）
支社などの拠点がない国
売上高の10%を超える利益のうち、25%を課税対象としてサービス利用者がいる国に売上に応じて分配する。
グローバル・ミニマム課税
法人税 低
原料を高く購入
原料
親会社
子会社
←利益が子会社に移転
タックスヘイブン
（租税回避地）
子会社の税負担が15%より低い場合は差額を親会社に課税する。

2021年10月、**OECD（経済協力開発機構）**加盟国を中心とした136の国と地域が、新しい**国際課税のルール**で最終合意に達した。

グローバル企業に対するこれまでの課税ルールは主に製造業を念頭に置いたもので、工場などをおく企業に課税する。そのためIT企業のような現地に拠点がなくてもサービスを提供できる企業には課税できなかった。新ルールでは、IT企業のサービス利用者がいる国や地域に一定の課税権を認める**デジタル課税**が設けられた。「ビッグ・テック」などと呼ばれる巨大IT企業が対象だ。

また、法人税率の低い国（タックスヘイブン）に利益を移す課税逃れへの対策として、**グローバル・ミニマム課税**を導入する。年間総収入7.5億ユーロ以上のグローバル企業の子会社が**15%**より低い法人税しか納めていない場合、親会社のある国が差額を課税できる仕組みだ。

### ちょこっと時事

**GAFA**　アメリカの巨大IT企業グーグル、アマゾン、フェイスブック（現メタ）、アップルの頭文字をつないだ造語。サービスを通じて膨大な量のデータを蓄積し、それらを活用して新たな価値の創出につなげることができる。世界で圧倒的なシェアをもつため、公正な競争をさまたげているとの声もある。

# ジャニー喜多川の性加害問題



**100字でナットク**

大手芸能プロダクションのジャニーズ事務所創業者の故ジャニー喜多川氏が、長期にわたり所属タレントへの性加害を行っていた事実が明らかに。疑惑に対し沈黙を続けたマスメディアの対応も問題視されている。

## ジャニーズ事務所

| 歴代経営者 | | |
|---|---|---|
| | **ジャニー喜多川《きたがわ》**（2019年死去） | 1962年にジャニーズ事務所を創業 |
| | **メリー喜多川《きたがわ》**（2021年死去） | 社長ジャニー氏の姉。副社長としてジャニー氏とともに事務所を経営 |
| | **藤島《ふじしま》ジュリー恵子《けいこ》** | メリー喜多川の長女。ジャニー氏の死後、2019年に社長就任。性加害問題を受け2023年辞任 |
| | **東山紀之《ひがしやまのりゆき》** | 2023年に社長就任 |

**主な所属タレント・グループ**（2023年10月現在）

東山紀之（少年隊）、木村拓哉（元SMAP）、TOKIO、井ノ原快彦（元V6）、岡田准一（元V6）、Kinki Kids、嵐、NEWS、内博貴、関ジャニ∞、KAT-TUN、Hey！Say！JUMP、生田斗真、Kis-My-Ft2、Sexy Zone、A.B.C-Z、WEST.（旧ジャニーズWEST）、ふぉ～ゆ～、King & Prince、SixTONES、Snow Man、なにわ男子、Travis Japan　ほか

### ●調査報告書の概要

**原因**

（1）ジャニー喜多川氏の性嗜好異常
（2）メリー喜多川氏による放置と隠蔽
（3）ジャニーズ事務所の不作為
（4）被害の潜在化を招いた関係性における権力構造

**背景**

（1）同族経営の弊害
（2）ジャニーズJr.に対するずさんな管理体制
（3）ガバナンスの脆弱性
　①取締役会の機能不全と取締役の監視・監督義務の懈怠
　②内部監査部門の不存在
　③基本的な社内規程の欠如
　④内部通報制度の不十分さ
　⑤ハラスメントに関する不十分な研修
（4）マスメディアの沈黙
（5）業界の問題

**事実関係**

- ジャニー喜多川氏は、1970年代前半から2010年代半ばまでの間、多数のジャニーズJr.に対し、長期間にわたって広範に性加害を繰り返していた。
- ジャニーズ事務所は、これまで、週刊誌報道や裁判、暴露本出版、BBCによる取材があったにもかかわらず、事実を調査するなどの適切な対応をしてこなかった。

**ジャニーズ事務所**は、米ロサンゼルス出身の**ジャニー喜多川《きたがわ》**氏（2019年死去）が1962年に創設した、男性アイドルを専門とする大手芸能プロダクションだ。所属する未成年の男子タレントに対し、ジャニー氏が性加害を行っているという疑惑は、創業初期から囁《ささや》かれていたという。元所属タレントによる告発や週刊誌による報道はこれまでにもあり、被害者の証言が裁判で事実と認定されたこともあったのだが、日本のマスメディアが疑惑を大きく取り上げることはなかった。

事態が動いたきっかけは、イギリスのBBCが2023年3月に放送したドキュメンタリー番組だ。その後、元ジャニーズJr.の**カウアン・オカモト**氏が実名で性被害を公表するに及び、日本の報道機関もこの問題を取り上げざるを得なくなった。

ジャニーズ事務所が編成した「**外部専門家による再発防止特別チー**

関連URL ›››
●株式会社 SMILE-UP.　https://www.smile-up.inc/
●ジャニーズ性加害問題当事者の会：JSAVA　https://raisingvoicesjapan.com/

## あらすじMAP

| | |
|---|---|
| 1962年 | **ジャニーズ事務所創業** |
| 1988年 | 元ジャニーズ所属タレントが**告発本を発表** |
| 1999年 | 週刊文春が**ジャニー喜多川**氏の**性加害疑惑を報道**<br>➡ジャニー喜多川氏、文春を名誉棄損で訴える |
| 2002年3月27日 | 一審判決で**週刊文春敗訴** |
| 2003年7月15日 | 二審判決で被害者の証言を**事実と認定** |
| 2019年7月 | ジャニー喜多川氏**死去** |
| 2023年3月7日 | イギリスBBC、ドキュメンタリー番組「J-POPの捕食者　秘められたスキャンダル」**放映** |
| 4月12日 | 元ジャニーズJr.**カウアン・オカモト**氏、日本外国特派員協会での記者会見で被害を**公表** |
| 5月14日 | **藤島ジュリー恵子**社長がビデオメッセージを公開<br>• 性加害の事実認定については明言を避ける<br>• 相談窓口開設、外部専門家による再発防止特別チーム設置などの再発防止策を発表 |
| 7月24日 | 国連人権理事会の「ビジネスと人権」作業部会が**調査開始** |
| 8月29日 | 「外部専門家による再発防止特別チーム」が**調査報告書** |
| 9月7日 | ジャニーズ事務所、**性加害の事実を認め謝罪**<br>**藤島ジュリー恵子**社長**辞任**、**東山紀之**氏が新社長**就任** |
| 10月17日 | ジャニーズ事務所、社名を「**SMILE-UP.**」に変更し、被害者への補償業務に専念（補償後に廃業の予定）。所属タレントのマネジメントは新会社に移管すると発表 |

**ム**」は、8月に調査報告書を公表し、ジャニー氏が多数のジャニーズJr.に対し、長期間にわたって性加害を繰り返していた事実を認めた。報告書は、ジャニー氏の性嗜好異常のほか、ジャニー氏の姉で共同経営者だった**メリー喜多川**《きたがわ》氏（2021年死去）が隠蔽《いんぺい》を図ったことが被害の拡大を招いた原因と指摘。また、マスメディア側が人気タレントの番組出演や雑誌掲載がなくなることをおそれ、沈黙を守ったことも問題の背景にあったとしている。

報告書を受け、ジャニーズ事務所は事実を認め謝罪し、**藤島**《ふじしま》**ジュリー恵子**《けいこ》社長（メリー喜多川氏の長女）の辞任と**東山紀之**《ひがしやまのりゆき》氏の新社長就任を発表した。これまでジャニーズ所属タレントをCMに起用してきた企業では、契約解除や見直しが相次ぎ、所属タレントのファンの間には怒りや戸惑いが広がった。

10月には、ジャニーズ事務所は社名を「**SMILE-UP.**」に変更し、今後は被害者へのケア・補償の業務に専念すると発表した。芸能プロダクションとしての活動は、新たに設立されるエージェント会社に引き継がれるという。

ちょこっと時事

**闇**《やみ》**バイト**　高額な報酬と引き換えに犯罪行為を行うアルバイト。SNSやインターネット掲示板、求人サイトなどで募集され、特殊詐欺の受け子や出し子、強盗の実行犯をさせられる。政府は2023年3月に閣僚会議を開き、違法な募集情報を削除するなどの緊急対策プランをまとめた。

44

社会

# 袴田事件の再審開始

**100字でナットク**

2023年3月、東京高裁は1980年に死刑が確定した袴田巌さんの裁判のやり直しを決定した。事件は当初から冤罪の疑いが強かったが、再審決定にはあまりに長い時間がかかった。無罪判決は確実とみられている。

## 袴田事件

### ●事件の経過

| | |
|---|---|
| 1966年6月 | 事件発生 |
| 1966年8月 | 袴田巌さん（当時30歳）を逮捕 |
| 1967年8月 | 味噌タンクから血痕のついた「5点の衣類」が見つかる |
| 1968年9月 | 静岡地裁が死刑判決 |
| 1980年11月 | 最高裁が上告を棄却<br>➡袴田さんの死刑判決が確定 |

**袴田巌《はかまだいわお》**さん

### ●冤罪の疑い

**①自白の信憑性**

- 自白は、連日連夜の過酷な**取り調べ**によって強制されたもので、45通の調書のうち44通は証拠から認められてない。
- 自白によれば犯行着衣はパジャマであり、その後発見された「5点の衣類」については自白では触れられていない。

**②5点の衣類**（半袖シャツ、ズボン、ステテコ、スポーツシャツ、ブリーフ）

- ズボンのサイズが小さく、**袴田さんにははけない。**
- 長期間味噌に漬けられた血痕は黒く変色するはずなのに、衣類に付いた**血痕には赤みが残っている。**
- **DNA鑑定**によれば、血痕は被害者のものでも袴田さんのものでもない。
- 捜査機関が**捏造した可能性**が極めて高い（東京高裁）。

1966年、静岡県清水市（現・静岡市）の味噌製造会社の専務宅が全焼する火事があり、焼け跡から刃物でめった刺しにされた一家4人の死体が発見された。

警察は味噌工場の従業員で元プロボクサーだった**袴田巌《はかまだいわお》**さんを容疑者として逮捕した。袴田さんは犯行を否認したが、連日連夜の過酷な取り調べにより自白してしまった。裁判では全面否認したが、**静岡地《しずおかち》裁《さい》**は袴田さんに有罪を言い渡した。1980年に最高裁《さいこうさい》が上告を棄却し、袴田さんの**死刑**が確定した。

事件は当初から**冤罪《えんざい》**の疑いがあった。自白調書は45通にのぼるが、ほとんどは捜査機関の言いなりに自供したものに過ぎない。裁判所は44通を無効としながら、1通のみを証拠として採用した。

自白では犯行時にパジャマを着ていたとされていたが、事件から1年以上後になって味噌《みそ》工場の味噌タン

関連URL ›››
●日本弁護士連合会：袴田事件
https://www.nichibenren.or.jp/activity/criminal/deathpenalty/q12/enzaihakamada.html

## 再審開始までのあらすじ

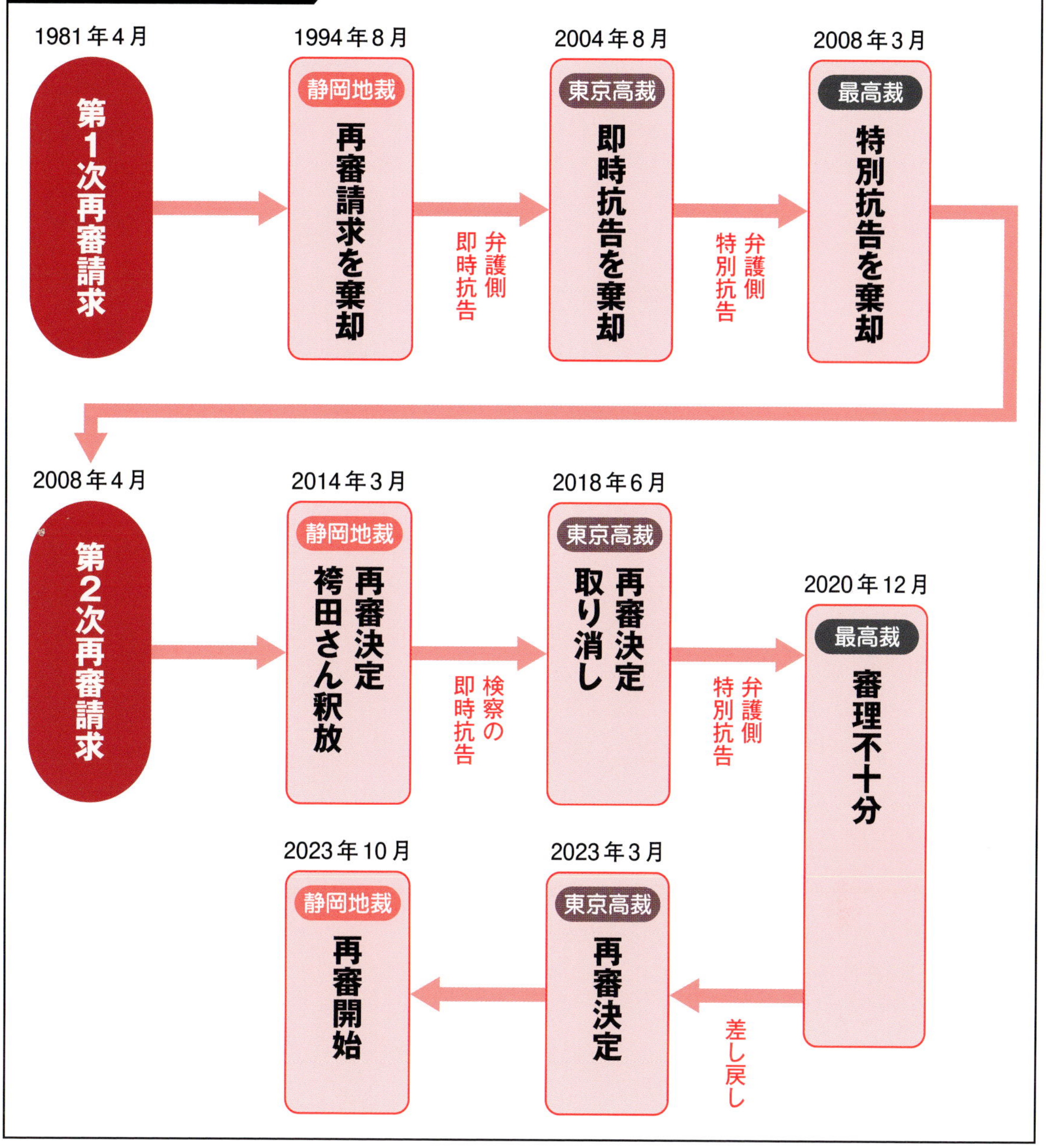
1981年4月
第1次再審請求
1994年8月
静岡地裁
再審請求を棄却
弁護側即時抗告
2004年8月
東京高裁
即時抗告を棄却
弁護側特別抗告
2008年3月
最高裁
特別抗告を棄却
2008年4月
第2次再審請求
2014年3月
静岡地裁
再審決定
袴田さん釈放
検察の即時抗告
2018年6月
東京高裁
再審決定取り消し
弁護側特別抗告
2020年12月
最高裁
審理不十分
差し戻し
2023年3月
東京高裁
再審決定
2023年10月
静岡地裁
再審開始

クの中から「**5点の衣類**」が発見されると、検察はそれを犯行着衣とする主張に変更した。しかし、発見された衣類に付着した血痕は1年以上味噌に着け込まれていたにしては不自然に赤く、ズボンは袴田さんには小さすぎた。その後、弁護側が行ったDNA鑑定では、衣類の血痕は被害者のものでも袴田さんのものでもないことが明らかになっている。捜査機関が**証拠を捏造《ねつぞう》**した疑いもある。

一度有罪になった裁判をやり直すには、裁判所に無罪を言い渡すべき明らかな証拠を提出し、「**再審**をしてほしい」と請求する。裁判所は再審請求審を開いて、弁護側と検察側の主張を聞き、再審するかどうかを決定する。裁判所が再審を認めても、検察側が異議申し立てをすれば審議は高裁、最高裁と続くため、再審が開かれるまでには何年もかかる。

死刑判決が確定してから43年後の2023年3月、東京高裁は袴田氏の**再審開始を決定**した。明らかに無罪でなければ再審開始にならないので、袴田さんの無罪はほぼ確実とみられている。検察側は争う姿勢だが、袴田さんは高齢で、一刻も早い判決が望まれる。

### ちょこっと時事

**拘禁刑** 受刑者に刑務作業を義務づける懲役《ちょうえき》刑と、義務がない禁錮《きんこ》刑を一元化し、拘禁《こうきん》刑を創設する改正刑法が2022年6月に成立した。刑務作業を義務化せず、受刑者の特性に合わせた再犯防止教育や矯正教育を充実させて、再犯者を減らす狙いがある。2025年6月から施行される予定。

# 45

社会

# 改正入管法

**100字でナットク**

2023年6月、不法滞在の外国人に対する収容や送還のルールを見直す出入国管理法（入管法）の改正案が国会で可決・成立した。難民認定申請中でも送還が可能になり、国内外から人権上の問題点が指摘されている。

## 改正出入国管理法

### ●主な改正内容

#### ①難民認定申請中の送還が可能に

難民認定の申請中はこれまで送還が停止されたが、３回目以降の申請者については「相当な理由」を示さなければ本国への送還が可能になる。

| 入管 | ⟷ | 反対 |
|---|---|---|
| 送還逃れのために申請を繰り返す「濫用」防止のため | | 本当の難民を見落とす危険がある |

#### ②補完的保護

難民に該当しない場合でも、紛争地帯の避難民などを補完的保護の対象者として受け入れる。

#### ③罰則

送還を拒否・妨害した場合に罰則を設ける。

#### ④監理措置

収容の代わりに「監理人」の監督のもとで生活する制度。収容されている人も３か月ごとに監理措置に移行するかどうか見直しを行う。

### ●改正までのあらすじ

| | |
|---|---|
| 2021年２月 | **入管法改正案**を国会に提出 |
| ３月 | スリランカ女性**ウィシュマ**さんが名古屋入管で**収監中に死亡➡医療体制の不備に批判が集まる** |
| ５月 | 改正案の採決を**見送り** |
| 2023年３月 | 改正案を**再提出** |
| ６月 | 改正案が**可決・成立** |

**出入国在留《ざいりゅう》管理庁**（通称「**入管《にゅうかん》**」）は法務省の外局で、日本人と外国人の出入国管理や、日本に滞在《たいざい》している外国人の在留管理、難民認定手続きなどを担当している。日本に不法滞在している外国人を、国外に強制送還《そうかん》するのも仕事のひとつだ。

強制退去処分を受けた外国人は、本国に送還されるまでのあいだ、入管の収容《しゅうよう》施設《しせつ》に収容される。しかしなかには様々な理由で本国への送還を望まない人もいて、そうした外国人が**長期にわたって収容施設に収容されている**ことが問題になっている。

帰国を望まない人は、本国で迫害を受けているといった、切実な事情を抱えている場合が多い。実際、長期収容者の多くは**難民認定手続**を申請している。日本はもともと難民認定の基準が非常に厳しく、申請のほとんどは却下されてしまうが、**難民認定の手続き中は強制送還が停止される**ため、日本に留まるためには申

## 日本の難民認定の状況

### ●日本の難民申請者数と難民認定数・人道配慮数の推移

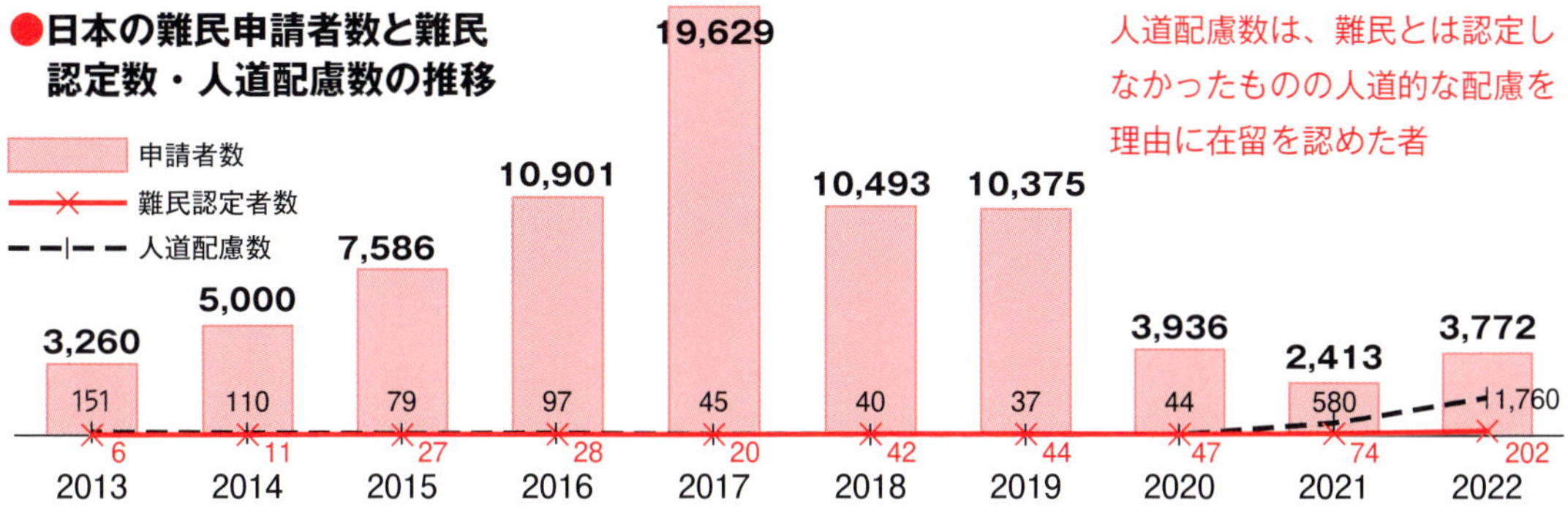


人道配慮数は、難民とは認定しなかったものの人道的な配慮を理由に在留を認めた者

### ●国籍別難民申請者数（2022年）

| 国 | 申請者数 |
|---|---|
| カンボジア | 578 |
| スリランカ | 502 |
| トルコ | 445 |
| ミャンマー | 298 |
| パキスタン | 238 |
| バングラデュ | 230 |
| ウズベキスタン | 210 |
| アフガニスタン | 182 |
| インド | 172 |
| ネパール | 130 |
| その他 | 787 |

※出入国在留管理庁の公表資料より作成

**カンボジア**
フン・セン首相の独裁政権が続いたカンボジアでは、反政府運動が弾圧されており、技能実習生として日本に逃れる人が増えている。

**スリランカ**
スリランカでは多数派のシンハラ人と少数派タミル人との間の内戦により、多数のタミル人が難民となった。

**トルコ**
トルコでは、国を持たない少数民族であるクルド人が迫害に会っており、日本に難民として逃れている。日本政府はトルコとの友好関係からほとんどのクルド人を難民として認定していない。

### ●主要国の難民認定数・認定率（2022年）

※特定 NPO 法人　難民支援協会ホームページより

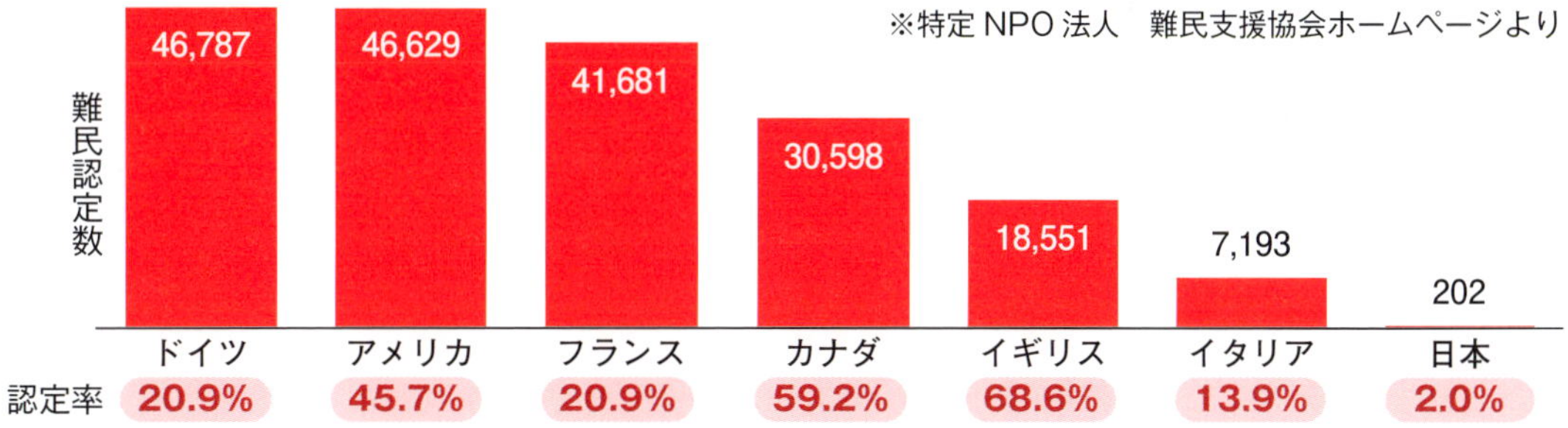


**ちょこっと時事**

**外国人技能実習制度**　新興国の人材を短期間日本に受け入れ、働きながら技術や知識を習得してもらう制度。実態は人手不足解消が目的となっており、低賃金・時間外労働など問題が多発している。政府は有識者会議で、現在の制度を廃止して、新たな制度を創設することを検討している。

請を繰り返さざるを得ないのだ。

政府も長期収容が問題であることを認め、2021年に**出入国管理法の改正案を国会に提出**した。しかしその内容は、難民認定手続中であっても3回目の申請以降は強制送還できるようにするなど、強制送還をしやすくして収容者を減らそうというものだった。

この改正案は、入管施設に収容されていたスリランカ人女性が過酷な扱いを受けて死亡した事件をきっかけに批判が高まり、いったんは廃案となった。しかし2023年にわずかに手直しされて再び国会に提出され、**6月に可決成立**した。

難民認定の申請回数を事実上制限する今回の改正は、本当は難民ではないのに、日本に不正に留まるために申請を繰り返す人が多いからだという。本当だろうか？　難民認定の不服申立ての審査では、1人の参与員に担当が集中し、そのほとんどが却下されていた。公正な認定が行われていたのか疑問の余地がある。

改正入管法は国連人権理事会の特別報告者からも「国際人権基準を満たしていない」と指摘されたが、政府は指摘を受け入れていない。

# 子どもの貧困

## 子どもの貧困

※令和４年 国民生活基礎調査（厚生労働省）より。
なお、「貧困率」は３年ごとの大規模調査で公表される。

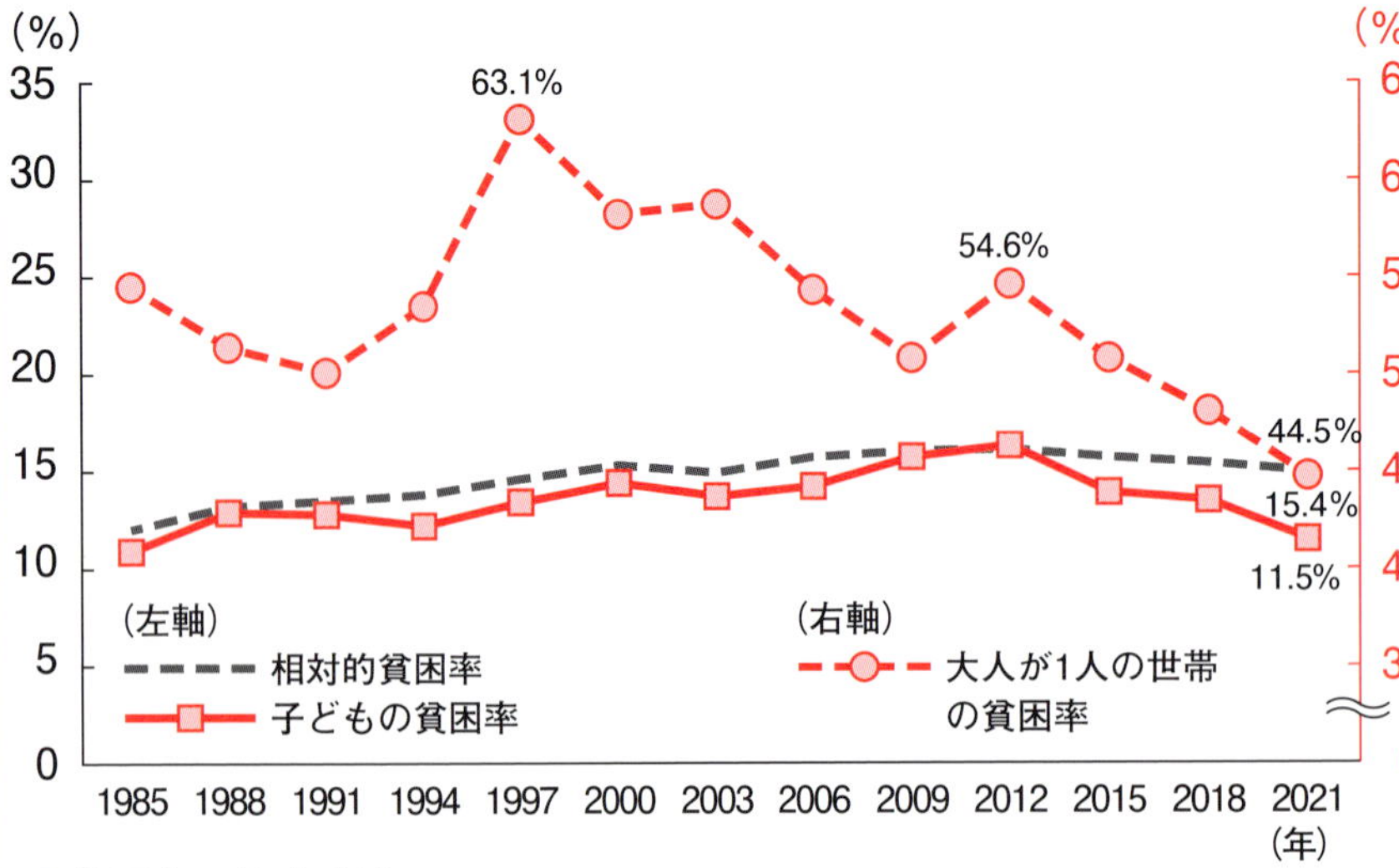
(%)
35
30
25
20
15
10
5
0
(%)
65
60
55
50
45
40
35
0
63.1%
54.6%
44.5%
15.4%
11.5%
1985
1988
1991
1994
1997
2000
2003
2006
2009
2012
2015
2018
2021
(年)
(左軸)
相対的貧困率
子どもの貧困率
(右軸)
大人が1人の世帯の貧困率

●**貧困率の算出方法**

①世帯ごとの可処分所得※を世帯人数の平方根で割る（等価可処分所得）。

可処分所得 400万円で４人世帯の場合

等価可処分所得

**400万÷$\sqrt{4}$（円）**

※収入から税金や社会保険料などを除いた、自分で自由に使える手取り収入

②国民全員の①の所得を高い順に並べ、その真ん中の値（中央値）を求める。

③所得が②の半額に満たない人を「貧困」とみなす。

中央値
貧困線（中央値÷2）
←所得が高い
所得が低い→
貧困

**相対的貧困率 ＝ ③の人数 ÷ 国民全員の人数**

**子どもの貧困率 ＝ ③に含まれる子どもの人数 ÷ 子ども全体の人数**

### 100字でナットク

日本の子どもの貧困率は11・5%で、子ども全体の8・7人に1人が貧困状態にある。とくに一人親家庭の子どもの貧困が深刻だが、新型コロナウイルスや物価高の影響で、状況は今後悪化する可能性が高い。

厚生労働省によると、2021年の**子どもの貧困《ひんこん》率**は**11・5%**で、3年前の前回調査より2・5%低下した。

貧困率を求めるには、まず世帯ごとの所得を世帯人数の平方根で割り、1人当たりの所得を計算する。なぜ世帯人数ではなく、世帯人数の平方根で割るかというと、世帯人数が少ないほうが生活コストが割高だからだ（年収800万円の4人家族と、年収200万円の1人世帯では、生活水準が同じとはいえない）。次に、1人当たりの所得を高い順に並べて、ちょうど真ん中に当たる人の所得（中央値）を求める。その半分の所得を**貧困線**といい、それより所得の低い人を「貧困」とみなす。2021年の調査で、貧困線は127万円だった。所得が貧困線に満たない人の割合（**相対的貧困率**）は15・4%で、前回の15・7%より0・3%低下している（ほぼ横ばい）。

関連URL ››› ●子供の未来応援国民運動　https://www.kodomohinkon.go.jp/
●こども家庭庁　https://www.cfa.go.jp/

ちょこっと時事

**ヤングケアラー**　大人の代わりに家事や介護など家庭の世話をする子どものこと。厚生労働省が2021年4月に発表した全国調査によると、中学生の約17人に1人、高校生の約24人に1人がヤングケアラーであることがわかった。支援のためには学校が早期にヤングケアラーを発見して福祉サービスにつなげることが重要となる。

## 子供の生活状況調査の分析

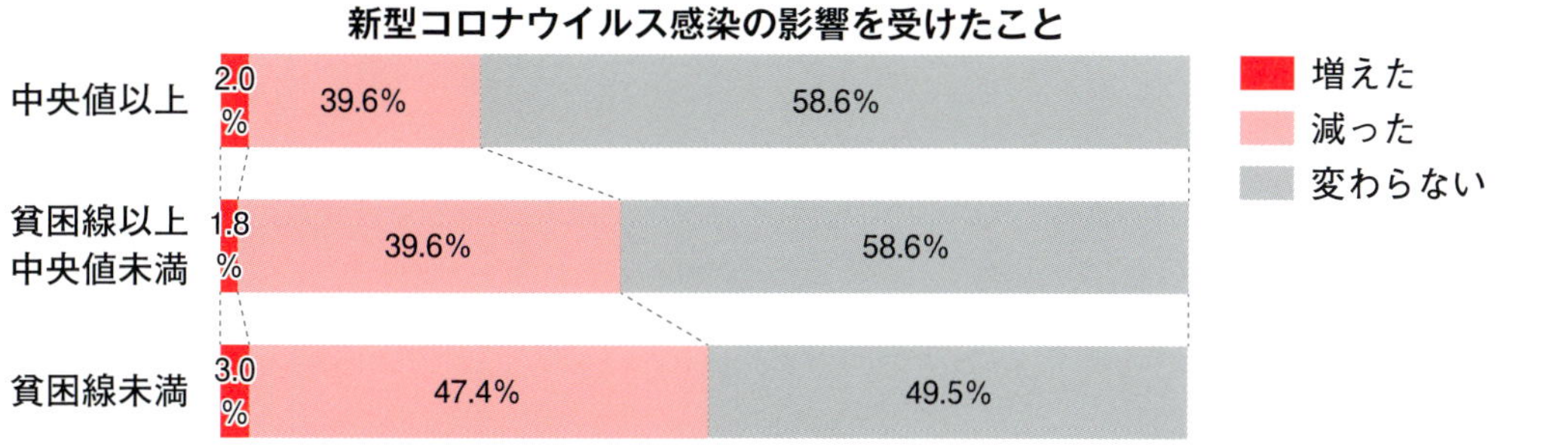


新型コロナによる影響は貧困層により重くのしかかっている。

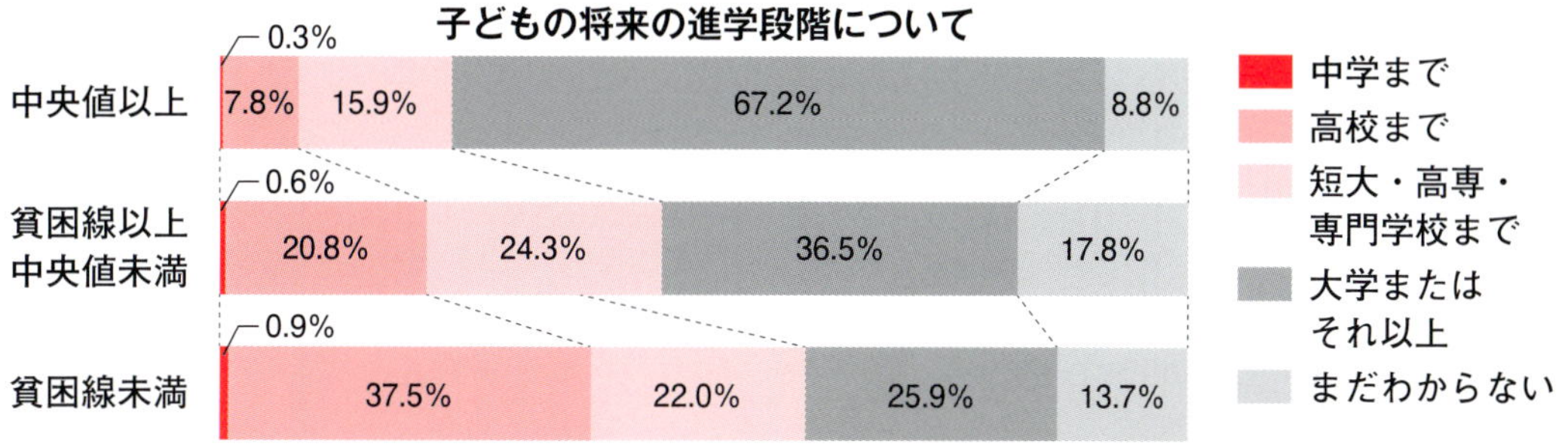


将来の進学希望で「大学以上」と回答した世帯は貧困層ほど少なく、「貧困の連鎖」を生む要因となっている。

※内閣府「令和３年子供の生活状況調査の分析報告書」より

## 子どもの貧困に対する取り組み

**子どもの貧困対策推進法**（2014 年）
子どもの貧困対策に関する大綱《たいこう》を作成し、実施状況の公表を義務付け。2019 年の改正では、対策計画策定の努力義務を市区町村に課すことになった。

**子供の未来応援国民運動**（2015 年）
民間の基金により各種支援事業を展開。寄付金の募集のほか、企業と NPO などのマッチングなど。

**こども基本法**（2023 年）
子どもの包括的な権利や国の基本方針を定めた基本法。全てのこどもが、将来にわたって幸福な生活を送ることができる社会の実現を目指し、こども政策を総合的に推進することを目的とする。

子どもの貧困率は、18歳未満の子ども全体に占める、貧困線に満たない子どもの割合だ。11・5%ということは、**子どもの8・7人に1人は貧困**という計算になる。これは先進国のなかではかなり高い割合だ。とくに、**母子家庭など大人が1人しかいない世帯の貧困率**は44・5%と深刻だ。新型コロナウイルスや最近の物価上昇の影響で、状況はより悪化している可能性がある。

貧困世帯の子どもは、勉強部屋がない、学習塾に通えないといった不利な状況におかれるため、学力不足から進学をあきらめたり中退したりして、低い学歴しか得られない場合がある。そのことが就職でも不利に働き、ひいては大人になっても経済的に困窮《こんきゅう》するという「**貧困の連鎖**《れんさ》」を生む。子どもの貧困は当人だけでなく、社会全体の損失となる。

政府は2014年に**子どもの貧困対策推進法**を施行し、対策にのりだした。一方、民間の取り組みとしては、子どもたちに無料または安く食事を提供する**子ども食堂**が全国に広がっている。貧困家庭に限らず、地域の子どもたちが放課後を自宅以外で過ごす場所として注目されている。


参照 SDGs（持続可能な開発目標）››› P108

47

社会

# 異次元の少子化対策

100字でナットク

2022年に生まれた子どもの数は過去最少の77万人。少子化は将来の日本の経済や社会に大きな影響を与える深刻な問題だ。岸田政権は児童手当の所得制限撤廃などを盛り込んだ「異次元の少子化対策」を打ち出した。

## 出生数・出生率・婚姻件数の推移

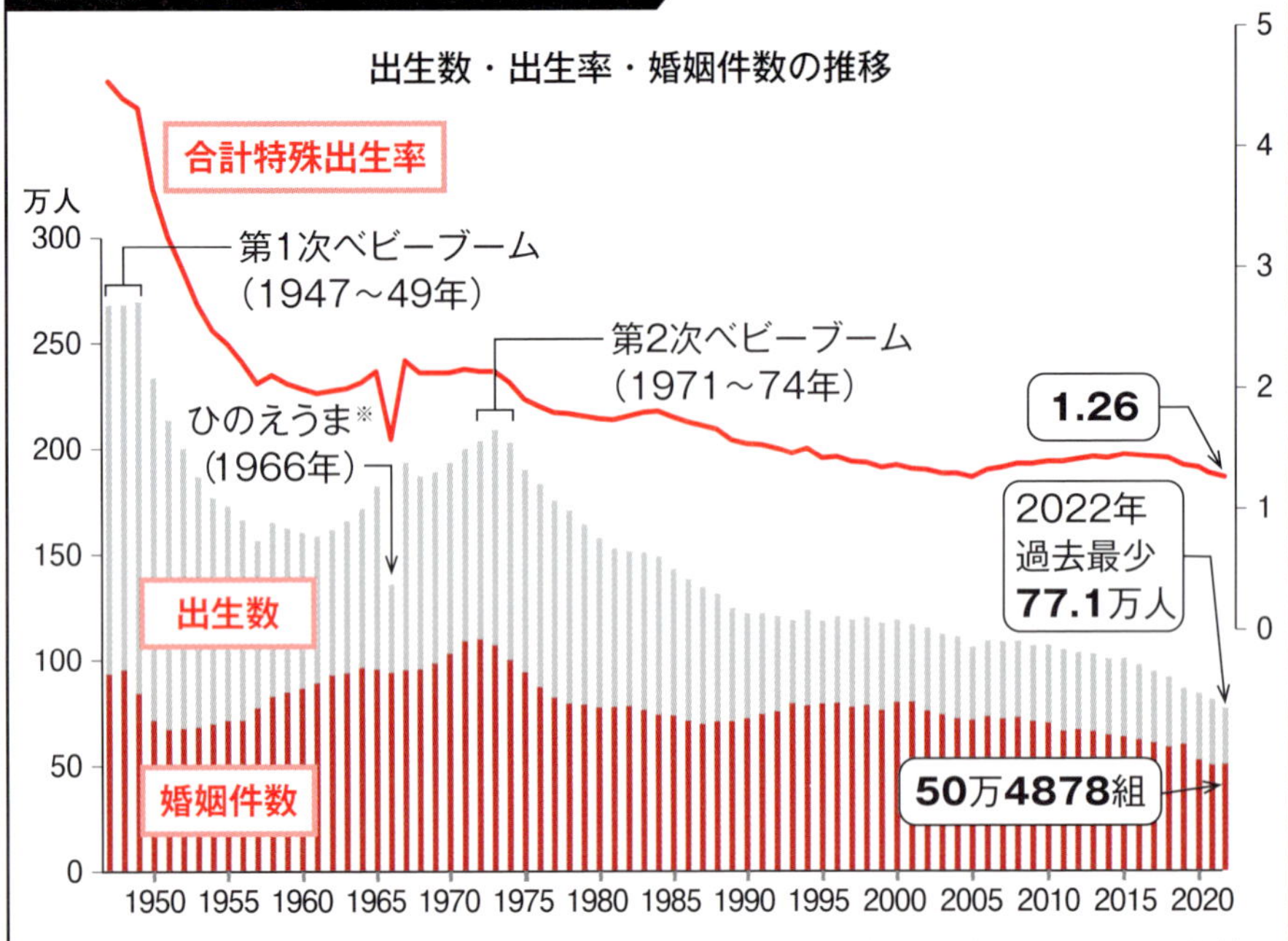

出生数・出生率・婚姻件数の推移
合計特殊出生率
万人
300
250
200
150
100
50
0
5
4
3
2
1
0
第1次ベビーブーム
（1947～49年）
第2次ベビーブーム
（1971～74年）
ひのえうま※
（1966年）
1.26
2022年
過去最少
77.1万人
出生数
婚姻件数
50万4878組
1950 1955 1960 1965 1970 1975 1980 1985 1990 1995 2000 2005 2010 2015 2020


※ひのえうま（丙午）：60年を周期とする干支の43番目。この年に生まれた女性は気性が荒く、夫を早死にさせるという迷信があり、1966年には出生率の低下を起こした。次のひのえうまの年は、2026年。

出典：厚生労働省「人口動態統計」

出生数
77万747人
過去最少
死亡数
156万8961人
戦後最多
婚姻件数
50万4878組
昨年より微増


厚生労働省によると、2022年に国内で生まれた子どもの数（**出生《しゅっしょう》数《すう》**）は過去最少の77万747人で、7年連続の減少となった。1人の女性が一生の間に生む子供の平均数を表す「**合計特殊出生率《ごうけいとくしゅしゅっしょうりつ》**」は**1.26**で、こちらも7年連続の減少だ。

2022年の婚姻《こんいん》件数は50万4878組と微増したが、新型コロナウイルスの影響で先送りにされていた婚姻が加算されたもので、減少傾向は変わらない。婚姻件数の減少は出生数に影響するので、出生数は今後さらに減少する可能性がある。

一方、2022年の死亡数は156万8961人で、戦後最多となった。新型コロナウイルスの流行もあるが、老衰による死亡が大幅に増加しており、約10人に1人が天寿をまっとうしている。高齢化の影響が大きく出たかたちだ。

出生数より死亡数のほうが多いので、当然、日本の人口は減っている。

関連URL ●国立社会保障・人口問題研究所　http://www.ipss.go.jp/
●こども家庭庁：こども未来戦略方針（リーフレット等）　https://www.cfa.go.jp/resources/kodomo-mirai/

## 日本の人口推移

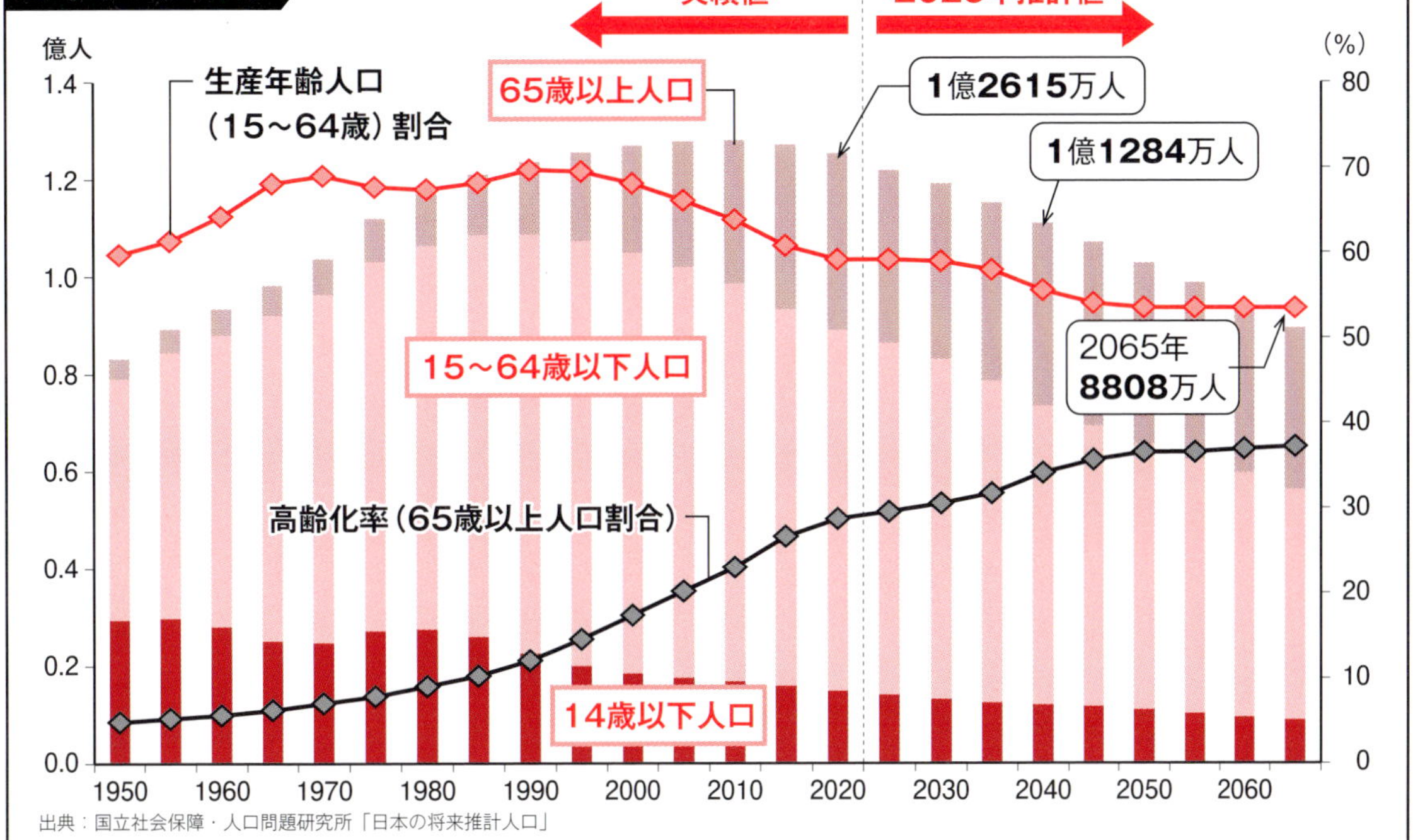

出典：国立社会保障・人口問題研究所「日本の将来推計人口」

## こども未来戦略方針の主な内容

| | |
|---|---|
| 児童手当 | 2024年10月から所得制限を撤廃し、第3子以降は月3万円に増額する。また、給付期間を高校生まで延長する。 |
| こども誰でも通園制度 | 親が就労しているかどうかを問わず、時間単位で保育施設を利用できるようにする。 |
| 育休 | 夫婦ともに育休を取得する場合の給付金を、実質的に手取りと同額程度にする（現行は約8割）。 |
| 出産 | 出産費用に保険を適用できるようにする。 |
| 奨学金 | 大学生向けの返済不要の給付型奨学金の対象者を拡大。 |
| こども金庫 | 年3.5兆円の財源を一元的に管理する特別会計を創設。 |

現在の日本の人口は**約1億2445万人**（2023年9月現在）で、1年間で52万人も減少している。ピークだった2008年の1億2808万人と比べるとおよそ363万人減少した。

出生数の減少は、結婚しない人が増えたこと（非婚化）や、結婚年齢が上がったこと（晩婚化）、結婚後に子どもをもたないカップルが増えたことが影響している。その背景には、慢性化したデフレ下で低賃金の非正規労働者が増え、子どもを産み育てていく経済的基盤や将来の見通しをもてない若い世代が増えているという問題がある。

岸田首相は2023年1月「**異次元の少子化対策**」の検討を表明し、その具体策を盛り込んだ「**こども未来戦略方針**」を6月に発表した。今後3年間を集中取組期間として、児童手当の所得制限撤廃や、就労要件を問わず時間単位で保育園を利用できる制度の創設、両親で育休をとった場合の給付金を手取り並みに引き上げるなどの加速化プランを実施する。プランには年3.5兆円の財源が必要だが、政府は「徹底した歳出改革」で財源をねん出し、不足分は医療保険料に上乗せして補う方針だ。

ちょこっと時事

**男性の育休**　2021年の改正育児・介護休業法により、従来の育児休暇に加え、生後8週間以内に最長4週間の産休を取得できる産後パパ育休（出生時育児休業）が2022年10月から始まった。2023年度からは従業員1千人以上の企業に男性の育休取得率の公表が義務付けられ、男性育休促進への取組みが進められている。


参照 日本の年金制度 ››› P106

# 48
社会

# 日本の年金制度

**100字でナットク**

日本の公的年金制度は、国民の老後の生活をどの程度保障できるのか。金融庁が公表した報告書に端を発した「老後資金2000万円不足」問題は、急速に少子高齢化が進む日本の厳しい現実をあらためて浮き彫りにした。

## 日本の公的年金制度

2F　**厚生年金**

1F　**国民年金（基礎年金）**

| 第1号被保険者 | 第2号被保険者 | 第3号被保険者 |
|---|---|---|
| 自営業・学生 | 会社員・公務員 | 会社員・公務員の配偶者（専業主婦・夫） |
| 毎月一定額の保険料を納付→65歳から老齢基礎年金を受給 | 毎月給料の一定割合を納付（会社が半額負担）→65歳から老齢基礎年金＋老齢厚生年金を受給 | 保険料は厚生年金から拠出→65歳から老齢基礎年金を受給 |

### 公的年金は何年で元が取れる？

**【1】自営業の場合**

（A）**国民年金の保険料**：月額16,520円×480か月（40年間）＝7,929,600円

（B）**老齢基礎年金の受給額**：795,000円／年

元が取れる年数：（A）÷（B）＝ **約10年**

**【2】独身会社員（月収30万円）の場合**

（A）**厚生年金の保険料（本人負担分）**：月額27,450円（30万×18.30%÷2）×504か月＝13,834,800円

（B）**年金の受給額**：795,000円（基礎年金）＋828,727円（厚生年金）（30万×(5.481/1000)×504か月）
＝1,623,727円／年

元が取れる年数：（A）÷（B）＝ **約8年6か月**

※保険料、受給額はいずれも2023年度の額（実際の保険料、受給額は年度によって異なります）

**年金**《ねんきん》とは、前もって保険料を払い込んでおくことで、定年退職やケガなどで収入が得られなくなったときに、定期的に金銭の給付を受けられる制度だ。日本には、国が運営する公的年金があり、20歳以上の国民は全員加入が義務付けられている。

日本の公的年金は「2階建て」といわれる。日本に住んでいる20歳以上60歳未満の人全員が加入する**国民年金**が1階部分（基礎年金）。会社員や公務員が加入する**厚生**《こうせい》**年金**が2階部分だ。

保険料の支払い期間は40年間。将来、それに見合った年金をもらえるのだろうか？ 意外かもしれないが、65歳から支給される老齢《ろうれい》基礎年金だけでいうと、現時点では約10年受給すれば元は取れる。その後は長生きした分だけ得になるので、じつは保険としてはかなりおトクだ。

ただし、老後の生活を公的年金だけでまかなえるかというと、それはま

ちょこっと時事

**「遺族年金」見直しへ**　家計を担う配偶者などが亡くなった場合に遺族に支給される遺族年金は、現行では遺族が夫か妻かで受給要件が異なり、女性の遺族に手厚い制度になっている。政府は男女差の解消などを含めた見直しをすすめており、2025年にも制度を改正する方針。

## 2019年の財政検証結果

公的年金の将来の見通しは？
モデル世帯

### マクロ経済スライド

給付される年金の額は、賃金(物価)の上昇に連動して上昇するが、マクロ経済スライドはその上昇率を抑制《よくせい》して、年金額を減額する。賃金が一定以上上昇しないときは減額されない。

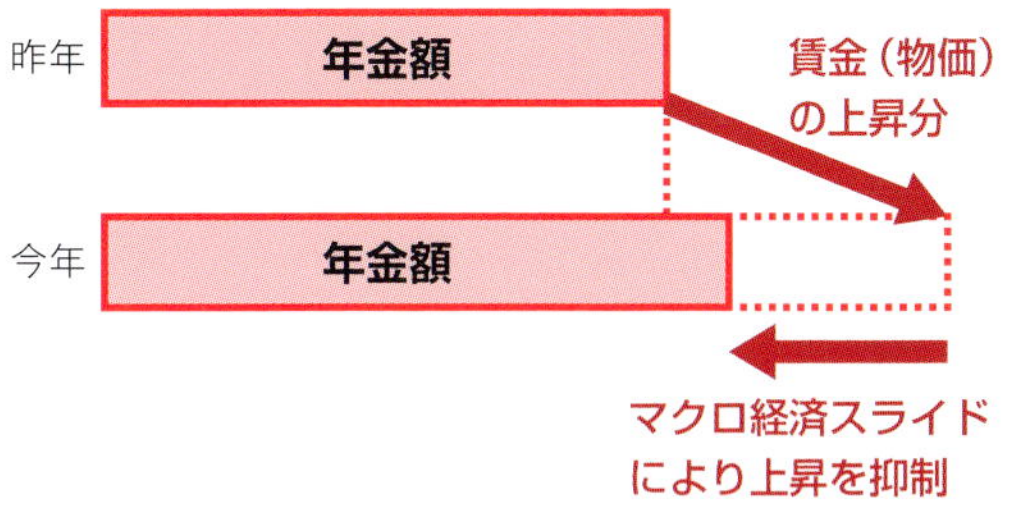
昨年
年金額
賃金（物価）の上昇分
今年
年金額
マクロ経済スライドにより上昇を抑制

**1** 経済成長と労働参加が順調に進めば、年金額は今後も増加し、モデル世帯の所得代替率《だいたいりつ》は50%以上を維持すると予想。

※実質経済成長率 0.9%の場合

| | 2019年度 | 2040年度 | 2060年度 |
|---|---|---|---|
| 年金額 | 22.0万円 | 25.0万円 | 32.7万円 |
| 所得代替率 | 61.7% | 54.3% | 51.9% |

**2** 経済成長と労働参加があまり進まない場合、年金額は横這《よこば》いまたは微減《びげん》し、モデル世帯の所得代替率は2040年代半《なか》ばに50%に下がると予想。

※実質経済成長率 0.2%の場合

| | 2019年度 | 2040年度 | 2053年度 |
|---|---|---|---|
| 年金額 | 21.4万円 | 20.7万円 | 21.9万円 |
| 所得代替率 | 61.7% | 51.7% | 46.5% |

所得代替率：現役男子の手取り収入額に対する、モデル世帯の年金額の比率。

## 老後資金2000万円不足の内訳

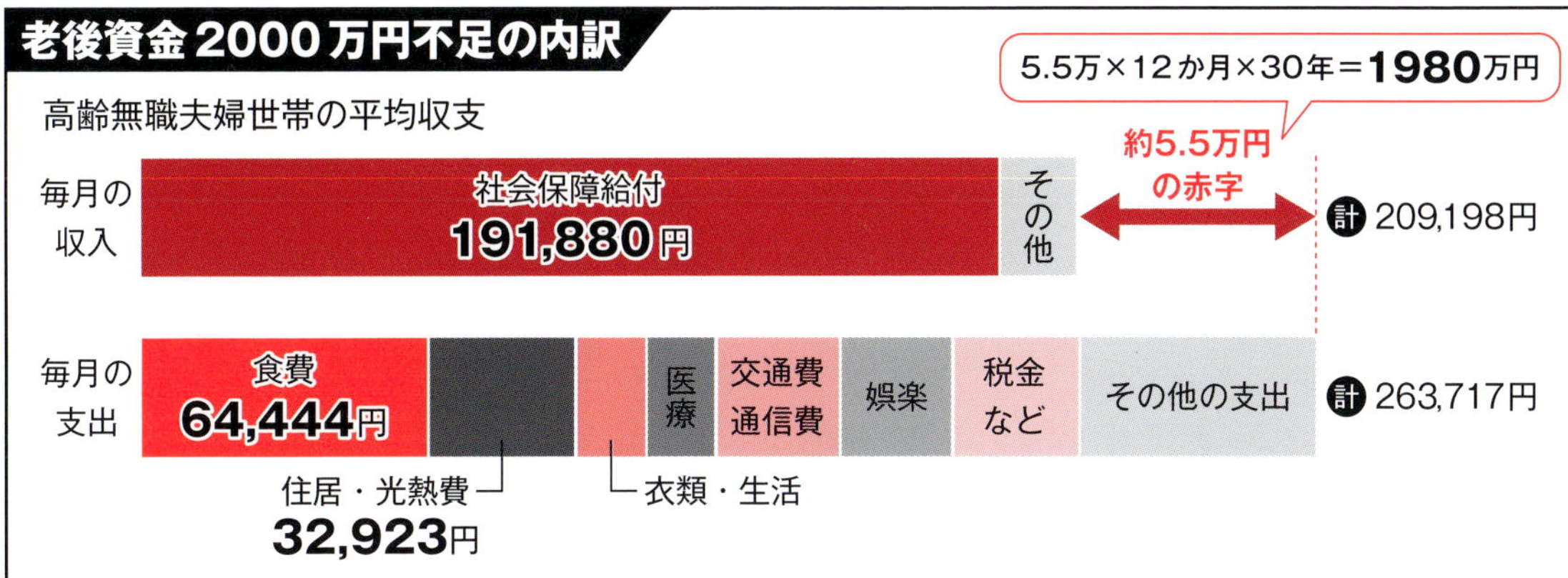
高齢無職夫婦世帯の平均収支
5.5万×12か月×30年＝1980万円
約5.5万円の赤字
毎月の収入
社会保障給付 191,880円
その他
計 209,198円
毎月の支出
食費 64,444円
住居・光熱費 32,923円
衣類・生活
医療
交通費 通信費
娯楽
税金など
その他の支出
計 263,717円

た話が別だ。金融庁が2019年6月に公表した報告書によれば、高齢夫婦の無職世帯の収支は、平均で**月5・5万円の赤字**だという。老後30年とすれば、公的年金以外に約**2000万円**の老後資金が必要となる計算だ。実際に必要な老後資金は人によって異なるが、毎月保険料を支払ったうえ、さらに貯蓄《ちょちく》も必要となると、苦しい世帯も多いのではないか。

しかも、急速にすすむ少子高齢化によって、現役世代の保険料負担は今後ますます増える。そのため現在では、毎年の年金額を物価や賃金の上昇率より低めに調整する制度（**マクロ経済スライド**）が導入されている。これにより、公的年金の受給額は実質的に減っていくことになる。

厚生労働省は5年に1回**財政**《ざいせい》**検**《けん》**証**《しょう》を行い、公的年金制度の将来の見通しを公表している。それによると、現行制度によるモデル世帯（共働きでない夫婦で40年間厚生年金に加入）の将来の受給額は、現役時代の平均手取り収入の**5割程度**になる見込みだという。国民年金はさらに少なくなる見込みであることから、厚生年金の財源を国民年金に振り分けることも検討されている。


参照 異次元の少子化対策 ››› P104

# SDGs（持続可能な開発目標）

## 100字でナットク

SDGsは、次の世代以降も発展を続けていくために、2030年までに世界が達成すべき17の目標だ。目標達成への取り組みは、各国政府だけでなく、企業や個人にも求められている。どんな内容か知っておこう。

### SDGsとは

Sustainable Development Goals

**SDGs《エスディージーズ》 = 持続可能な開発目標**

**①貧困をなくそう**
あらゆる場所のあらゆる形態の貧困を終わらせる。

**②飢餓をゼロに**
飢餓を終わらせ、食料安全保障及び栄養改善を実現し、持続可能な農業を促進する。

**③すべての人に健康と福祉を**
あらゆる年齢のすべての人々の健康的な生活を確保し、福祉を促進する。

**④質の高い教育をみんなに**
すべての人々に包摂的かつ公正な質の高い教育を提供し、生涯学習の機会を促進する。

**⑤ジェンダー平等を実現しよう**
ジェンダー平等を達成し、すべての女性及び女児の能力強化を行う。

**⑥安全な水とトイレを世界中に**
すべての人々の水と衛生の利用可能性と持続可能な管理を確保する。

**⑦エネルギーをみんなにそしてクリーンに**
すべての人々の、安価かつ信頼できる持続可能な近代的エネルギーへのアクセスを確保する。

**⑧働きがいも経済成長も**
包摂的かつ持続可能な経済成長及びすべての人々の完全かつ生産的な雇用と働きがいのある人間らしい雇用（ディーセント・ワーク）を促進する。

**⑨産業と技術革新の基盤をつくろう**
強靭（レジリエント）なインフラ構築、包摂的かつ持続可能な産業化の促進及びイノベーションの推進を図る。

**⑩人や国の不平等をなくそう**
各国内及び各国間の不平等を是正する。

**⑪住み続けられるまちづくりを**
包摂的で安全かつ強靭（レジリエント）で持続可能な都市及び人間居住を実現する。

**⑫つくる責任つかう責任**
持続可能な生産消費形態を確保する。

**⑬気候変動に具体的な対策を**
気候変動及びその影響を軽減するための緊急対策を講じる。

**⑭海の豊かさを守ろう**
持続可能な開発のために海洋・海洋資源を保全し、持続可能な形で利用する。

**⑮陸の豊かさも守ろう**
陸上生態系の保護、回復、持続可能な利用の推進、持続可能な森林の経営、砂漠化への対処、ならびに土地の劣化阻止・回復及び生物多様性の損失を阻止する。

**⑯平和と公正をすべての人に**
持続可能な開発のための平和で包摂的な社会を促進し、すべての人々に司法へのアクセスを提供し、あらゆるレベルにおいて効果的で説明責任のある包摂的な制度を構築する。

**⑰パートナーシップで目標を達成しよう**
持続可能な開発のための実施手段を強化し、グローバル・パートナーシップを活性化する。

**SDGs**（エスディージーズ）とは、2030年までに世界が一丸となって達成すべき目標（ゴール）のことだ。英語の「Sustainable Development Goals」の略で、日本語では「**持続可能な開発目標**」という。2015年に国連で採択《さいたく》された。

SDGsには全部で**17の目標**がある。内容は開発途上国向けのもの（目標①～⑥）、先進国や企業が取り組むべきもの（目標⑦～⑫）、地球全体で取り組むべきもの（目標⑬～⑰）など幅広い。また、17の目標それぞれの下に、より具体的な**ターゲット**も設定されている。たとえば目標①「貧困をなくそう」のターゲットは「1日1・25ドル未満で生活する極度の貧困を終わらせる」「貧困状態にある人の割合を半減させる」といった具合だ。ターゲットの数は全部で169にのぼる。

これらの目標やターゲットは互い

ちょこっと時事

**リスキリング** 技術革新やビジネスモデルの変化などに対応して、新たな知識やスキルを身につけること。世界経済フォーラム（WEF）は2020年の年次総会（ダボス会議）で、「2030年までに全世界で10億人をリスキリングする」という目標を掲げた。

## SDGs達成状況

出典「Sustainable Development Report 2023」

### ●世界の達成度ランキング（2023年）

| 順位 | 国名 | スコア |
|---|---|---|
| 1 | フィンランド | 86.8 |
| 2 | スウェーデン | 86.0 |
| 3 | デンマーク | 85.7 |
| 4 | ドイツ | 83.4 |
| 5 | オーストリア | 82.3 |
| 6 | フランス | 82.0 |
| 7 | ノルウェー | 82.0 |
| 8 | チェコ | 81.9 |
| 9 | ポーランド | 81.8 |
| 10 | エストニア | 81.7 |
| 11 | 英国 | 81.7 |
| 12 | クロアチア | 81.5 |
| 13 | スロベニア | 81.0 |
| 14 | ラトビア | 80.7 |
| 15 | スイス | 80.5 |
| 16 | スペイン | 80.4 |
| 17 | アイルランド | 80.1 |
| 18 | ポルトガル | 80.0 |
| 19 | ベルギー | 79.5 |
| 20 | オランダ | 79.4 |
| 21 | 日本 | 79.4 |

### ●日本の達成状況（2023年）

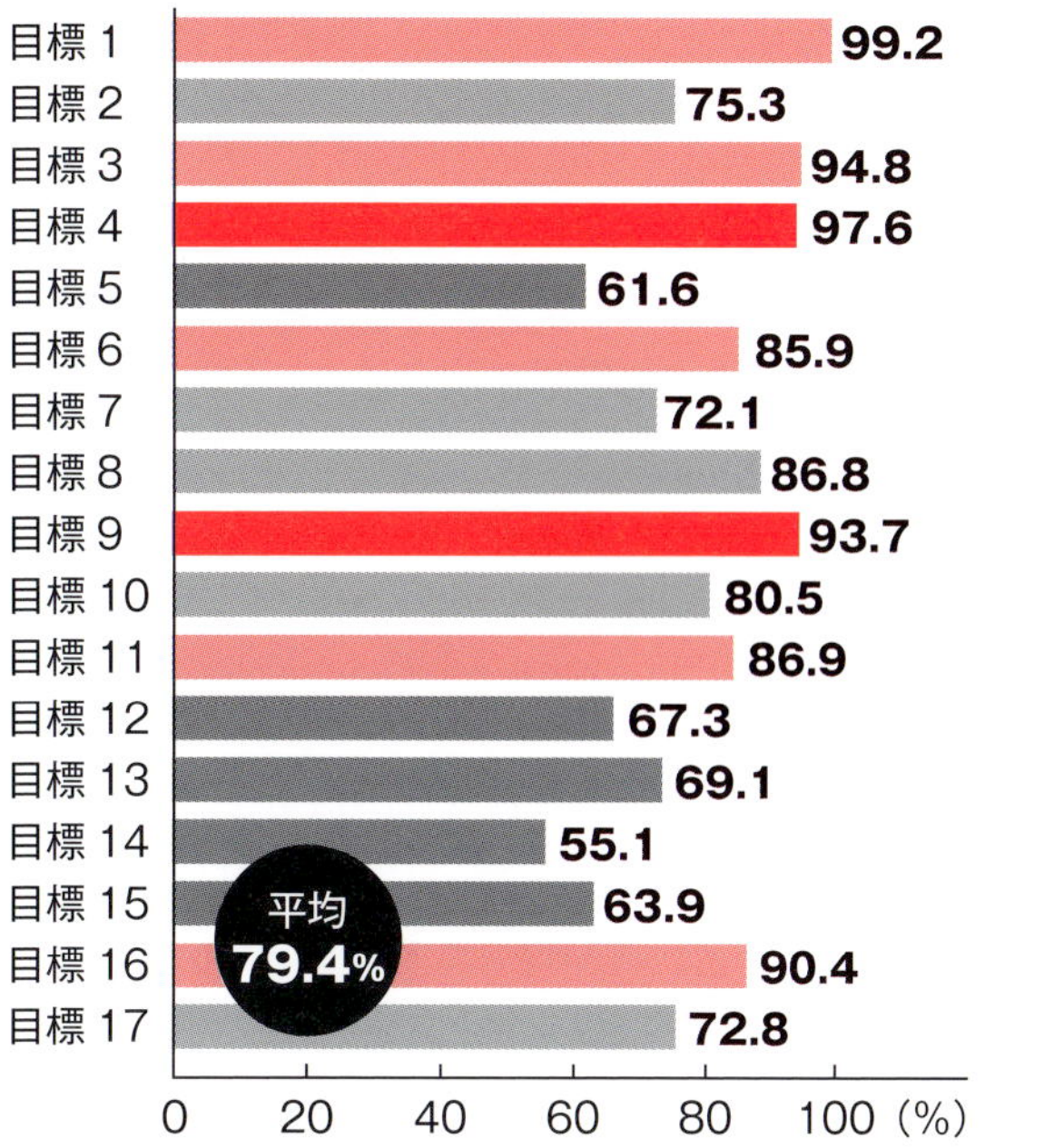
目標1 99.2
目標2 75.3
目標3 94.8
目標4 97.6
目標5 61.6
目標6 85.9
目標7 72.1
目標8 86.8
目標9 93.7
目標10 80.5
目標11 86.9
目標12 67.3
目標13 69.1
目標14 55.1
目標15 63.9
目標16 90.4
目標17 72.8
平均 79.4%
0 20 40 60 80 100 (%)

※濃い色文字は「達成」、濃い灰色は「達成にはほど遠い」

## 新型コロナウイルスの影響

新型コロナの影響で、2020年にはコロナ前の予測より1億1900万～1億2400万人が極度の貧困に陥った。

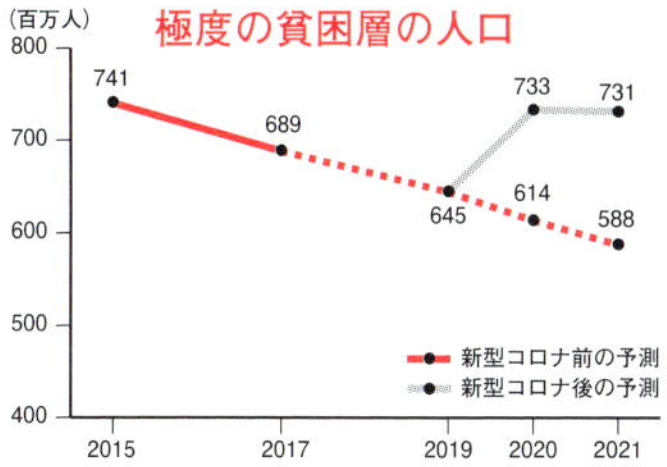
極度の貧困層の人口
(百万人)
800
700
600
500
400
741
689
645
614
588
733
731
2015
2017
2019
2020
2021
新型コロナ前の予測
新型コロナ後の予測

新型コロナは世界の飢餓《きが》を悪化させた。2020年に世界全体で栄養不足に陥った人の数は7億2000万～8億1100万人にのぼる。

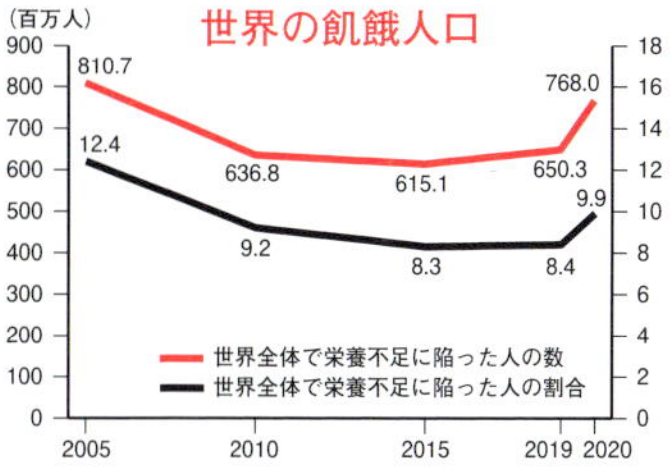
世界の飢餓人口
(百万人)
810.7
636.8
615.1
650.3
768.0
12.4
9.2
8.3
8.4
9.9
2005
2010
2015
2019 2020
世界全体で栄養不足に陥った人の数
世界全体で栄養不足に陥った人の割合

新型コロナにより、2億5500万人分のフルタイム雇用に相当する仕事が失われた。

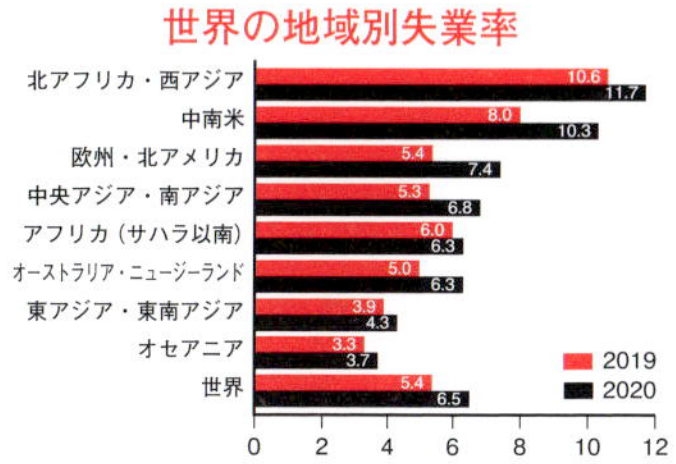
世界の地域別失業率
北アフリカ・西アジア 10.6 11.7
中南米 8.0 10.3
欧州・北アメリカ 5.4 7.4
中央アジア・南アジア 5.3 6.8
アフリカ（サハラ以南） 6.0 6.3
オーストラリア・ニュージーランド 5.0 6.3
東アジア・東南アジア 3.9 4.3
オセアニア 3.3 3.7
世界 5.4 6.5
2019
2020
0 2 4 6 8 10 12

に関連し合っている。特定の目標だけでなく、すべての目標を同時に達成させることが重要だ。また、SDGsの達成状況は国ごと、目標ごとに確認することができる。日本の達成状況は2023年現在で**世界21位**（2022年は19位）。ジェンダー平等、気候変動など5つの目標が「深刻な課題あり」との低評価だ。

なぜこのような目標が必要なのだろうか？ それはズバリ、**世界が存続するため**だ。

人類はここ数世紀の間にめざましい経済発展をとげたが、利益を優先してきた結果、地球温暖化や資源の枯渇《こかつ》、環境破壊、貧困や格差といった深刻な問題をたくさん抱えるようになってしまった。このまま放っておくと問題はますます深刻になり、世界は「持続不可能」になってしまう。そこで、次の世代以降も世界が存続できるように、**問題の解決と発展を両立させていこう**ということになった。それが「**持続可能な開発**」だ。

SDGsのゴールまで残り7年だが、新型コロナウイルスやウクライナ侵攻の影響で、進捗《しんちょく》が大きく遅れている。169ターゲットのうち、軌道に乗っているのは15％のみだ。


参照 パリ協定 ››› P130

50
社会

# 五輪汚職・談合事件

**100字でナットク**

東京オリンピック・パラリンピック組織委員会の元理事が、スポンサー企業などから賄賂を受け取っていたとして東京地検特捜部に逮捕された。スポーツの祭典の裏で行われた疑惑の解明が求められている。

### 大会組織委員会とスポンサー選定

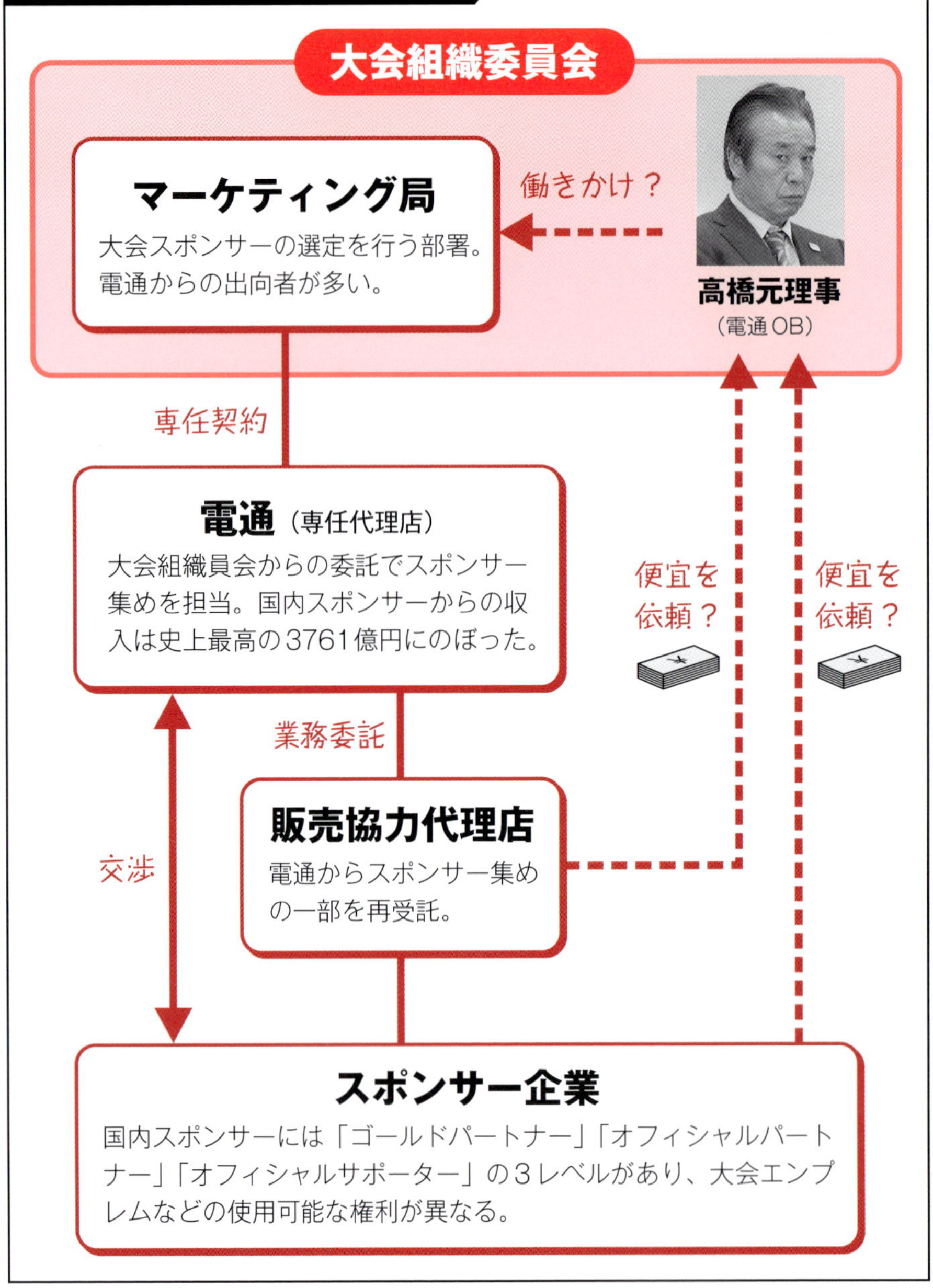

大会組織委員会
マーケティング局
大会スポンサーの選定を行う部署。電通からの出向者が多い。
働きかけ？
高橋元理事
（電通OB）
専任契約
電通（専任代理店）
大会組織員会からの委託でスポンサー集めを担当。国内スポンサーからの収入は史上最高の3761億円にのぼった。
便宜を依頼？
便宜を依頼？
業務委託
交渉
販売協力代理店
電通からスポンサー集めの一部を再受託。
スポンサー企業
国内スポンサーには「ゴールドパートナー」「オフィシャルパートナー」「オフィシャルサポーター」の3レベルがあり、大会エンブレムなどの使用可能な権利が異なる。


1年延期されて開催された東京2020オリンピック・パラリンピック。その準備と運営を担っていたのが、**東京オリンピック・パラリンピック組織委員会**という**公益財団法人**だ。2022年8月、この組織委員会で理事をつとめていた**高橋治《たかはしはる》之《ゆき》**容疑者が、受託収賄《じゅたくしゅうわい》の容疑で東京地検特捜部に逮捕された。

事件は大会スポンサーの選定をめぐって起こった。大会には莫大《ばくだい》な経費がかかるので、なるべく多くの企業にスポンサーになってもらって経費の一部を負担してもらいたい。スポンサー選定の業務は、大手広告店の**電通**が組織委員会と専任代理店契約を結んで行っていた。一方、高橋元理事はスポーツマーケティングの第一人者で、正規ルートの電通とは別の窓口となり、スポンサー企業からの依頼を受けたとみられている。

賄賂を渡したとされるのは紳士服大手「**AOKI**《アオキ》」、出版大手「**KA**《カ》

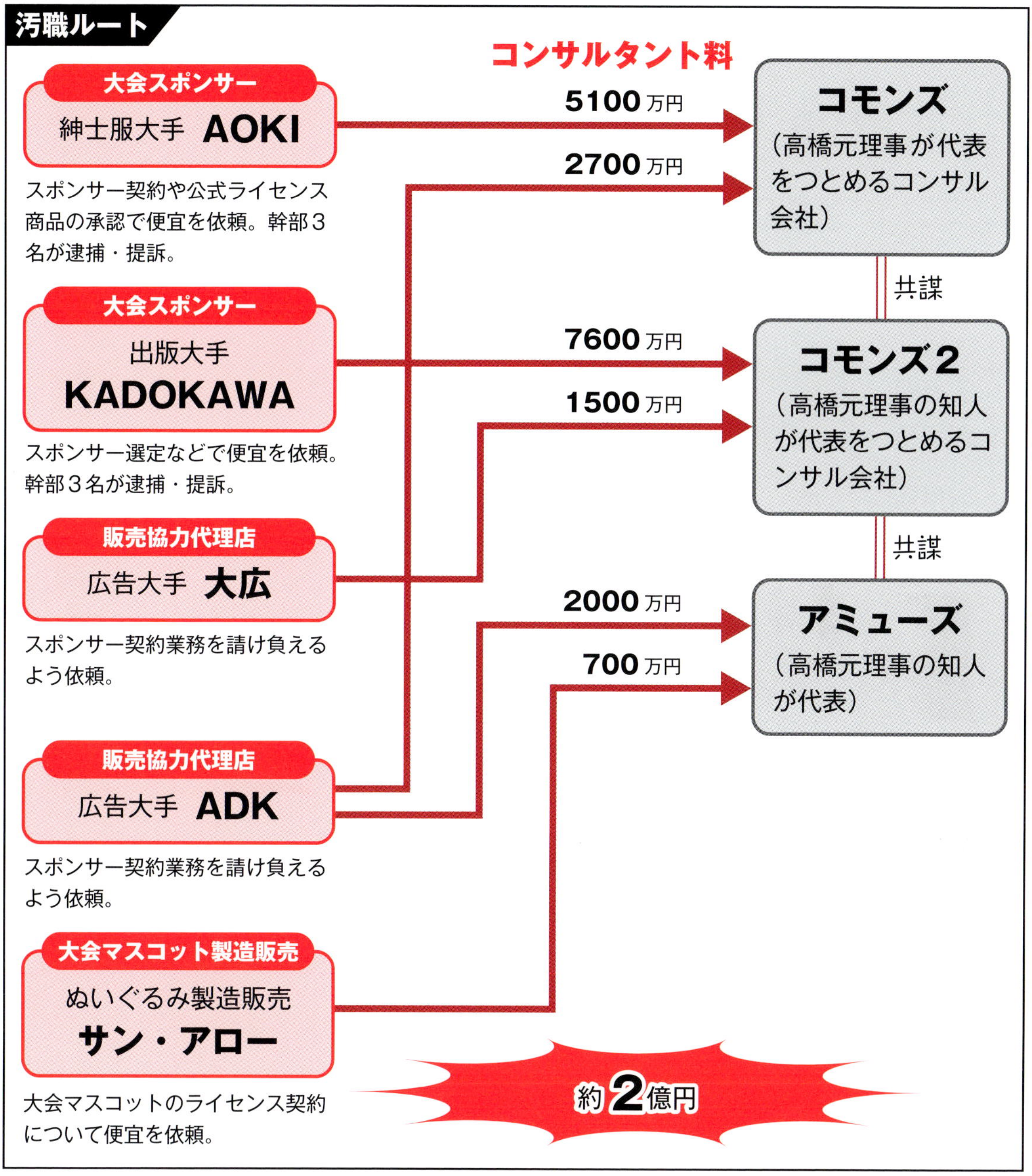


DOKAWA《ドカワ》」ほか5社で、5ルートから合計約2億円。これらは高橋元理事が代表を務めるコンサル会社や、元理事の知人のコンサル会社に支払われた。

経営コンサルタントが企業と契約し、便宜《べんぎ》をはかって報酬を得ることは必ずしも悪いことではない。しかし、組織委員会の理事や職員は、東京五輪に関する特別措置法によって**「みなし公務員」**とされる規定があった。みなし公務員とは、**仕事の内容が公益性・公共性をもっているため、公務員ではないが公務員と同じ刑法の適用を受ける職員のこと**。職務に関わることで金品を受け取るのは禁止されるのだ。この事件で贈賄側12人・収賄側3人が起訴された。高橋元理事は容疑を否認している。

東京五輪をめぐっては、テスト大会の業務の入札で**談合**《だんごう》が行われたことも発覚した。落札した企業はそのまま本大会の業務を受注している。談合とは、入札する企業が事前に打ち合わせをして、どこが仕事を請け負うか決めてしまうこと。役所は企業の言い値で買わされることになる。電通など6社と関係者7人が**独占禁止法違反**で起訴された。

ちょこっと時事

**札幌、2030年冬季五輪招致を断念**　札幌市と日本オリンピック委員会は2023年10月、立候補していた2030年の冬季オリンピック・パラリンピックの札幌招致を断念すると表明した。東京五輪汚職・談合事件の余波で市民の理解が十分に得られないことが理由。2034年大会の招致も困難とみられている。

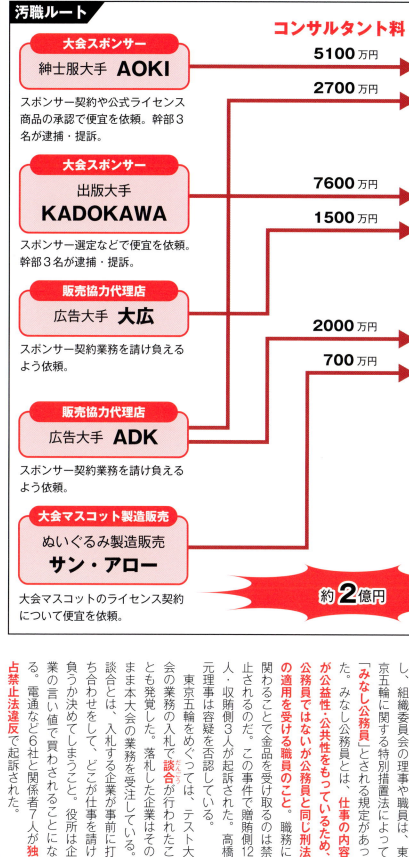

# 51
社会

# リニア中央新幹線

## リニア中央新幹線のルートと停車駅

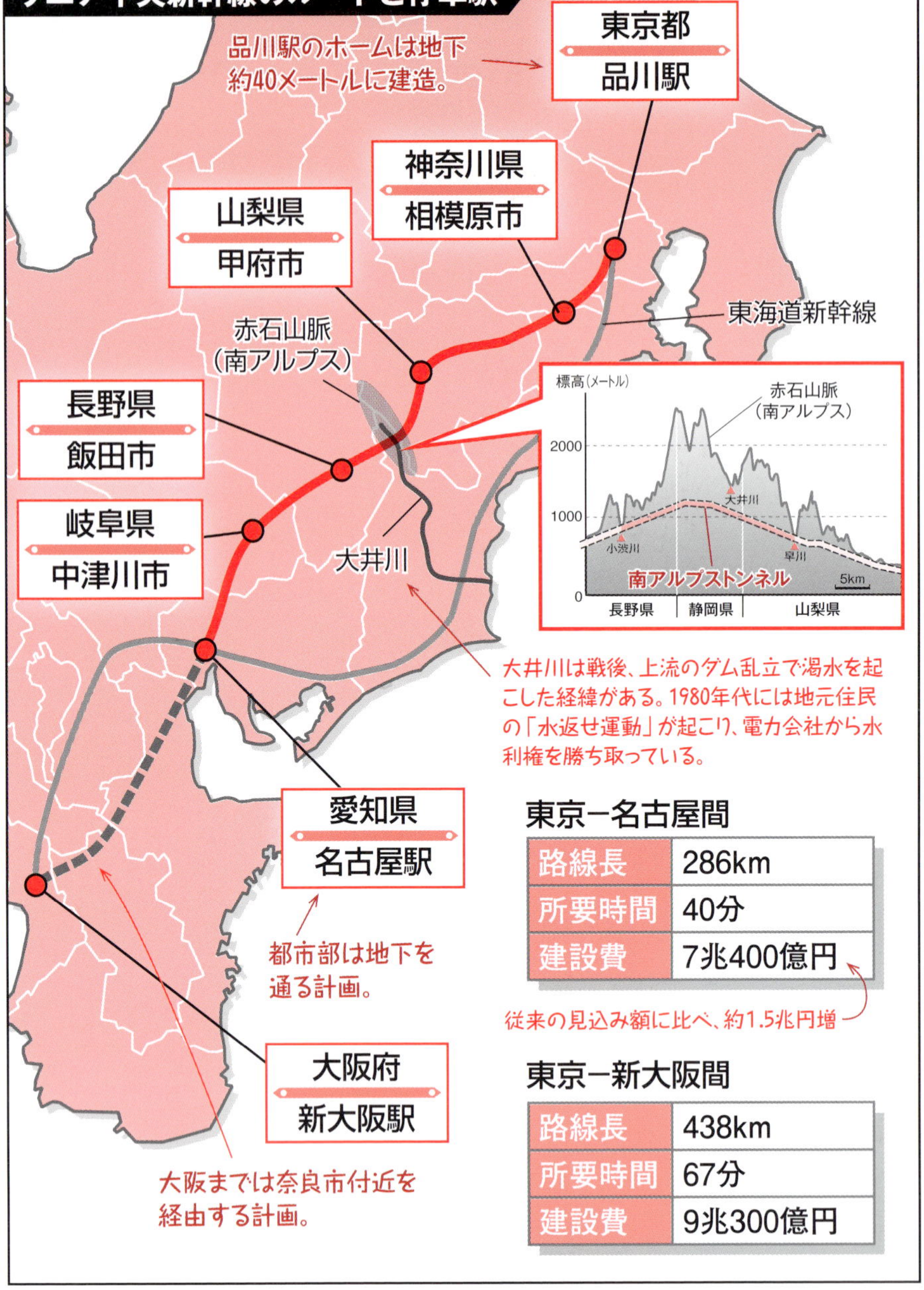

品川駅のホームは地下約40メートルに建造。
東京都 品川駅
神奈川県 相模原市
山梨県 甲府市
東海道新幹線
赤石山脈（南アルプス）
長野県 飯田市
岐阜県 中津川市
大井川
標高（メートル）
2000
1000
0
赤石山脈（南アルプス）
大井川
小渋川
早川
南アルプストンネル
5km
長野県
静岡県
山梨県
大井川は戦後、上流のダム乱立で渇水を起こした経緯がある。1980年代には地元住民の「水返せ運動」が起こり、電力会社から水利権を勝ち取っている。
愛知県 名古屋駅
都市部は地下を通る計画。
大阪府 新大阪駅
大阪までは奈良市付近を経由する計画。


**東京−名古屋間**

| | |
|---|---|
| 路線長 | 286km |
| 所要時間 | 40分 |
| 建設費 | 7兆400億円 |

従来の見込み額に比べ、約1.5兆円増

**東京−新大阪間**

| | |
|---|---|
| 路線長 | 438km |
| 所要時間 | 67分 |
| 建設費 | 9兆300億円 |

**100字でナットク**

次世代高速鉄道をめざすリニア中央新幹線。ＪＲ東海が２０１５年に着工開始。世界最速の時速５００キロで東京―名古屋間を40分で結ぶ計画だが、南アルプストンネルの掘削をめぐって、静岡工区の工事は中断している。

**リニア中央新幹線**は、ＪＲ東海が建設を計画している新しい新幹線だ。リニアモーターカーによって、東京―名古屋間を最速40分、東京―新大阪間を最速67分で結ぶ。

**リニアモーターカー**とは、その名のとおり「リニアモーター」で動く車両のことだ。普通のモーターは、軸が回転する円筒型だが、リニアモーターは平べったいじゅうたんのような形で、それが線路に沿って動くようになっている。回転するのではなく、直線的（リニア）に動くのでリニアモーターというのだ。

現在実用化されているリニアモーターカーは、車両に車輪がついていて、リニアモーターで動くタイプが主流だ（都営地下鉄大江戸線など）。これに対し、リニア中央新幹線は磁力で車体を空中に浮き上がらせてすすむ「**磁気浮上式**《じきふじょうしき》」で建設される予定だ。車両側に電磁石、レール側にコイルを設置して車両をすすめると、

関連URL ≫≫
● JR 東海：超電導リニア　https://linear.jr-central.co.jp/
● JR 東海：中央新幹線　https://company.jr-central.co.jp/chuoshinkansen/linear/

## リニアモーターのしくみ

外側の電磁石を電気的に回転させると、それによって内側の回転子が回転する。

地上部の電磁石のS極とN極を次々に変化させ、車両部の電磁石を動かす。

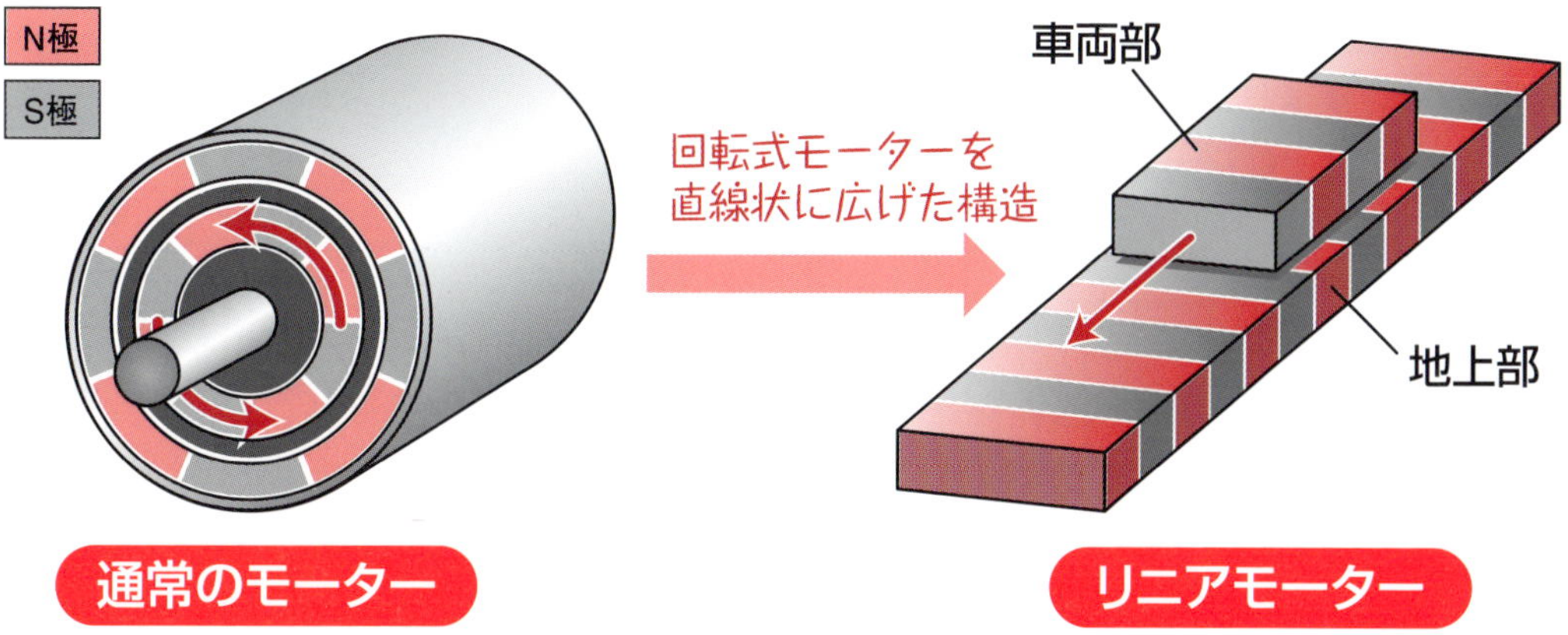

## リニア中央新幹線（JR 式マグレブ）

リニア中央新幹線の実験車両

浮上コイルで車両を地上から 10cm ほど浮き上がらせ、推進コイルで加速する。最高速度は、時速 603km を記録しているが、営業運転での最高時速は、安全性を考慮して 500km に抑える方針。

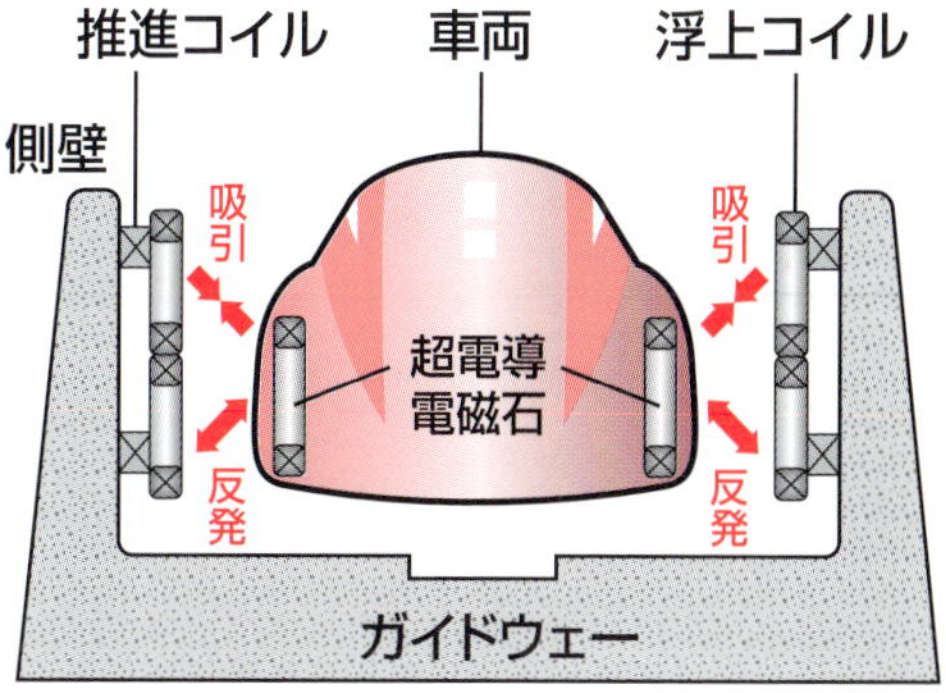

磁気浮上式のしくみ

電磁誘導《でんじゆうどう》によってコイルに電流が流れ、車両と反発する磁界が生じる。この反発力によって、車両が浮き上がるしくみだ。車両には**超電導電磁《ちょうでんどうでんじ》石《しゃく》**という強力な電磁石が使われる。

磁気浮上式は車輪から伝わる振動がなく、高速化が可能なのが特徴だ。

中央新幹線は、赤石山脈《あかいしさんみゃく》を貫くルートで建造がすすめられている。この**南アルプストンネル**は、地下1千メートルに全長25キロのトンネルをつくるという、前代未聞の大規模な掘削《くっさく》工事になる。そのため周辺自治体からは、残土の処理、水源の水量減少、生態系への影響などを懸念《けねん》する声もある。特に静岡県は、トンネル内の湧水《ゆうすい》を大井川《おおいがわ》へ全量戻すことを求めている。ＪＲ東海はこれに応じたものの、「先進坑の工事期間中はトンネル湧水を戻せない」として、交渉は決裂。静岡工区の工事は中断された。

２０２３年10月、大井川上流にある水力発電所（田代《たしろ》ダム）の取水を抑制し、工事期間に県外に流出する水量を補うことで、ＪＲ東海と東京電力が合意した。これにより、静岡工区の工事は再開される見込み。しかし、当初計画の２０２７年東京―名古屋間の開業は難しい状況だ。

ちょこっと時事

**スペースジェット開発断念**　２０２３年2月、三菱重工業は国産初のジェット旅客機スペースジェット（旧ＭＲＪ）の開発を断念すると発表した。開発は２００８年から進められていたが難航し、納入延期を繰り返していた。開発が長期化するにしたがい設計見直しが必要となり、事業からの撤退を決めた。

# 52

社会

# ギグワーカー

## 100字でナットク

ネットを通じて単発の仕事を請け負うギグワーカーが増えている。時間に拘束されず、ライフスタイルに合わせた働き方ができる反面、身分の保障がなく収入が不安定になるため、新たな労働問題も生まれている。

### ギグワーカーとは

**ギグ**（その場限りの演奏）
**＋**
**ワーカー**（働く人）
＝ インターネット上の仲介サイト（デジタルプラットフォーム）を介して単発の仕事を受注するフリーランスの労働者

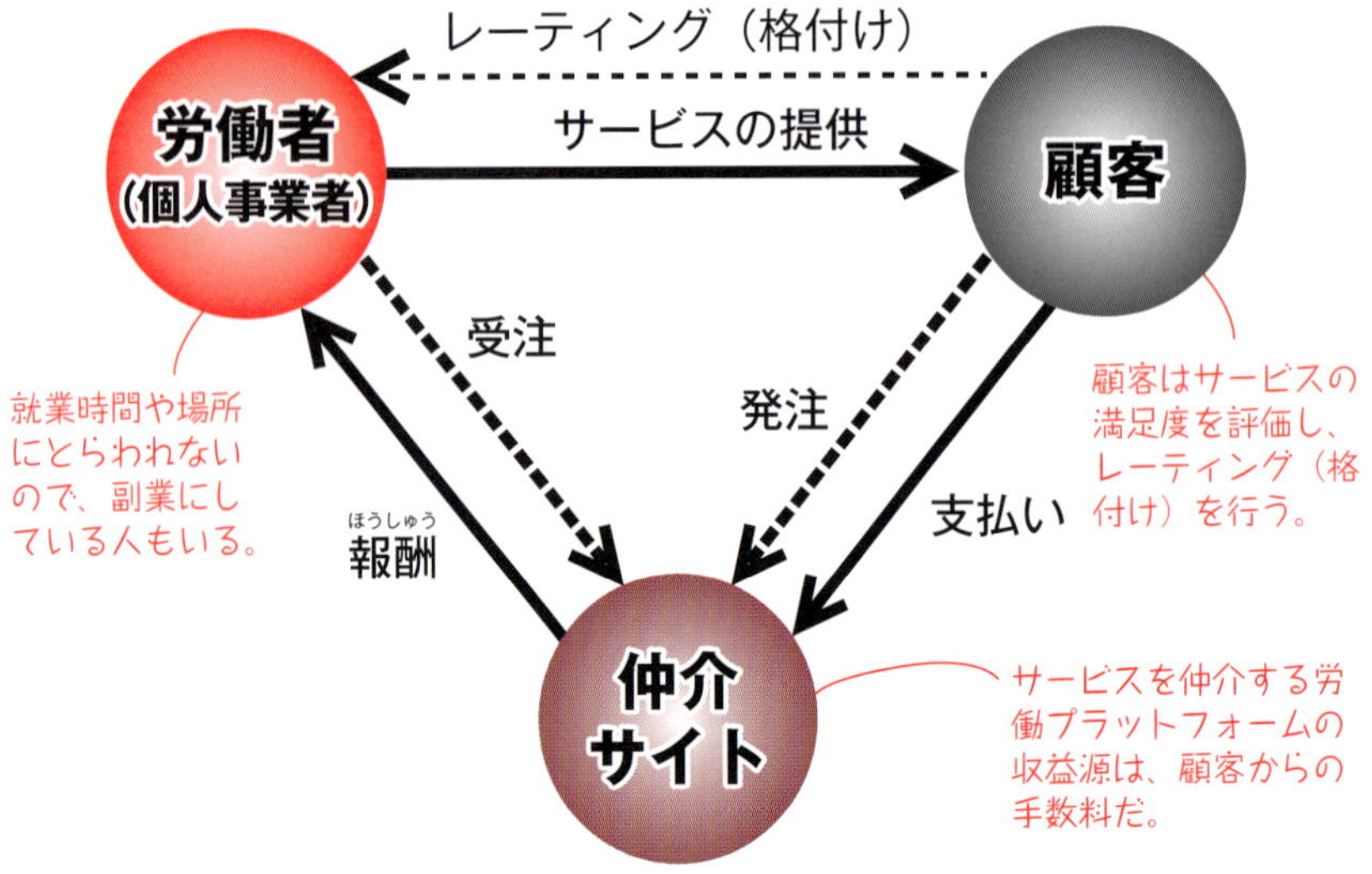

レーティング（格付け）
労働者（個人事業者）
サービスの提供
顧客
受注
発注
支払い
報酬《ほうしゅう》
仲介サイト
就業時間や場所にとらわれないので、副業にしている人もいる。
顧客はサービスの満足度を評価し、レーティング（格付け）を行う。
サービスを仲介する労働プラットフォームの収益源は、顧客からの手数料だ。


**メリット**

- 就業時間に拘束されず、単発で好きな時間、好きな場所で働くことができる。
- ライフスタイルに合わせた働き方ができる。
- 自分の趣味やスキルを活かすことができる

**デメリット**

- 収入が安定しない
- 個人事業主となるので福利厚生がない
- 労働者同士の競争が激しくなると、長時間労働や低賃金になる場合もある
- 組織に所属しないので孤立感が深まる

インターネット上に設けられた仲《ちゅう》介《かい》サイト（プラットフォーム）を利用して、単発の仕事を請《う》け負《お》う人を**ギグワーカー**という。ミュージシャンが即興で行うその場限りの演奏を示す英語「ギグ」と、働く人という意味の「ワーカー」を組み合わせた言葉だ。

もともと欧米で普及した働き方だが、日本では新型コロナウイルスの感染拡大の影響で急速に広がった。たとえば、飲食店の出前を配達する**フードデリバリーサービス**。利用者が登録店のメニューの中から品物を選んでアプリで注文すると、店の近くにいる配達員（ギグワーカー）に配達リクエストが届く。新型コロナウイルスの影響でテイクアウトの需要が増えたため、これまで出前をしていなかった飲食店も出前をはじめるようになり、急速に普及《ふきゅう》した。

また、通販会社や運送会社から、**個人事業主**として配達を請け負う**宅**

ちょこっと時事

**ライドシェア**　一般人が自家用車を用いて、顧客を目的地に有料で送り届けるサービス。日本では禁止されているが、海外ではウーバー社が1万以上の都市で提供している。近年、日本でも人員不足が原因のタクシー不足を解消するために、ライドシェアを解禁しようとする動きもある。

## ギグワーカーの例

### ●宅配請負

個人がネット通販会社や運送会社と業務委託を結び、自分の軽貨物車や貸トラックを使って宅配を行う。勤務時間や配達地域はスマホアプリで選択し、配達ルートもアプリで表示される。

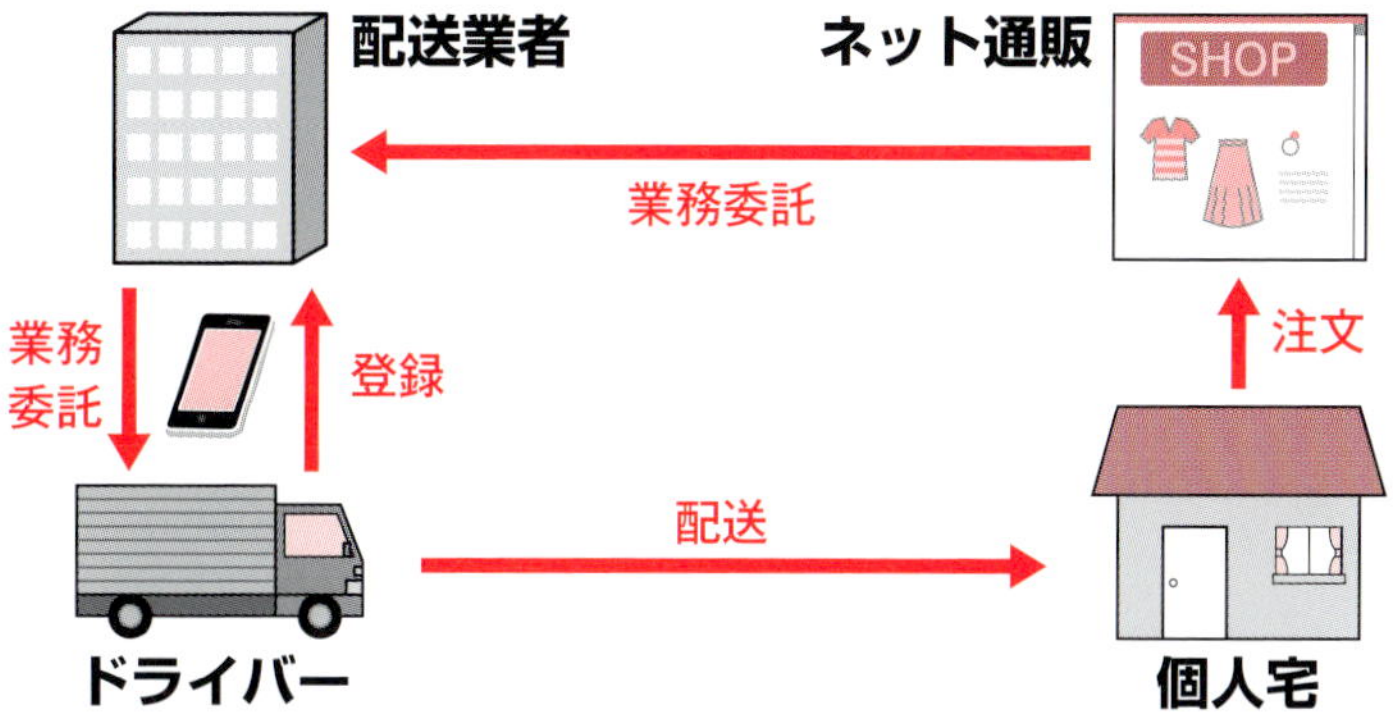


### ●フードデリバリーサービス

利用者はアプリから、提携《ていけい》している飲食店のメニューの料理を選んで注文する。飲食店の近くにいる配達員に配達リクエストが届くので、指定された時間にできた料理を取りに行き、利用者に配達する。新型コロナウイルス感染拡大でテイクアウト需要が増えて急速に普及し、それに伴い配達員も増えた。

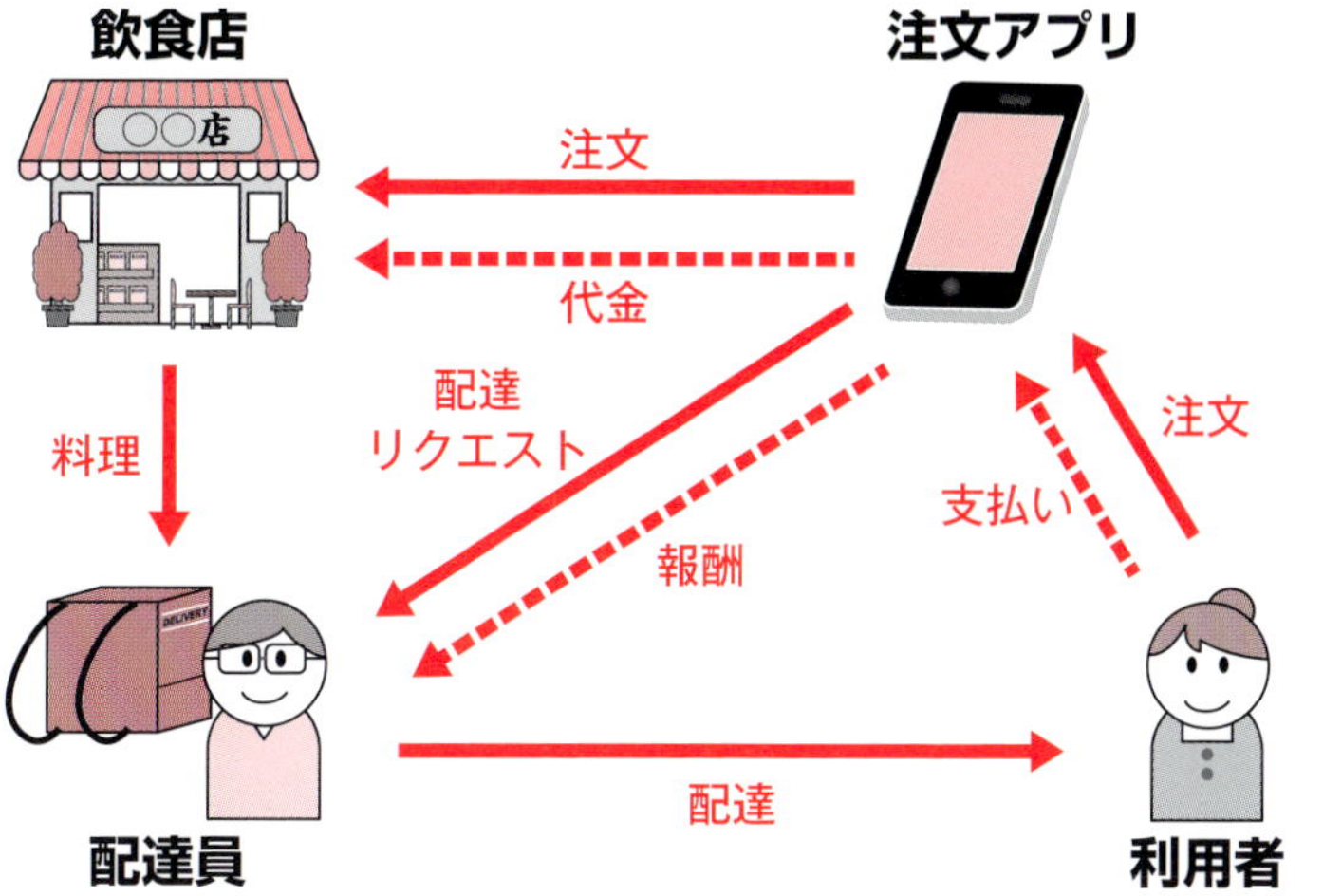


### ●クラウドソーシング

企業が外注したい仕事を仲介サイトに登録し、個人がその中から自分のスキルに合わせた仕事を受注する。サラリーマンや主婦が副業として引き受ける場合もある。

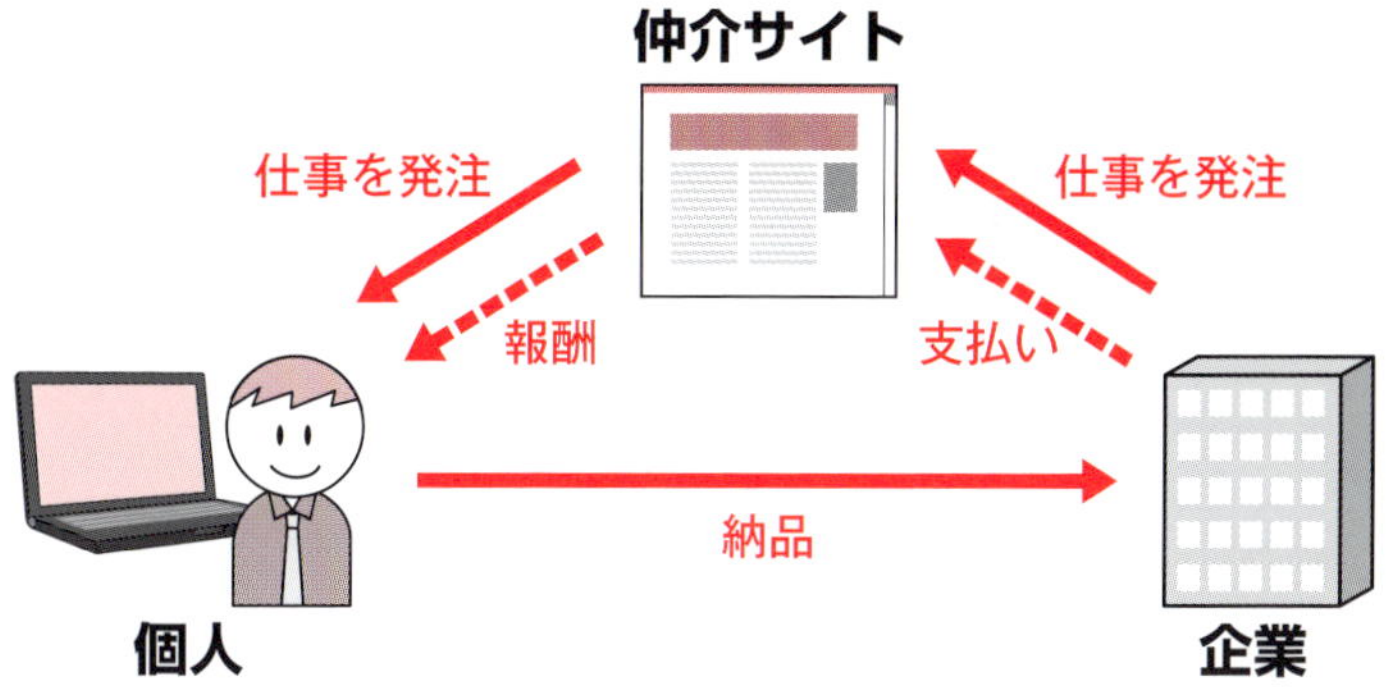


**配配達員**が増加している。これも新型コロナでインターネット通販の利用者が増えた影響だ。ギグワーカー自体、新型コロナで失業したり、仕事が減ってしまった人の受け皿になっているという現状がある。

　ギグワーカーは、就業《しゅうぎょう》時間や場所にとらわれず、比較的自由に仕事ができる新しい働き方だ。サラリーマンや主婦が副業として取り組むこともできる。

　一方、**個人事業主として働くことになるので、収入が安定しない**といった問題もある。従来からある日雇い労働の場合は、会社側と労働者が雇用契約を結ぶが、ギグワーカーはあくまで業務委託。最低賃金の保障はなく、労災保険などの福利厚生もない。事故でケガをすれば補償はなく、収入も絶たれることになる。受注は他のギグワーカーとの争奪戦になるので、報酬の交渉も困難だ。このように労働者としての立場が弱く、権利が大幅に制限されるため、新たな労働問題を生んでいる。

　欧米では、ギグワーカーと企業との雇用関係を認める動きがあるが、日本ではほとんど議論がすすんでいない。

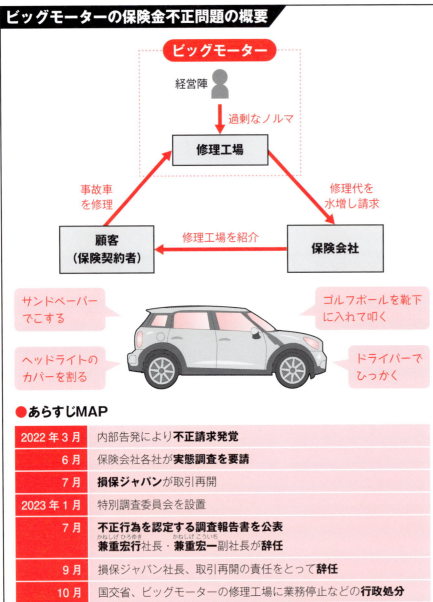

53

社会

# ビッグモーターの保険金不正請求問題

## ビッグモーターの保険金不正問題の概要

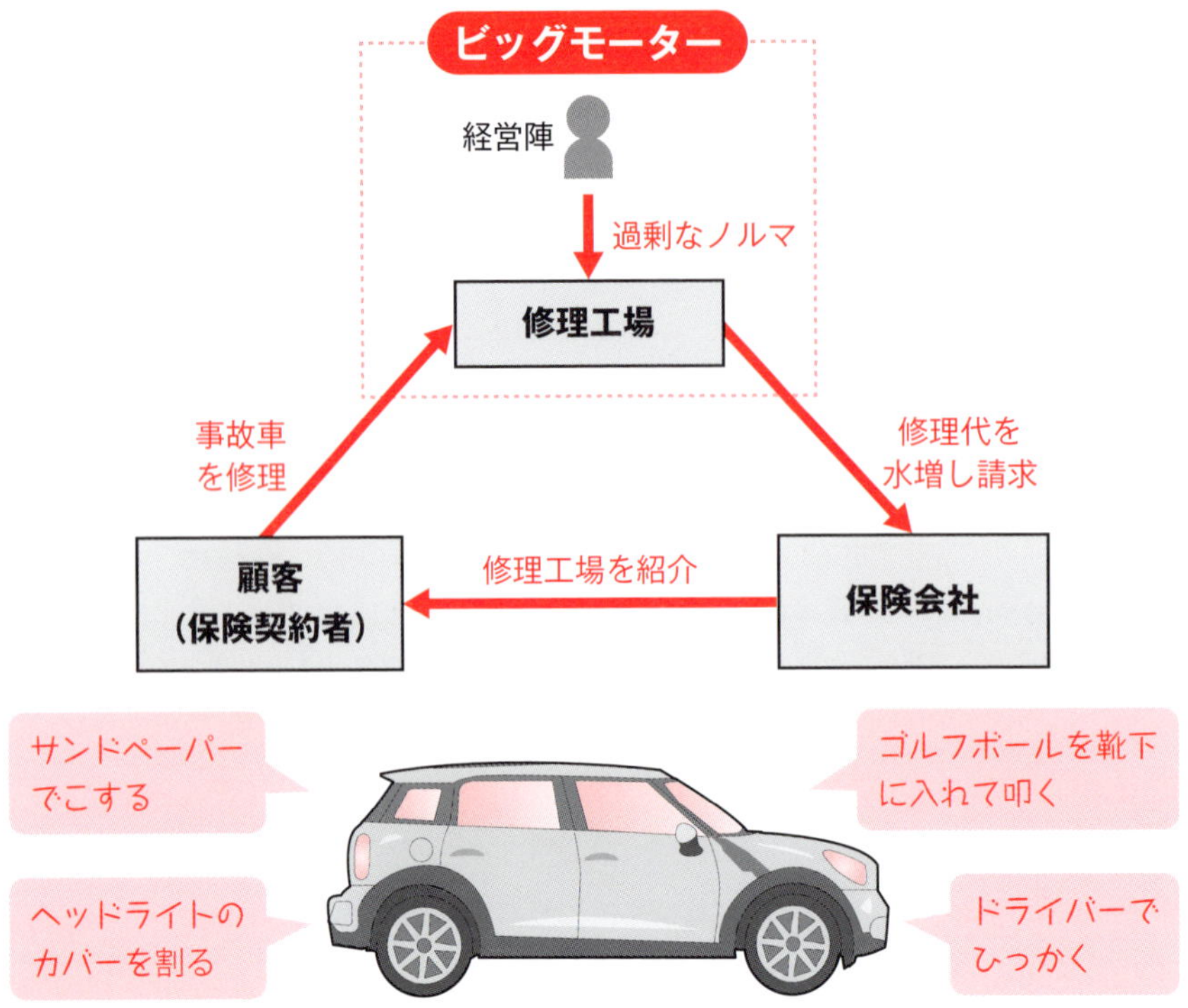
ビッグモーター
経営陣
過剰なノルマ
修理工場
事故車
を修理
修理代を
水増し請求
顧客
（保険契約者）
修理工場を紹介
保険会社
サンドペーパー
でこする
ゴルフボールを靴下
に入れて叩く
ヘッドライトの
カバーを割る
ドライバーで
ひっかく

●あらすじMAP

| | |
|---|---|
| 2022年3月 | 内部告発により**不正請求発覚** |
| 6月 | 保険会社各社が**実態調査を要請** |
| 7月 | **損保ジャパン**が取引再開 |
| 2023年1月 | 特別調査委員会を設置 |
| 7月 | **不正行為を認定する調査報告書を公表**<br>**兼重宏行**《かねしげひろゆき》社長・**兼重宏一**《かねしげこういち》副社長が**辞任** |
| 9月 | 損保ジャパン社長、取引再開の責任をとって**辞任** |
| 10月 | 国交省、ビッグモーターの修理工場に業務停止などの**行政処分** |
| 11月 | 金融庁、ビッグモーターの保険代理店**登録取消し** |

**100字でナットク**

中古車販売大手のビッグモーターでは、修理工場で顧客の自動車を故意に傷つけ、修理代を水増しして保険会社に請求していた。背景には経営陣が現場に押し付けた過剰なノルマがあったとみられている。

　中古車販売大手の**ビッグモーター**が、自動車保険の保険金を不正請求していたことが発覚した。顧客から修理を依頼された自動車を故意に傷つけ、保険会社に請求する保険金を水増しするというものだ。不正行為は全社的に行われており、ほとんど組織的なものだった。

　不正が横行した背景には、同社の経営陣が現場に押し付けていた過剰なノルマがあった。修理の内容次第であるはずの修理業務にも売上ノルマがあり、達成できなければ会議で攻められたり、降格処分になったという。同社をめぐっては、各地の店舗前の街路樹が枯れたり、伐採されたりしていることも発覚した。経営幹部が各店舗に対し、厳しい環境整備を課した結果とみられている。

　経営陣が売上拡大のために現場に無理を強いた結果、従業員のモラルが崩壊し、会社は社会的信用を失ってしまった。

関連URL ››› ●厚生労働省　https://www.mhlw.go.jp/

# 54 社会 ジョブ型雇用

## 100字でナットク

日本従来型のメンバーシップ型雇用に対し、担当する業務が明確なジョブ型雇用の導入がすすんでいる。長時間労働解消や同一労働同一賃金にはジョブ型雇用が適しているが、どちらの雇用形態にも一長一短がある。

### メンバーシップ型雇用とジョブ型雇用

| メンバーシップ型雇用 | ジョブ型雇用 |
|---|---|
| 一括採用してから業務を割り当て | 必要な業務を担当する人を個別に採用 |

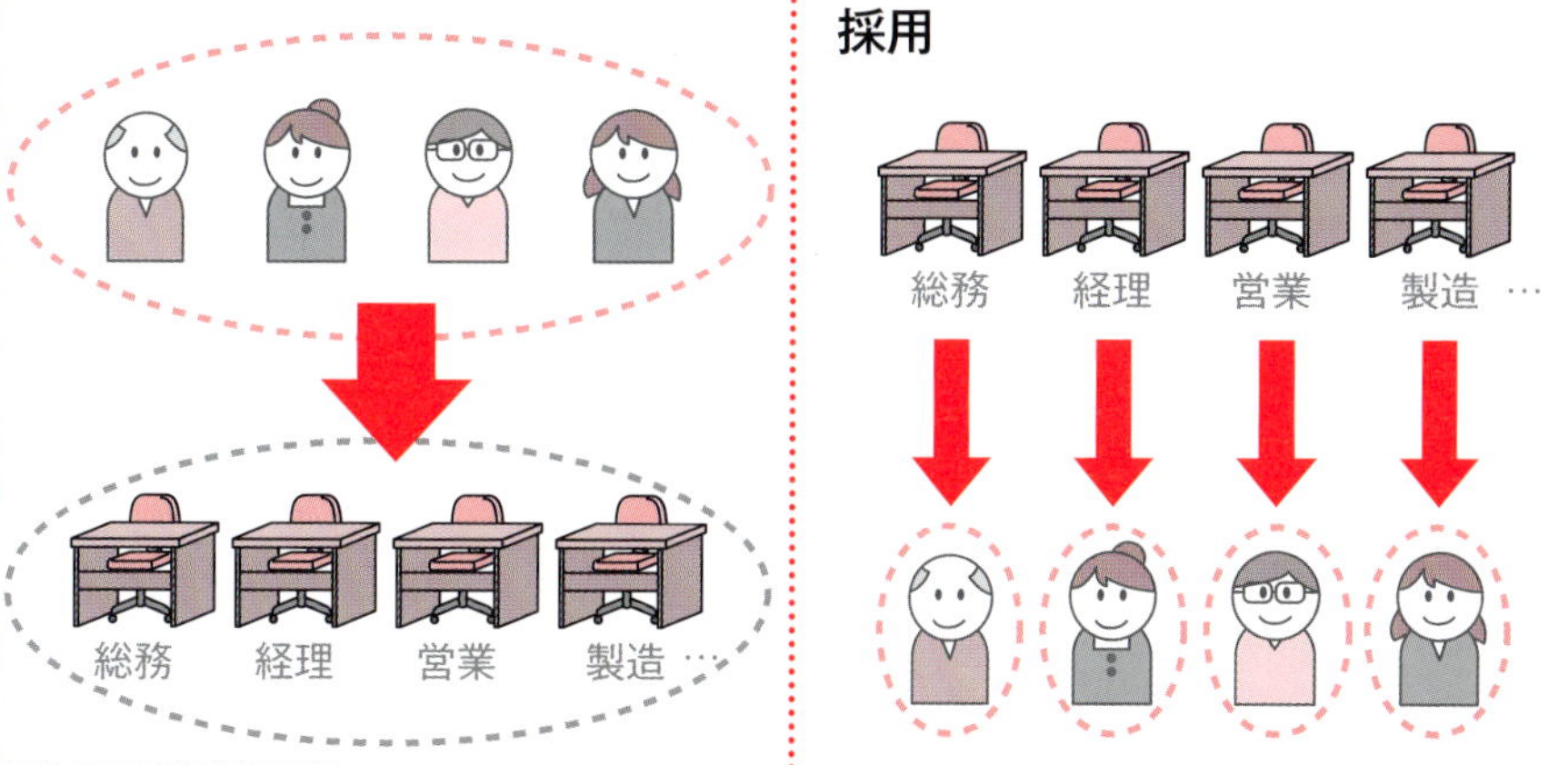


| | メンバーシップ型雇用 | ジョブ型雇用 |
|---|---|---|
| メリット | ・担当業務がなくなっても別の業務に配置替えになるので、解雇されにくく、雇用が安定する。<br>・社員教育などでキャリアを積むことができる。 | ・ジョブディスクリプション（職務記述書）により、担当業務の範囲や勤務条件が明確になるため、長時間労働や不合理な待遇差が生じにくい。<br>・中途採用で転職しやすい。 |
| デメリット | ・仕事の範囲が明確でないので長時間労働になりやすい。<br>・会社の都合で転勤や配置替えになるので、働きながら子育てや介護をするのが難しい。<br>・正社員と非正規社員との間に待遇差が生まれやすい。<br>・転職がしにくい。 | ・担当業務がなくなれば解雇される。<br>・職場内でキャリアアップするのが難しい。<br>・企業側としては組織への帰属感が低下し、人材が流出しやすい。 |

日本の企業は、新卒一括採用でとりあえず必要な人数を雇《やと》ってから、各自に仕事を割り振ることが多い。人事異動で就職後に勤務地や仕事内容が変わることもめずらしくない。「就職＝会社のメンバーになること」であるこのような雇用形態は**メンバーシップ型雇用《こよう》**と呼ばれる。

これに対し、欧米ではやるべき仕事がまずあり、それをこなしてもらうために人を雇う。このような雇用形態を**ジョブ型雇用**という。

メンバーシップ型雇用では、一度就職すれば雇用は安定する反面、正社員と非正規社員との待遇の違いを生みやすいため、**同一労働同一賃金**のさまたげになっている。一方、ジョブ型雇用では担当業務がなくなればすぐ解雇《かいこ》されるが、仕事内容や条件が前もって決められているので、長時間労働や不合理な待遇差は生じにくい。このように、どちらの雇用形態にも一長一短がある。

### ちょこっと時事

**フリーランス新法**　2023年4月、誰にも雇われずにフリーランスで働く人を保護するフリーランス新法が国会で可決・成立した（公布後1年6か月以内に施行）。発注者に対し、業務内容や報酬額を書面やメールで明示することや、納品後60日以内に報酬を支払うことなどを義務付け、報酬の不当な減額を禁止している。

55
社会

# トランスジェンダー

**100字でナットク**

トランスジェンダーとは、出生時の性別と自認する性別が異なる人。戸籍上の性別を変更する場合、現行法では生殖能力をなくす手術が必要となる。2023年10月、最高裁はこの要件を違憲とする判断を出した。

**トランスジェンダー**とは、生まれたときに割り当てられた性別と、自分の自認する性別が異なる人のこと。身体的性と性自認の不一致を医学的に解消する必要がある場合は**性同一性障害**と診断されるが、病気ではないので近年では「**性別不合**」などともいわれる。

**LGBT**の最初の3つは性的指向（好きになる人の性別）に着目したものだが、Tのトランスジェンダーは性的指向とは関係がない。たとえばトランスジェンダーの女性（出生時は男性で性自認は女性）が男性を好きなら、同性愛ではなく異性愛だ。

日本の現行法でトランスジェンダーの人が戸籍上の性別を変更するには、**生殖能力をなくす手術が必要**などの要件がある。2023年10月、最高裁はこの手術要件を「**違憲**」とする初めての判断を出した。判決を受け、国は性同一性障害特例法の改正の検討をはじめるとしている。

## 性同一性障害特例法

**性同一性障害特例法**

2人以上の医師が性同一性障害と診断している人で、「**性別変更の5要件**」を満たしている場合は、戸籍上の性別変更が可能

**性別変更の5要件（性同一性障害特例法）**

①18歳以上

②現在結婚していない

③未成年の子どもがいない

手術要件

④**生殖不能要件**：生殖腺（卵巣や精巣）がないか、その機能を永続的に欠く

⑤**外観要件**：変更する性別の性器に似た外観を備えている

↓

**手術要件は人権侵害として提訴**

↓

**2023年10月の最高裁判決**

④の生殖不能要件を「**違憲**」と判断

⑤の外観要件については**判断せず**（高裁差戻し）

参照 LGBTQ+ってなに？ ››› P6　LGBT理解増進法 ››› P26

# 56 社会

# 同性婚

## 100字でナットク

日本でも同性婚を認めるべきだという声が高まっている。同性婚が認められなくても大多数の人にとって不都合はないが、少数派の人の選択肢を増やすことにつながる。人権を尊重するなら、少数派の声に耳を傾けるべきだ。

関連URL ››› ●公益社団法人 Marriage For All Japan　https://www.marriageforall.jp/

### 同性婚の必要性

| | 法律婚 | 事実婚（異性間） | 同性カップル |
|---|---|---|---|
| 婚姻届の提出・受理 | ○ | ×（提出しない） | ×（受理できない） |
| 戸籍 | 同じ戸籍 | 別の戸籍 | 別の戸籍 |
| 姓 | 同姓 | 別姓 | 別姓 |
| 住民票の記載 | 妻／夫 | 妻／夫（または未届） | 同居人 |
| 同居・協力・扶助義務 | ○ | ○ | ？ |
| 貞操義務（浮気への損害賠償） | ○ | ○ | 認められた裁判例あり |
| 法定相続権 | ○ | × | × |
| 配偶者控除（所得税） | ○ | × | × |
| 関係解消時の財産分与 | ○ | ○ | ？ |
| 子どもの親権 | 共同親権 | 原則母親 | 一方のみ |
| 社会保険・健康保険の扶養家族 | ○ | ○ | × |
| 遺族年金 | ○ | ○ | × |
| 病院での面会・手術同意 | ○ | △ | △ |

**●同性婚をめぐる訴訟**

| | |
|---|---|
| 2021年3月 | 札幌地裁「違憲」 |
| 2022年6月 | 大阪地裁「合憲」 |
| 2022年11月 | 東京地裁「違憲状態」 |
| 2023年5月 | 名古屋地裁「違憲」 |
| 2023年6月 | 福岡地裁「違憲状態」 |

同じ性別の人同士が愛し合うことはもちろん犯罪ではない。しかし現在の日本は同性同士の結婚を認めておらず、同性カップルは法律上さまざまな不都合をこうむる場合がある。最近では**同性パートナーシップ制度**を設けている自治体も増えているが、**同性婚**を認めるべきだという声が次第に強くなってきた。世界的にも同性婚を認める国は増えており、先進7か国（G7）で認めていないのは日本だけだ。

同性婚をめぐっては、全国5か所で「同性婚を認めないのは憲法に違反している」と国を訴えた**集団訴訟**が起こされている。2023年現在の司法判断は、違憲が2、違憲状態が2、合憲1で、同性婚の法制化を国にうながす判断が優勢だ。

なお、**憲法24条**は婚姻は「両性の合意」に基づくとしているが、この規定は強制的な結婚を禁止するものと解釈するのが一般的だ。

**ちょこっと時事**

**年収の壁**　国民年金の第3号被保険者（会社員に扶養されている人）は保険料の負担がないが、年収が106万または130万円を超えると負担が生じ、手取り収入が減ってしまう。政府は経済対策の一環として、従業員の手取り収入を減らさない取組を行う企業に助成金を支給するなどの対策を2023年10月から開始した。


参照 選択的夫婦別姓 ››› P62

57

環境・健康

# 新型コロナ感染症「5類」に引き下げ

**100字でナットク**

2023年5月、政府は新型コロナウイルス感染症の分類を、これまでの「2類相当」から5類に引き下げた。外出自粛などの厳しい措置はなくなり、平常の社会経済活動と両立していくウィズコロナが日常となる。

## 新型コロナウイルス感染症

**コロナウイルス**

ヒトにまん延《えん》している風邪のウイルス4種類と、動物から感染する重症肺炎ウイルス2種類が知られている。（国立感染症研究所より）

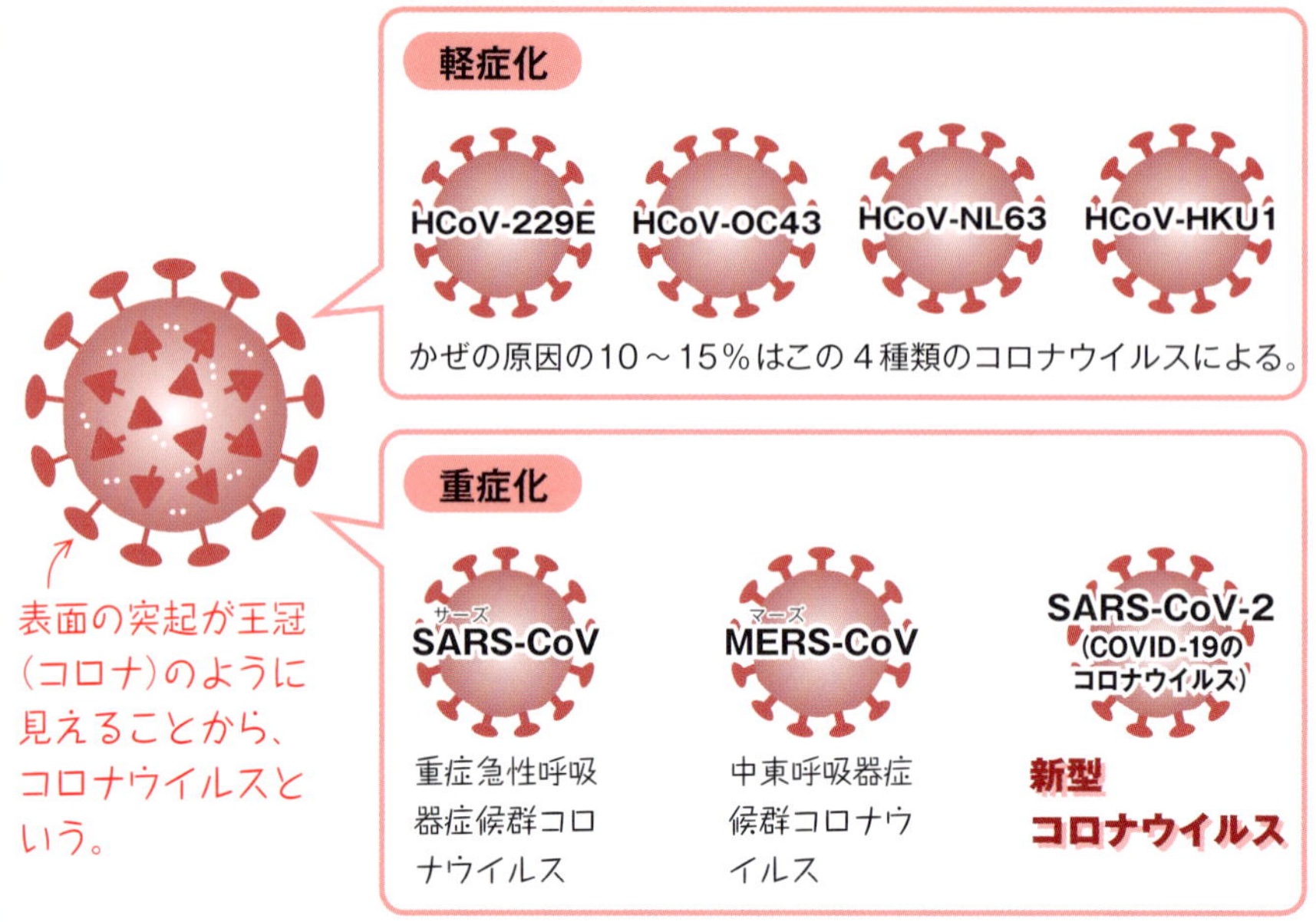

軽症化
HCoV-229E
HCoV-OC43
HCoV-NL63
HCoV-HKU1
かぜの原因の10～15％はこの４種類のコロナウイルスによる。
重症化
SARS《サーズ》-CoV
重症急性呼吸器症候群コロナウイルス
MERS《マーズ》-CoV
中東呼吸器症候群コロナウイルス
SARS-CoV-2
（COVID-19の
コロナウイルス）
新型
コロナウイルス
表面の突起が王冠（コロナ）のように見えることから、コロナウイルスという。


●感染症の分類（感染症法）

| 類 | 主な感染症 |
|---|---|
| 1類 | エボラ出血熱、天然痘、ペスト |
| 2類 | 結核、ジフテリア、SARS、MERS |
| 3類 | コレラ、細菌性赤痢、腸チフス |
| 4類 | E型肝炎、A型肝炎、黄熱、狂犬病、マラリア |
| 5類 | 季節性インフルエンザ、梅毒、麻疹、新型コロナウイルス |
| 新型インフルエンザ等感染症 | 新型インフルエンザ |

コロナとはラテン語で「王冠」という意味。ウイルスの表面の突起が王冠のように見えることから**コロナウイルス**という。2019年末に中国の武漢市で発見された新型コロナウイルスは世界各国に拡大し、またたく間に**パンデミック**（世界的な大流行）を引き起こした。日本では2020年1月に国内で初めての患者が確認され、4月には全国に緊急事態宣言が出された。

**日本の感染症法**は、感染症を**危険度の高い順に1～5類に分類**している。新型コロナウイルスは新しい感染症だったため、類型外の「指定感染症」に位置付けられ、入院勧告や就業制限などの措置が可能な「**2類相当**」の対策がとられた。その後、特別措置法によって対策を定める「**新型インフルエンザ等感染症**」に位置付けが変更され、緊急事態宣言やまん延防止等重点措置といった2類より厳しい行動制限を課すこと

関連URL ›››
●NIID国立感染症研究所　https://www.niid.go.jp/niid/ja/
●厚生労働省　https://www.mhlw.go.jp/stf/corona5rui.html

## 5類移行

| | 5類移行前 | 5類移行後 |
| --- | --- | --- |
| 外出自粛 | 患者：発症翌日から**7日間** | 患者：発症翌日から**5日間**（推奨） |
| | 濃厚接触者：**5日間** | 濃厚接触者：**なし** |
| 診察 | 発熱外来のみ | 幅広い医療機関に拡大 |
| 医療費 | 全額公費負担 | 一部を自己負担 |
| ワクチン接種 | 全額公費負担 | 全額公費負担 |
| マスク | 着用を推奨（屋内は原則着用） | 個人の判断 |
| 患者数公表 | 全数を公表 | 定点医療機関からの報告を週1回集計 |

## 1医療機関当たりの平均患者数推移（全国）

5類移行後、感染者の全数は把握せず、医療機関当たりの患者数の増減で流行をとらえる。

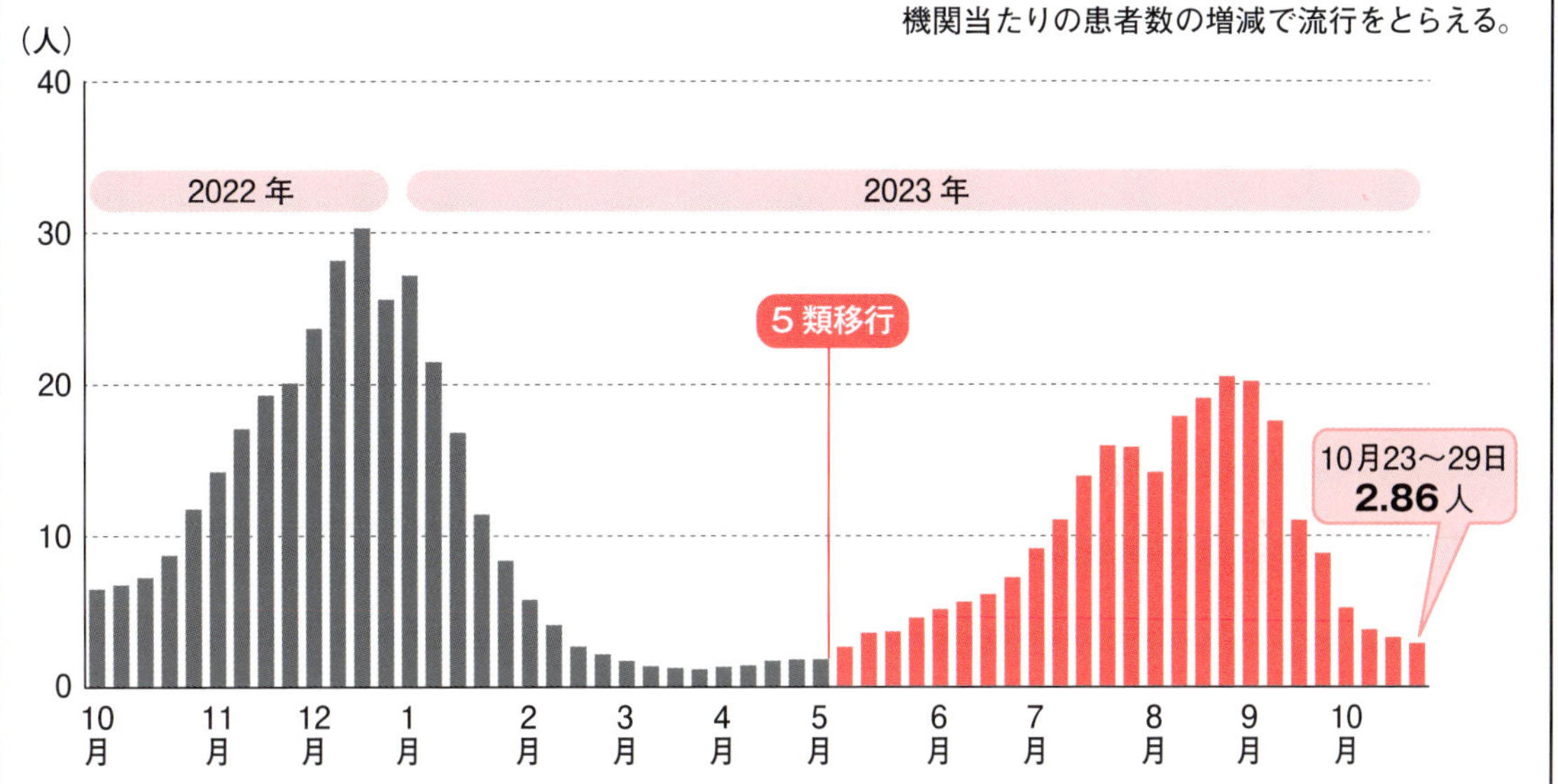


※5月7日以前：過去データを元にした参考値（厚生労働省）
5月8日以後：国立感染症研究所公表データ

が可能になった。しかし、2021年末頃から拡大した**オミクロン株**は従来株より重症化しにくい傾向にあり、平常の社会経済活動をしながら感染防止を図る**ウィズコロナ**を求める声も高くなったことから、2023年5月、政府は新型コロナの位置付けを**季節性インフルエンザなどと同じ「5類」に変更**した。

5類への移行により、感染者の外出自粛は強制ではなくなり、発症翌日から5日間外出を控えることが推奨される。濃厚接触者への外出自粛要請もなくなった。マスク着用は個人の判断にゆだねられる。

患者対応は発熱外来中心から、幅広い医療機関による通常の対応に段階的に拡大された。医療費はこれまで全額公費負担だったが、一部が患者の自己負担となった。なお、ワクチンについては引き続き自己負担なく接種できる。

新規患者数はこれまで国が全数を把握・公表していたが、5月以降は全国の定点医療機関からの報告に基づき、週1回の公表となった。

5類移行までの国内感染者数は累計で約3380万人、死者数は約7万5千人にのぼった。

ちょこっと時事

**HPVワクチン**　子宮頸がんの原因となるヒトパピローマウイルスの感染を予防するワクチン。小学6年から高校1年の女性を対象とする定期接種が2013年に始まったが、接種後けいれんなどの症状を訴える声が相次ぎ、積極的勧奨が中止された。しかし接種と症状の関連は確認できず、2022年4月から定期接種が再開された。

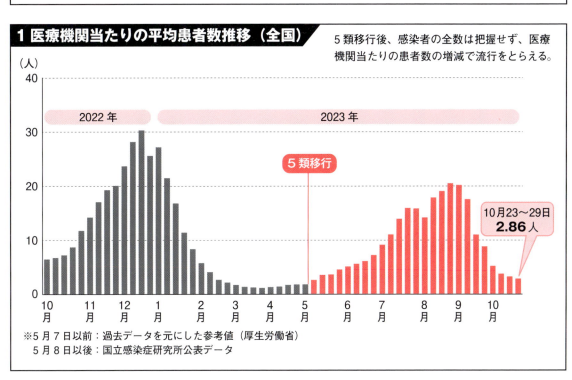

# 日本の原子力発電所

**100字でナットク**

原子力発電は、ウランの核分裂を制御して熱エネルギーを取り出す仕組み。現在日本には33基の現役原子炉があり、そのうちの11基が稼働している。使用済み燃料の処分や事故対策など、解決の難しい課題も残されている。

## 軽水炉のしくみ

### ● 沸騰《ふっとう》水型軽水炉（BWR）

※Boiling Water Reactor

事故をおこした福島第一原発は、このタイプだ。

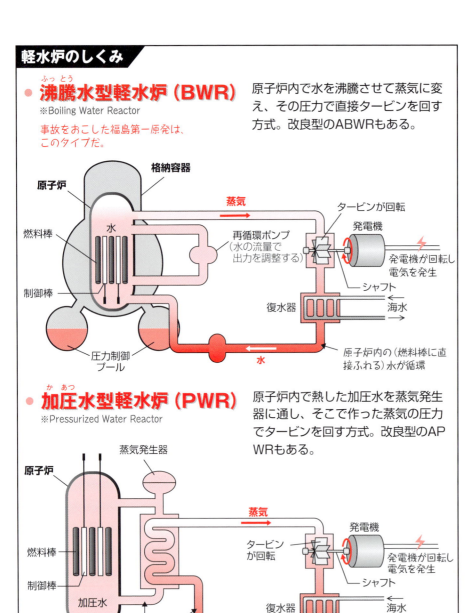

原子炉内で水を沸騰させて蒸気に変え、その圧力で直接タービンを回す方式。改良型のABWRもある。

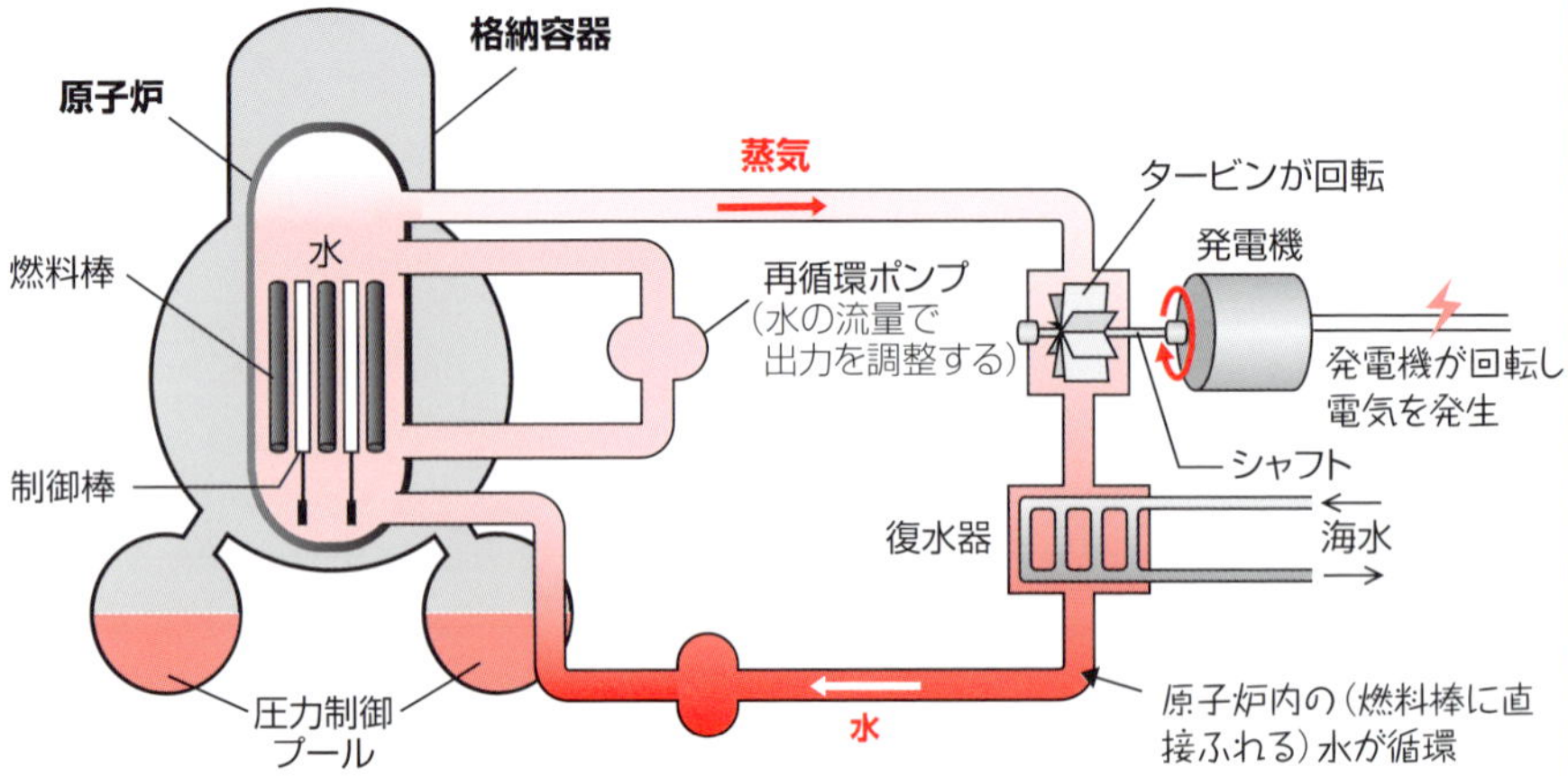


### ● 加圧《かあつ》水型軽水炉（PWR）

※Pressurized Water Reactor

原子炉内で熱した加圧水を蒸気発生器に通し、そこで作った蒸気の圧力でタービンを回す方式。改良型のAPWRもある。

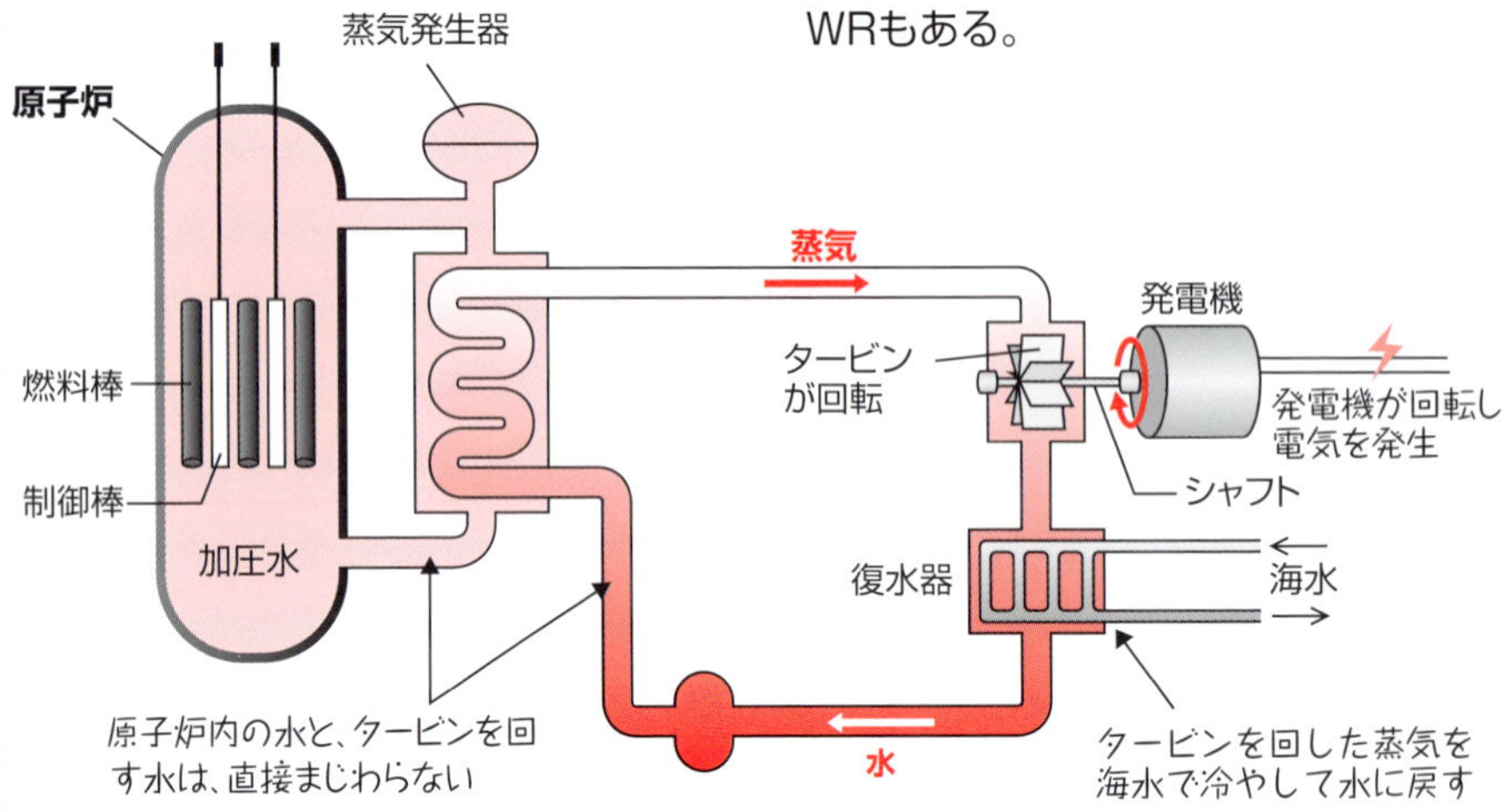


物質の原子は、中心にある原子核と、その周囲を回る電子で構成されている。原子核は陽子《ようし》と中性子《ちゅうせいし》という粒子が結合してできている。**ウラン235**という物質の原子の原子核が中性子を吸収すると、原子核が分裂し、大きな熱エネルギーが放出される。これが**核分裂**だ。このとき、壊れた原子核から飛び出した中性子は別の原子核に吸収され、連鎖的《れんさてき》に核分裂が起きる。**原子力発電**は、この核分裂の連鎖反応を原子炉の中で人工的に起こし、それによって生じる熱エネルギーを利用して発電する発電方式だ。

現在日本の原子力発電所では、原子炉の中を水で満たす**軽水炉《けいすいろ》**と呼ばれる原子炉が使われている。**沸騰水《ふっとうすい》型《がた》軽水炉**（BWR）は原子炉の中で水を沸騰させ、その蒸気の力でタービンを回すタイプ。**加圧水型《かあつすいがた》軽水炉**（PWR）は高圧の水を原子炉で加熱し、その熱で別の配管の水を蒸気に

●原子力発電（電気事業連合会） https://www.fepc.or.jp/enterprise/hatsuden/nuclear/
●原子力規制委員会 https://www.nsr.go.jp/

## 日本の原子力発電所 MAP

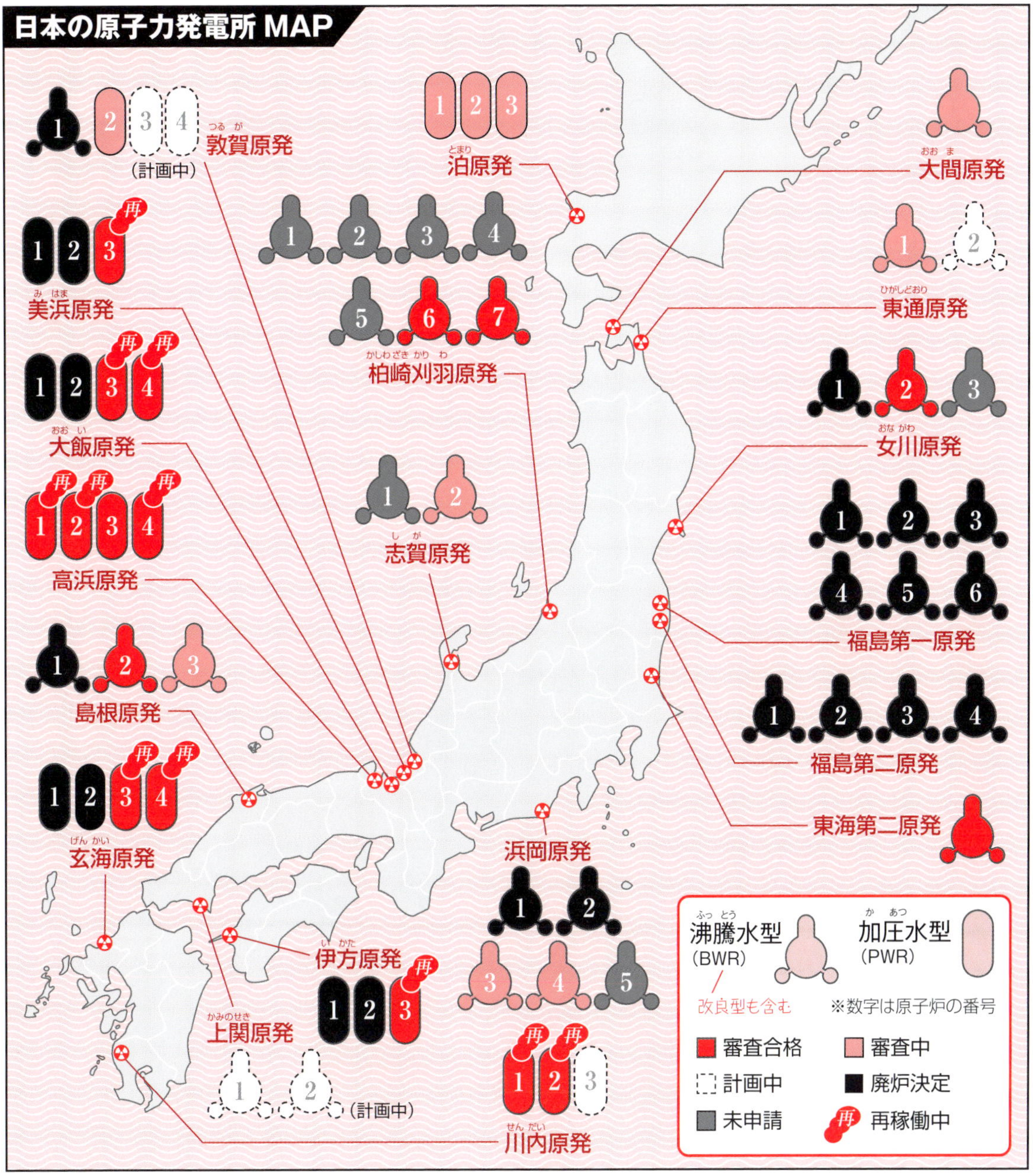
敦賀《つるが》原発
1 2 3 4
（計画中）
泊《とまり》原発
1 2 3
大間《おおま》原発
美浜《みはま》原発
1 2 3
再
柏崎刈羽《かしわざきかりわ》原発
1 2 3 4 5 6 7
東通《ひがしどおり》原発
1 2
大飯《おおい》原発
1 2 3 4
再
女川《おながわ》原発
1 2 3
高浜原発
1 2 3 4
再
志賀《しが》原発
1 2
福島第一原発
1 2 3 4 5 6
島根原発
1 2 3
福島第二原発
1 2 3 4
玄海《げんかい》原発
1 2 3 4
再
東海第二原発
浜岡原発
1 2 3 4 5
伊方《いかた》原発
1 2 3
再
上関《かみのせき》原発
1 2
（計画中）
川内《せんだい》原発
1 2 3
再
沸騰《ふっとう》水型
(BWR)
改良型も含む
加圧《かあつ》水型
(PWR)
※数字は原子炉の番号
審査合格
審査中
計画中
廃炉決定
未申請
再稼働中

変えるタイプだ。

現在日本国内には、現役の原子炉が33基ある（沸騰水型が17基、加圧水型が16基）。2011年3月の**福島第一原発の事故**（24ページ）により、国内で稼働していた原子炉は定期検査の時期を迎えた順に運転を停止し、そのまま運転再開ができなくなってしまった。従来の安全基準のままでは、同じような事故を防げる保証がないからだ。

そのため政府は、**原子力規制委員会**という機関を新たに設け、地震・津波対策や過酷《かこく》事故対策を強化した新規制基準を作成した。各電力会社は、新基準に合格したものから順次再稼働をすすめていく方針だ。現在までに17基が審査に合格し、そのうち11基が再稼働しているが、審査に合格しても、地元自治体の同意が得られず再稼働の見通しが立っていない原子炉もある。

福島の事故後、原発の運転期間は原則40年、安全審査により最長60年までに制限されていた。しかし、2023年5月に成立した**GX脱炭素電源法**により、審査などによる停止期間を運転期間から除くことで、**60年を超える運転が可能**になる。

### ちょこっと時事

**GX（グリーントランスフォーメンション）** 温室効果ガスを発生させる化石燃料を、太陽光発電、風力発電などの再生可能エネルギーに転換していく取り組みのこと。原子力発電も発電時には温室効果ガスを排出しないため、政府はGXを原発推進の根拠のひとつとしている。


参照 福島第一原発の処理水放出 ››› P24 核燃料サイクル ››› P124 核のごみ ››› P126

# 核燃料サイクル

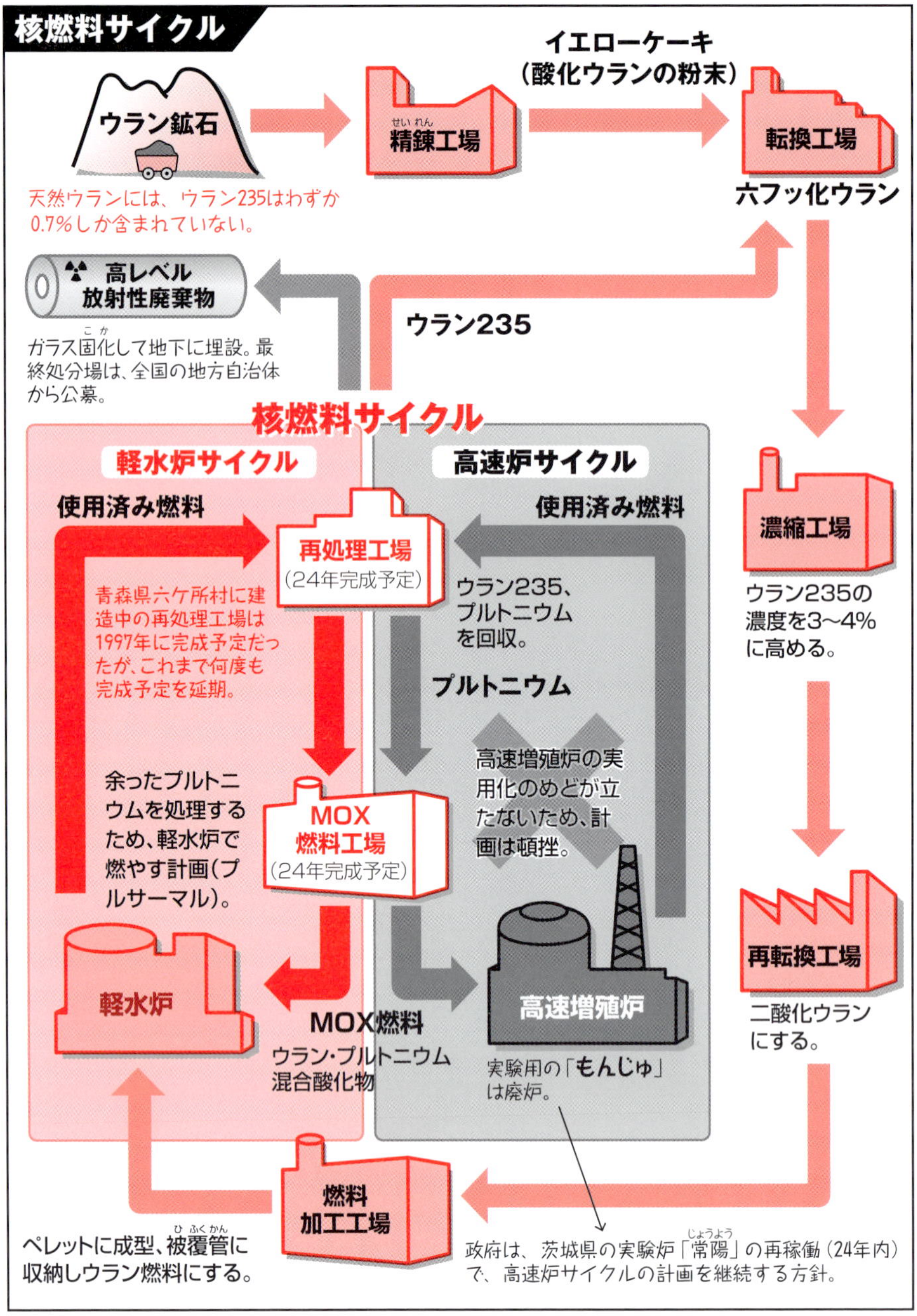


## 100字でナットク

核燃料サイクルは、使用済み核燃料をリサイクルして効率的に利用しようとするものだ。しかし、高速増殖炉「もんじゅ」はトラブルが続いて実用化を断念。再処理工場も完成のめどが立たず、計画は何度も延期されている。

原子炉で使い終わった核燃料を、ゴミとして処分せず、もう一度燃料としてリサイクルするのが**核燃料サイクル**だ。

核燃料に含まれる物質の中で、核分裂によってエネルギーを生み出すのは**ウラン235**という物質だ。この物質はウラン鉱石に約0.7％しか含まれていないため、原発では濃度を3～4％に高めて使う。残りはほとんどが核分裂しない**ウラン238**という物質だ。原子炉で核燃料を使うと、ウラン238から**プルトニウム239**という物質ができる。このプルトニウムをウランと混《ま》ぜて、**MOX《モックス》燃料**という燃料に加工し、**高速増殖炉《こうそくぞうしょくろ》**という原子炉で利用するのが、核燃料サイクルの当初のアイデアだった（高速炉サイクル）。高速増殖炉は、原子炉の中でウラン238をプルトニウムに変化させる。使っている間に燃料のプルトニウムが増えていくので、非常に効率

関連URL ›››
●原子燃料サイクル（電気事業連合会）　https://www.fepc.or.jp/nuclear/cycle/
●日本原燃株式会社　https://www.jnfl.co.jp/

## プルサーマル

**プルサーマル**
プルトニウム　軽水炉

プルトニウムとウランを混合したMOX《モックス》燃料（Mixed Oxide Fuel）を、軽水炉で利用すること。

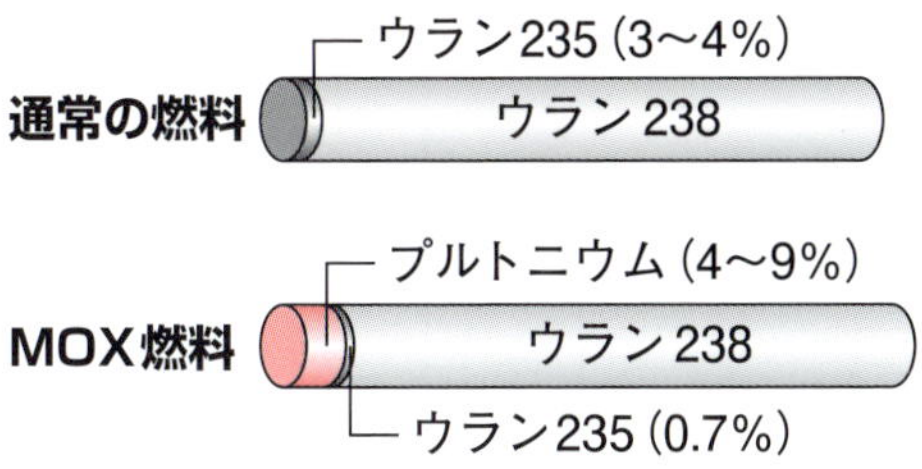
ウラン235（3〜4%）
通常の燃料
ウラン238
プルトニウム（4〜9%）
MOX燃料
ウラン238
ウラン235（0.7%）

高速増殖炉が実用化できないため、余ったプルトニウムを処分するための苦肉の策ともいえるが、事故時の危険性が増大する、再処理のコストが引き合わないなどの問題点も指摘されている。現在、国内ではMOX燃料に加工できないので、フランスの企業に再処理を委託している。六ケ所村の工場が完成すれば、それを国内で行える。

## 六ケ所村と再処理工場※MAP

※再処理工場を運営する日本原燃《にほんげんねん》株式会社は、全国9電力会社などが出資

陸奥湾《むつ》
六ケ所村
青森市
日本原燃
青森県

再処理工場は、原子力発電所で使用された「使用済み核燃料」から核燃料のウランとプルトニウムを取り出して精製するリサイクル工場。

それらの原料をMOX燃料工場で原子力発電所（軽水炉）で使用する「MOX燃料」に加工する。

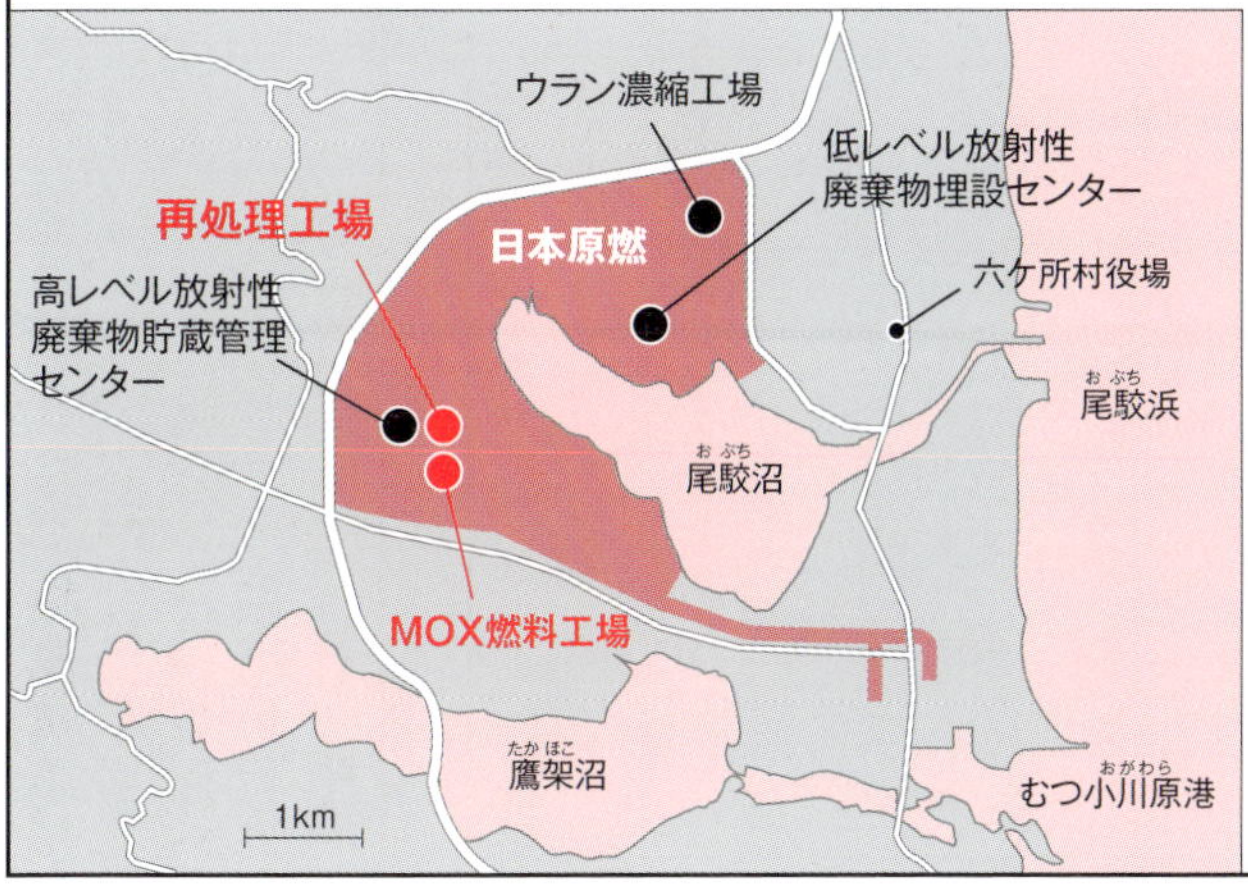
ウラン濃縮工場
低レベル放射性
廃棄物埋設センター
再処理工場
日本原燃
六ケ所村役場
高レベル放射性
廃棄物貯蔵管理
センター
尾駮浜《おぶち》
尾駮沼《おぶち》
MOX燃料工場
鷹架沼《たかほこ》
むつ小川原港《おがわら》
1km

### ●再処理工場の建設予定・年表

| 年 | 出来事 |
|---|---|
| 1985 | 青森県が原子力関連施設の受入れを決定 |
| 1993 | 建設工事を開始（完成予定 1997 年） |
| 1997 | 最初の**完成延期** |
| 2005 | ウラン脱硝塔のトラブルなどで**完成延期** |
| 2006 | アクティブ試験（試運転）開始 |
| 2009 | 高レベル放射性廃液の漏えいなどで、17回目の**完成延期** |
| 2011 | 東日本大震災で一時電源喪失 |
| 2014 | 原子力規制委員会に「新規制基準」の審査を申請 |
| 2015 | 新基準適合確認で 23 回目の**完成延期** |
| 2017 | 非常用電源建屋に雨水流入のトラブルなどで 24 回目の**完成延期** |
| 2020 | 原子力規制委員会が「適合」認定 |
| | 安全対策などで 25 回目の**完成延期** |
| 2022 | 安全審査の遅れで、26 回目の**完成延期**（完成予定は、2024 年度上期） |

がいいのだ。

　しかし、高速増殖炉は冷却材にナトリウムを使うため、取り扱いが非常に難しい。福井県敦賀《つるが》市に建設された実験用の高速増殖炉「**もんじゅ**」は、1995年にナトリウム漏《も》れ事故を起こして運転を停止した。2010年に運転を再開したが、その後もトラブルが相次ぎ、運転できない状態になった。政府は2016年、**もんじゅの廃炉**を決定した。

　高速増殖炉が使えないため、たまる一方のプルトニウムを少しでも処理するために、政府は従来の軽水炉の原発でMOX燃料を使う**プルサーマル**という方法で稼働させることに方針転換した（軽水炉サイクル）。しかし、MOX燃料で再稼働した原発は現在4基しかなく（2030年までに12基以上に増やす予定）、再処理コストが引き合わないうえ、危険性が高いなど問題点も指摘されている。

　いずれにしろ核燃料サイクルの完成には、青森県**六ケ所村**《ろっかしょむら》に建設中の**再処理工場**と**MOX燃料工場**の稼働が前提となる。再処理工場の完成予定はこれまでに何度も延期されており、現在は2024年度上期に完成する予定となっている。



**次世代革新炉**　政府が開発・建造を検討している新型原発。従来の軽水炉に安全機構を組み込んだ「革新軽水炉」など5種類がある。岸田首相は2022年8月、これまでの政府の方針を転換し、既存原子炉の再稼働や運転期間の大幅延長とともに、原発の新増設についても検討をすすめる考えを示した。


参照 日本の原子力発電所 ››› P122　核のごみ ››› P126

# 60
環境・健康

# 核のごみ

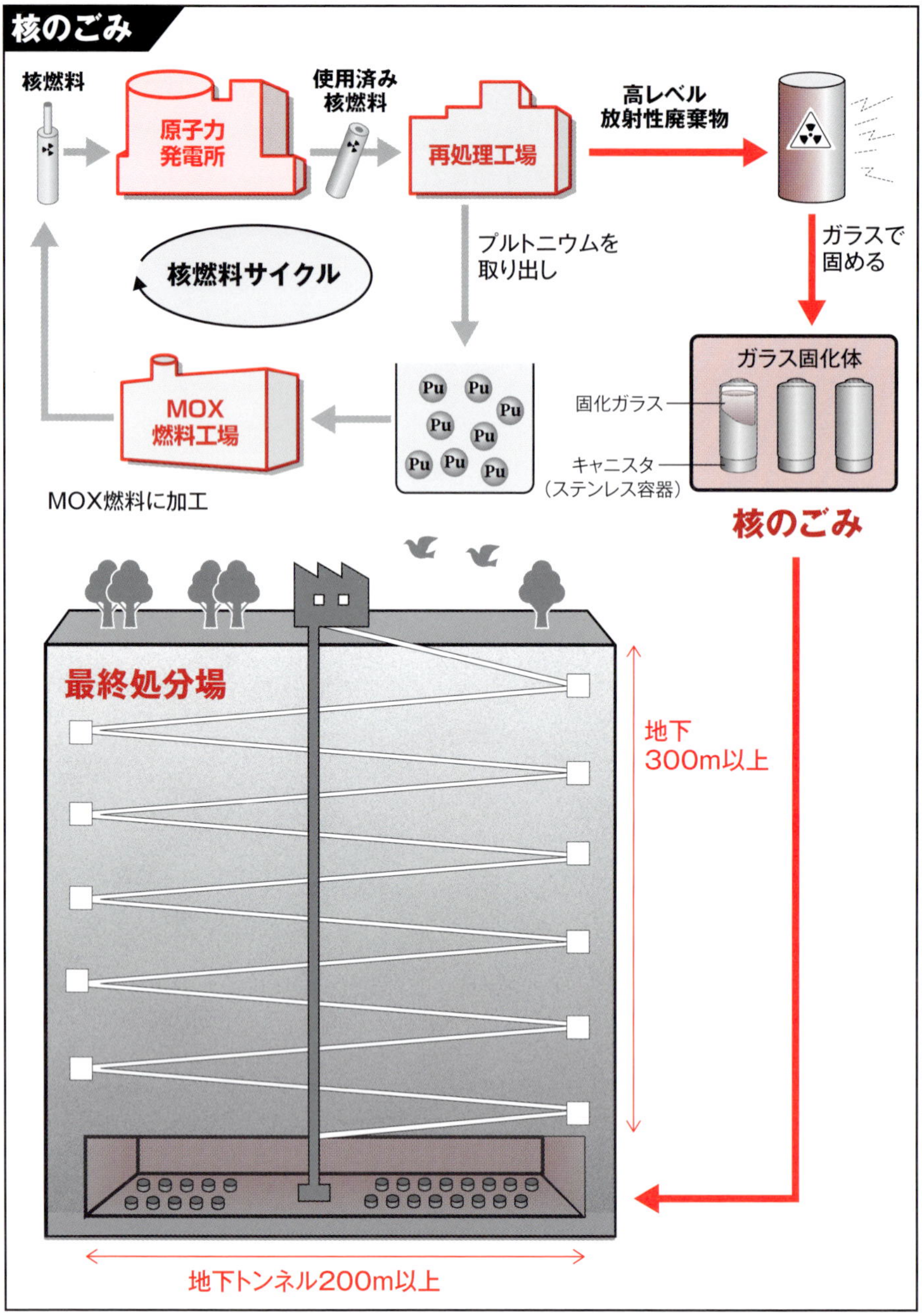


100字でナットク

使用済み核燃料をリサイクルした後にできる「核のごみ」はきわめて高い放射線をもつ。国は地下深くに埋めて処分する方針だが、処分地のめどは立ってない。再処理工場の完成が遅れ、中間貯蔵施設も必要になっている。

政府と電力会社は、原子力発電所で使用した核燃料から、プルトニウムを取り出して再び燃料として使う**核燃料サイクル**を推進している（124ページ）。使用済み核燃料からプルトニウムを取り出した後の残りかすは、非常に高い放射能をもつ廃液となる。これをガラスで固め、ステンレス容器に収めたものがガラス固化体、いわゆる「**核のごみ**」と呼ばれるものだ。できた直後は近寄ると20秒で人が死んでしまうくらい強い放射線が出ている。放射線は徐々に少なくなるが、無害になるまでには**10万年**くらいかかるという、おそろしく厄介なしろものだ。

原子力発電を続ける限り、核のごみは溜まっていくが、これを最終的にどこに処分するかはまだ決まっていない。ロケットで宇宙に捨てる、南極の氷の下や海底に捨てるといった案もあったが、ロケットは墜落したら大惨事になるし、南極や海に廃

関連URL ›››
●電気事業連合会：原子力発電のごみってどうするの？　https://www.fepc.or.jp/sp/chisoushobun/
●資源エネルギー庁：放射性廃棄物について　https://www.enecho.meti.go.jp/category/electricity_and_gas/nuclear/rw/

## 最終処分地が決まるまで

**①文献調査（約２年）**
論文・地質データなどで地層を把握
（交付金 20 億円）

**②概要調査（約４年）**
ボーリングで地質を調査
（交付金 70 億円）

**③精密調査（約 14 年）**
地質を精密に分析

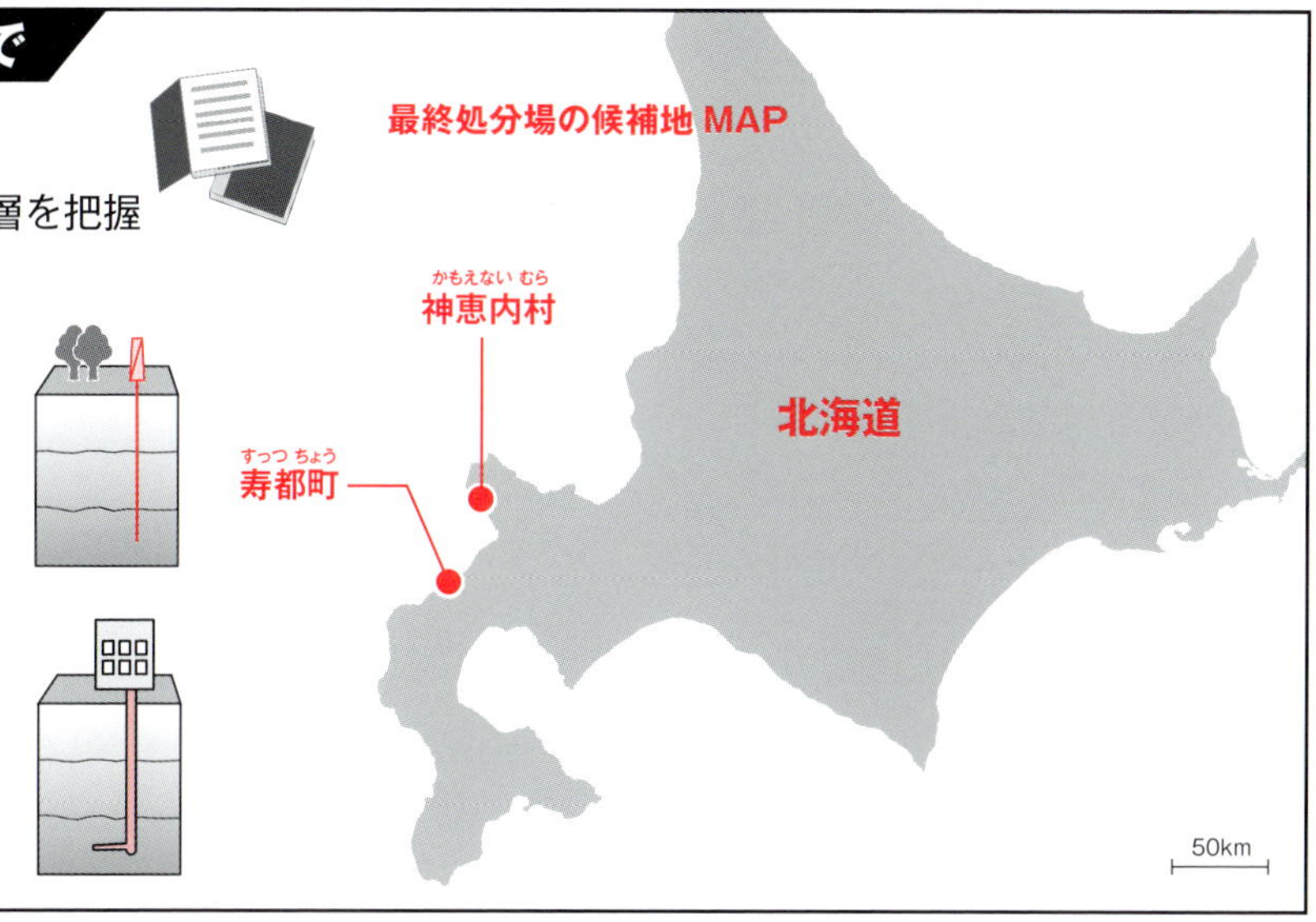


## 中間貯蔵施設

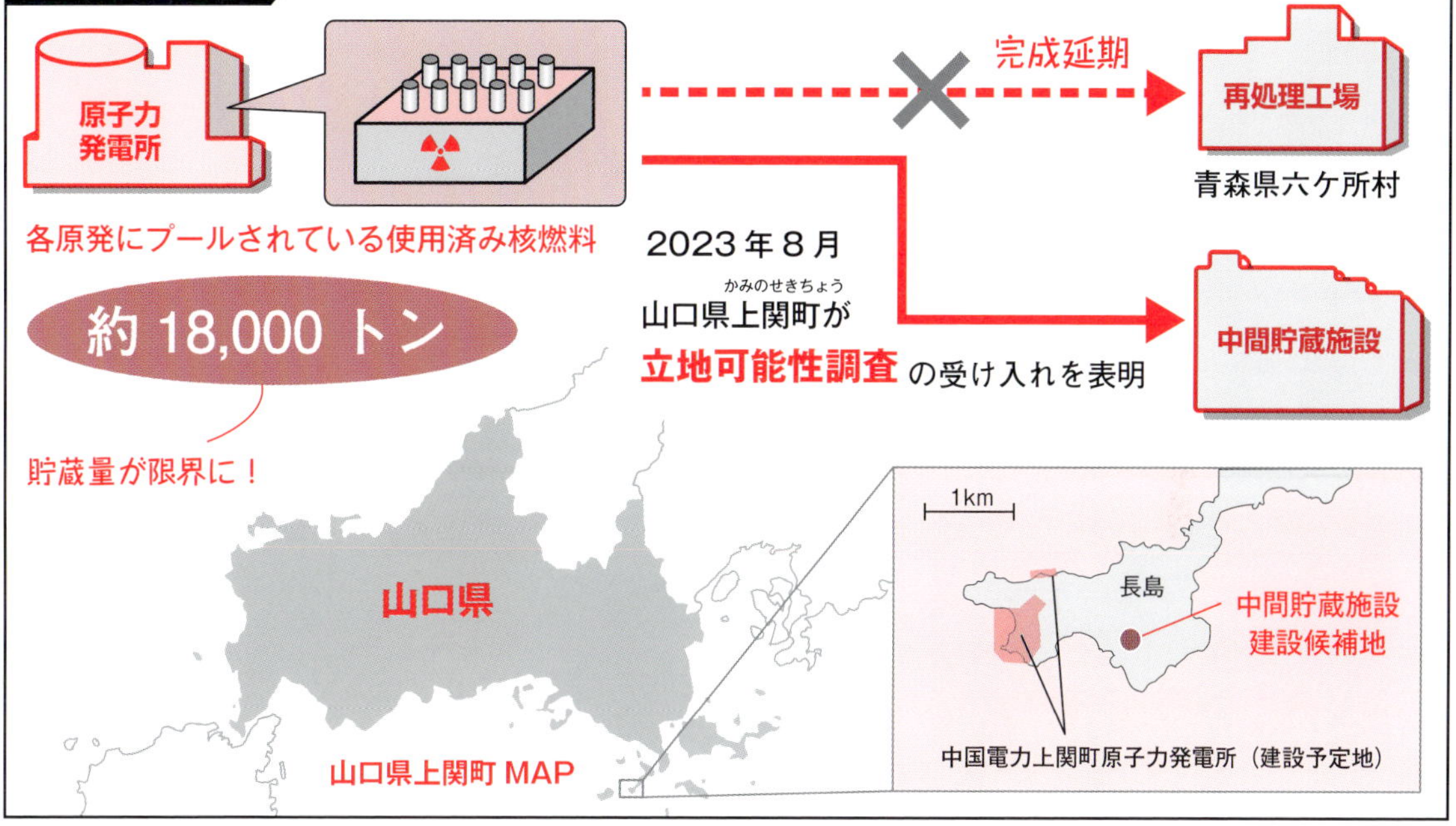


棄物を捨てるのは国際条約で禁止されている。結局、**地下深くに埋めるしかない**ということになった。日本では地下300メートル以上深くの安定した地層に、長さ200キロ以上のトンネルを掘って埋めるという。

**最終処分場**の候補地は、応募した自治体の中から約20年にわたる調査を行って適性を確認する。初期段階の**文献調査**に応募すると政府から20億円の交付金が出るとあって、北海道の**寿都町**《すっつちょう》と**神恵内村**《かもえないむら》が文献調査を受け入れ、調査が行われている。ただし、第2段階の**概要調査**にすすむかどうかの見通しは立っていない。ちなみに海外では**フィンランド**で最終処分場の建設がすすんでいるが、完成した国はまだ存在しない。

青森県六ケ所村に建設中の再処理工場は完成が遅れているため、核のごみのもととなる使用済み核燃料は、現在のところ各原発内のプールで冷却保存されている。貯蔵量にも限界があるため、再処理までの間使用済み燃料を貯蔵しておく**中間貯蔵施設**の建設も必要になっている。2023年8月、山口県**上関町**《かみのせきちょう》の町長は、中間貯蔵施設建設に向けた調査の受け入れを表明した。

**ちょこっと時事**

**海洋プラスチックごみ問題**　海洋に流出した大量のプラスチックごみの問題。流出量は世界中で年間800万トンにのぼるという。プラスチックは紫外線などによって細かい粒子（マイクロプラスチック）に分解され、鳥や魚の体内に蓄積される。食物連鎖によって多くの生物に影響を及ぼすおそれが指摘されている。


参照 日本の原子力発電所 ››› P122　核燃料サイクル ››› P124

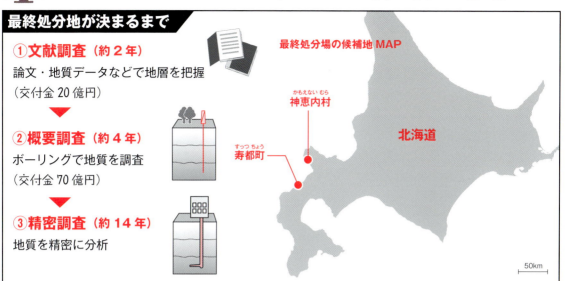

# 61

環境・健康

# 再生可能エネルギー

## 再生可能エネルギーとは

**再生可能エネルギー**　自然現象から取り出すことができ、何度でも利用できる、枯渇《こかつ》する心配のないエネルギー（太陽光・風力・バイオマスなど）。

●**再生可能エネルギーの例**

| | |
|---|---|
| 太陽光発電 | 太陽電池で太陽光を電力に変換。 |
| 風力発電 | 風車で発電機を回転させて発電。 |
| 地熱発電 | 火山活動による地熱を利用した発電。 |
| バイオマス | 植物から精製したバイオエタノールなどの燃料。これらの燃料から排出される$CO_2$は、光合成によって吸収される$CO_2$と相殺されるため、全体として$CO_2$を増加させないとされる。 |

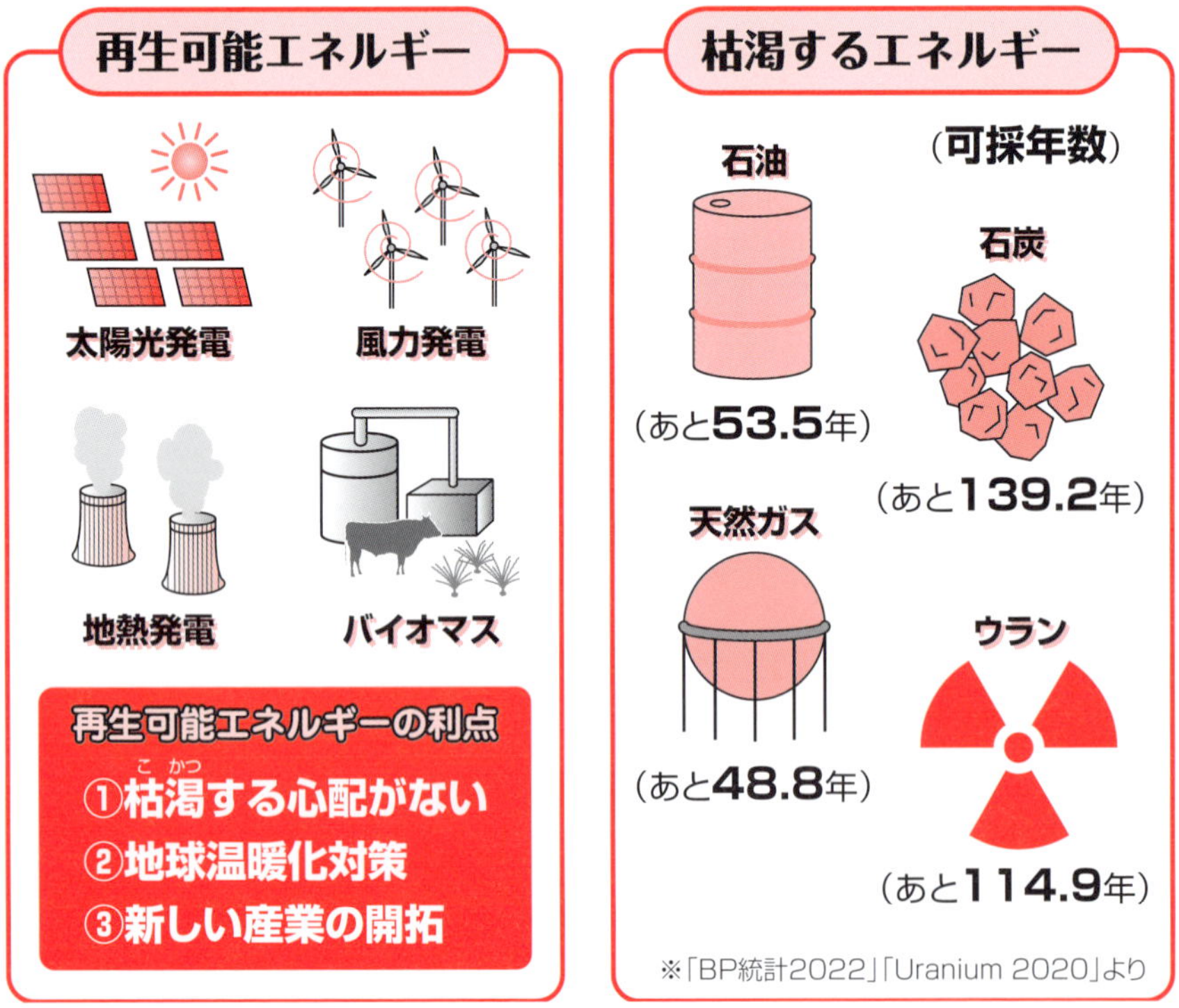

再生可能エネルギー
太陽光発電
風力発電
地熱発電
バイオマス
再生可能エネルギーの利点
①枯渇《こかつ》する心配がない
②地球温暖化対策
③新しい産業の開拓
枯渇するエネルギー
（可採年数）
石油
（あと53.5年）
石炭
（あと139.2年）
天然ガス
（あと48.8年）
ウラン
（あと114.9年）


※「BP統計2022」「Uranium 2020」より

### 100字でナットク

太陽光・風力・バイオマスなどの再生可能エネルギーは、枯渇する心配がなく、温室効果ガスを排出しないエネルギーだ。地球温暖化対策のため、政府は再生可能エネルギーによる発電の比率を大幅に高める方針だ。

**原子力エネルギー**には、石油や石炭、天然ガスにはない利点があると言われている。①石油や天然ガスに比べて可採《かさい》年数が長いこと、②地球温暖化の原因となる$CO_2$の排出量が少ないこと、③火力や水力に比べ、発電コストが安いことなどだ。

しかし、**福島第一原子力発電所**の事故をきっかけに、原子力にも重大事故の被害の大きさや使用済み核燃料の管理など、解決困難な問題があることがわかってきた。そこで、にわかに注目を集めはじめたのが再生可能エネルギーだ。

**再生可能エネルギー**は、石油や石炭のように枯渇《こかつ》する心配がなく、使っても使ってもまた再生できる。**水力**や**地熱**はむかしからあるものだが、そのほかにも**太陽光**、**風力**、**バイオマス**といった、様々な種類の再生可能エネルギーがある。

これらのエネルギーは、①地球温暖化の原因となる$CO_2$の排出が少

関連URL ››› ●なっとく！再生可能エネルギー（資源エネルギー庁）
https://www.enecho.meti.go.jp/category/saving_and_new/saiene/

ちょこっと時事

**カーボンプライシング** 二酸化炭素の排出に価格を付け、排出量に応じて金銭的なコストを負担する仕組み。排出量に応じて課税を行う「炭素税」や、国ごとに排出量の上限を設定し、上限を下回った分を超過した国に売ることができる「排出量取引」などがあり、$CO_2$排出量を市場メカニズムによって削減するねらいがある。

## 再生可能エネルギーの普及促進

**FIT制度**
Feed-in Tariff

再生可能エネルギーで発電した電力を、電力会社が決められた価格で買い取ることを義務づける制度。最初に適用された「固定価格」で一定期間にわたって買い取ることで、発電業者が建設コストを安定的に回収できるしくみ。

**FIP制度**
Feed-in Premium

再生可能エネルギーで発電した電力を、売電価格に加えて「プレミアム（補助金）」を上乗せした金額を支払う制度。電力市場における需要と供給のバランスにより、買取価格が変動するしくみ。

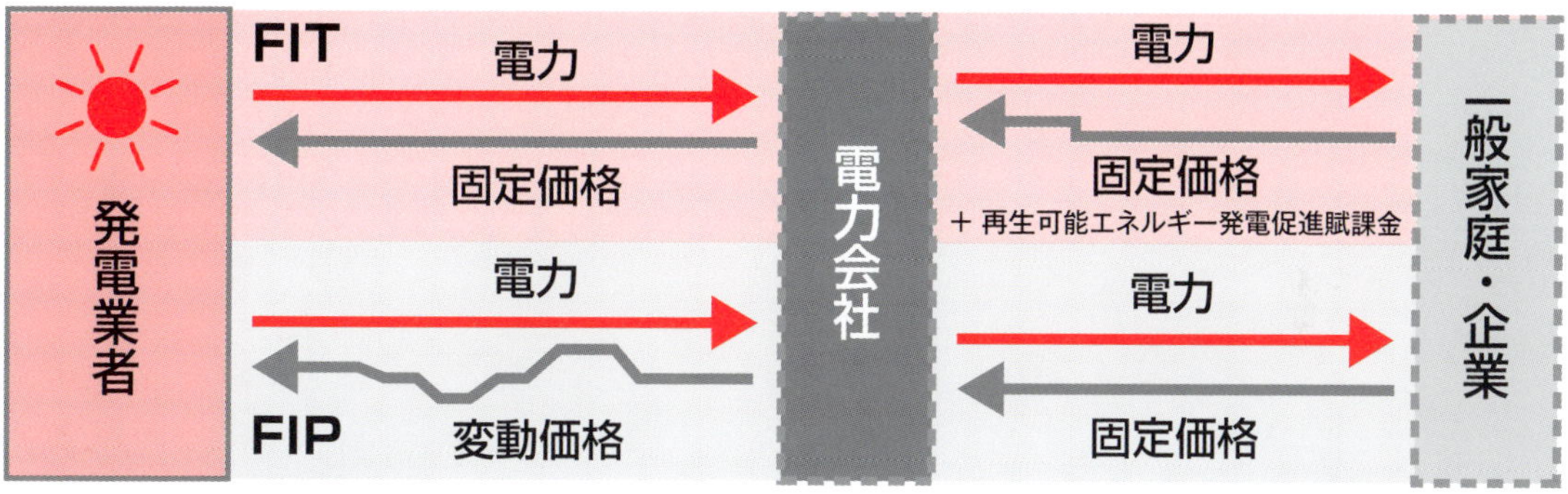

**●発電電力量の構成の推移** ※経済産業省「エネルギー需給実績」、資源エネルギー庁「エネルギー基本計画」より

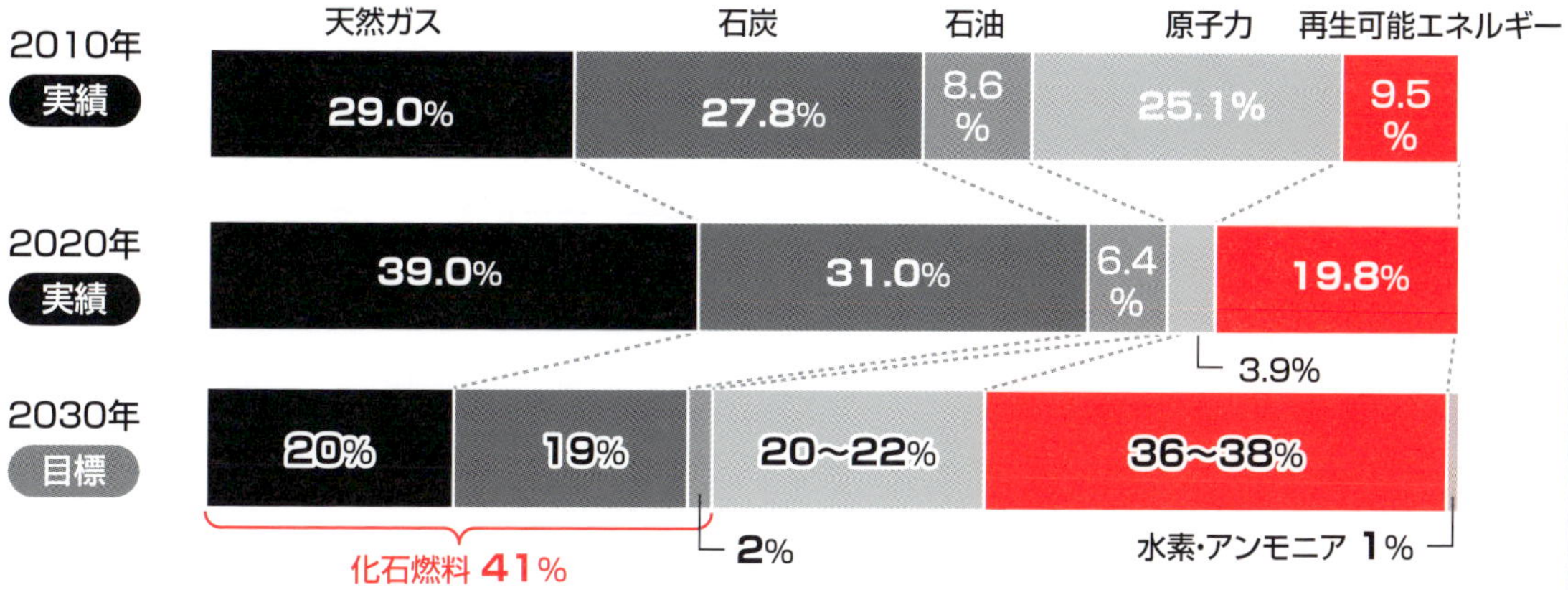

ない、②石油やウランのように輸入に頼る必要がない、③燃料費がかからないといった利点がある。

再生可能エネルギーの普及のため、2012年から大手電力会社が発電業者から電力を固定価格で買い取る**FIT《フィット》制度（固定価格買取制度）**が導入された。これにより、日本の電力全体に占める再生可能エネルギーの割合は2020年には約20%にまで増加した。

FIT制度により、太陽光発電をはじめとする設備は拡充されたが、固定買取制度で電気の使用料金に上乗せされる「**再生可能エネルギー発電《はつでん》促進《そくしん》賦《ふ》課《か》金《きん》**」が増大し、国民負担が大きくなったことなどから、2022年4月からは、電力需要に応じて買い取り価格が変動する**FIP《フィップ》制度**も導入されている。

2021年、日本政府は**温室効果ガスの排出量を2050年までに実質ゼロにするという目標**を掲《かか》げた。当面の目標として、2030年度までに2013年度比で46%削減《さくげん》することを目指す。そのため発電電力に占める再生エネルギーの比率についても、2030年までに36～38%と、大幅に高める方針だ。

 参照 パリ協定 ››› P130

# パリ協定

## 100字でナットク

地球温暖化対策には世界的な取組みが必要だ。2016年11月にパリ協定が発効し、2020年以降すべての国が温室効果ガス削減に取り組むことになった。しかし、目標の達成には各国の合意が不可欠だ。

**地球温暖化とは**

**地表で反射した太陽光線の熱が、温室効果ガスがあるために放出されない。**

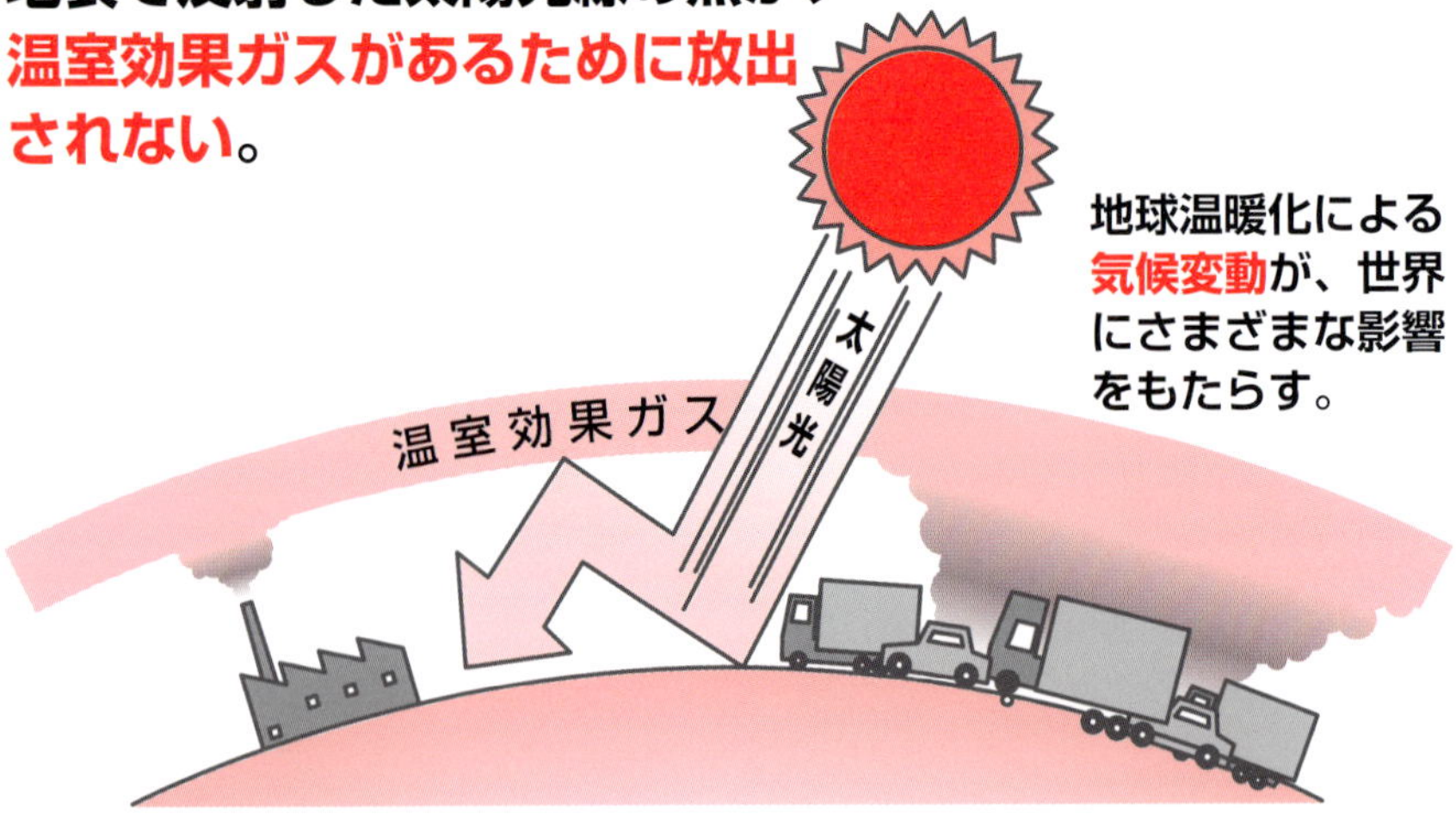


**地球温暖化による気候変動が、世界にさまざまな影響をもたらす。**

●地球温暖化の影響

- 寒い地方の氷が溶けて、海面が上昇する。
- 熱帯性低気圧が発生しやすく、しかも大型化する。洪水や高潮、台風などの水害が多くなる。

- 内陸部が乾燥化・砂漠化する。
- 天候不順や病害虫の増加により、農産物の収穫が減る。
- マラリア、デング熱などの熱帯性伝染病が増える。

- 偏西風《へんせいふう》、潮流《ちょうりゅう》（黒潮など）の流れが変化し、異常気象が常態化《じょうたいか》する。

2023年の日本の夏は、過去最高気温を上回る酷暑になった。これは日本だけでなく、ヨーロッパや北米、アジアなども同じで、熱波による山火事、大雨による洪水などの異常気象に見舞われた。

地球は太陽からの熱によって常にあたためられている。その熱の一部は宇宙に逃げてしまうが、大気中の水蒸気や二酸化炭素（$CO_2$）などの気体は、地球から放射される赤外線を吸収し、熱を逃がさない温室のような役割を果たしている。このような気体を**温室効果《おんしつこうか》ガス**という。

温室効果ガスがあるおかげで、地球は生物にとって快適な環境になっているが、その量があまり多くなると、地球の温度が上がり過ぎてしまう。これが**地球温暖化《おんだんか》**と呼ばれる現象だ。地球温暖化がすすむと、海面上昇や異常気象などいろいろな**気候《きこう》変動《へんどう》**が起こり、農作物や生態系に影響が出る。

関連URL ››› ●環境省：地球環境・国際環境協力 https://www.env.go.jp/earth/
●全国地球温暖化防止活動推進センター https://www.jccca.org/

## パリ協定

### 1 目的と目標

- 産業革命以前に比べて世界の気温上昇を、少なくとも**2℃未満**に抑える(できれば1.5℃に抑える努力をする)。
- 温室効果ガスの排出量を、21世紀後半までに海や森林による吸収量と均《きん》衡《こう》させ、**実質ゼロ**にする。

### 2 各国の削減目標

- 参加国ごとに**削減目標**（NDC）を作成し、すすみ具合を国連に報告する。
- 削減目標は**5年ごと**に提出・更新し、従来よりも対策の前進を示す（**グローバル・ストックテイク**）。

### 3 長期戦略

- すべての国が長期の$CO_2$低排出の開発戦略を策定・提出する。

### 4 途上国の参加と支援

- **途上国**も排出削減に努力。先進国に途上国への支援を義務付ける。

●世界のエネルギー起源$CO_2$排出量（2020年）

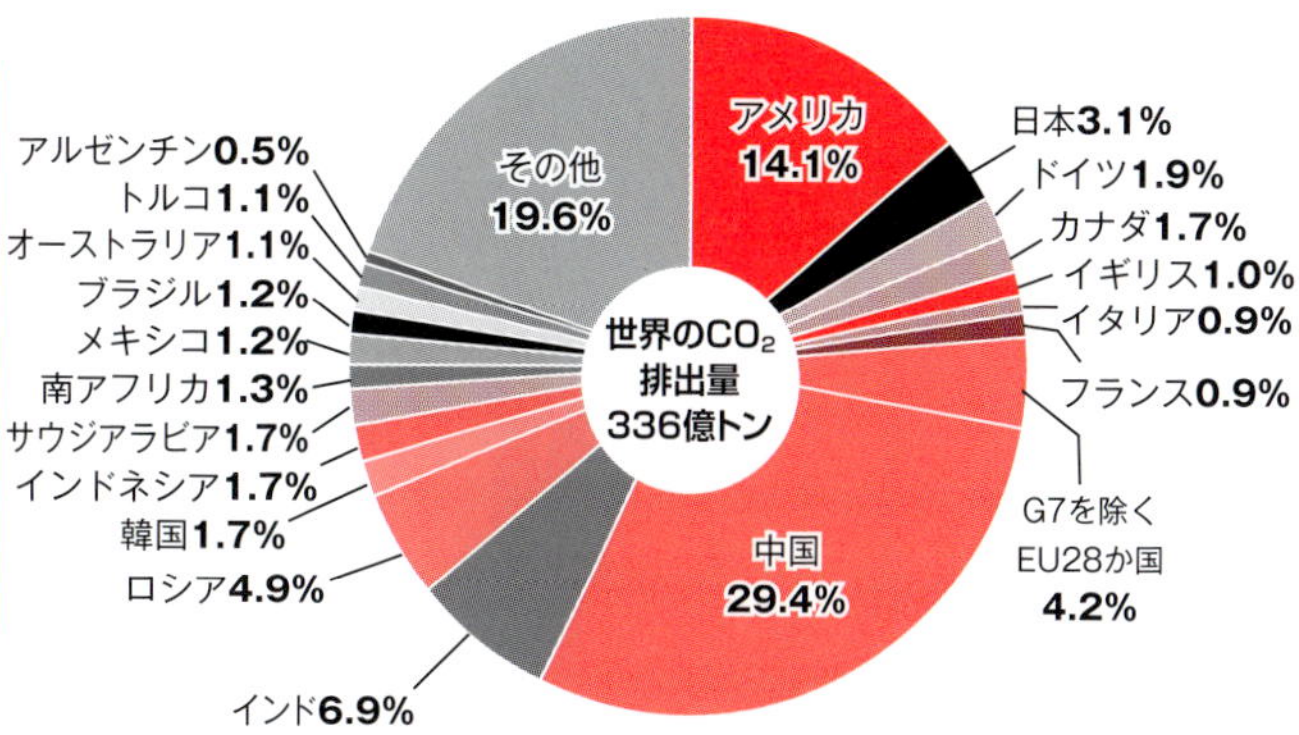

世界のCO2排出量336億トン
アメリカ14.1%
日本3.1%
ドイツ1.9%
カナダ1.7%
イギリス1.0%
イタリア0.9%
フランス0.9%
G7を除くEU28か国4.2%
中国29.4%
インド6.9%
ロシア4.9%
韓国1.7%
インドネシア1.7%
サウジアラビア1.7%
南アフリカ1.3%
メキシコ1.2%
ブラジル1.2%
オーストラリア1.1%
トルコ1.1%
アルゼンチン0.5%
その他19.6%


G20諸国の排出量は約80%

●主要国の温室効果ガス削減目標案（COP26）

| | 2020年以降の目標案 | カーボンニュートラル※ |
|---|---|---|
| 日本 | 2030年度までに、2013年比で46%削減 | 2050年までに達成 |
| EU | 2030年までに、1990年比で55%削減 | 2050年までに達成 |
| アメリカ | 2030年までに、2005年比で50～52%削減 | 2050年までに達成 |
| イギリス | 2035年までに、1990年比比で78%削減 | 2050年までに達成 |
| カナダ | 2035年までに、2005年比で40～45%削減 | 2050年までに達成 |
| ロシア | 2050年までに、1990年比で60%削減 | 2060年までに達成 |
| 中国 | 2030年までに、2005年比で65%削減 | 2060年までに達成 |
| インド | 2030年までに、再生可能エネルギー割合を50%にする | 2070年までに達成 |

※温室効果ガス排出量から「吸収量と除去量」を差し引いて、排出量を**実質ゼロ**にすること。「炭素中立」とも訳す。同様の用語に「ネットゼロ」がある。

国連**IPCC**が2023年に公表した**第6次評価報告書**によれば、2011年から2020年の10年間に、世界の地上気温は1.1℃上昇したという。その主な原因は、人間が石油や石炭を燃やしたときに出る二酸化炭素などの温室効果ガスだ。

地球温暖化対策については、毎年開かれる**COP**（国連気《き》候《こう》変《へん》動《どう》枠《わく》組《ぐみ》条《じょう》約《やく》締《てい》約《やく》国《こく》会議）で話し合いが行われているが、2015年に採択されたのが**パリ協定**だ。パリ協定の目的は、世界の平均気温の上昇を**産業革命前から2℃未満**（できれば1.5℃未満）に抑《おさ》えることだ。この目的のために、加盟国すべてが温室効果ガスの削減に取り組み、2050年を目標に$CO_2$排出量を実質的にゼロにする**カーボンニュートラル**を目指す。削減目標は各国が自主的に設定し、5年ごとに見直す。日本は2030年度までに46％の削減（2013年度比）が当面の目標だ。

2021年10月の**COP26**では、パリ協定を離《り》脱《だつ》していたアメリカが復帰。「世界の気温上昇を1.5℃に抑える努力追及」や「石炭火力発電の段階的削減」を盛り込んだ**グラスゴー気候合意**が採択された。

ちょこっと時事

**線状降水帯** 複数の積乱雲が列をなして発生し、バケツリレーのように連続して激しい雨を降らせる現象を起こす。国内では、台風による影響を除く集中豪雨の3分の2が線状降水帯によるものとされる。気象庁は2022年6月から線状降水帯の予測情報の発表を開始している。


参照 SDGs（持続可能な開発目標）››› P108 再生可能エネルギー ››› P128 EVシフト ››› P137

63

環境・健康

# 南海トラフ巨大地震

**100字でナットク**

駿河湾から四国沖を震源域とする東海地震、東南海地震、南海地震が同時発生するのが「南海トラフ巨大地震」だ。国の有識者会議の被害想定によれば、地震・津波等による死者数は最大で23万1000人にのぼるという。

## 日本列島周辺のプレート

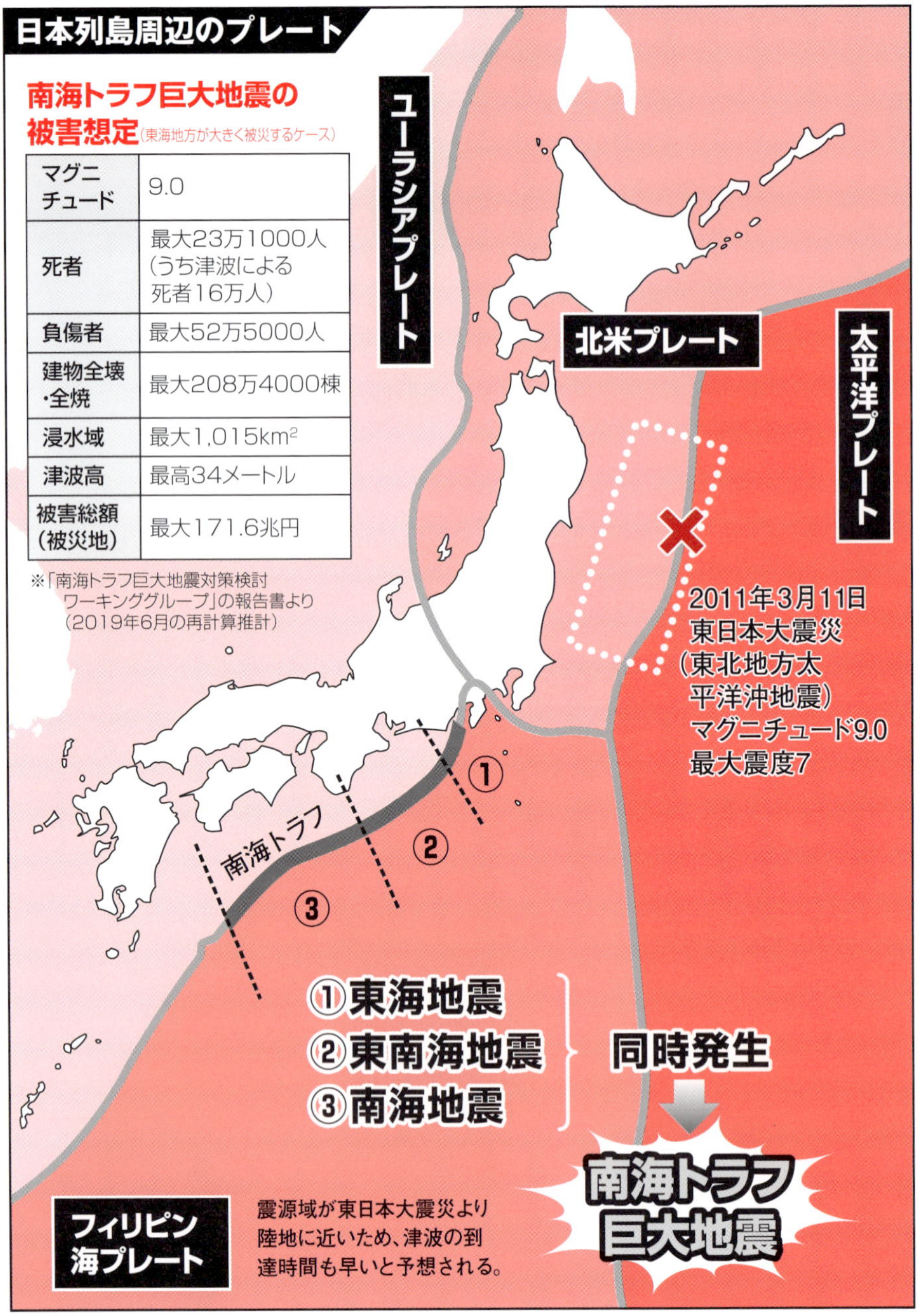


**南海トラフ巨大地震の被害想定**（東海地方が大きく被災するケース）

| | |
|---|---|
| マグニチュード | 9.0 |
| 死者 | 最大23万1000人（うち津波による死者16万人） |
| 負傷者 | 最大52万5000人 |
| 建物全壊・全焼 | 最大208万4000棟 |
| 浸水域 | 最大1,015km² |
| 津波高 | 最高34メートル |
| 被害総額（被災地） | 最大171.6兆円 |

※「南海トラフ巨大地震対策検討ワーキンググループ」の報告書より（2019年6月の再計算推計）

地球の表面は、分厚《ぶあつ》い岩石の層でおおわれている。この層の一片を**プレート**という。プレートはどろどろのマントルの上に浮かんでいて少しずつ動いている。そのためプレート同士がぶつかっている場所にはものすごい力が加わり、ひずんだプレートがときどき跳《は》ね上がる。これが「**プレート境界型地震**《きょうかいがたじしん》」のメカニズムだ。東日本大震災で発生したマグニチュード9・0の地震は、太平洋プレートが北米プレートの下に潜《もぐ》り込む場所で発生した。

日本列島付近には、ほかにもプレート同士が衝突《しょうとつ》している場所がある。駿河湾《するがわん》から四国沖《しこくおき》にかけて、フィリピン海プレートがユーラシアプレートの下に潜り込んでいる部分で、**南海**《なんかい》**トラフ**と呼ばれている（「トラフ」とは、「海溝《かいこう》」よりは浅い、海の底の溝《みぞ》のこと）。この付近では、マグニチュード8前後の巨大地震がおよそ100年から200年周期で発生

関連URL ›››
●内閣府：防災情報のページ「南海トラフ地震対策」 http://www.bousai.go.jp/jishin/nankai/
●南海トラフ地震に関連する情報（気象庁） https://www.data.jma.go.jp/svd/eew/data/nteq/

## プレート境界型地震のメカニズム

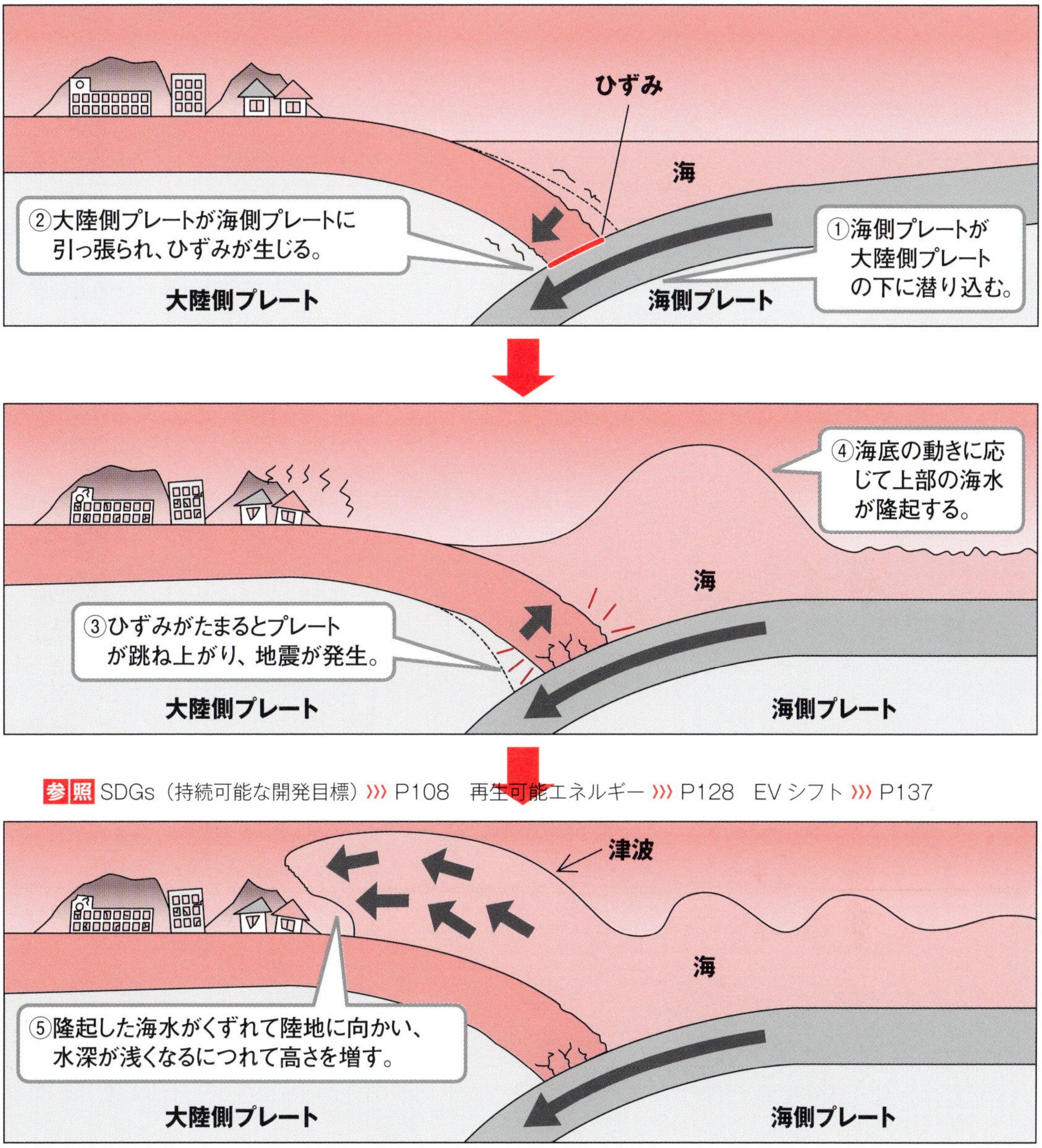


参照 SDGs（持続可能な開発目標）››› P108　再生可能エネルギー ››› P128　EV シフト ››› P137

しており、震源域の場所によって**東海地震**、**東南海地震**、**南海地震**と呼ばれる。直近では、東海が1854年、東南海が1944年、南海が1946年に発生した。

これら3つの地震が同時に発生する可能性もある。それが「**南海トラフ巨大地震**」だ。

政府内の有識者会議が公表している南海トラフ巨大地震が発生した場合の被害想定（2019年6月の再計算）では、最悪の場合、死者は23万1000人に達するという。東日本大震災の死者・行方不明者数約1万9000人のおよそ12倍だ。

この死者数の予想は、東海地方が大きく被災するケースで、家で寝ている人が多い冬の深夜に地震が発生した場合だ。また、建物の被害は火の気が多い冬の夕方に多く、最大で209万4000棟が全壊・焼失すると予想されている。死者の多くは津波によるものなので、効果的な呼びかけでみんなが迅速《じんそく》に避難ビルなどに逃《のが》れることができれば、死者数は約7割減らせるという。

また、被災地の資産等への被害は最大171.6兆円、日本経済への影響は36.2兆円と想定されている。

ちょこっと時事

**クマ被害、全国で多発**　北海道のヒグマや東北地方のツキノワグマなど、クマの人里への出没が増加し、人が襲われる被害が相次いでいる。環境省によると2023年度の被害件数は10月末現在で過去最多の164件。エサとなるドングリなどの不足や、農村部の過疎化によって耕作放棄地が増えたことなどが原因とみられる。

 参照 関東大震災から 100 年 ››› P4

# 64

環境・健康

# 新型出生前診断

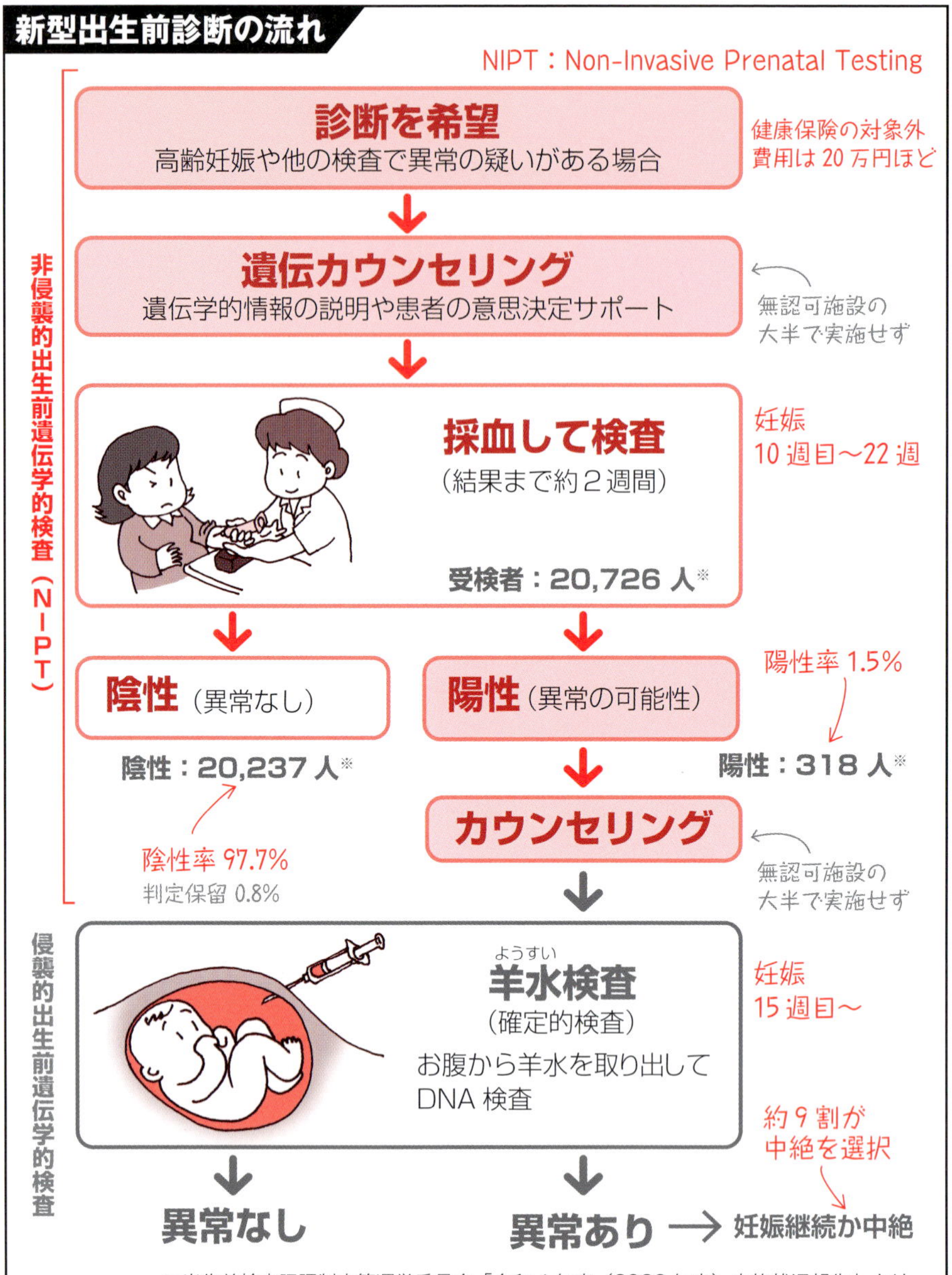
新型出生前診断の流れ
NIPT：Non-Invasive Prenatal Testing
非侵襲的出生前遺伝学的検査（NIPT）
診断を希望
高齢妊娠や他の検査で異常の疑いがある場合
健康保険の対象外
費用は20万円ほど
遺伝カウンセリング
遺伝学的情報の説明や患者の意思決定サポート
無認可施設の大半で実施せず
採血して検査
（結果まで約2週間）
受検者：20,726人※
妊娠10週目～22週
陰性（異常なし）
陽性（異常の可能性）
陽性率1.5%
陰性：20,237人※
陽性：318人※
陰性率97.7%
判定保留0.8%
カウンセリング
無認可施設の大半で実施せず
侵襲的出生前遺伝学的検査
羊水《ようすい》検査
（確定的検査）
お腹から羊水を取り出してDNA検査
妊娠15週目～
約9割が中絶を選択
異常なし
異常あり → 妊娠継続か中絶

※出生前検査認証制度等運営委員会「令和4年度（2022年度）実施状況報告」より
実施状況報告対象期間　基幹施設：2022年　7月1日～2023年3月31日
連携施設：2022年9月26日～2023年3月31日

## 100字でナットク

妊婦の血液を調べて胎児に異常がないかどうかを高い精度で診断できる新型出生前診断が普及している。2022年には、検査できる施設を大幅に増やし、カウンセリング体制を整備した新制度がはじまった。

**新型出生前診断**《しんがたしゅっしょうぜんしんだん》（NIPT）とは、妊婦《にんぷ》の血液を調べるだけで、胎児《たいじ》に**ダウン症**などの異常がないかどうかが高い精度でわかる検査だ。妊娠10週目から検査でき、血をとるだけなので妊婦や胎児への負担が軽いのが特徴。

ダウン症は、染色体の異常によって発症する。染色体とは、細胞の中にあるDNAを小さく折りたたんだもので、人間の細胞のひとつひとつの中に全部で46本入っている。これらは通常2本ずつペアになっているが、まれに3本になってしまうことがあり、これを**トリソミー**という。ダウン症は、21番目の染色体にトリソミーが起こると発症することが知られている。

そこで新型出生前診断では、妊婦の血液にわずかに含まれている胎児のDNAを解析して、トリソミーがないかどうかを検査する。ダウン症の原因となる21トリソミーのほか、

関連URL ››› ●出生前検査認証制度等運営委員会（日本医学会） https://jams-prenatal.jp/

## ヒトの染色体

**ヒトの染色体**

**染色体は遺伝情報をもつDNAが小さく折りたたまれたもの。細胞のひとつひとつの中に入っている。ヒトの染色体は全部で46本あり、通常は2本ずつペアになっている。常染色体が22対、性染色体が1対。**

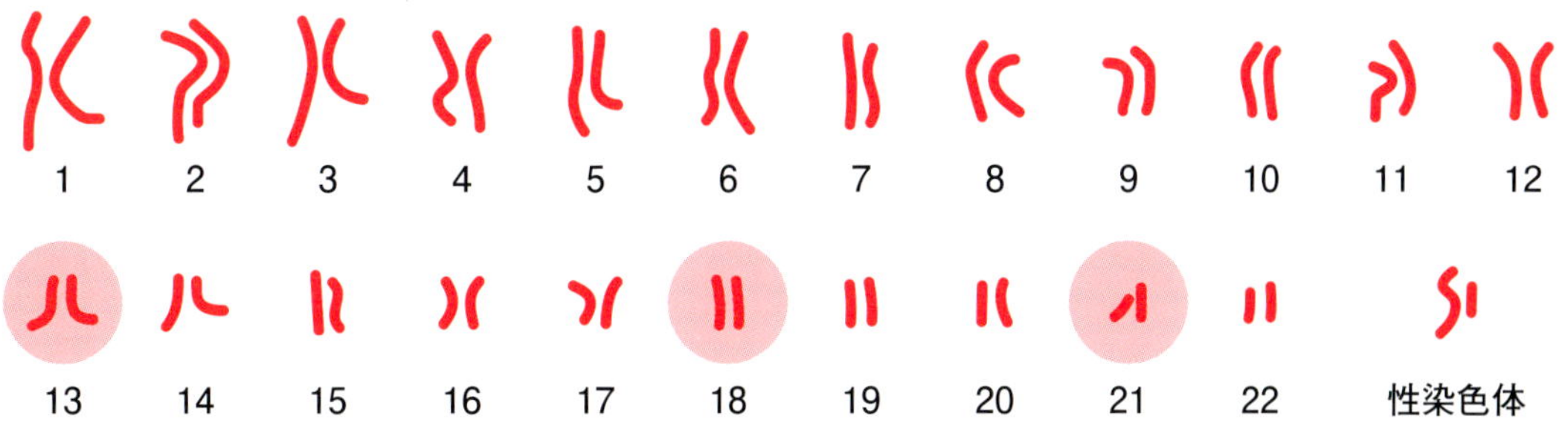

**トリソミー**

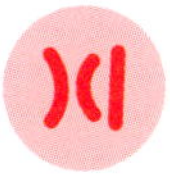

通常2本のペアが3本になったもの。ダウン症は21番染色体がトリソミーになると発症する。新型出生前診断では、21トリソミーのほかに、13トリソミーと18トリソミーを検査する。

## 新型出生前診断の新制度

※2023年10月現在

| | 旧制度 | 新制度 |
|---|---|---|
| 遺伝カウンセリング | 必須 | 必須 |
| 対象者 | 高齢妊娠（おおむね35歳以上）<br>染色体異常が疑われる場合 | 年齢にかかわらず相談可 |
| 施設数 | 認定施設：110 | 基幹施設：174※<br>連携施設：278　暫定連携施設：26 |
| 備考 | ● 非認定施設では年齢制限がなく、カウンセリング体制が充分でない場合がある | ● 母子手帳交付時などに、検査について情報提供 |

13トリソミー、18トリソミーの3種類の染色体異常が検出できる。結果が陽性だった場合は、さらに羊水《ようすい》検査を行って診断を確定する。

ただし、結果が簡単にわかるからといって、気軽に新型出生前診断を受けるというわけにはいかない。診断結果によっては重い決断を迫られることになるからだ。そのため日本医学会は、検査対象者を高齢出産や遺伝子の異常が疑われる場合に限り、認定施設には**遺伝カウンセラー**を置くなどの厳しい条件をつけた。

しかし、認定を受けずに新型出生前診断を行う民間クリニックが急増した。年齢制限がなく誰でも気軽に診断を受けられることをうたい、希望すれば性別判定もできる。その一方で、結果が陽性のときのカウンセリングが不十分な場合や、羊水検査を受けられないなどが問題となった。

そこで日本医学会は、遺伝カウンセリングを行う大学病院などを**基幹施設**とし、それらと連携して検査を行う医療機関を**連携施設**として認定する新しい制度を2022年から開始している。新制度では検査できる認定施設が大幅に増え、年齢にかかわらず相談できる。

**ちょこっと時事**

**経口中絶薬**　2023年4月、人工妊娠中絶のための飲み薬「メフィーゴパック」が、国内で初めて認可された。妊娠9週0日までの妊婦が対象で、当面は入院対応が可能な医療機関の外来や入院で処方される。飲む中絶薬は安全で効果的とされ、世界ではすでに多くの国で使用されているが、日本では導入が遅れていた。

# 65

環境・健康

# 観測史上「最も暑い夏」

## 2023年の猛暑

### ● 2023年夏、日本の平均気温差（図は7月の平年平均気温差）

| 地域 | 6月 | 7月 | 8月 |
|---|---|---|---|
| 北海道 | ＋2.5 | ＋2.9 | ＋3.7 |
| 東北 | ＋1.9 | ＋2.7 | ＋4.2 |
| 関東甲信 | ＋1.1 | ＋2.2 | ＋2.1 |
| 北陸 | ＋1.2 | ＋1.8 | ＋3.4 |
| 近畿 | ＋0.3 | ＋1.3 | ＋1.4 |
| 中国 | ＋0.7 | ＋1.3 | ＋1.9 |
| 四国 | ＋0.1 | ＋0.9 | ＋0.6 |
| 九州（北） | ＋0.7 | ＋1.0 | ＋1.1 |
| 九州（南） | ＋0.3 | ＋0.8 | ＋0.2 |

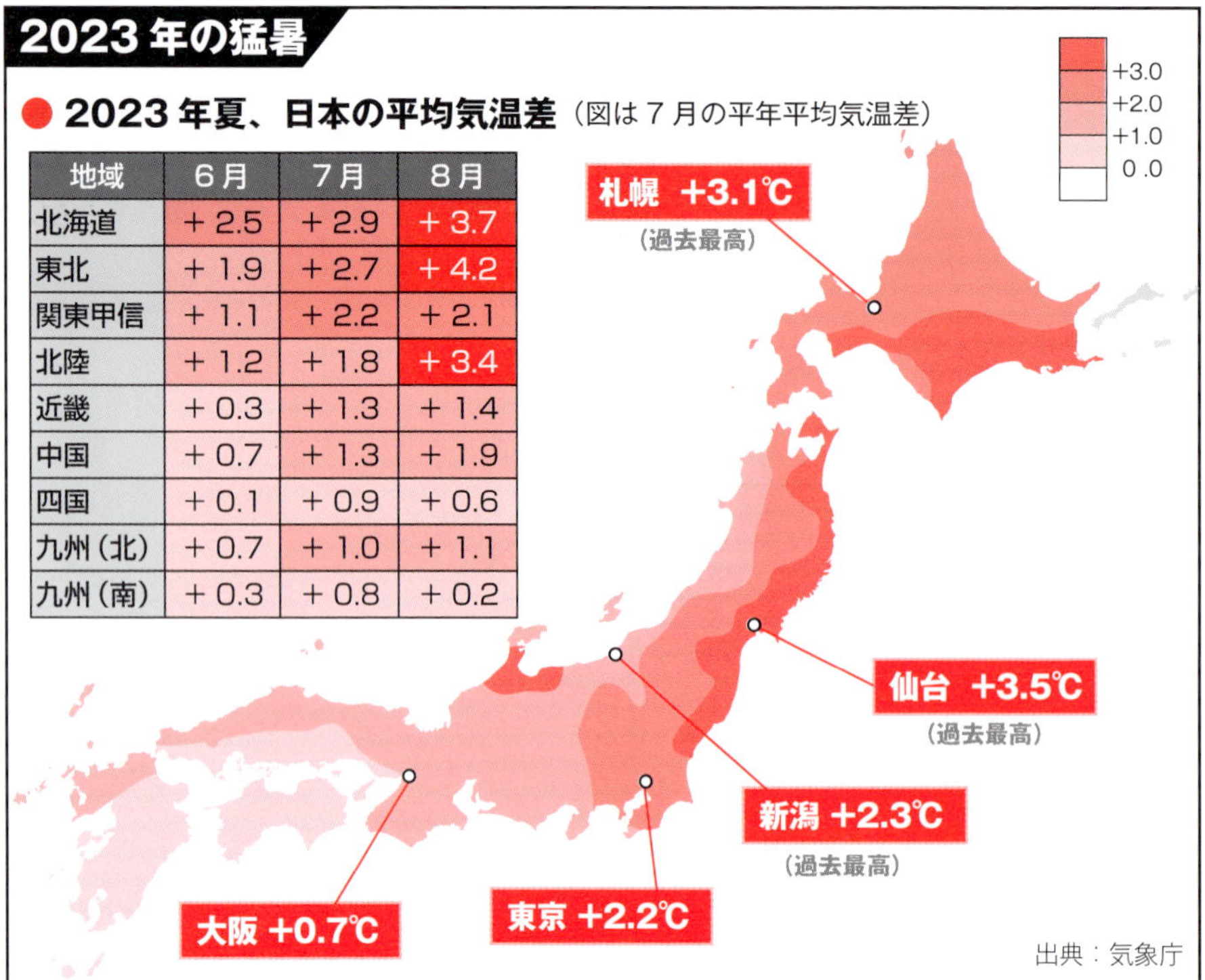
+3.0
+2.0
+1.0
0.0
札幌 +3.1℃
（過去最高）
仙台 +3.5℃
（過去最高）
新潟 +2.3℃
（過去最高）
東京 +2.2℃
大阪 +0.7℃

出典：気象庁

### ● 2023年夏、世界の平均気温差（7月※） ※1951～1980年との平均気温差

1880年の集計開始以来、夏季として過去最高の平均気温を記録。

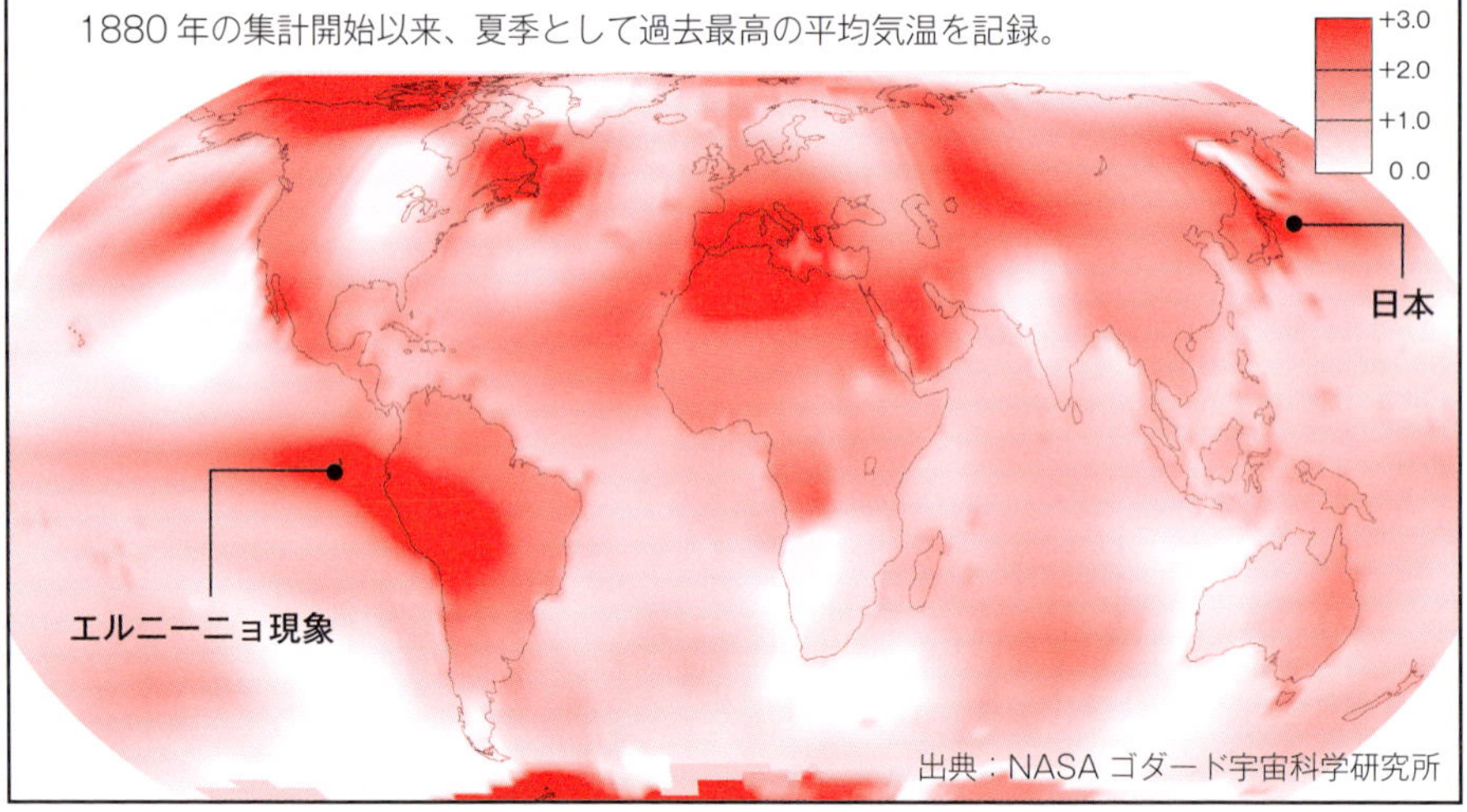
+3.0
+2.0
+1.0
0.0
日本
エルニーニョ現象

出典：NASAゴダード宇宙科学研究所

**100字でナットク**

2023年の日本の夏は、観測を始めた1898年以降で最も暑い夏となった。気温は世界的にも上昇しており、各地で山火事などの災害も発生した。地球温暖化を上回る「地球沸《ふっ》騰《とう》化」が始まったともいわれる。

気象庁は、2023年の夏（6～8月）の日本の平均気温が平年より1.76℃高く、統計を取りはじめた1898年（明治31年）以降で最も高かったと発表した。**猛暑**《もうしょ》の要因は、**地球温暖化**の影響に加えて、太平洋高気圧の張り出しや高い海面水温、山から熱風が吹き下ろす**フェーン現象**の発生など、複数の要因が重なったためとみられている。

記録的な高温は日本だけではない。**世界気象機関**（WMO）は、2023年7月7日の世界平均気温が17.24℃に達し、2016年に記録した過去最高値を上回ったと発表した。熱帯太平洋の東部で、海面水温が平年より高い状態が続く現象を**エルニーニョ現象**といい、日本は冷夏になることが多いとされる。その反対は**ラニーニャ現象**で、2023年はラニーニャ現象の影響が残った状態でエルニーニョ現象が発生し、気象が複雑化したといわれる。

参照 パリ協定 ››› P130

66

環境・健康

# EVシフト

**100字でナットク**

地球温暖化への対策として、ガソリン車の新車販売禁止の動きが世界的に加速している。ガソリン車に代わる次世代の自動車として、もっとも有力視されているのが電動モーターで動く電気自動車（EV）だ。

ガソリンなどを燃料とするエンジン車は、資源の枯渇《こかつ》や地球温暖化への懸念から、近い将来に消えていく運命にある。次世代自動車として、現在世界的にもっとも有力視されているのが**電気自動車**（EV）だ。

欧州連合（EU）は、**ハイブリッド車**（HV）を含むガソリン車の新車販売を2035年に禁止することを決定している。米バイデン政権も30年までに新車販売の半分を**ゼロエミッション車**（排気ガスを出さない自動車）にする目標を発表。中国も35年までにすべての新車をEVやハイブリッド車にする方針だ。

日本政府も35年までにすべての新車販売を電動車（ハイブリッド車を含む）にする目標を掲げた。自動車産業は大きな変革期を迎えている。

ただし、EVシフトがどんなにすすんでも、電力を石油や石炭に頼っていては意味がない。**再生可能エネルギー**へのシフトも不可欠だ。

関連URL ›››●経済産業省：EV・PHV プラットホーム
https://www.meti.go.jp/policy/automobile/evphv/

## EVシフトの世界動向

| | |
|---|---|
| ノルウェー | 2025 年までにエンジン車の販売を禁止 |
| イギリス | 2035 年までにエンジン車の販売を禁止※<br>※「2030 年」予定から 5 年延期 |
| 欧州連合（EU） | 2035 年までにハイブリッド車を含むエンジン車の新車販売を禁止※<br>※合成燃料のエンジン車については、販売を継続 |
| アメリカ | 2030 年までに新車販売の 50％を排ガスゼロ車にする |
| 中国 | 2035 年までにガソリンだけで走る新車販売を禁止 |
| 日本 | 2035 年までに新車販売をすべて電動車（ハイブリッド車を含む）にする |

●エコカーの種類

**電気自動車（EV）**

バッテリーに充電した電気で、電動モーターを回す。

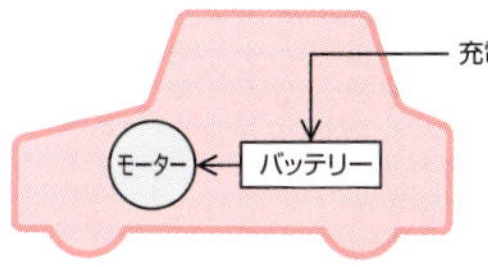


**ハイブリッド車（HV）**

ガソリンエンジンによって発電した電力をバッテリーに蓄えてモーターを回す。

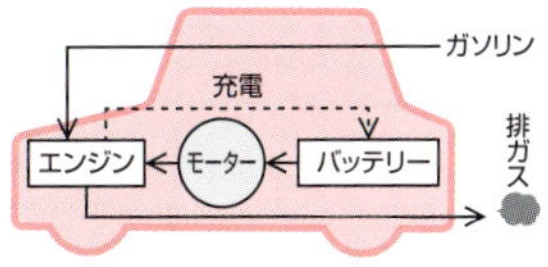


**プラグインハイブリッド車（PHV）**

ハイブリッド車に外部から充電する機能を加え、電気自動車としても使用できる。

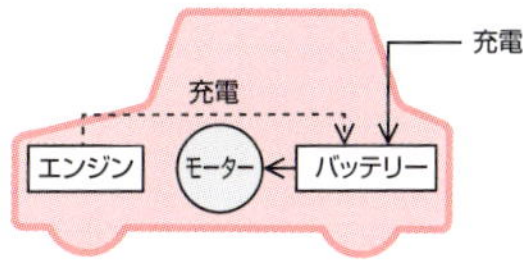


**燃料電池車（FCV）**

水素と酸素の化学反応によって電気を起こす燃料電池でモーターを回す。

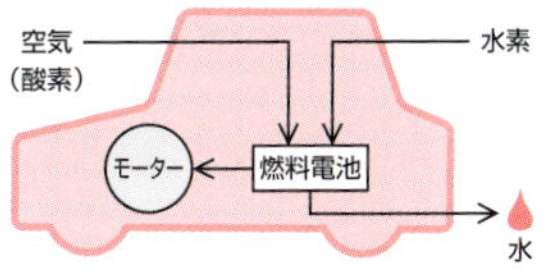


ちょこっと時事

**全固体電池**　現在主流のリチウムイオン電池で使われている液体の電解質を固体に置き換えた蓄電池。液漏れによる発火の危険がなく、小型化・大容量化が可能などの利点があり、EVに搭載する次世代の蓄電池として開発がすすめられている。


参照 再生可能エネルギー ››› P128

# 生成AI

### 生成AI

**生成AI**
**（ジェネレーティブAI）**
既存のデータから学習した内容にもとづき、新たなデータや情報を作り出す人工知能。

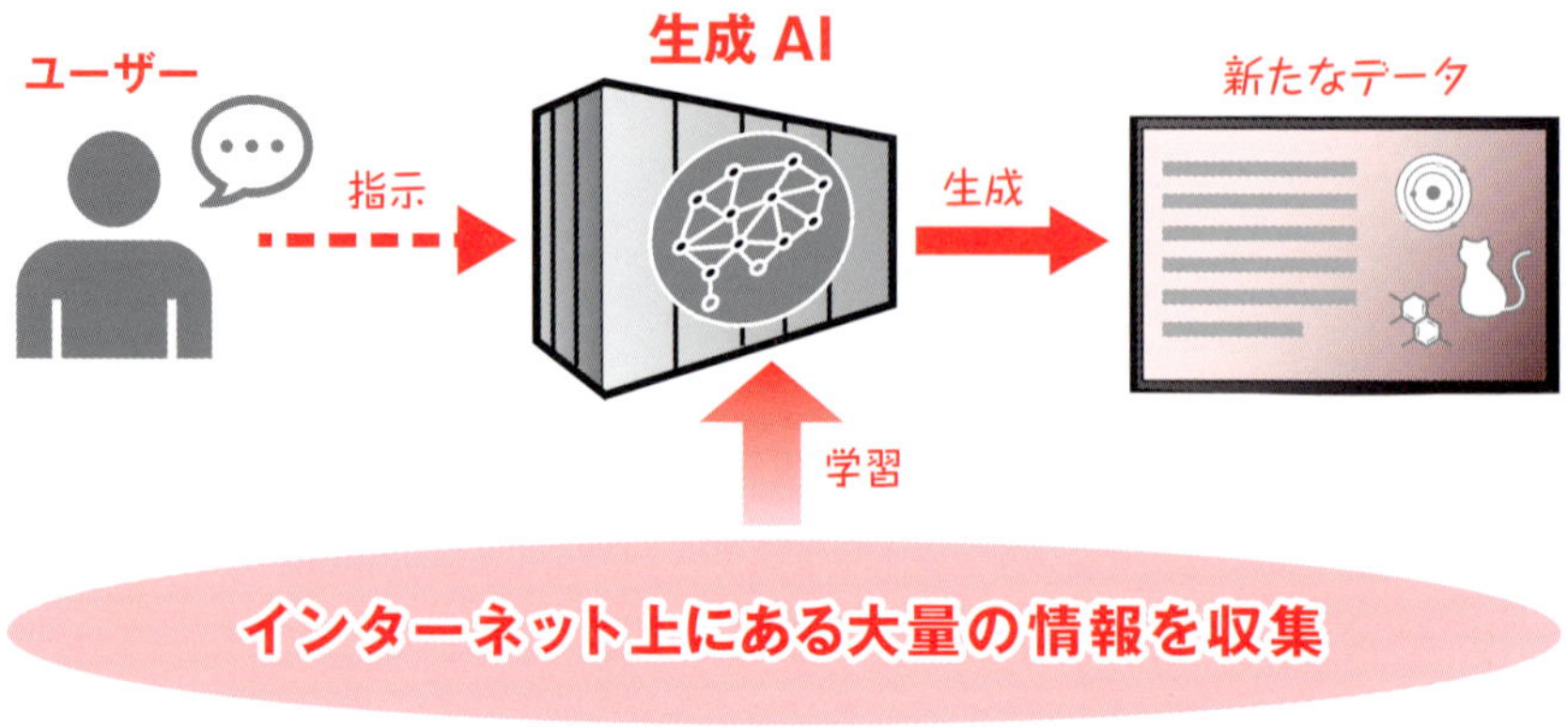


●**生成AIの種類**

**画像生成AI**

テキストで入力した指示（プロンプト）にもとづいて高度な画像を生成するAI（Midjourney《ミッドジャーニー》、Stable《ステーブル》 Diffusion《ディフュージョン》、Adobe《アドビ》 Firefly《ファイアーフライ》など）。

画像生成AIで
作成した猫のイラスト

**テキスト生成AI**

質問やリクエストに往時て、自然な文章を出力するAI（ChatGPT《チャットジーピーティー》、Goole《グーグル》 Bard《バード》など）。

**100字でナットク**

生成AIとは、人間の指示にしたがって画像や文章などを生成するAI（人工知能）のこと。米オープンAIが開発したChatGPTもそのひとつで、公開されると短期間に多くの利用者を集めて話題になった。

**AI《エーアイ》**（人工知能）とは、推論・判断・問題解決といった、人間の知的能力に近い機能をもつコンピュータシステムだ。AIの研究は昔から行われていたが、コンピュータの性能が不足していたこともあり、実用的な成果には乏しかった。2010年代になると、膨大なデータを高性能なコンピュータで処理する**ディープラーニング**と呼ばれる技術が開発され、画像認識や音声認識、自然言語処理などの精度が飛躍的に向上した。これにより、様々な実用的なAIが登場するようになった。

たとえば画像認識では、猫が映っている画像をAIに見せると、AIが「これは猫」と判断する。これに対し、人間が「猫を描いて」という指示を出すと、猫の画像をイチから描いてくれるのが**生成AI**だ。2022年には「ミッドジャーニー」「ステーブル・ディフュージョン」といった高性能な画像生成AIが次々

ちょこっと時事

**ツイッターの名称が「X」に**　2023年7月、SNSサービスの「ツイッター」が名称を「X（エックス）」に変更した。2022年10月にツイッターを買収したイーロン・マスク氏は、Xを決済・通販などあらゆる機能を集約したスーパーアプリにする方針だが、相次ぐ仕様変更もあって利用者は減少している。

## ChatGPT

**ChatGPT**　米オープンAIが公開したテキスト生成AIサービス。人間と自然な対話ができるチャットボットで、質問やリクエストに応じた文章を対話形式で生成する。

### ●さまざまな活用法

**文書作成**
企画書　レジュメ（要約）
レポート　スピーチ原稿
Eメール　文書の校正・添削

**プログラム作成**
Excelの関数やマクロ作成
プログラムコードの生成
バグのチェック

**ソリューション（問題解決）**
新商品案　数学問題の解法
新サービス案　データ分析
新メニュー案　画像の解析

**情報収集**
データの集計・整理　料理の献立・レシピ
投資情報の収集　旅行先の観光名所

**アイディアの創生**
キャッチコピーの作成
小説やゲームの設定作り

**相談**
恋愛相談
人生相談

**翻訳**
50以上の言語

NW　恋愛小説のタイトルを3つ考えて　（ChatGPTに質問）

もちろんです。以下は恋愛小説のための3つのタイトルの提案です。
1. 『星降る夜の約束』
2. 『桜色の初恋』
3. 『運命の糸、君と繋ぐ』
（ChatGPTの回答）

NW　3番目のストーリーを教えて　（ChatGPTに追加の質問）

もちろんです。『運命の糸、君と繋ぐ』は、異なる時代に生きる二人の主人公が、運命に導かれて出会い、愛を育んでいく物語です。

物語は、現代の都会で暮らす若手デザイナーの女性と、明治時代の医者として生きる男性の二人の登場人物に焦点を当てています。ある日、女性主人公は古びた手紙を見つけ、そこに綴られた言葉が彼女の心を引き寄せます。手紙の差出人は、明治時代の医者であり、手紙は時間を超えて彼女に届いたものだと気づきます。　……
（ChatGPTの追加の回答）

に公開されて話題になった。

米**オープンAI**が2022年11月に公開した**Chat《チャット》GPT《ジーピーティー》**は、質問やリクエストを入力すると、対応する答えが自然な文章で返ってくる生成AIだ。AIとは思えない質の高い文章に注目が集まり、公開2か月で利用者が1億人を突破する大ヒットとなった。メールやブログの文面作成、企画のアイデア出し、プログラムの作成など、様々な活用法が提案されている。

ただし、生成AIの利用には注意すべき点もある。ChatGPTはネットから収集・解析した膨大な量のデータから、確率にもとづいて単語を並べ「それらしい」文章をつくっている。回答が事実かどうかは判断しないため、まるっきり誤った回答を堂々と生成してしまうことがある。このように、生成AIが意図せず虚偽の情報を生成する現象を**ハルシネーション**という。

また、画像生成AIの技術を利用すると、政治家や著名人の本物そっくりの偽動画をつくることもできる。こうした偽動画を**ディープフェイク**といい、デマの拡散などに悪用されて問題視されている。


参照 いまさら聞けない最新IT技術 ››› P12

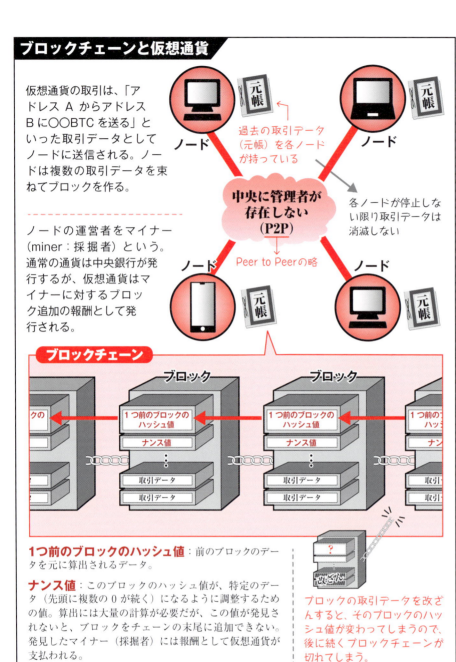

# ブロックチェーン

## ブロックチェーンと仮想通貨

仮想通貨の取引は、「アドレス A からアドレス B に○○BTC を送る」といった取引データとしてノードに送信される。ノードは複数の取引データを束ねてブロックを作る。

ノードの運営者をマイナー（miner：採掘者）という。通常の通貨は中央銀行が発行するが、仮想通貨はマイナーに対するブロック追加の報酬として発行される。

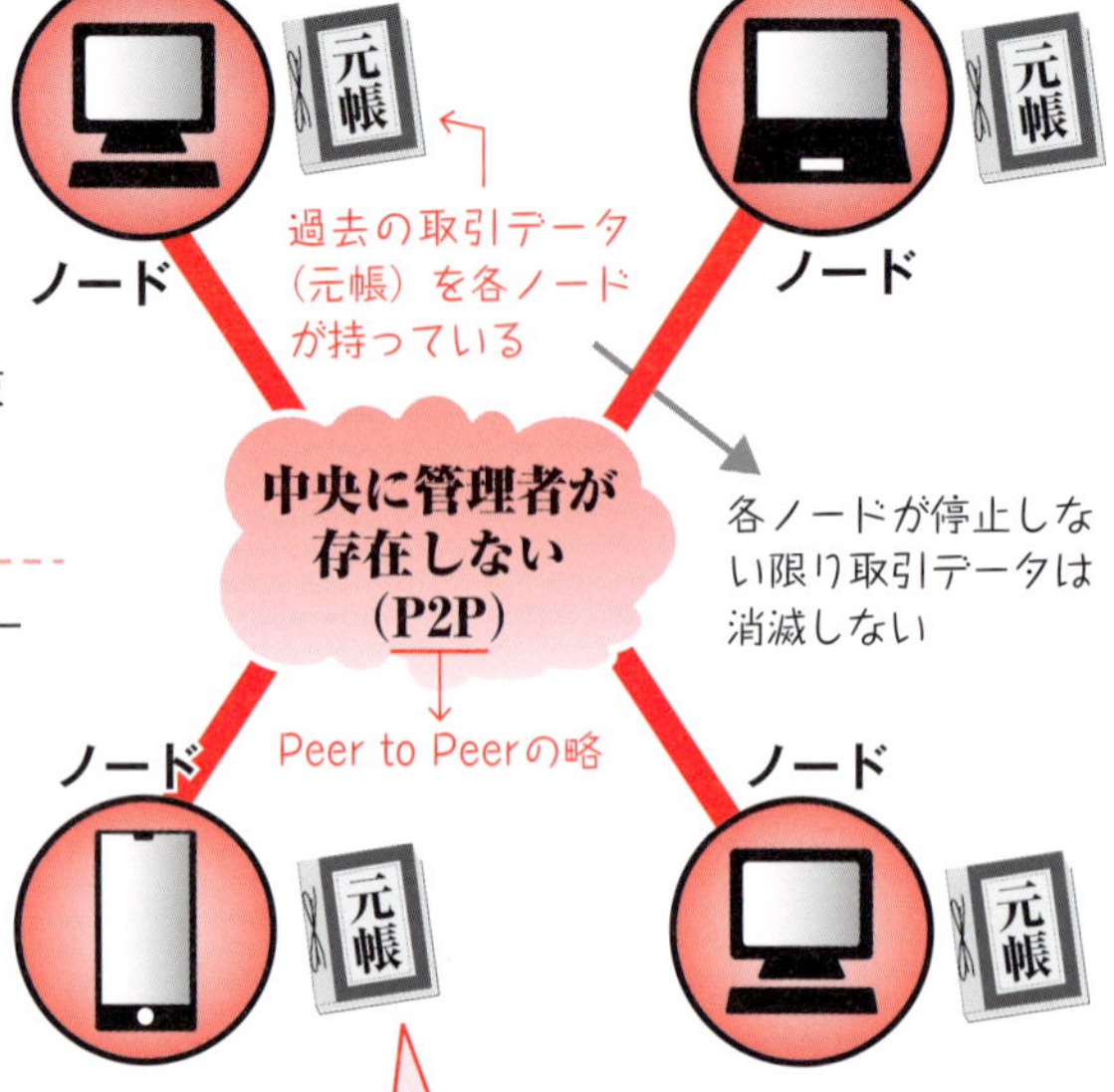
元帳
ノード
過去の取引データ（元帳）を各ノードが持っている
中央に管理者が存在しない（P2P）
Peer to Peerの略
各ノードが停止しない限り取引データは消滅しない

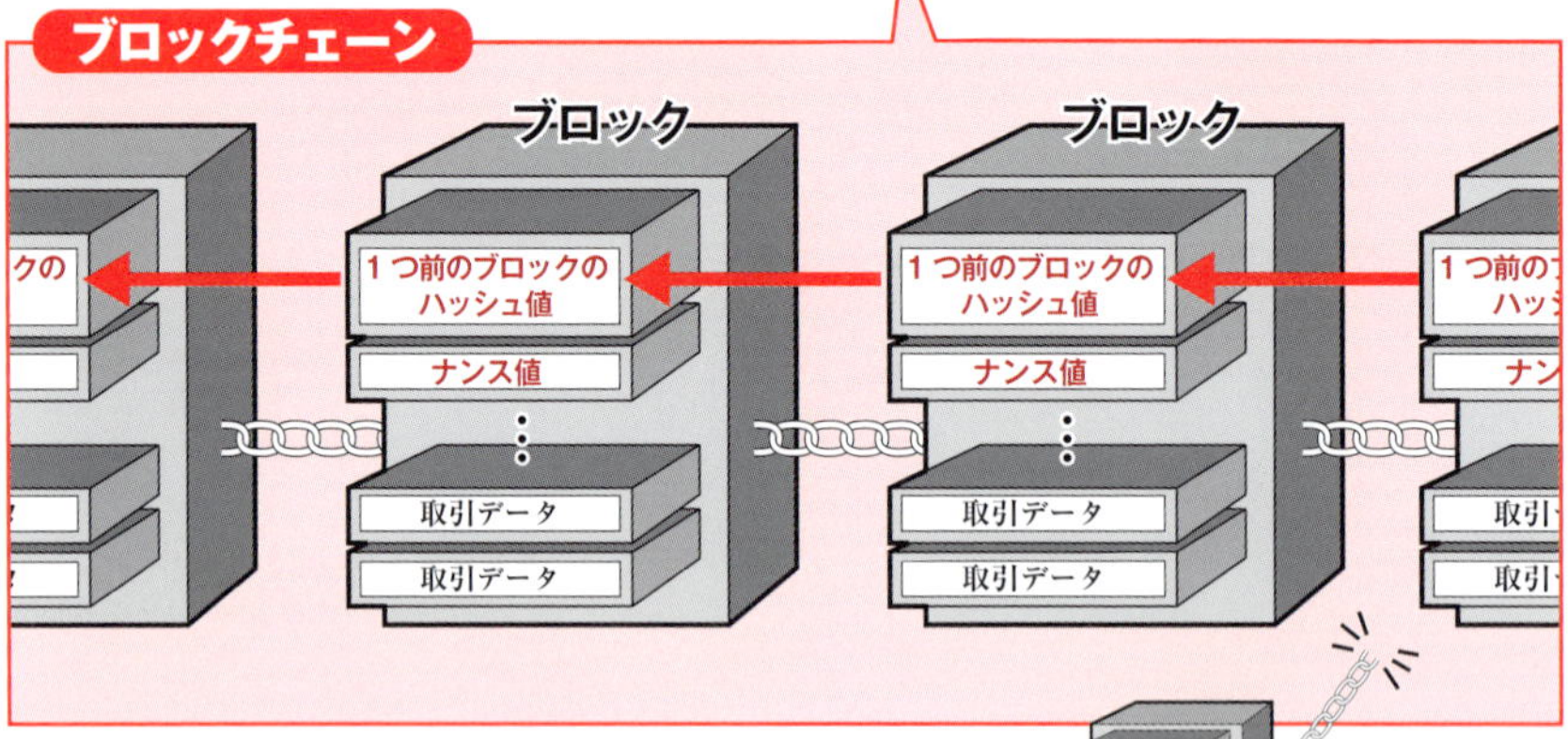
ブロックチェーン
ブロック
1つ前のブロックのハッシュ値
ナンス値
取引データ

**1つ前のブロックのハッシュ値**：前のブロックのデータを元に算出されるデータ。

**ナンス値**：このブロックのハッシュ値が、特定のデータ（先頭に複数の0が続く）になるように調整するための値。算出には大量の計算が必要だが、この値が発見されないと、ブロックをチェーンの末尾に追加できない。発見したマイナー（採掘者）には報酬として仮想通貨が支払われる。

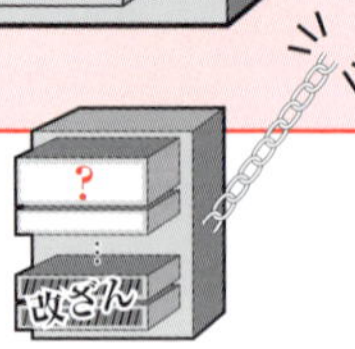
?
改ざん

ブロックの取引データを改ざんすると、そのブロックのハッシュ値が変わってしまうので、後に続くブロックチェーンが切れてしまう。

### 100字でナットク

ネット上で流通するビットコインなどの暗号資産には、中央銀行のような発行機関が存在しない。それを可能にするのがブロックチェーン技術だ。仮想通貨以外にも、様々な分散自律型組織の構築に利用されている。

**ブロックチェーン**とは、取引データを一定数まとめてブロックとし、このブロックを時系列順に数珠《じゅず》つなぎにしたものだ。新しいブロックには、ひとつ前のブロックから計算したデータ（ハッシュ値）が格納されているため、あるブロックを改ざんしようとすると、それ以降のブロックもすべて変更しなければならなくなる。このしくみによって、取引データの改ざんが非常に困難になっているのが特徴だ。

　ブロックチェーンは、もともと**仮想通貨**（暗号資産）を実現するしくみとして考案された。仮想通貨とは、インターネット上で通貨として利用できるデジタル資産のことだ。**ビットコイン**が代表的だが、このほかにも数多くの種類がある。

　仮想通貨の取引データは、インターネット上のブロックチェーンに記録され、世界中に散らばるサーバコンピュータに置かれる。サーバ同士は

関連URL 》》
●一般社団法人 ブロックチェーン推進協会（BCCC）　https://bccc.global/
●一般社団法人 日本ブロックチェーン協会（JBA）　https://jba-web.jp/

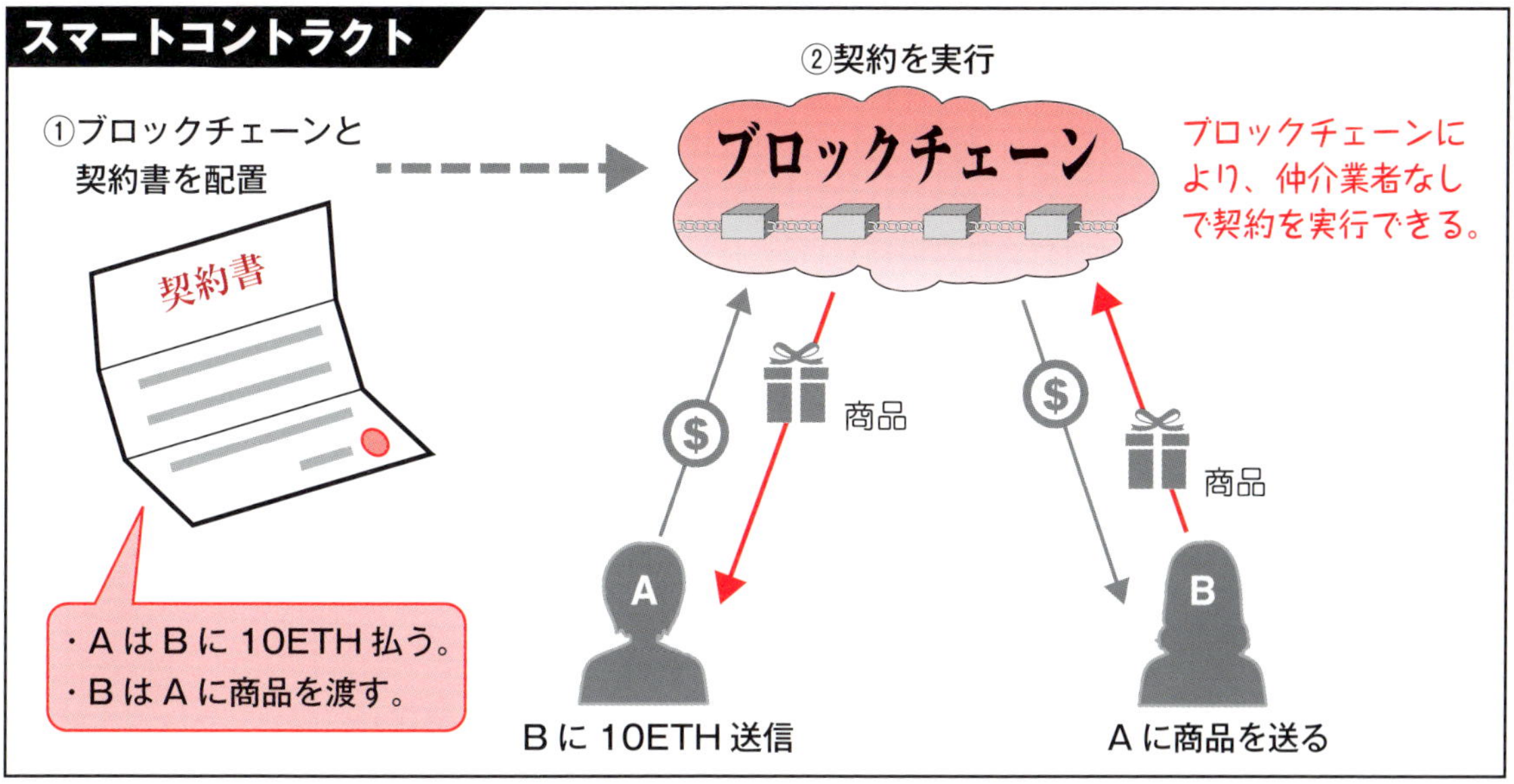


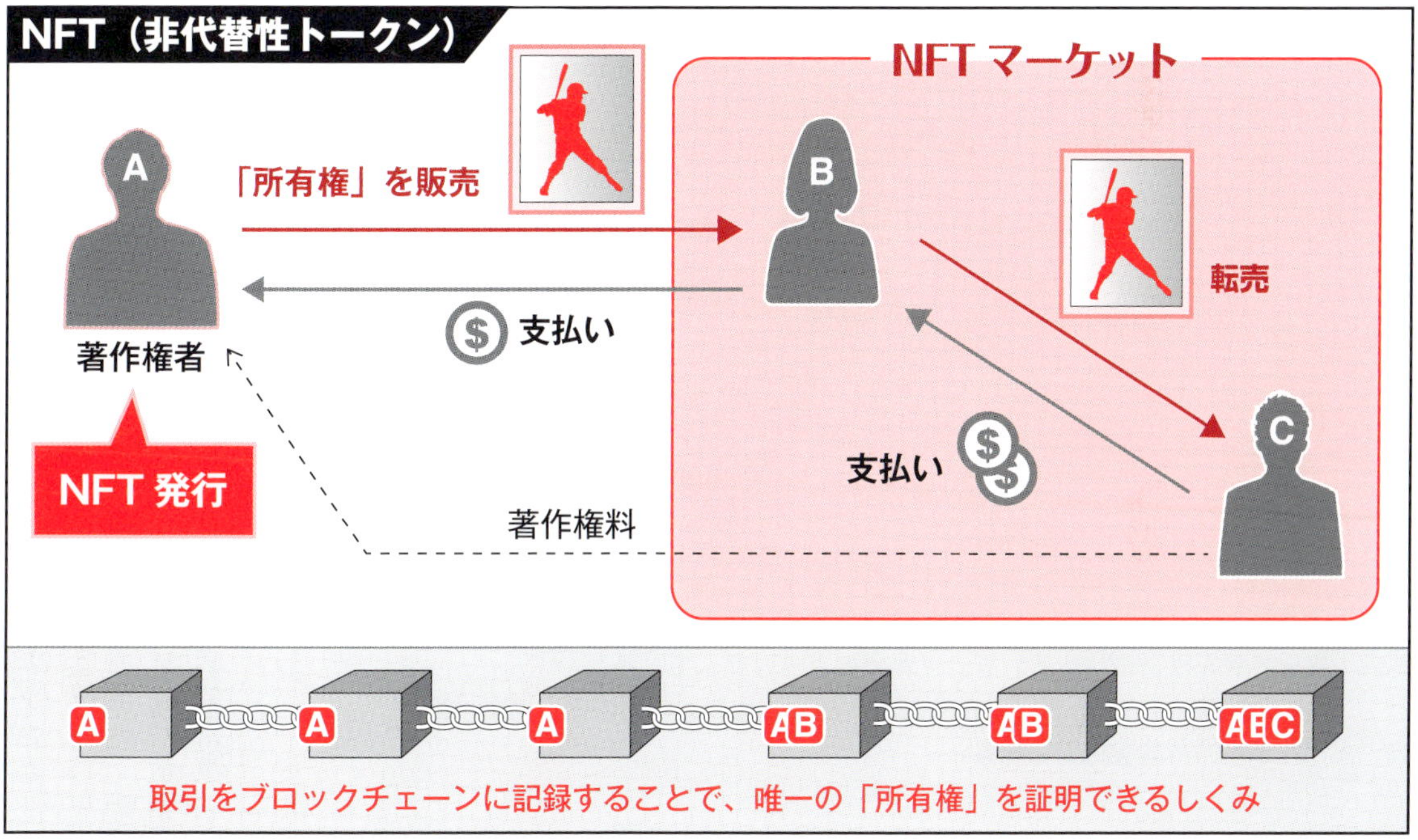


互いにやり取りしてデータを最新の状態に保っているため、特定の管理者がいなくても仮想通貨の流通が維持される。このように、特定の管理者なしで維持・管理される組織を**自《じ》律分散型《りつぶんさんがた》組織《そしき》**（DAO）という。

ブロックチェーンは、DAOを支える基盤技術として、仮想通貨以外にも利用されている。たとえば**スマートコントラクト**は、ある条件を満たすことで自動的に契約が実行される仕組みだ。契約の実行プログラムをブロックチェーンに登録しておけば、契約の透明性が保たれ、改ざんなどの不正を防ぐことができる。**イーサリアム**は、スマートコントラクトを利用できる代表的なブロックチェーンだ。

また、**NFT**（非代替性トークン）は、デジタルデータに識別可能なコードを付与し、個々のデジタルデータを固有のものとして判別できるようにしたものだ。ブロックチェーンによってデジタルデータに所有権をもたせ、売買などの取引ができるようにする。活用例として、プロ野球カードなどのトレーディングカードをデジタル化したNFTトレーディングカードがある。

ちょこっと時事

**ウェブ3・0**　サービスの多くを巨大IT企業に依存する現在のインターネットを「2・0」と位置づけ、それに代わる次世代のインターネットとして構想されている概念。ブロックチェーン技術を基盤とし、特定の管理者の存在しない自律分散型サービスで、暗号資産やNFTなども含まれると考えられている。


参照 いまさら聞けない最新IT技術 》》P12

# ゲノム編集

DNAとは

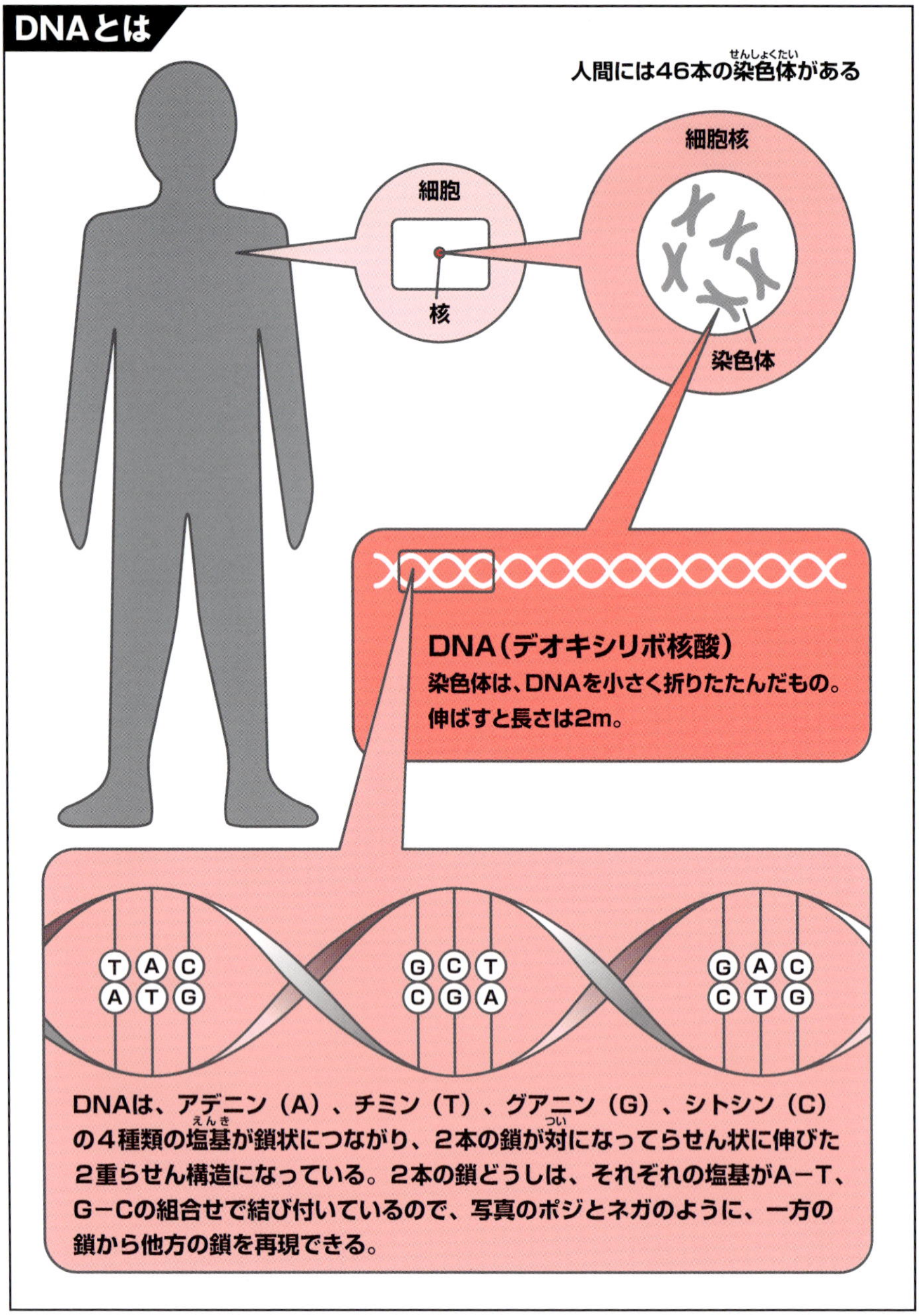
人間には46本の染色体《せんしょくたい》がある
細胞
核
細胞核
染色体
DNA（デオキシリボ核酸）
染色体は、DNAを小さく折りたたんだもの。
伸ばすと長さは2m。
T A C
A T G
G C T
C G A
G A C
C T G
DNAは、アデニン（A）、チミン（T）、グアニン（G）、シトシン（C）の4種類の塩基《えんき》が鎖状につながり、2本の鎖が対《つい》になってらせん状に伸びた2重らせん構造になっている。2本の鎖どうしは、それぞれの塩基がA−T、G−Cの組合せで結び付いているので、写真のポジとネガのように、一方の鎖から他方の鎖を再現できる。

**ゲノム**とは、遺伝子《いでんし》（gene）と染《せん》色体《しょくたい》（chromosome）を組み合わせた言葉だ。染色体は、生物の細胞ひとつひとつに含まれている。ヒトの染色体は23対（46本）あり、それぞれに遺伝情報を記録した**DNA**（デオキシリボ核酸《かくさん》）が格納されている。23対の染色体とその中のDNAが、いわばヒトという生物の設計図だ。この設計図をゲノムという。

DNAは、塩基《えんき》という物質が鎖《くさり》のようにつながったものだ。塩基にはアデニン（A）、チミン（T）、グアニン（G）、シトシン（C）の4種類があり、これらの塩基の配列のひとまとまりを**遺伝子**という。

**ゲノム編集《へんしゅう》**とは、ゲノムの中から狙《ねら》った遺伝子を取り除いたり、別の遺伝子で置き換えたりする技術のことだ。2012年に「**クリスパー・キャスナイン**（CRISPR/Cas9）」という精度の高い方法が開発され、急速に普及した。

**100字でナットク**

生物の遺伝情報の中から、狙った遺伝子をピンポイントで改変するゲノム編集の技術が開発され、動植物の品種改良や医学への応用が急速にすすんでいる。2019年にはゲノム編集食品の国内販売が解禁された。

関連URL
●農林水産技術会議：ゲノム編集技術　https://www.affrc.maff.go.jp/docs/anzenka/genom_editting.htm
●日本ゲノム編集学会　http://jsgedit.jp/

## クリスパー・キャスナインのしくみ

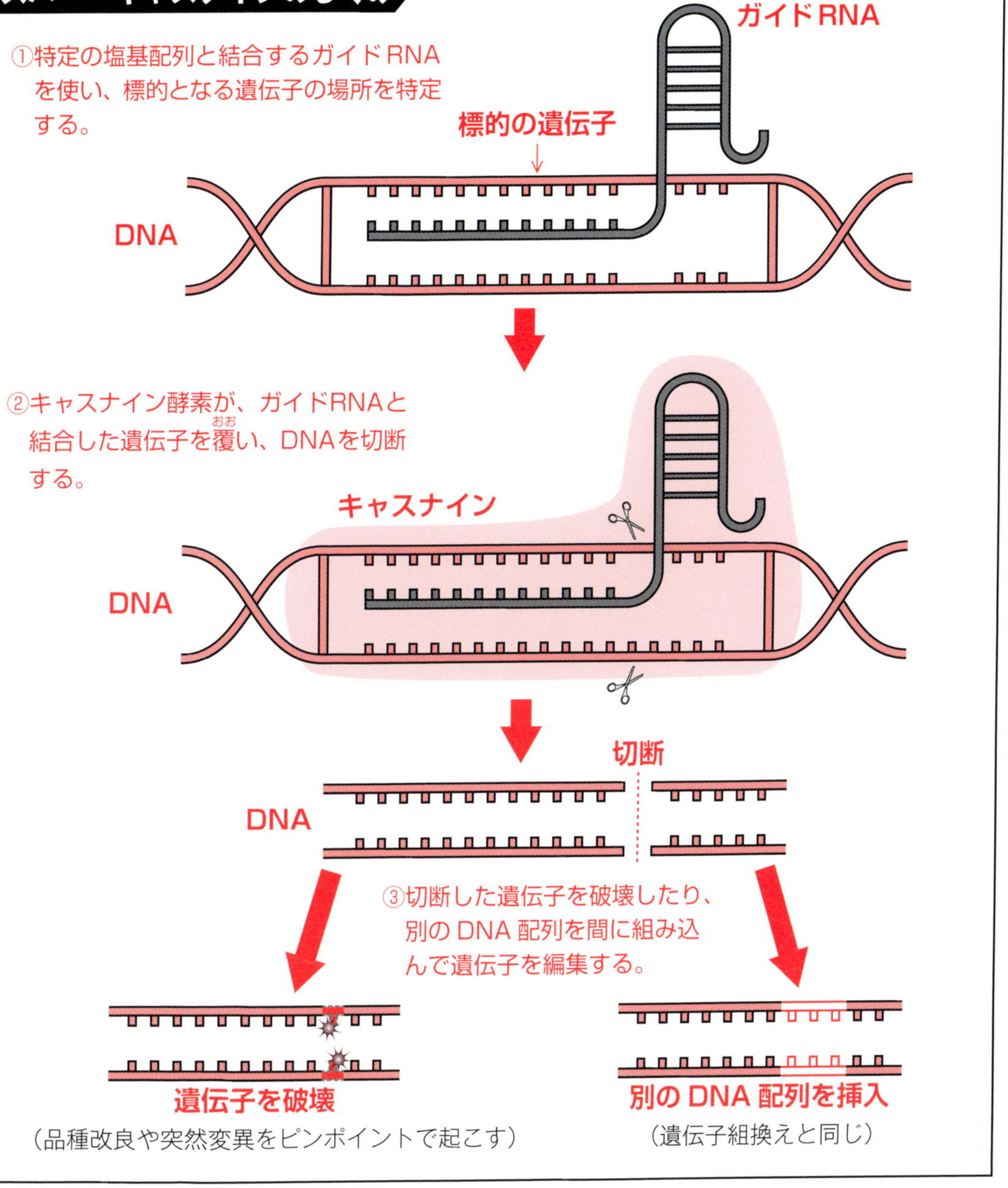


クリスパー・キャスナインでは、まず、標的となる遺伝子の塩基配列と結合する**ガイドRNA**（DNAの鋳型《いがた》のようなもの）を用意する。ガイドRNAが標的となる遺伝子と結合すると、キャスナインという「はさみ」の役割を果たす酵素《こうそ》が、標的の遺伝子を切断するしくみだ。

特定の遺伝子を切り取った後は、DNAを再度つなげるか、用意しておいた代わりの遺伝子をはさむ。この手法により、**狙った遺伝子をピンポイントで編集することができる**のだ。従来の品種改良や遺伝子操作技術は、突然変異を利用するため偶然に頼る部分が多い。それに比べると、ゲノム編集は飛躍的に効率がよく、コストも安くて済む。クリスパー・キャスナインを開発したシャルパンティエ氏とダウドナ氏は、2020年の**ノーベル化学賞**を受賞した。

ゲノム編集によって品種改良された**ゲノム編集食品**は、別の遺伝子を組み込むのでなければ、安全性も従来の品種改良と同等とされ、届出のみで国内販売が認められている。すでに、GABA《ギャバ》（血圧上昇を抑えるアミノ酸）の多いトマトや、肉厚なマダイ、トラフグの販売が開始されている。

**ちょこっと時事**

**アルツハイマー病新薬「レカネマブ」**　日本の製薬会社エーザイと米バイオジェンが共同開発したアルツハイマー病の治療薬「レカネマブ（製品名レケンビ）」の製造販売が、2023年9月に日本で正式承認された。アルツハイマー病の原因とされるたんぱく質「アミロイドβ」を脳内から取り除く抗体医薬品。

| 関連URL | ●NASA：アルテミス計画（英語） https://www.nasa.gov/specials/artemis/ |
|---|---|
| | ●JAXA：国際宇宙探査の取り組み https://humans-in-space.jaxa.jp/future/ |

# 70 情報・科学 アルテミス計画

## アルテミス2計画の概要

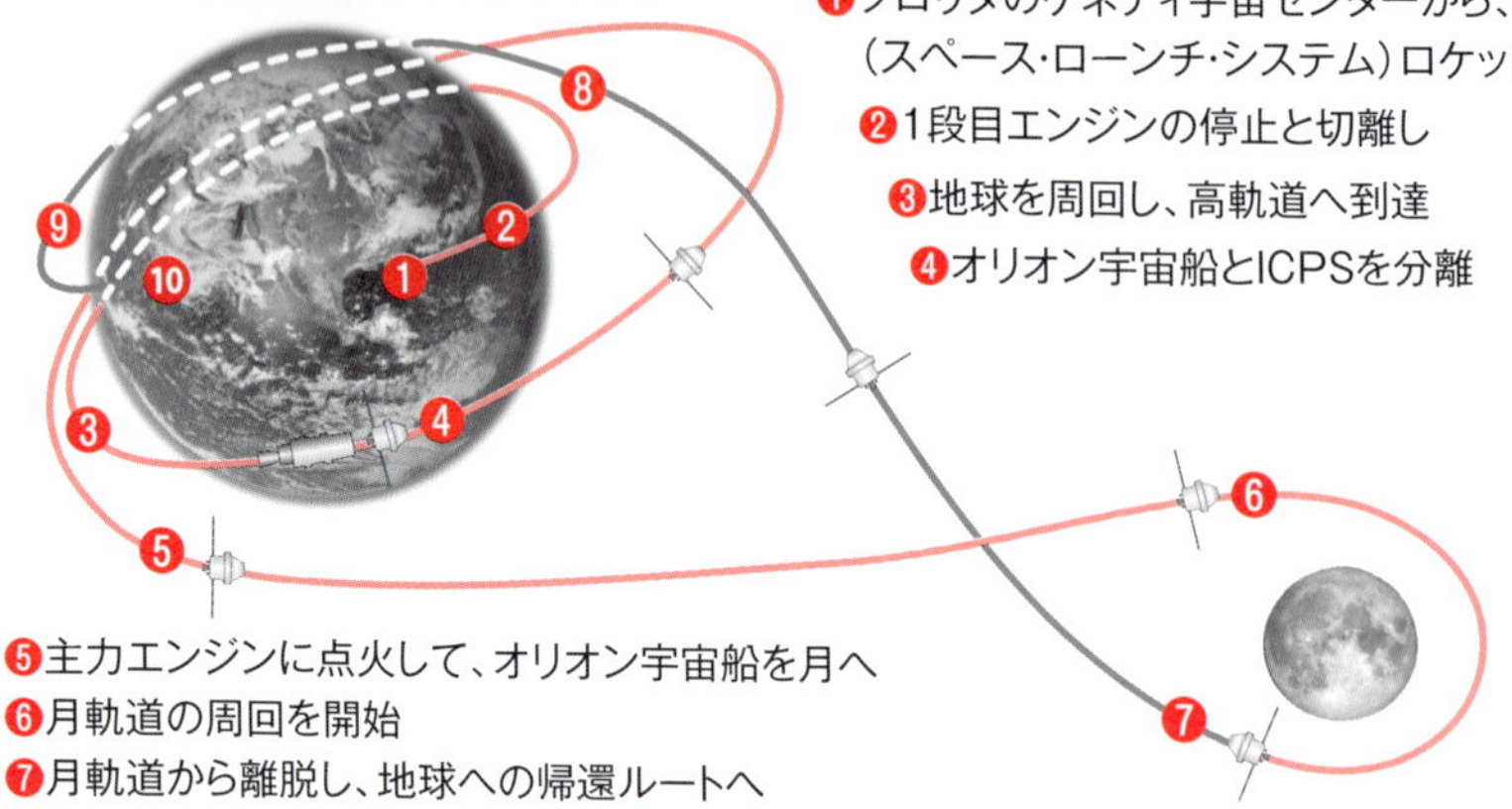

❶フロリダのケネディ宇宙センターから、SLS（スペース・ローンチ・システム）ロケットで打上げ
❷1段目エンジンの停止と切離し
❸地球を周回し、高軌道へ到達
❹オリオン宇宙船とICPSを分離
❺主力エンジンに点火して、オリオン宇宙船を月へ
❻月軌道の周回を開始
❼月軌道から離脱し、地球への帰還ルートへ
❽有人モジュールを分離
❾地球の大気圏に再突入
❿有人モジュールが太平洋に着水

**ICPS**
オリオン宇宙船を月軌道に送るための2段目のエンジン。

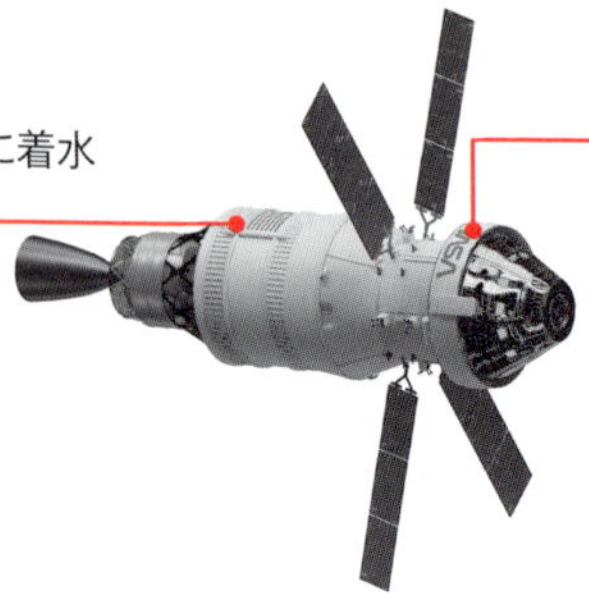

**オリオン宇宙船**
太陽光パネルから右部の部分がオリオン宇宙船。4人の宇宙飛行士が搭乗する。

### ●アルテミス計画のスケジュール（■は非公式）

| アルテミス1（ミッション成功） | 2022年 | 無人機による月周回（アルテミス2の予行演習） |
|---|---|---|
| アルテミス2 | 2024年 | 4名の乗員を乗せて、月周回軌道へ |
| アルテミス3 | 2025年 | アポロ計画以来の**有人月着陸** |
| アルテミス4 | 2026年 | 月軌道上に宇宙ステーション「ゲートウェイ」の資材を搬入 |
| アルテミス5 | 2027年 | 同モジュール搬入 |
| アルテミス6 | 2029年 | 有人の月着陸 |

**SLSロケット**
新型の巨大ロケット。頭頂部のオリオン宇宙船のカプセルを合わせた高さは、自由の女神像よりも高い約98m（写真：NASA）。

## 100字でナットク

アルテミス計画は、米国が主導してすすめられている月面探査計画だ。2025年までに女性宇宙飛行士の月面着陸を目指す。計画はギリシア神話の月の女神アルテミス（アポロンの双子の妹）に由来する。

**アルテミス計画**とは、米国NASA（アメリカ航空宇宙局）を中心にすすめられている**月面探査プロジェクト**だ。2025年までに、女性を含む宇宙飛行士を月面に着陸させることを当面の目標としている。その後は月の軌道を回る宇宙ステーション「ゲートウェイ」や月面拠点を建設し、人類が持続的に月で活動できるようにするという遠大な計画だ。NASA以外にも米国の民間企業や、日本のJAXA（宇宙航空研究開発機構）をはじめとする各国の宇宙開発機関が計画に参加している。

最初のミッションである**アルテミス1号**は無人宇宙船で、月を周回し地球に帰還する試験飛行。2022年11月にロケットが打ち上げられ、25日間の飛行後に無事地球に帰還した。次の**アルテミス2号**は、2024年。4人の宇宙飛行士を乗せた有人宇宙船が月の周回軌道を周り、地球に帰還する計画だ。

71
情報・科学

# iPS細胞

**100字でナットク**

iPS細胞は、どんな細胞にもなる万能細胞だ。皮膚などの細胞に複数の遺伝子を組み込んでつくる。病気の原因となる遺伝子の解明や新薬の開発、再生医療や治療法への応用が期待されており、臨床研究もすすんでいる。

## iPS細胞は万能細胞

**iPS細胞**
**(induced Pluripotent Stem)**

人工《じんこう》多《た》能性幹細胞《のうせいかんさいぼう》。皮膚細胞などに、複数の遺伝子を組み込んで培養した万能細胞。

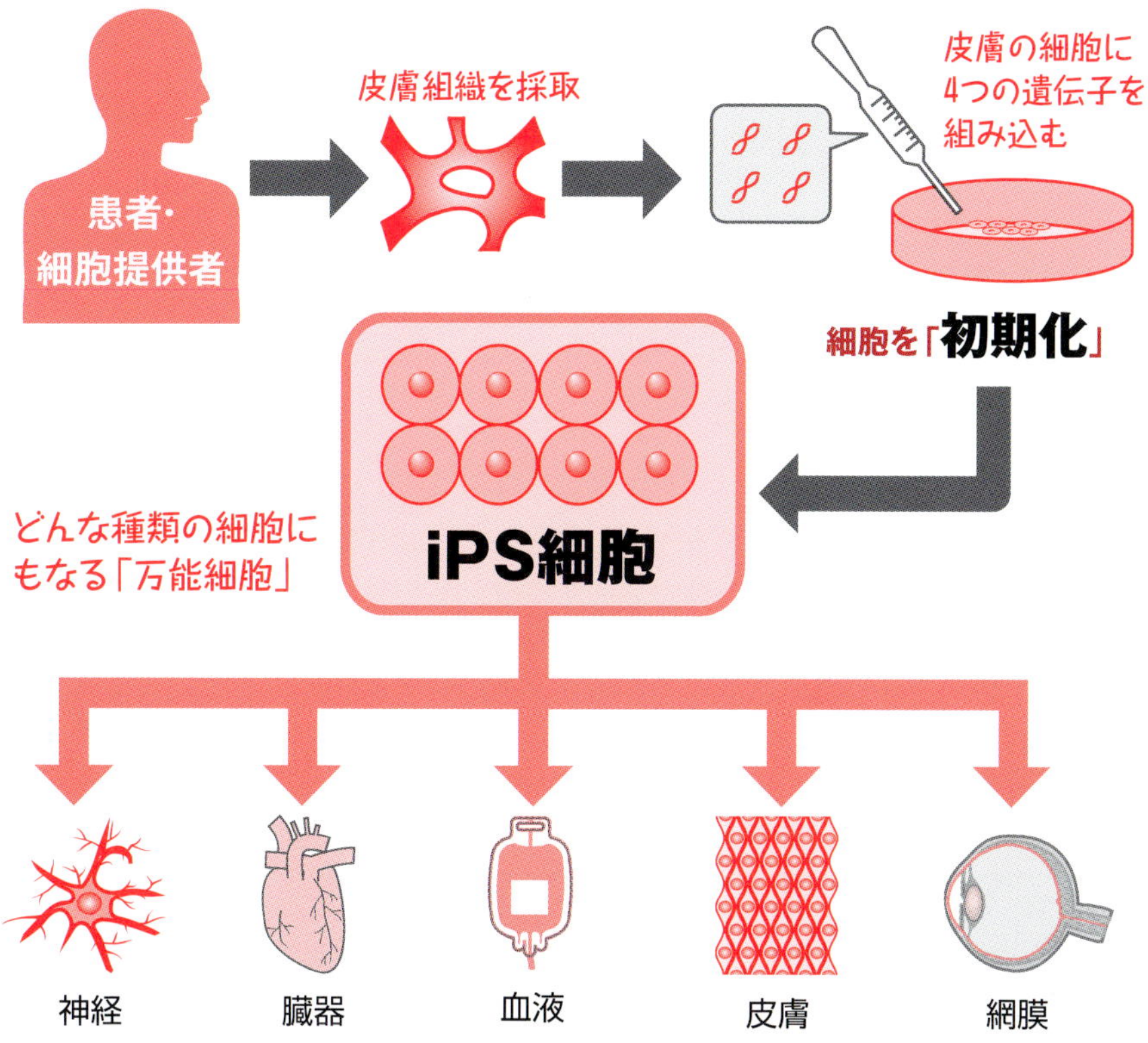
患者・細胞提供者
皮膚組織を採取
皮膚の細胞に4つの遺伝子を組み込む
細胞を「初期化」
iPS細胞
どんな種類の細胞にもなる「万能細胞」
神経
臓器
血液
皮膚
網膜

### iPS細胞の利用が期待される分野

| 再生医療 | 新薬の開発 | 治療法の解明 |
| --- | --- | --- |
| 病気やケガで失われた身体機能を、iPS細胞を移植して回復させる。 | 培養したiPS細胞を使い、人体ではできない薬剤の有効性や副作用を評価。 | 患者の培養したiPS細胞の遺伝子を解析し、病気の原因や治療法を探る。 |

ヒトの体をつくっている細胞は、皮膚《ひふ》なら皮膚の細胞、骨なら骨の細胞というように、どの部分になる細胞かがあらかじめ決まっている。ただし、皮膚にも骨にも神経にもなる細胞がひとつだけある。それが受精卵だ。受精卵のようにどんな組織にもなる細胞を**万能《ばんのう》細胞**という。

京都大学の山中伸弥《やまなかしんや》教授は、皮膚などの細胞にいくつかの遺伝子を組み込むと、ふつうの細胞が受精卵と同じような万能細胞に変わることを発見した。これが**iPS細胞**だ。これにより、山中教授は2012年のノーベル生理学・医学賞を受賞した。

iPS細胞は**再生医療**への活用が期待されている。病気やケガで損傷した組織や臓器を、人工的に再生させて修復する医療技術だ。また、患者の細胞からつくったiPS細胞を培養《ばいよう》して新薬を試したり、患者の遺伝子を解析して効果的な薬を開発する**iPS創薬《そうやく》**が注目されている。

**ちょこっと時事**

**人新世** 現代を含む新しい地質年代で、人間の活動が地球に大きな影響を及ぼした時代を表す。完新世の次にくる年代として検討されており、特徴的な地層としてカナダ・トロント市郊外のクロフォード湖が選定された。湖底の堆積物から核実験による放射性物質や化石燃料によるブラックカーボンが検出されている。

# ノーベル賞2023

**100字でナットク**

ノーベル賞は、ダイナマイトの発明者アルフレッド・ノーベルの遺言ではじまった世界的な賞だ。日本人受賞者は25人。2023年のノーベル平和賞はイランの人権活動家ナルゲス・モハンマディ氏が受賞した。

## 2023年のノーベル賞受賞者

| | 受賞者 | 受賞内容 |
|---|---|---|
| ①物理学賞 | **ピエール・アゴスティーニ**（米）<br>**フェレンツ・クラウス**（オーストリア）<br>**アンヌ・リュイリエ**（スウェーデン） | **物質中の電子ダイナミクスの測定を可能にするアト秒パルス光を生成する実験手法の開発**<br>※「アト秒（10の－18乗秒）」という非常に短い時間だけ光を出す実験手法を開発し、電子の動きの測定を可能にした。 |
| ②化学賞 | **ムンジ・バウェンディ**（チュニジア・米）<br>**ルイ・ブルース**（米）<br>**アレクセイ・エキモフ**（ロシア） | **量子ドットの発見と合成**<br>※1ミリの100万分の1の微細な結晶「量子ドット」を発見し、ナノテクノロジーの基礎を築いた。 |
| ③生理学・医学賞 | **カタリン・カリコ**（ハンガリー・米）<br>**ドリュー・ワイスマン**（米） | **mRNAワクチンの開発に貢献**<br>※mRNAワクチンの基礎となる方法を開発し、新型コロナウイルスのワクチン開発に貢献した。 |
| ④文学賞 | **ヨン・フォッセ**（ノルウェー） | **劇作家・小説家**<br>※代表作『セプトロジー』ほか |
| ⑤平和賞 | **ナルゲス・モハンマディ**（イラン） | **イランにおける女性への弾圧に抵抗し、人権と自由をうながす活動**<br>※イランで女性の権利擁護や死刑制度廃止を訴え、現在服役中。 |
| ⑥経済学賞 | **クラウディア・ゴールディン**（米） | **労働市場における女性の成果の研究**<br>※男女の賃金格差の要因などを研究 |

**ノーベル賞**は、ダイナマイトの発明者として知られる**アルフレッド・ノーベル**（1833～96）の遺志《いし》によってはじまった世界的な賞だ。スウェーデンの大富豪だったノーベルは、独身で子供もいなかったため、莫大な遺産を基金として、そこから生じる利子を「人類のため最も大きな貢献をした人々」に提供するよう指示した。この遺言にしたがってノーベル財団が設立され、1901年から賞の授与がはじまった。

現在のノーベル賞は、**①物理学賞**、**②化学賞**、**③生理学・医学賞**、**④文学賞**、**⑤平和賞**、**⑥経済学賞**の6部門からなる。このうち物理学賞、化学賞、生理学・医学賞、文学賞はスウェーデン側が決めるが、平和賞だけはノルウェーのノーベル委員会が決めている（これもノーベルの遺言による）。また、経済学賞は最初からあったわけではなく、1969年にスウェーデン銀行がノーベルを記念

関連URL ››› ●ノーベル賞公式サイト（英語） https://www.nobelprize.org/

## 日本人のノーベル賞受賞者

米国籍

| 名前 | 受賞年 | 賞 | 理由 |
|---|---|---|---|
| 湯《ゆ》川《かわ》秀樹《ひでき》 | 1949 | 物理学賞 | 中間子の存在を予言 |
| 朝永《ともなが》振一郎《しんいちろう》 | 1965 | 物理学賞 | 量子電気力学の基礎的研究 |
| 川端《かわばた》康成《やすなり》 | 1968 | 文学賞 | 『伊豆の踊子』『雪国』など |
| 江崎《えさき》玲於奈《れおな》 | 1973 | 物理学賞 | 半導体におけるトンネル効果の発見 |
| 佐藤《さとう》栄作《えいさく》 | 1974 | 平和賞 | 非核三原則の提唱 |
| 福井《ふくい》謙一《けんいち》 | 1981 | 化学賞 | フロンティア電子理論の提唱 |
| 利根川《とねがわ》 進《すすむ》 | 1987 | 生理学・医学賞 | 多様な抗体を生成する遺伝子原理の発見 |
| 大江《おおえ》健三郎《けんざぶろう》 | 1994 | 文学賞 | 『万延元年《まんえんがんねん》のフットボール』など |
| 白川《しらかわ》英樹《ひでき》 | 2000 | 化学賞 | 導電性高分子の発見 |
| 野依《のより》 良治《りょうじ》 | 2001 | 化学賞 | キラル触媒《しょくばい》による不《ふ》斉合成《せいごうせい》の研究 |
| 小柴《こしば》昌俊《まさとし》 | 2002 | 物理学賞 | 宇宙ニュートリノの検出 |
| 田中《たなか》耕一《こういち》 | 2002 | 化学賞 | 生体高分子の質量分析法の開発 |
| 南部《なんぶ》陽一郎《よういちろう》 | 2008 | 物理学賞 | 自発的対称性の破《やぶ》れ |
| 小林《こばやし》 誠《まこと》<br>益川《ますかわ》敏英《としひで》 | 2008 | 物理学賞 | 小林・益川理論とCP対称性の破れの起源の発見 |
| 下村《しもむら》 脩《おさむ》 | 2008 | 化学賞 | 緑色蛍光タンパク質の発見 |
| 根岸《ねぎし》英一《えいいち》<br>鈴木《すずき》 章《あきら》 | 2010 | 化学賞 | クロスカップリングの開発 |
| 山中《やまなか》伸弥《しんや》 | 2012 | 生理学・医学賞 | iPS細胞の作製 |
| 赤崎《あかさき》 勇《いさむ》<br>天野《あまの》 浩《ひろし》<br>中村《なかむら》 修二《しゅうじ》 | 2014 | 物理学賞 | 白色光源を可能にした高輝度で省電力の青色発光ダイオードの発明 |
| 梶田《かじた》隆章《たかあき》 | 2015 | 物理学賞 | ニュートリノ振動の発見 |
| 大村《おおむら》 智《さとし》 | 2015 | 生理学・医学賞 | 寄生虫による感染症の治療法を発見 |
| 大隅《おおすみ》良典《よしのり》 | 2016 | 生理学・医学賞 | オートファジーのしくみの解明 |
| 本庶《ほんじょ》 佑《たすく》 | 2018 | 生理学・医学賞 | 免疫システムを用いたがん治療薬開発 |
| 吉野《よしの》 彰《あきら》 | 2019 | 化学賞 | リチウムイオン二次電池の開発 |
| 真鍋《まなべ》 淑郎《しゅくろう》 | 2021 | 物理学賞 | 地球温暖化の気候モデルを開発 |

※ 南部陽一郎氏、中村修二氏、真鍋淑郎氏は研究者として渡米後、アメリカ国籍を取得（日本出身のノーベル賞受賞者は28人）

### ●国籍別受賞者数上位10か国

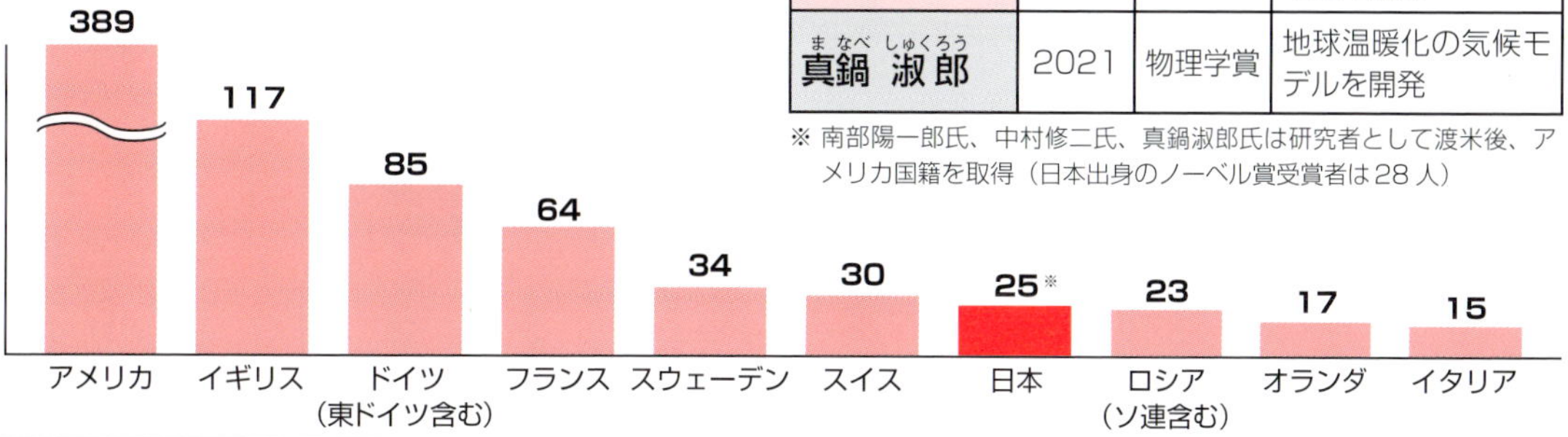


してはじめたものだ。

受賞者は、毎年10月初旬ごろから発表される。授賞式は毎年、ノーベルの命日である12月10日にスウェーデンのストックホルム（平和賞のみノルウェーのオスロ市庁舎）で行われる。賞金は各部門ごとに800万クローナ（約1億円）。アルフレッド・ノーベルの遺産をノーベル財団が運用して得た利益によってまかなわれている。1部門に複数の受賞者がいる場合は、各受賞者に分割される。

2023年のノーベル賞受賞者は11人で、女性は4人だった。このうち、**ノーベル平和賞**を受賞したイランの**ナルゲス・モハンマディ**氏は、2003年に同じくノーベル平和賞を受賞したシリン・エバディ氏が代表を務める「**人権擁護センター**」の副代表などを務め、死刑制度の廃止と女性の権利を訴える活動を続けてきた。2016年にイラン当局に拘束され、現在も服役中。ノーベル委員会はモハンマディ氏の活動を支持し、釈放を呼びかけた。イランでは2022年にヒジャブ（頭髪をおおうスカーフ）のかぶり方が不適切だとして逮捕された女性が死亡し、抗議運動が全国に広がった。

**ちょっと時事**

**国立科学博物館のクラウドファンディング**　2023年8月、国立科学博物館が逼迫した運営資金を補うためにクラウドファンディングで支援金を募ったところ、開始9時間で目標の1億円に達し、最終的には9・1億円以上が集まった。

# 73
文化・スポーツ

# 世界遺産2023

## 世界遺産の分類

**世界遺産**

### 自然遺産
すぐれた価値をもつ地形や生物、景観などを有する地域

- グランド・キャニオン国立公園（アメリカ）
- ガラパゴス諸島（エクアドル）
- ケニア山国立公園と自然林（ケニア）
- オカピ野生動物保護区（コンゴ民主共和国）
- キリマンジャロ国立公園（タンザニア）
- グレート・バリア・リーフ（オーストラリア）
- スイス・アルプス ユングフラウ・アレッチュ（スイス）
- バイカル湖（ロシア）

など 227件

### 文化遺産
すぐれた普遍的価値をもつ建築物や遺跡など（アウシュビッツなど「負の文化遺産」もある）

- 自由の女神像（アメリカ）
- コパンのマヤ遺跡（ホンジュラス）
- メンフィスのピラミッド地帯（エジプト）
- ペルセポリス（イラン）
- タージ・マハル（インド）
- 万里の長城（中国）
- ロンドン塔（イギリス）
- フィレンツェ歴史地区（イタリア）
- アテネのアクロポリス（ギリシャ）

など 933件

### 複合遺産
文化と自然両方の要素を兼ね備えているもの

- タスマニア原生地域（オーストラリア）
- 泰山《たいざん》（中国）
- ギョレメ国立公園とカッパドキアの岩窟群（トルコ）
- イビサ（スペイン）

など 39件

## 世界遺産登録手続

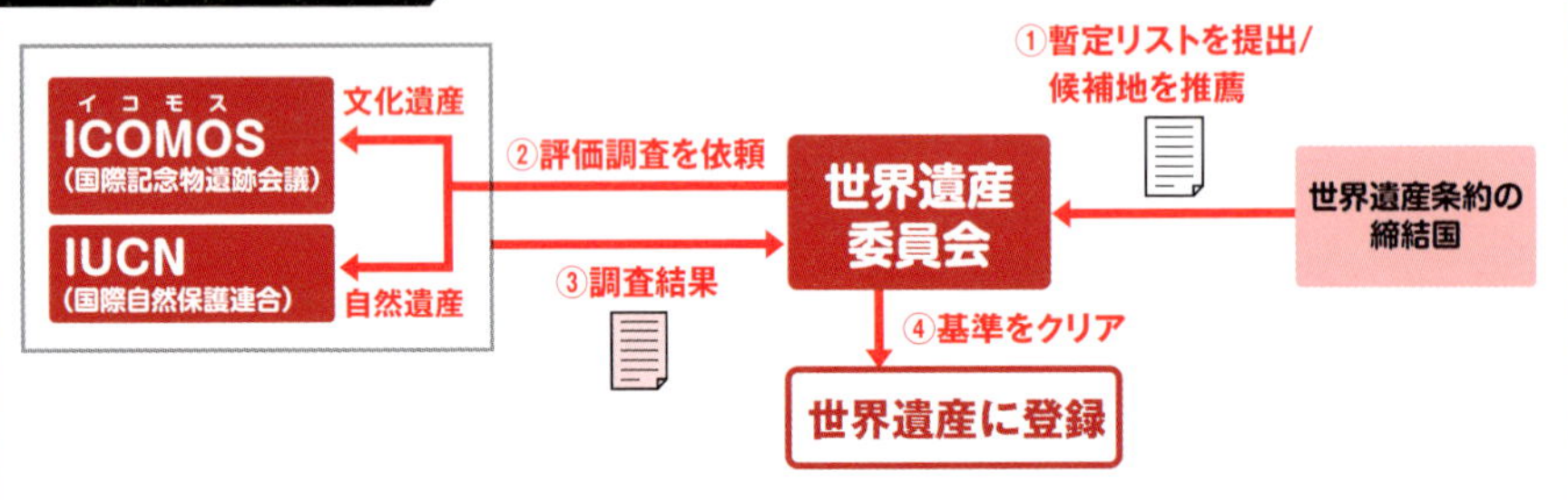


### 100字でナットク

ユネスコの世界遺産は、後世に残すべき人類共通の財産だ。2023年にはサウジアラビアのリヤドで世界遺産委員会が開催され、新たに42件が登録された。日本は国内26件目となる「佐渡島の金山」登録を目指している。

**世界遺産**とは、1972年のユネスコ（国連教育科学文化機関）総会で採択《さいたく》された「世界遺産条約」にもとづき、人類共通の財産として「世界遺産リスト」に登録された自然や文化財をいう。消滅や崩壊の危機に瀕《ひん》している自然や文化財を、「条約」という国際的な枠組みによって保護し、後世に伝え残していくのがその目的だ。

世界遺産への登録までの流れは次のとおり。各国は、世界遺産に登録してほしい自国の候補地を「**暫定《ざんてい》リスト**」に登録しておき、その中から次に世界遺産にしたい候補地を推薦する。推薦された候補地は、文化遺産候補の場合はイコモス、自然遺産候補の場合はIUCNという国際機関によって、世界遺産にふさわしいかどうかが審査される。世界遺産への正式な登録は、年1回開かれる「**世界遺産委員会**」の最終審議で決まる。

2022年の世界遺産委員会はロ

関連URL ›››
●公益社団法人 日本ユネスコ協会連盟　https://www.unesco.or.jp/
●佐渡島（さど）の金山（新潟県観光文化スポーツ部文化課）　https://www.sado-goldmine.jp/

**ちょこっと時事**

**オーバーツーリズム**　観光地にキャパシティを超える多くの観光客が押し寄せ、様々な悪影響を及ぼすこと。公共交通機関の混雑や交通渋滞、騒音やごみ、環境破壊などで、観光公害とも呼ばれる。コロナ禍後にインバウンド需要が急速に回復する一方で、対策が求められている。

## 日本の世界遺産

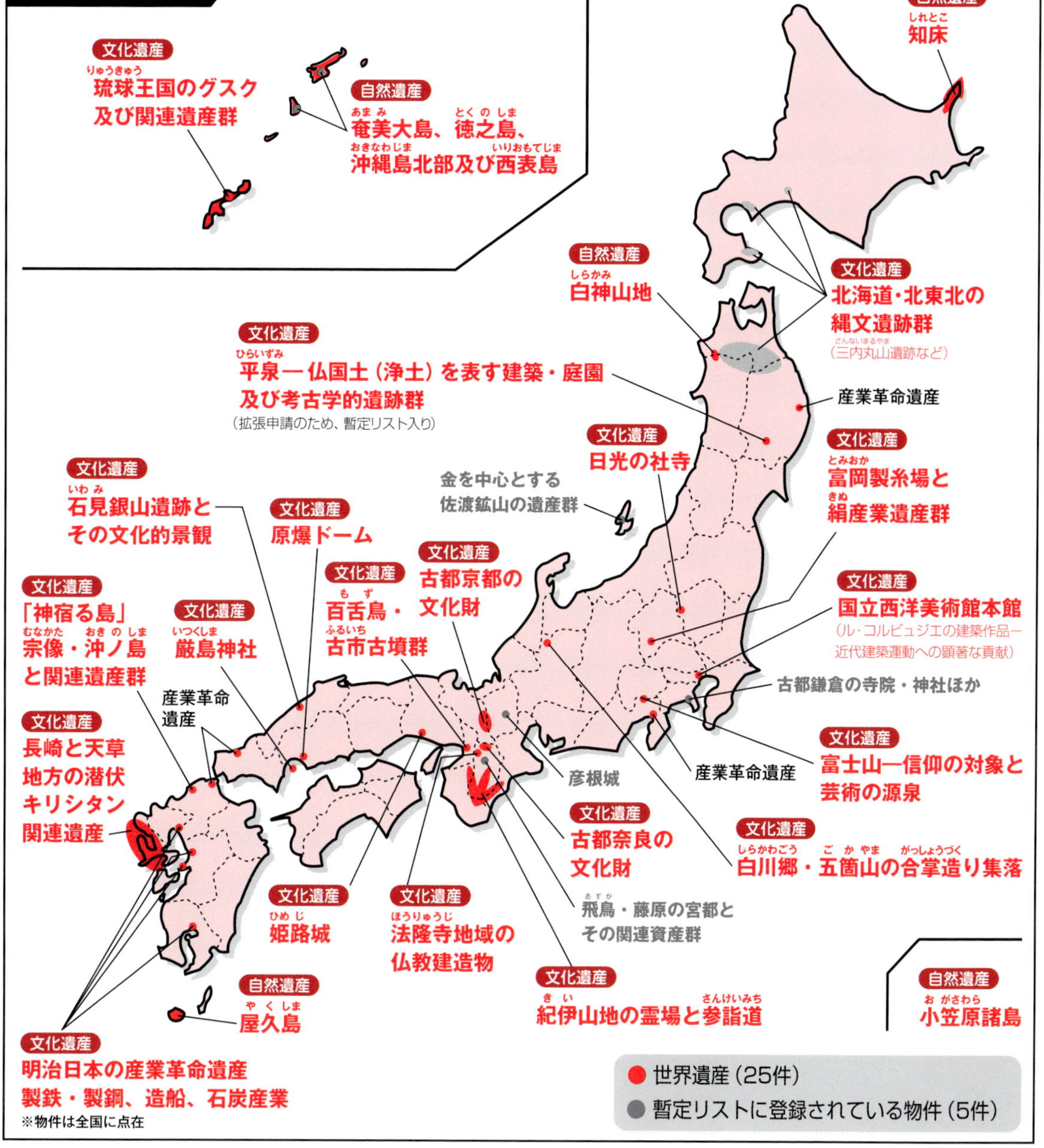


シアで開催される予定だったが、ロシアのウクライナ侵攻の影響で延期となり、2023年9月にサウジアラビアのリヤドで開催された。新たに42件が登録され、世界遺産の総数は1199件となった。また、存続が危ぶまれる「**危機遺産**」として、ウクライナ国内にある2件が指定された。

2023年現在、日本国内にある世界遺産は、文化遺産20件、自然遺産5件の計25件。日本は26件目の世界遺産候補として、新潟県佐渡島《さどがしま》の「**金《きん》を中心とする佐渡鉱山《さどこうざん》の遺跡《いせき》群《ぐん》**」を推薦している。16世紀末から400年間にわたって金と銀を産出した日本最大の金山と銀山の遺跡群だ。しかし佐渡鉱山をめぐっては、「朝鮮半島から連行された労働者が強制労働させられていた現場だ」として、韓国が世界遺産登録に強く反発している。2015年に「明治日本の産業革命遺産」が登録された際、日本側は長崎県の端島《はしま》（軍艦島）等が強制徴用の現場だった事実がわかるような措置を講じるとしていた。その約束がじゅうぶんに果たされていないままだというのが韓国の言い分だ。

# 74

文化・スポーツ

# 藤井聡太、史上初の八冠達成

**100字でナットク**

将棋の8大タイトルは竜王・名人・叡王・王位・王座・棋王・王将・棋聖の8つ。2023年10月、プロ棋士の藤井聡太は王座戦で勝利し、これまで獲得した7つと合わせて史上初の8大タイトル独占を果たした。

## 将棋の段位

昇段の条件（一部）

| 段位 | 昇段の条件 |
|---|---|
| 王将 九段 | ●名人になる<br>●八段に昇段後250勝する |
| 八段 | ●順位戦A級に昇級<br>●七段に昇段後190勝する |
| 七段 | ●順位戦B級1組に昇級<br>●六段に昇段後150勝する |
| 六段 | ●順位戦B級2組に昇級<br>●五段に昇段後120勝する |
| 五段 | ●順位戦C級1組に昇級<br>●四段に昇段後100勝する |
| 四段 | ●三段リーグで上位2名になる（年4人が昇段）<br>→順位戦C級2組に編入 |

プロ棋士

三段
二段
初段
1級
…
6級

奨励会《しょうれいかい》（養成機関）

← ここからスタート

**藤井 聡太**（ふじい そうた）

2002年生まれ。愛知県瀬戸市出身。2016年に史上最年少の14歳2か月でプロ棋士となり、公式戦最多連勝記録を樹立。その後も史上最年少記録を次々に塗り替え、2023年には史上初の八冠達成を果たした。

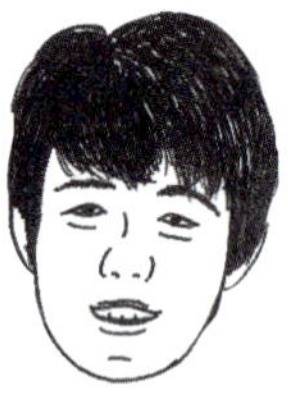

職業として将棋《しょうぎ》を指す人を「**棋士**《きし》」という。棋士をめざすには、まず**奨励会**《しょうれいかい》という養成機関に入る。そこで6級からはじめ、規定の対戦成績を挙げて5級→4級→3級→2級→1級→初段→二段→三段と昇進していく。三段でリーグ戦を勝ち抜き、**四段に上がれば晴れてプロ棋士**となる。ちなみにアマチュアの将棋にも段位はあるが基準が異なり、アマチュアの四段は奨励会の6級程度とされる（奨励会には年齢制限があるが、奨励会退会後に編入試験を受けてプロになる道もある）。

四段から先の段位は、順位戦や竜王戦のクラス分けで昇級したり、公式戦で規定の勝数を挙げると昇段する。また、タイトル戦で優勝したり、タイトルの挑戦者になった場合にも昇段する。最高は**九段**で、いちど段位が上がれば下がることはない。

**順位戦**というのは、ほぼすべての棋士が1年にわたって順位を争う

関連URL ››› ●日本将棋連盟　https://www.shogi.or.jp/

## 藤井聡太８冠の獲得タイトル

※2023年10月現在

| タイトル戦 | タイトル獲得 | 詳細 | 主催 |
| --- | --- | --- | --- |
| 棋聖《きせい》戦 | 2020年7月（3回防衛） | 全棋士と女流２名で一次予選、二次予選トーナメントを行い、予選通過者とシード棋士の16名による決勝トーナメントで挑戦者を決める。最後は棋聖と挑戦者による５番勝負。 | 産業経済新聞社 |
| 王位《おうい》戦 | 2020年8月（3回防衛） | 全棋士と女流２名による予選トーナメントを通過した本戦出場者にシード棋士を加え、紅白２ブロックに分かれてリーグ戦を行う。紅白の優勝者で挑戦者決定戦を行い、王位と挑戦者による７番勝負で次期王位を決める。 | 新聞三社連合<br>神戸新聞社<br>徳島新聞社 |
| 叡王《えいおう》戦 | 2021年9月（2回防衛） | 全棋士と女流１名、アマ１名による段位別予選トーナメントと本戦トーナメントを行い、決勝進出者２名による３番勝負で挑戦者を決める。さらに叡王と挑戦者による７番勝負で次期叡王を決める。2017年にタイトル戦に昇格。 | 不二家<br>（第６期より） |
| 竜王《りゅうおう》戦 | 2021年11月（1回防衛） | 全棋士と女流４名、奨励会員１名、アマ５名が１組から６組に分かれて予選トーナメント（竜王ランキング戦）を行い、各組の上位者による決勝トーナメントで挑戦者を決める。竜王と挑戦者による７番勝負の勝者が次期竜王となる。 | 読売新聞社 |
| 王将《おうしょう》戦 | 2022年2月（1回防衛） | 全棋士で一次予選、二次予選トーナメントを行い、予選通過者とシード棋士の４名によるリーグ戦で挑戦者を決める。最後は王将と挑戦者による７番勝負。 | スポーツニッポン新聞社<br>毎日新聞社 |
| 棋王《きおう》戦 | 2023年3月 | 全棋士と女流名人、アマ名人で予選トーナメントを行い、予選通過者とシード棋士により本戦トーナメントを行う。準決勝以上は２敗失格制で、トーナメント優勝者と敗者復活戦勝者との変則２番勝負で挑戦者を決める。最後は棋王と挑戦者による５番勝負。 | 共同通信社 |
| 名人《めいじん》戦 | 2023年6月 | 順位戦Ａ級の優勝者が名人に挑戦し、７番勝負により次期名人を決める。 | 毎日新聞社<br>朝日新聞社 |
| 王座《おうざ》戦 | 2023年10月 | 全棋士と女流４名で一次予選、二次予選のトーナメントを行い、二次予選通過者にシード棋士を加えた挑戦者決定トーナメントで挑戦者を決める。最後は王座と挑戦者による５番勝負。 | 日本経済新聞社 |

リーグ戦だ。ランクの高い順にＡ級、Ｂ級１組、Ｂ級２組、Ｃ級１組、Ｃ級２組の５クラスがあり、成績上位者は昇級、下位者は降級となる。順位戦Ａ級の優勝者は名人戦に挑戦でき、現名人との七番勝負に臨《のぞ》む。これに勝利すると「**名人**」の称号を獲得し、挑戦者に敗れてその座を奪われるまで「〇〇名人」と呼ばれる。

このように、優勝者に称号を授与するのが**タイトル戦**だ。タイトルは全部で8つあり、**8大タイトル**と呼ばれる（**竜王《りゅうおう》・名人・叡王《えいおう》・王位・王座・棋王《きおう》・王将・棋聖《きせい》**）。

藤《ふじ》井《い》聡《そう》太《た》さんは2016年に史上最年少の14歳2か月でプロ棋士となり、その後は順調に昇段を重ねた。タイトル戦では2020年に棋聖、王位、2021年に叡王、竜王、2022年に王将を獲得。獲得したタイトルはすべて防衛している。2023年には3月に棋王、6月に名人、10月に王座を獲得し、史上初の**8大タイトル独占**を達成した。

2023年10月にはじまった第36期竜王戦七番勝負は、藤井竜王と同じ2002年生まれの**伊《い》藤《とう》匠《たくみ》**七段が挑戦者となった。2人を合わせた年齢は41歳で、歴代最年少となる。

ちょっと時事

**バスケ男子、パリ五輪出場**　2023年9月、バスケットボール男子の日本代表（アカツキジャパン）は、ワールドカップ順位決定リーグ最終戦でカーボベルデに勝利しアジア最上位が確定、2024年に開催されるパリ五輪への出場権を獲得した。自力での五輪出場は1976年のモントリオール五輪以来48年ぶり。

# 75 文化・スポーツ

# ブレイキン

## ブレイキン

ベルギーのルーヴェンで開催された「ブレイキン世界選手権」のファイナルステージで、パフォーマンスを披露するShigekixこと半田重幸（写真：BELGA／共同通信イメージズ）。

### ●ブレイキンを構成する要素

トップロック
立ち上がった状態でステップを踏む（例：2ステップ、インディアンステップ）
フットワーク
手をフロアについて身体を支えながら両足をリズミカルに動かす（例：6歩、CC）
パワームーブ
両手や頭、肩、背中などを使って連続回転する回転技（例：ヘッドスピン、ウインドミル）
フリーズ
身体の動きを数秒間止める動作（例：エアベイビー、ハイチェアー）


### 100字でナットク

2024年のパリ・オリンピックで、ブレイキン（ブレイクダンス）が新競技に採用されることが決まった。音楽に合わせて多彩な動きをくりだす1対1のダンスバトル。日本人選手の活躍も期待できる。

**ブレイキン**とはブレイクダンスのこと。1970年代の米ニューヨーク・ブロンクス地区で生まれた黒人文化ヒップホップには、大きく**DJ**、**ブレイクダンス**、**グラフィティ**、**MC**（ラップ）の4つの要素がある。当時、ストリートギャングたちは抗争を無血で終わらせるため、ダンスやラップで優劣を競った。その後ヒップホップ文化は世界各地に広がり、ブレイキンは2024年のパリオリンピックで新競技に採用されることが決まった。

ブレイキン競技では、音楽に合わせて1対1で交互に即興のダンスを披露し、ジャッジによる採点で勝敗を決める。パリオリンピックは男女2種目で、出場枠はそれぞれ16人（各国それぞれ2人まで）だ。

2023年10月に行われた杭州《こうしゅう》アジア大会では、男子のShigekix《シゲキックス》（半田《なからい》重幸《しげゆき》）さんが優勝し、パリオリンピック出場権を獲得した。

# 大谷翔平選手の活躍 2023

## 100字でナットク

メジャーリーグ・エンゼルスの大谷選手（背番号17）は、投手と打者の二刀流で臨んだ2023年のシーズンで、打者としては本塁打44、投手としては10勝をあげるなど、投打にわたってめざましい活躍をみせた。

関連URL ››› ●大谷翔平公式インスタグラム　https://www.instagram.com/shoheiohtani/

### 大谷翔平選手の2023年の活躍

#### 打者として

| | | |
|---|---|---|
| 試合数 | 135（599打席） | |
| OPS※ | 1.066 | （リーグ1位） |
| 打率 | 3割0分4厘 | （リーグ4位） |
| 本塁打 | 44 | （リーグ1位） |
| 打点 | 95 | （リーグ14位） |
| 三振 | 143 | （リーグ18位） |
| 四球 | 91 | （リーグ5位） |
| 盗塁 | 20 | （リーグ20位） |

※出塁率＋長打率

右肘手術のため残り25試合を欠場したが、規定打席には達して打率3割、44本塁打の好成績を残した。

#### 投手として

| | |
|---|---|
| 登板数 | 23 |
| 勝敗 | 10勝5敗 |
| 防御率 | 3.14 |
| 奪三振 | 167 |
| 与四球 | 55 |

元祖二刀流のベーブ・ルースも成しとげなかった2年連続「2桁勝利&2桁本塁打」を達成。

**大谷《おおたに》 翔平《しょうへい》**

1994年生まれ。岩手県奥州《おうしゅう》市出身。花巻《はなまき》東高校から2013年ドラフト1位で北海道日本ハムファイターズに入団。右投左打の二刀流選手として活躍する。2017年オフにポスティングシステムによるメジャー移籍を表明し、ロサンゼルス・エンゼルスに入団した。

ロサンゼルス・エンゼルスの**大谷翔平**選手は、メジャーリーグ6年目となる2023年のシーズンでもめざましい活躍をみせた。

投手と打者を兼任する「**二刀流**」の大谷選手は、分業が確立している現代プロ野球では異例の存在だ。昨シーズンからは、先発投手が降板後もDHとして打席に残れる「**大谷ルール**」が採用されている。

2023年はシーズン中に右肘靭帯を損傷して最後25試合は欠場したが、打者として44本塁打を記録し、日本人初、アジア出身選手としても初となる**メジャーリーグ本塁打王**に輝いた。また、投手としては23試合を投げて10勝をあげ、ベーブ・ルースも1度しかできなかった「**2桁勝利&2桁本塁打**」を2年連続で達成した。さらに、今シーズンもっとも活躍した選手に贈られる**MVP**（最優秀選手）を受賞した。受賞は2年ぶり2回目。2回とも満票での選出だ。

### ちょこっと時事

**侍ジャパン、WBC優勝**　2023年3月に開催されたワールド・ベースボール・クラシック（WBC）の決勝で、日本代表は米国代表を破って3度目となる大会優勝を果たした。今大会では、母親が日本国籍のため日本代表に選出された米国出身のラーズ・ヌートバー選手のペッパーミル・パフォーマンスにも人気が集まった。

 参照 スポーツジャパン●2023 ››› P8

77

文化・スポーツ

# 大阪・関西万博

## 「2025 年日本国際博覧会」の概要

| | |
|---|---|
| **正式名称** | 2025 年日本国際博覧会（Expo 2025 Osaka, Kansai, Japan） |
| **開催期間** | 2025 年 4 月 13 日～ 10 月 13 日 |
| **会場** | 夢洲《ゆめしま》（大阪府大阪市此花区《このはなく》） |
| **テーマ** | いのち輝く未来社会のデザイン |
| **参加国・地域** | 153 か国・地域 8 国際機関 |
| **開催目的** | ・SDGs 達成への貢献<br>・日本の国家戦略 Society5.0 の実現 |
| **イメージキャラクター** | ミャクミャク |
| **入場料** | 大人 7,500 円　中高生 4,200 円　子ども 1,800 円 |

### ●会場建設費

国と大阪府・市、経済界がそれぞれ 3 分の 1 ずつ負担する会場建設費は、資材や人件費の高騰で当初計画の約 1.88 倍にふくらんだ（2023 年 10 月現在）。

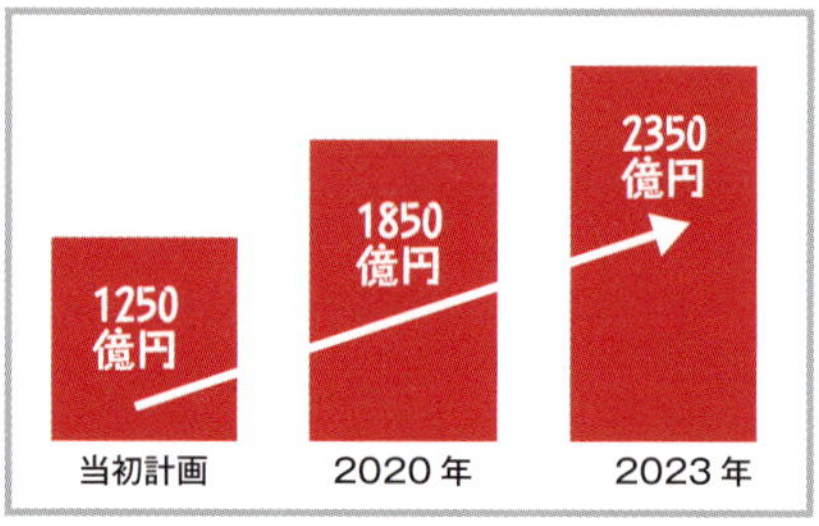

万博の会場は、建築家の藤本壮介《ふじもとそうすけ》氏がデザインした木造の「大屋根（リング）」で囲まれている。リングの屋根の下は会場の主動線、リングの屋上は「リングスカイウォーク」として周囲を見渡せる遊歩道になっている。

提供：2025 年日本国際博覧会協会

### 100字でナットク

「いのち輝く未来社会のデザイン」をテーマに、2025年に大阪の「夢洲」で開催が予定されている国際博覧会。建築資材高騰などの影響で建築費がふくらみ、「万博の華」のパビリオン建設も着工が遅れている。

多数の国が様々な展示品を公開する**国際博覧会**（**万博《ばんぱく》**）は、5年ごとに大規模に開催されており、次回は2025年に大阪で開催される。**大阪・関西万博**は略称で、正式名称は「**2025年日本国際博覧会**」だ。日本で万博が開かれるのは2005年の愛知万博以来、大阪では1970年以来となる。会場は大阪湾に浮かぶ人工島の「**夢洲《ゆめしま》**」で、開催期間は2025年4月13日から半年間。入場料は大人7500円で、来場者2820万人を見込んでいる。

万博の会場建設費は国と大阪府・市、経済界が3分の1ずつ負担する。当初想定は約1250億円だったが、資材価格の高騰《こうとう》などで約2350億円にふくらむ見通しだ。また、参加を表明している153の国と地域のうち、約50は自前でパビリオンを建設する計画だが、期限を過ぎても建築許可を申請している国はわずかで、着工の遅れが懸念されている。

参照 IR（統合型リゾート）››› P68

# 映画賞・文学賞2023

関連URL ››› ●文藝春秋（日本文学振興会）：各賞紹介　https://www.bunshun.co.jp/shinkoukai/
●本屋大賞　https://www.hontai.or.jp/

## 映画賞・文学賞 2023

### ●三大国際映画祭

カンヌ（仏）、ベネチア（伊）、ベルリン（独）の３つの映画祭。コンペティション部門の最高賞は、カンヌが「パルムドール」、ベネチアが「金獅子賞《きんじし》」、ベルリンが「金熊賞《きんくま》」。

| | | |
|---|---|---|
| 受賞作 | 2023年 カンヌ国際映画祭 | **パルムドール：ジュスティーヌ・トリエ監督** 『アナトミー・オブ・ア・フォール』（フランス） 役所広司氏が最優秀男優賞を受賞 |
| 受賞作 | 2023年 ベネチア国際映画祭 | **金獅子賞：ヨルゴス・ランティモス監督** 『哀れなるものたち』（イギリス） 濱口竜介監督『悪は存在しない』が銀獅子賞を受賞 |
| 受賞作 | 2023年 ベルリン国際映画祭 | **金熊賞：ニコラ・フィリベール監督** 『アダマン号に乗って』（フランス・日本合作） |

### ●アカデミー賞

アメリカ最大の映画賞。

| | | |
|---|---|---|
| 受賞作 | 2023年 アカデミー賞 | 作品賞：ダニエル・クワン監督<br>ダニエル・シャイナート監督<br>『エブリシング・エブリウェア・オール・アット・ワンス』<br>**監督賞：ダニエル・クワン監督**<br>**ダニエル・シャイナート監督**<br>『エブリシング・エブリウェア・オール・アット・ワンス』<br>**主演男優賞：ブレンダン・フレイザー**<br>『ザ・ホエール』<br>**主演女優賞：ミシェル・ヨー**<br>『エブリシング・エブリウェア・オール・アット・ワンス』 |

### ●芥川賞・直木賞

芥川賞と直木賞は、（株）文藝春秋の社内にある日本文学振興会が運営する文学賞。受賞作は年２回（上半期・下半期）発表される。芥川賞は新人作家が書いた純文学の短編・中編、直木賞は中堅作家が書いた大衆小説が対象。

| | | |
|---|---|---|
| 受賞作 | 2022年下半期（第168回） | 芥川賞：**井戸川射子《いどがわいこ》**『この世の喜びよ』<br>直木賞：**小川哲《おがわさとし》**『地図《ちず》と拳《こぶし》』<br>**千早茜《ちはやあかね》**『しろがねの葉《は》』 |
| 受賞作 | 2023年上半期（第169回） | 芥川賞：**市川沙央《いちかわさおう》**『ハンチバック』<br>直木賞：**垣根涼介《かきねりょうすけ》**『極楽征夷大将軍《ごくらくせいいだいしょうぐん》』<br>**永井紗耶子《ながいさやこ》**『木挽町《こびきちょう》のあだ討《う》ち』 |

### ●本屋大賞

全国の書店員が「売りたい本」を投票で選ぶ賞。

| | | |
|---|---|---|
| 受賞作 | 2023年（第20回） | **凪良《なぎら》ゆう『汝《なんじ》、星《ほし》のごとく』** |

**100字でナットク**

2023年の米アカデミー作品賞は『エブリシング・エブリウェア・オール・アット・ワンス』。また、カンヌ国際映画祭では役所広司氏が最優秀男優賞、ベネチア国際映画祭では濱口竜介監督が銀獅子賞を受賞した。

**ちょこっと時事**

**ハリウッドのストライキ**　2023年7月、米国の俳優らの労働組合がストライキに突入した。ネットフリックスなどの動画配信での再生回数に応じた報酬や、俳優の仕事をAIによる動画で代替しないことなどを要求。11月に製作会社側と暫定合意に達して終結した。ストの影響で多くの映画やドラマの製作がストップした。

## ま行

毎月勤労統計……88
マイナスの金利……79
マイナ保険証……29
マイナンバー……28
マイナンバーカード……28
マクロ経済スライド……107
ミッドジャーニー……138
みなし公務員……111
南アルプストンネル……113
南クリル……40
宮家……71
ミャンマー……42
民進党……37
名目賃金……88
メタバース……13
メフィーゴパック……135
メリー喜多川……97
メンバーシップ型雇用……117
元徴用工訴訟……38
もんじゅ……125

## や行

野党……66
野党共闘……67
山下公園……5
闇バイト……97
ヤングケアラー……103
有償軍事援助……57
ユダヤ人入植地……23
夢洲……69, 154
尹錫悦（ユンソンニョル）……39
良いインフレ……81
芳野友子……73
与党……66
ヨルダン川西岸地区……22

## ら行

ライドシェア……115
ラグビーワールドカップ……9
ラニーニャ現象……136
陸軍被服本廠跡地……5
リスキリング……109
リニア中央新幹線……112
リニアモーターカー……112
リベラル……67
霊感商法……54
レカネマブ……143
連合……73
労働組合……73
六ケ所村（青森県六ケ所村）……125
ロヒンギャ……43

## わ行

ワールド・ベースボール・クラシック……8
ワグネル……31
悪いインフレ……81
ワルシャワ条約機構……46

## 数字・英字

10増10減……65
5点の衣類……99
AI……138
ALPS……25
BRICS……45
BWR……122
ChatGPT……12, 139
COP……131
CPI……80
CPTPP……91
DNA……142
EPA……90
ETF……78
EVシフト……137
FIFA女子ワールドカップ……9
FIFAワールドカップ……8
FIP制度……129
FIT制度……129
FMS……57
FRB……82
FTA……90
G20……45
G7……44
GAFA……95
GDP……74
GX（グリーントランスフォーメーション）……123
GX脱酸素電源法……123
HPVワクチン……121
HV……137
IAEA……25, 49
IPCC……131
IPEF……94
iPS細胞……145
IR……68
LGBT……6
LGBTQ+……6
LGBT理解増進法……26
MMT……85
MOX燃料……124
NATO……30, 46
NFT……13, 141
NIPT……134
NISA……92
NLD……43
NPT……48
PWR……122
QUAD……47
RCEP……91
RSF……50
SDGs……108
SMILE-UP.……97
TPP……91
TPP11……91
X……139

談合……111
地球温暖化……130
地球沸騰化……136
中欧班列……34
中間貯蔵施設……127
中国遠洋海運集団……34
中道……67
長期金利……79
朝鮮人虐殺……5
朝鮮戦争……39
超電導電磁石……113
津田梅子……93
ディープフェイク……139
ディープラーニング……138
適格請求書……86
デジタル課税……95
デフレ……75
電気自動車……137
電通……110
統一地方選挙……65
同一労働同一賃金……117
東海地震……133
東京オリンピック・パラリンピック組織委員会……110
統合型リゾート……68
統合型リゾート実施法……68
同性婚……119
同性パートナーシップ制度……119
東南海地震……133
独島（トクト）……41
十倉雅和……72
特例公債法……85
トランスジェンダー……118
トランプ（ドナルド・トランプ）……31
トリソミー……134
トリチウム……25
トルコ・シリア地震……37
ドンバス戦争……31

## な行

直木賞……155
ナゴルノ・カラバフ……41
ナルゲス・モハンマディ……147
南海地震……133
南海トラフ……132
南海トラフ巨大地震……132
軟弱地盤……59
難民認定手続……100
ニジェール……51
日韓請求権協定……38
日本銀行……78
日本経済団体連合会……72
日本商工会議所……72
日本労働組合総連合会……73
入管……100
年金……106
年収の壁……119
燃料デブリ……24
ノーベル賞……146

## は行

ハイブリッド車……137
袴田巌……98
袴田事件……98
バシール独裁政権……50
ハマス……23
パリ協定……131
ハルシネーション……139
パルムドール……155
パレスチナ自治政府……23
パレスチナ難民……22
反撃能力……56
反スパイ法……35
パンデミック……120
反転攻勢……31
万能細胞……145
万博……154
被害者救済新法……55
東山紀之……97
非代替性トークン……141
ビッグモーター……116
ビットコイン……140
人新世……145
貧困線……102
貧困の連鎖……103
プーチン（ウラジミール・プーチン）……30
フードデリバリーサービス……114
フェーン現象……136
福島第一原発……24
副大臣……52
藤井聡太……150
藤島ジュリー恵子……97
沸騰水型軽水炉……122
物流 2024 年問題……75
普天間飛行場……58
不当寄附勧誘防止法……55
プライマリーバランス……77
フリーランス新法……117
プリゴジン（エフゲニー・プリゴジン）……31
プルサーマル……125
ふるさと納税……73
プルトニウム 239……124
ブレイキン……152
プレート境界型地震……132
ブロックチェーン……13, 140
文献調査……127
分離壁……23
ベネチア国際映画祭……155
辺野古（名護市辺野古）……3, 58
ベルリン国際映画祭……155
防衛財源確保法……57
防衛装備移転三原則……70
防衛力強化資金……57, 76
防衛力整備計画……57
報告徴収・質問権……55
保守……67
補正予算……81
北方領土……40
香港……33
本屋大賞……155

拘禁刑……99
合計特殊出生率……104
皇室……71
厚生年金……106
高速増殖炉……124
恒大集団……83
後年度負担……57
候補者男女均等法……63
国債……84
国際課税ルール……95
国際原子力機関……49
国際博覧会……154
国債費……77
国民党……37
国民投票法……61
国民年金……106
国民民主連盟……43
国立科学博物館……147
国連気候変動枠組条約締約国会議……131
コストプッシュ型……79
国家安全維持法……33
国家安全保障戦略……56
国家主席……32
国家防衛戦略……56
固定価格買取制度……129
こども家庭庁……61
子ども食堂……103
子どもの貧困対策推進法……103
こども未来戦略方針……105
コロナウイルス……120

## さ行

蔡英文……37
最終処分場……127
再処理工場……125
再審……99
再生医療……145
再生エネルギー発電促進賦課金……129
再生可能エネルギー……128
財政検証……107
最低賃金……89
債務の罠……35
佐渡鉱山……149
サミット……44
産後パパ育休……105
暫定リスト……148
仕入税額控除……86
ジェンダーアイデンティティ……27
ジェンダーギャップ指数……10
資格確認書……29
磁気浮上式……112
次世代革新炉……125
持続可能な開発目標……108
実質賃金……89
渋沢栄一……93
自民党役員……52
シャトル外交……39
ジャニー喜多川……96
ジャニーズ事務所……96
宗教法人法……55
習近平……32
自由貿易協定……90
出生数……104
出入国在留管理庁……100
春闘……91
少額投資非課税制度……92
招商局集団……34
消費者物価指数……80
消費税……86
奨励会……150
女子差別撤廃委員会……62
ジョブ型雇用……117
処理水……25
自律分散型組織……141
新型インフルエンザ等感染症……120
新型コロナウイルス……120
新型出生前診断……134
新疆ウイグル自治区……33
人工知能……138
スーダン……50
スタンド・オフ防衛能力……56
寿都町（北海道寿都町）……127
ステーブル・ディフュージョン……138
スペースジェット……113
スマートコントラクト……141
政治献金……72
生成 AI……138
性同一性障害……118
政党交付金……67
政党要件……66
性別不合……118
政務官……52
世界遺産……148
世界遺産委員会……148
世界平和統一家庭連合……54
接続水域……41
ゼレンスキー（ウォロディミル・ゼレンスキー）……45
ゼロエミッション車……137
ゼロゼロ融資……87
尖閣諸島……41
全固体電池……137
線状降水帯……131
全人代……32
全体主義……33
選択的夫婦別姓……62
総書記……32
相対的貧困率……102
総務省内部文書……71

## た行

第２次岸田第２次改造内閣……52
第５次男女共同参画基本計画……63
第６次評価報告書……131
代執行……59
台湾……36
台湾有事……36
ダウン症……134
多核種除去設備……25
高橋治之……110
竹島……40
多国間 FTA……91
玉城デニー……59

# 索引

## あ行


あいまい戦略……37
アウンサンスーチー……42
赤字国債……85
アカデミー賞……155
芥川賞……155
アダムズ方式……65
アルテミス計画……144
暗号資産……140
安保３文書……56
イーサリアム……141
イールドカーブコントロール……79
違憲状態……64
異次元の少子化対策……104
イスラエル……22
遺族年金……107
一帯一路……34
一般会計予算……76
一票の格差……64
遺伝カウンセラー……135
遺伝子……142
伊藤匠……151
インド太平洋経済枠組み……94
インフレ……81
インボイス制度……86
ウィズコロナ……121
植田和男……79
ウェブ 3.0……141
ウクライナ……2, 30
ウラン 235……124
ウラン 238……124
益税……87
エルサレム……23
エルニーニョ現象……136
円高……82
円安……82
大阪・関西万博……154
大谷翔平……153
オーバーツーリズム……149
オープン AI……139
オスロ合意……22
汚染水……24
翁長雄志……59
オミクロン株……121
温室効果ガス……130


## か行


ガーシー……69
加圧水型軽水炉……122
カーボンニュートラル……131
カーボンプライシング……129
改憲案……60
外国人技能実習制度……101
解散命令……55
改正入管法……100
ガイド RNA……143
概要調査……127
海洋プラスチックごみ……127
カウアン・オカモト……96
核拡散防止条約……48
核拡散防止条約再検討会議……48
核燃料サイクル……124
核の傘……49
核のごみ……126
核兵器禁止条約……49
ガザ地区……3, 22
カジノ……68
カジノ税……69
仮想通貨……140
上関町（山口県上関町）……127
神恵内村（北海道神恵内村）……127
感染症法……120
環太平洋パートナーシップ協定……91
関東大震災……4
カンヌ国際映画祭……155
危機遺産……149
ギグワーカー……114
気候変動……130
棋士……150
岸田文雄……52
基礎的財政収支……77
北里柴三郎……93
北大西洋条約機構……30, 46
キャンプ・シュワブ……58
旧統一教会……54
緊急事態条項……61
金熊賞……155
金獅子賞……155
金融緩和……75
金融緩和政策……78
クラウドファンディング……147
グラスゴー気候合意……131
クリスパー・キャスナイン……142
クリミア半島……31
グローバル・ミニマム課税……95
グローバルサウス……45, 51
景気……74
景気循環……74
経口中絶薬……135
経済同友会……72
経済連携協定……90
軽水炉……122
経団連……72
ゲノム編集……142
ゲノム編集食品……143
権威主義……33
原子力規制委員会……123
原子力発電……122
建設国債……85
現代貨幣理論……85
憲法……60
コア CPI……80

## 著者紹介●ニュース・リテラシー研究所


日々流れては消えていくニュースから、その背景にある論理や構造を読み解き、時代や社会のエッセンスを把握するために結成されたプロジェクト集団。メンバーの著作多数。



執　　筆：平塚　陽介
編　　集：庄司　智子
　　　　　正木　和実
編集・製作：株式会社ノマド・ワークス
本文イラスト：三俣　亜由喜
本文・カラーページデザイン：中濱　健治


**●お問い合わせ**

本書の内容に関するお問い合わせは、書名・発行年月日を明記の上、下記の読者質問係まで書面（郵便）にてお願いいたします。電話によるお問い合わせにはお答えできません。なお、本書の範囲を超えるご質問等には対応していませんので、あらかじめご了承ください。

〒171-0014
東京都豊島区池袋 2-61-8 アゼリア青新ビル 7F
（株）ノマド・ワークス　読者質問係




【図解】まるわかり時事用語

2024年 1 月 5 日　初版発行

編　著　ニュース･リテラシー研究所
発行者　富　永　靖　弘
印刷所　誠宏印刷株式会社

発行所　東京都台東区台東２丁目24　株式会社　新星出版社
〒110-0016 ☎03(3831)0743





ISBN978-4-405-02768-8